Guerres et Capital

戦争と資本

統合された世界資本主義とグローバルな内戦

エリック・アリエズ　マウリツィオ・ラッツァラート

杉村昌昭＋信友建志 訳

作品社

戦争と資本

統合された世界資本主義とグローバルな内戦

エリック・アリエズ
マウリッツィオ・ラッツァラート

Guerres et Capital

凡例

一　本文中の＊印と通し番号は、原注の合印である。原注は見開きの左端に掲載した。

一　本文中の◆印は、訳注である。訳注は見開き左端に掲載した。

一　本文中の〔　〕は、一行のものは訳者の語句の補足であり、割注のものは訳注である。

一　引用文中の〔　〕は、原著者による語句の補足である。

一　傍点は、原則的に、原文がイタリック体で強調されている箇所に付した。ただし訳者の判断で新たに傍点を施した場合もある。

Éric ALLIEZ, Maurizio LAZZARATO:
Guerres et Capital

First published in France by Éditions Amsterdam, 2016.
This book is published in Japan by arrangement with Éric Alliez and Maurizio Lazzarato, through le Bureau des Copyrights Français, Tokyo.

謝辞

本書の題材と大まかな枠組みは、二〇一四年から二〇一五年にかけてパリ第八大学で行なわれた共同セミナーで発表された。したがって、当然まっさきに感謝を捧げるべきはことのほか熱心かつ積極的にこのセミナーに参加してくれた学生諸氏、それからさまざまなかたちでこのセミナーの開講を助けてくれたステファヌ・ドゥアイエ、アントニア・ビルンバウム、ベルトラン・オジルヴィ、パトリス・ヴェルメランら友人、同僚諸氏ということになる。

本書の研究内容はまた、カナダのいくつかの大学での講演やワークショップでも発表され、聴衆や主催者側との意見交換も行なわれた。ギャリー・ジェノスコとガネレ・ラングロワ（ヨーク大学）、エンダ・ブロフィ（シモン・フレイザー大学）、アントニオ・カルカーニョ（ウエスタン大学）、イムレ・ゼマン（アルベルタ大学）、エリン・マニング（コンコルディア大学）、ブライアン・マスミ（モントリオール大学）がそれにあたる。

ニコラ・ヴィエイユカズ編集長にも心からの謝意を。かれはこのプロジェクトの立ち上げからわれわれ二人に協力し、何から何まで「支援（＝辛抱）」してくれた。

問題の所在を知りたいなら、
それを歴史的に捉えることだ。

アルチュセール

[序文]

統合された世界資本主義とグローバルな内戦

——われわれの敵たちへ

1……われわれは、新たな戦争機械の構築の時代に入ろうとしている

われわれは内戦の主体化の時代を生きている。われわれは「複数の世界観」とその対立の時代［冷戦期を示唆］にもどるために、市場の勝利、自動的統治、負債経済の非政治化の時期から脱却するのではない。われわれは新たな戦争機械の構築の時代に入ろうとしているのだ。

2……現在、金融資本主義が〝グローバルな内戦〟を引き起こしている

資本主義とリベラリズム（自由主義）は、雲が嵐を抱え込んでいるように戦争を懐に抱え込んでいる。一九世紀末から二〇世紀初めにかけての金融化は全面戦争とロシア革命に行き着き、さらには一九二九年の恐慌とヨーロッパの内戦に至ったのだが、現代の金融化は世界のあらゆる地域に号令をかけながらグローバルな内戦を発動している。

3……世界中で〝内戦の主体化〟としての運動が巻き起こっている

二〇一一年以降、生の恒久的背景としての多数の戦争権力に対立する資本の記号学と闘争の語用論を深

く変容させているのは、内戦の主体化の多数多様な形態である。反資本主義機械の実践的実験の側に目をやると、アメリカ合衆国のウォールストリートのオキュパイ運動、スペインの怒れる者たちの運動、チリやケベックの学生運動、二〇一五年のギリシャの運動などが、負債経済と緊縮政策に対して多様な武器でたたかっている。「アラブの春」、二〇一三年のブラジルの大規模なデモ、トルコのゲジ広場での対決といった事態においても、南側諸国に共通する同じ反乱のスローガンが流通した。フランスの「夜立ち上がる」（ニュイ・ドゥブー）運動は、おそらく一九八九年に天安門広場で始まった一連の闘争＝占拠運動の最新の展開であろう。権力の側、ネオリベラリズム（新自由主義）の側はと言うと、その捕獲的経済政策をさらに推し進めるために、市場の技術者の管理する警察に守られた権威主義的ポストデモクラシーを促進している。他方、新右翼（あるいは「強硬派右翼」）は外国人、移民、イスラム教徒、〝アンダークラス〟に対して宣戦布告しているが、それはひとえに「角を隠した」極右翼を利するものである。かくして極右翼は内戦の現場を担う主体として公然と根を下ろし、階級的人種戦争を再発動する結果を招いている。主体化の過程におけるネオファシストのヘゲモニーは、女性の自立に反対する戦争、性をないがしろにすることに反対する戦争（フランスでは「マニフ・プル・トゥス」［同性愛者の結婚を合法化することへの反対運動］として発現している）の再開によってさらに強化されているが、この戦争は内戦の内部植民地領域への拡大と見なすことができる。

サッチャーとレーガンの制限なき脱領土化の時代のあとに、人種差別、国家主義、性差別、外国人嫌悪などによる再領土化がやってきて、トランプがそうしたすべての新たなファシズムの先頭に立っている。アメリカン・ドリームは不眠症にかかった地球の悪夢に変容したのだ。

4…「戦争」と「内戦」をどう考えるか？

一方に資本とネオファシズムの戦争機械があり、他方にネオ資本主義の世界システムに対する多形的闘争があるが、この両者の不均衡は明らかである。それは政治的不均衡であるが、知的不均衡でもある。この本は、つねに革命運動の力と無力の核心部につきまとう実践的かつ理論的な空隙、空白、抑圧された部分に焦点を定める。すなわち「戦争」と「内戦」をどう考えるかという問題である。

5…経済とは、戦争の目的を別の手段により追求することである

二〇一五年七月一一日～一二日の週末、アテネでは「これは戦争のようだ」という話が飛び交った。さもありなん。人びとは負債という手段による大規模な戦争続行戦略に直面していたのである。この戦略はギリシャの破壊を完遂するとともに、「ヨーロッパの構築」の自己破壊を始動させていた。ヨーロッパ委員会、ヨーロッパ中央銀行、IMFの目標は、妥協の仲裁や模索ではなくて、敵を根こそぎ打ち負かすことであった。

これは戦争のようだというイメージ的言表は、ただちに〝これは戦争だ〟という表現に修正すべき事態であった。戦争と経済の可換性は資本主義の土台にあるものだ。すでにずいぶん以前に、カール・シュミットが、経済と戦争の連続性を指摘することによってリベラリズムの「平和主義的」欺瞞を暴いた。経済は戦争の目的を戦争とは別の手段によって追求するということだ（「信用取引の停止、原材料の輸出禁止、外貨の毀損」）。

中国空軍の二人の上級将校、喬良と王湘穂は共著〔一九九九年に発表された『超限戦』という戦略研究書〕のなかで、金融攻撃を「流血を伴う戦争」ではないが「流血を伴う戦争」と同じほど残酷で有効なものであると定義している。いわば冷たい暴力である。かれらはグローバリゼーションの結果をこう説明している。「狭義の戦場を縮小することによって世界全体が広義の戦場に変えられた」。戦争の拡大と戦争の名に値する領域の多数多様化は、戦争と経済と政治の連続体を打ち立てるに至った。しかしリベラリズムは当初から全面戦争の哲学であった。フランシスコ法王〔第二六六代ローマ教皇〕が説教のなかで次のように言明したとき、かれは政治家やあらゆる種類のエキスパート、さらには最も手慣れた資本主義の批判者などにも欠落している明晰さを持っていたと思われる。「わたしが戦争について語るとき、わたしは宗教戦争についてではなく無数の場所で行なわれている

世界戦争という真の戦争について語っているのである。［……］それは利益のための戦争、お金のための戦争、自然資源のための戦争、民衆支配のための戦争である」）。

6…新たな植民地戦争は、世界の「中心部」で発生している

同じ二〇一五年、ギリシャの「ラディカル左翼」の敗北のあと、フランス共和国大統領は一一月一三日の夕方、フランスは「戦争状態」にあると述べ非常事態を宣言する。治安機関に「法外の」権限を与えるために「民主主義的自由」の停止を認める法律は、一九五五年、アルジェリア植民地戦争のときに可決された。かつて一九八四年ニューカレドニアに、そして二〇〇五年「郊外暴動」の際に適用されたこの非常事態法は、植民地戦争・ポスト植民地戦争を改めて想起させるものである。

一一月の悪夢のような夜にパリで起きたことは、中東の諸都市では日常的に起きていることである。ヨーロッパに「流れ込む」多数の避難者は同じ恐怖から逃れようとした人びとだ。かれらはそうして、キリスト教原理主義のジョージ・ブッシュとネオコンの参謀本部が発動した「終わりなき戦争」のなかで、人びとの移動の動きを規制する昔ながらの植民地主義テクノロジーの「黙示録的」延長を目に見えるかたちで示したのである。ネオ植民地戦争は単に世界の「周辺部」で起きているのではない。それは、「イスラム主義者という内部の敵」、移住者、亡命者、移民労働者といったさまざまな姿かたちをとりながら、可能な限りあらゆる仕方で「中心部」に浸透しているのである。貧者、貧困化した労働者、不安定労働者、長期失業者、大西洋の両岸の「内部の植民地化された人びと」等々、永遠に社会から取り残された人びとは、遠ざけようとしても遠ざけることはできない。

7…通貨と戦争は、世界市場の軍事警察である

「安定のための条約」（ギリシャにおける「金融」非常事態）と「安全のための条約」（フランスにおける「政治的」非常事態）は同じコインの表裏である。金融の流れと戦争の流れが世界経済を持続的に解体・

再編しながら、その流れを組み込む諸国家とともに、現代資本主義の存在条件となり、その生産・再生産を行なっている。

通貨と戦争は世界市場の軍事警察であり、世界経済の「ガバナンス」を担っている。この軍事警察が、ヨーロッパでは、金融非常事態のなかで具象化され、労働の諸権利、社会的安定の諸権利（健康、教育、住居等々）を無に帰する一方、反テロリズム非常事態はすでに貧血状態に陥っていた「民主主義的」諸権利を停止状態に追い込んだ。

8…戦争と通貨と国家は、資本主義を構成する存在論的力である

われわれの最初のテーゼは、戦争と通貨と国家は資本主義を構成する力つまり存在論的力である、というものだ。政治経済学の批判は、経済が戦争に取って代わるものであることを考えない限り、そして経済が必然的に国家を通した別の手段による戦争の継続であると考えない限り、不十分である。国家は内外における戦争のために通貨を調整し力の独占を正当化する。資本主義の系図をつくりその「発展」を跡づけるために、われわれはつねに政治経済学の批判、戦争の批判、国家の批判を結びつけなくてはならない。

資本による蓄積と所有権の独占、国家による蓄積と力の独占は互いに養いあう関係にある。外部における戦争の行使がなければ、そして国家による国境の内側における内戦の行使がなければ、資本はけっして構成されえないだろう。逆もまた真なり。資本による富の捕獲と価値化がなければ、国家は法的・行政的な統治機能を果たすことも、軍事力の増進を図ることもできないだろう。生産手段の接収と力を行使する手段の占有は資本形成と国家形成の条件であり、この両者は同時に発展するのである。軍隊的プロレタリア化は工業的プロレタリア化に伴って起きる。

9…資本主義のすべての岐路には、「創造的破壊」ではなく〃内戦〃がある

しかし、どんな「戦争」が問題になっているのだろうか？　一九六〇年代初めにカール・シュミットと

ハンナ・アーレントによってほとんど同時に展開された「世界内戦」という概念は、冷戦が終わったあとの現在の世界を示すのに最もふさわしいものと言えないだろうか。「終わりなき戦争」、「正当な戦争」、「反テロリズム戦争」といったカテゴリーはグローバル化に伴う新たな紛争に適合したものだろうか？　戦争に単数形の定冠詞をつけたらたちまち国家の視点でものを見ることにならないだろうか？

資本主義の歴史は当初から多数多様な戦争に貫かれ構成されてきた。さまざまな階級戦争、さまざまな人種戦争、さまざまな性戦争[*1]、さまざまな主体性の戦争、さまざまな文明の戦争（こうした複数の戦争を単数化したのが「歴史」である）。戦争を単数の戦争ではなく「複数の戦争」として捉えることがわれわれの第二のテーゼである。内的秩序ならびに外的秩序の基盤としての「諸戦争」、社会の組織化原理としての「諸戦争」。階級的だけでなく、軍事的、民事的、性的、人種的でもある戦争は、資本の性格を規定する決定的構成要素として組み込まれているので、資本のダイナミズムが現実にどのように機能しているかを説明するためには『資本論』を端から端まで書き直さなくてはならないだろう。資本主義のすべての大きな曲り角には、シュンペーターの言う企業のイノベーションによってもたらされる「創造的破壊」ではなく、つねに内戦のくわだてがある。

10…「本源的蓄積」は、資本主義発展が常に必要とする〝継続的蓄積〟である

資本の紀元ゼロ年である一四九二年以来、大西洋の両岸で多くの戦争を通して資本の形成が進んだ。内部植民地化（ヨーロッパ）と外部植民地化（アメリカ）が並行的に進み、相互に強化され、世界経済を規定する。この二重の植民地化がマルクスが本源的蓄積（原始的蓄積）と呼ぶものである。しかしわれわれは、マルクス自身と言うよりも長年支配的であったマルクス主義とは異なって、本源的蓄積を資本主義の「特殊な生産様式」によって／のなかで乗り越えられていくことになる単なる資本の発展段階に閉じ込めない。われわれは本源的蓄積は資本の発展に絶えず随伴する資本の存在条件を構成するものと見なす。つまり本源的蓄積が継続的蓄積のあらゆる接収形態として続行される一方で、階級、人種、性、主体性の戦

争が果てしなく続くということである。これらの戦争の結合、とくにヨーロッパの内部植民地化における貧者や女性に対する戦争と外部植民地化における「先住民」への戦争——これは「本源的」蓄積のなかで徹底的に行なわれた——の結合は一九〜二〇世紀の「階級闘争」に先立つもので、そうであるがゆえに「階級闘争」は資本主義的生産による鎮静化に対する一つの共通の戦争のなかに投げ込まれたのである。あらゆる手段（「流血を伴う」あるいは「流血を伴わない」）によって得られる鎮静化が「社会関係」としての資本の戦争の目的である。

11……資本主義－工業主義と軍事主義との密接な関係を、マルクスは見過ごした

「マルクスは資本主義と工業主義の関係に関心を集中したために、この二つの現象が軍事主義と取り結んでいる密接な関係にまったく注意を向けなくなった」。しかし戦争と軍備競争は資本主義の初期から経済的発展の条件であると同時にテクノロジー的・科学的イノベーションの条件であった。資本の発展の各段階においてそれぞれ固有の「戦争のケインズ主義」がつくりだされる。しかしこのジョヴァンニ・アリギのテーゼは、「国家間の戦争」だけに限定されていて、資本とテクノロジーと科学が「さまざまな内戦」と取り結ぶ「密接な関係にはまったく注意を払っていない」という欠陥を持っている。フランス軍のある大佐は戦争の直接的な経済的機能を次のように要約している。「われわれは他の生産者と同じ生産者である」。かれはこのように生産と労働の概念の最も危惧すべき局面を明らかにしたのであるが、この局面は

＊1　われわれは「女性に対する戦争」、「性の戦争」、「ジェンダーの戦争」という言い方を相互互換的な仕方で使用する。フェミニズムのなかを貫く議論に入らずに、「女性」「性」「ジェンダー」といった諸概念（「人種」という概念も含めて）をいかなる本質主義にも還元せず、これを核家族を基盤とする異性愛制と家父長制の政治的構築に資するものと見なす。これが生殖、性、民衆の再生産のコントロールの社会的規範として機能するからである。そして、これこそが女性に対して遂行されるまぎれもない持続的戦争であり、女性を従属、支配、搾取の過程に服従させるものにほかならないからである。

既成の経済学者や労働組合やマルクス主義者が問題にしようとしてこなかったテーマである。

12…資本の「歴史的超越性」——世界の〝システマティックな植民地化〟の作用主体としての資本

世界経済の脱構造化／再構造化の戦略的力は、本源的蓄積以来、資本を最も脱領土化された形態に置くということである。すなわち金融資本である（バルザック的信用状の時代以前にもそう呼ばれてしかるべきものとしての金融資本）。フーコーはマルクス的な資本概念を批判しているが、それは「ザ資本主義」というものはなくて、あるのはつねに歴史的に決定された「政治‐制度的集合体」としての資本主義だからである（この論証は百家争鳴にならざるを得ないが）。

マルクスは実際に資本主義という概念を使ったことはないが、それはそれとして資本主義と「ザ資本」の区別は維持しなくてはならない。なぜなら「資本の」論理、金融資本の論理（A‐A'）は、（歴史的につねに）最も効果的に機能してきたからである。「金融危機」と言われているものは、最も「刷新的」な危機後の動きのなかに至るまで資本が作動していることを示している。国家「資本主義」の多様性を規定する国家的形態ならびに超国籍的権力組織の多数多様性、政治‐制度的集合体の複数性は、「経済成長」という究極目的に向かって世界化された金融資本によって乱暴に指図され従属させられ中央集権化されている。権力構成体の多数多様性は、最も抽象的な所有の論理、債権者の論理に多かれ少なかれ（少なくと言うよりも多く）従順に屈伏している。「ザ資本」、時間の絶えざる加速化によって地球空間の再形状化を行なうその論理（A‐A'）は、マルクスなら「現実の抽象化」と言うだろう歴史的カテゴリーであり、「人間」ならびに「非‐人間」の大地の世界的私企業化、そして世界の「共有財（コモン）」の剥奪という最も現実的な結果をもたらしている。（ここで考えるべきは、土地の独占的横領——〝ランド・グラッビング〟——であるが、これは二〇〇七～二〇〇八年の「食料危機」の直接的結果であると同時に、「〝グローバルヒストリー〟における最悪の金融危機」からの危機脱出戦略の一つでもある）。われわれはこういう仕方で資本の「歴史的超越性」［歴史的であると同時に超越的であるということ］という概念を使用する。つまり資本を世界のシステマティックな植民地化の方に引き寄せて考えるのだが、資本はその植民地化の長期的な作用主体であるということである。

13……資本／国家／軍隊の関係――労働の分業化は、兵士という職業の専門化とともに行なわれた

資本主義の発展はなぜ、長年、主要な媒体の役を演じてきた都市ではなくて、国家を経由するのか。それはなぜかと言うと、一六、一七、一八世紀を通じて、国家だけが封建時代の多様な戦争機械を接収／占有することができ、それを公権力を正統的に独占する軍隊に変容した戦争機械として集権化し制度化することができたからである。労働分業は単に生産のなかだけで行なわれるのではなくて、戦争と兵士という職業の専門化とともに行なわれるのである。「正規軍」のなかへの力の集権化と行使は国家の仕事である一方、同時に「文明化した富裕な」国家が貧しい国家を犠牲にして富を蓄積する条件でもあるが（アダム・スミス）、後者の国家はとうてい国家などと呼べるものではなくて〝荒れ地〟（ジョン・ロックの〝ウェイストランド〟の概念）としか言いようのないものである。

14……民事／軍事、平和／戦争を統合した戦争機械が、「統合された世界資本主義」を推進する

したがって権力の「メガマシーン」としての国家の構成は、中央集権化と制度化に依拠した力の行使手段の捕獲に基づいている。しかし一八七〇年代以降、とくに「総力戦」による容赦のない変化の加速化のもとで、資本はもはや国家ならびにその戦争機械との同盟関係を維持するだけでは満足できなくなる。資本は国家をおのれの力を発揮する道具のなかに組み込みながら、国家を直接的にわがものにしようとし始める。この新たな資本主義的戦争機械は、こうして国家、その統治権（政治的かつ軍事的な）、そして「行政的」機能の集合体を統合しながら、それらを金融資本の指揮のもとで深く変容させていく。第一次世界大戦以降、労働の科学的組織化モデル、戦争の組織と行動にかかわる軍事的モデルが、国家の政治的機能のなかに奥深く浸透し、諸権力の自由な分化を再構成して行政権力のヘゲモニーのもとに置く。他方、

国家の政治ではなく資本の政治が、戦争の組織、行動、合目的性のなかで君臨する。

この戦争機械と国家の捕獲は、ネオリベラリズムとあいまって、「統合された世界資本主義（ＣＭＩ）」の公理系のなかで十全たる仕方で現実化される。かくしてわれわれはフェリックス・ガタリのＣＭＩをわれわれの第三のテーゼのために役立てる。すなわち「統合された世界資本主義」は資本の戦争機械の公理系であり、国家の軍事的脱領土化を資本が上位に立つ脱領土化に従属させるというテーゼである。かくして生産機械は、民事と軍事、平和と戦争を統合した戦争機械と区別できないものとなり、その戦争機械はすべての価値化形態にとって同形の権力連続体の進行過程として発現する。

15……「総力戦」体制によって、社会とその生産力の戦争経済への全面的従属が始まった

戦争／資本の関係を長期的に見ると、一九世紀末における諸帝国主義間の「経済戦争」の勃発が一つの曲り角をなしている。つまり、戦争と経済の関係ならびに国家と社会の関係の不可逆的変化プロセスがこのときから始まる。金融資本が（資本の価値化の）無制限性を戦争に委ね、戦争に際限なき力を与える（総力戦）ことになる。第一次世界大戦における戦争の流れの無制限性と金融資本の流れの無制限性の結合は、戦争のみならず生産の限度をも引き伸ばし、無制限の戦争のための無制限の生産という恐るべきスペクトルを現出させる。生産、労働、技術、科学、消費といったもののかつてない規模における組織化と計画化を通して、社会と社会の「生産力」の戦争経済への全面的従属（あるいは実質的包摂）が初めて姿を表わしたのは二つの世界大戦のときである。生産への全人民の組み込みは、コミュニケーション技術と世論形成の技術を通した大衆的な主体化の過程の形成を伴っていた。「脱構造化」へ向けた前例のない研究プログラムの設置から科学的・テクノロジー的諸発見が生まれ、それが「財」の生産手段の新たな生産に向かって移転して恒常資本の新たな発生を構成するところとなる。この全過程が一九六〇～七〇年代に〝資本の大分岐〟をもたらし、この〝大分岐〟が工場内を基盤とした労働者自治の危機と結びついて労働者主義運動（オペライズモ）（ならびにポスト労働者主義運動）を頓挫させる（そしてこれはやがてポス

トフォーディズムとして「工場の分散化」をもたらす)。

16…〝戦争福祉(ウォーフェア)〟が〝生活福祉(ウェルフェア)〟を準備した

〝福祉〟の起源は「労働」のリスクや「生命」のリスクに対する保障の論理だけに求めてはならない(経営者の影響を受けたフーコー学派)。そうではなくて、その起源はまず戦争の論理に求めなくてはならない。〝戦争福祉《ウォーフェア》〟は〝生活福祉《ウェルフェア》〟にはるかに先立つのであり、〝生活福祉〟を準備した。そして一九三〇年代以降、この二つは識別不可能になった。

国際主義労働者を六〇〇〇万の国家主義兵士に変えた総力戦の巨大な軍事化は〝福祉〟思想によって／に基づいて「民主主義的に」再領土化されるところとなる。戦争経済の自由経済への転換、科学と死の道具のテクノロジーの「財」の生産手段への転換、そして軍隊化された民衆の「労働者」への転換といったものが、「企業」が積極的に参加する巨大な国家的介入装置のおかげで実現される(〝企業資本主義〟)。〝戦争福祉〟はその論理を別の手段で〝生活福祉〟のなかに持ち込むのである。ケインズも有効需要の政策は戦争体制モデル以外の実現モデルはないことを認めていた。

17…「戦争」と「平和」は、いかなる相違もなくなった

一九五一年に『形而上学の超越』のなかに挿入された以下のようなハイデガーのテクスト(この〝超越〟は第二次世界大戦の最中に着想された)は、まさしく二つの全面戦争後の「戦争」と「平和」の概念を定義したものである。

> 「戦争」と「平和」は変化して固有の本質を失ったために彷徨している。見違えるほど変わってしまい、両者のあいだにはいかなる相違もない。戦争と平和は、なしうることをつねにいっそう行なうという人間活動の純然たる展開のなかに姿を消した。平和がいつ戻るのか？　という質問に答えること

ができないのは、戦争の終わりを見つけることができないからではなくて、戦争が平和に通じるようなことはもはやないのだから、この質問がもはや存在しないものを対象にしているからである。戦争は存在者の多様な仕方での損耗になった。そしてこの損耗は平和の時代に持続するのである〔……〕。この長期にわたる戦争はゆっくりと進行するが、この戦争は昔ながらの平和に向かってではなくて、「戦争」が戦争として感じられない、そして「平和」がもはや意味も実体も持たないような、ものごとの状態に向かっていくのである。

この一節は『千のプラトー』の最後に書き換えられて登場するが、ドゥルーズ／ガタリは次のようなことを示すためにこれを用いたのである。すなわち、科学技術的「資本化」（われわれが「軍事‐産業‐科学‐大学複合体」と呼ぶもの）は、「物質化された戦争としての、組織された不安定としての、あるいはプログラム化され、配分され、分子化されたカタストロフとしての安全という新概念」を生み出すということである。

18…技術革新はすべて、冷戦‐総力戦の「破壊のための生産」から／のなかで生まれた

冷戦とは、二〇世紀前半に生じた戦争経済のなかへの社会と人びとの実質的包摂の社会化であり、内包的資本化である。それは「知」をおのれの進展過程のなかに従属させることなしには、国家と戦争を取り込まない資本の戦争機械の形成に向かう根元的段階をなすものである。冷戦は総力戦によって勢いを増したテクノロジー的・科学的刷新に基づく生産拠点を拡張していく。すべての現代テクノロジー、とくにサイバネティクスやコンピューター・情報テクノロジーは、実際上、直接的・間接的に冷戦によって改めて全体化された総力戦から生じた結果である。マルクスが「一般知性」と呼んだものは、冷戦期のオペレーションズリサーチ（OR）によって世界経済の指揮と統制（R&D）の道具として再組織化される以前に、総力戦の「破壊のための生産」から／のなかで生まれた。資本の戦争史は、労働者主義やポスト労働者主

義との関係における資本のこの大きな社会的位置変化に、われわれを拘束するのである。総力戦によって確立された労働（「自由な労働力」）の秩序は、「大衆＝労働者」ならびに、そのいっさいの身の周りの環境の社会的調整の道具としての完全雇用の自由＝民主主義的秩序に変容する。

19…六八年の闘争が、単数の「戦争」から、複数の「戦争」への理論的・政治的移行を可能にした

六八年は、「労働者階級」がもはやおのれの「利害関係」や組織形態（組合＝党）に従属させることができない階級戦争、民族戦争、性の戦争、主体性の戦争の再出現として位置付けることができる。労働者の闘争が「頂点に達した」のがアメリカ合衆国であるとして（マルクスのデトロイトへの言及）、労働者の闘争が戦後の大きなストライキのあと解体されたのもアメリカである。総力戦から生まれ冷戦のなかで／によって「賃金秩序」として持続する「労働の秩序」の破壊は、政治的自治を再発見した労働者階級の目標であるにとどまらず、こうした多数多様の全戦争のもたらしたものでもある。これらの戦争はほとんど同時に燃え上がり、戦争を共通の主体的断絶の条件に向かわせようとする「主体＝集団」の特異的経験を高揚させる。あらゆる民族的マイノリティーの脱植民地化戦争、女性の戦争、学生の戦争、同性愛者の戦争、オルタナティブ派の戦争、反核派の戦争、〝ルンペン・プロレタリア〟の戦争、といったものが、一九六〇～七〇年代を通じて、闘争や組織の新たな様態、とりわけ「知の権力」全体の非正統化をはかる新たな様態を決定づけることになる。われわれは資本の歴史を戦争を通して読むだけでなく、六八年を通して読む。なぜなら六八年だけが単数の「戦争」から複数の「戦争」への理論的・政治的移行を可能にするからである。

20…フーコーとドゥルーズ／ガタリは、〝戦争〟と〝政治〟の概念を根本的に変えた

戦争と戦略は、一九世紀と二〇世紀前半の革命理論と実践のなかで中心的位置を占めている。レーニン、毛沢東、グエン・ザップ将軍［ヴォー・グエン・ザップ（一九一一～二〇一三）。ベトナム人民軍総司令官］は、クラウゼヴィッツの『戦争論』を丹念に注釈し

ている。六八年の思想は戦争を問題として取り上げることを禁欲したが、フーコーとドゥルーズ／ガタリだけは例外であった。かれらは「政治」を別の手段による戦争の継続と見なすことができることを様態的に分析しながら、クラウゼヴィッツの有名な定式（「戦争とは別の手段による政治の継続である」）を逆転することを提起しただけではなかった。かれらはとりわけ戦争と政治の概念を根本的に変えたのである。戦争を問題化するかれらのやり方は、一九六八年の奇妙な革命に結晶化する以前に戦後社会において対立していた資本主義と闘争の変容にはっきりと依拠したものである。フーコーの提起した権力の「ミクロ物理地学」は「内戦の広がり」の顕在化を現実的に検討したものであり、ドゥルーズ／ガタリの「ミクロ政治学」は戦争機械という概念（この概念の構築はガタリの活動家としての経歴なくしてはありえなかった）と密接不可分に結びついている。しかしフーコー的批判が行なっているように権力的諸関係の分析を一般化した内戦と切り離したら、統治の理論はネオリベラリズム的「統治形態」の一変種に過ぎなくなる。また、ドゥルーズ的批判が行なっているようにミクロ政治学を戦争機械から切り離したら（ドゥルーズはまた戦争機械を美学的なものにすることも試みた）、資本のイニシアティブに対して無力な「マイノリティー」しか残らない。

21……ハイパーテクノロジー戦争は、技術機械と戦争機械を融合しようとしたが、瞬く間に瓦解した

軍人はニュー・テクノロジーによって先制攻撃力を高め、技術機械と戦争機械を融合する。その政治的帰結はおそるべきものである。

アメリカ合衆国は、アフガニスタンの戦争（二〇〇一年）とイラクの戦争（二〇〇三年）を〝クラウゼヴィッツ・アウト、コンピューター・イン〟という原理に基づいて企画し実行した（これと同じ作戦は奇妙なことに認知資本主義の支持者によって継承される。つまり、かれらは戦争が遍在する現実をコンピューターと「アルゴリズム」のなかに溶解させ、これが真っ先に戦争を遂行するとするのである）。デジタル化され「中央集権的にネットワーク化された」ハイパーテクノロジー的戦争の戦略家たちは、情報の本

源的蓄積としか言いようのないものによって戦争の「不明瞭さ」や不安定性を消散させることができると信じたのだが、そうはいかなかった。あっと言う間に手に入れた勝利は政治的＝軍事的瓦解に姿を変え、中東〝現地〟に惨憺たる状況をもたらし、ここにおのれの諸価値を持ち込もうとした自由世界をも巻き込むことになった。技術機械は別のあらゆる「機械」を動員しない限り何も説明することができないし、大したことはなしえないのである（スタンリー・キューブリックの映画『博士の異常な愛情または私は如何にして心配するのをやめて水爆を愛するようになったか』を参照すればよい）。技術機械はその有効性のみならずその存在そのものが社会機械や戦争機械に依存しているのであり、社会機械や戦争機械は、分裂・支配・搾取などに基づく社会モデルに従った技術的分身として、もっぱら現出するものなのである（クリスティン・ロスのすばらしい本のタイトルを借用するなら、『*Rouler plus vite, laver plus blanc*』◆［より速く走り、より白く洗う］である）。

22…**「民衆のなかの戦争」**——分割された民衆の生政治の現実的内容に対応して、諸戦争は出現する

ベルリンの壁の崩壊がミイラの死亡証明書を発行し——このミイラは六八年の出来事によって共産主義という前史を持つことまで忘れられていた——、したがって壁の崩壊は非‐出来事として捉えなくてはならない（歴史の終焉という陰鬱なテーゼはこのことの裏返しである）のだが、それに対して、帝国の戦争機械によって遂行されたポスト共産主義戦争のくわだての流血を伴う失敗が歴史をつくっている。そのような事態が生じたのは、この失敗が軍人たちのあいだに議論を呼び起こし、新たな戦争のパラダイムが生まれたからでもある。この新たなパラダイムは二〇世紀の工業戦争のアンチテーゼであり、「民衆のなかの戦争」として定義することができる。この概念は「人道的軍事介入」というありそうもない事態をわれ

◆『*Rouler plus vite, laver plus blanc*』 アメリカのフランス研究者Christin Rossの*Fast Cars, Clean Bodies*（速い車と清潔な身体）のフランス語版のタイトルで、この本はフランスにおける自動車産業の革新とヌーヴェル・ヴァーグの関係など、一九六〇年代におけるフランスの社会と文化の再編をテーマとしている。

われに着想させたが、ただしわれわれは資本の戦争の起源と現場に基づいて「人道的軍事介入」の意味を裏返し、この「民衆のなかの戦争」をわれわれの諸戦争として複数形で書き直しわが身に引き受けることにする。住民が戦場であり、その内部であらゆる種類の反蜂起的作戦が遂行されるのだが、その作戦は軍事的であると同時に非軍事的でもあり、その区別が定かではない。なぜなら、この作戦は「流血を伴う戦争」であると同時に「流血を伴わない戦争」でもあるという新たなアイデンティティを持っているからである。

フォーディズムにおいては、国家は資本の国家的領土化を保証するだけでなく、戦争の領土化をも保証する。したがってグローバリゼーション（世界化）は、資本の平面を統合して上位の持続的力になる戦争を自由化しない限り、資本を国家の支配から自由化することができない。脱領土化した戦争はもはや国家間の戦争ではなく、人びとに対する多様な戦争の絶えざる続行であり、つまりグローバルな内戦の否定という共通のくわだてに向かって「統治」を方向づけるということである。統治の対象となるもの、そして統治することを可能にするものは何かと言えば、人びとの分割であり、この分割によって諸戦争は人びとのあいだにおける生政治の現実的内容に対応するものとして立ち現われる。かくして生政治的な戦争による統治は、不安定性の微分的配分であり、これが「日常生活」の規範となる。一九七〇〜八〇年代に起きた社会的亀裂に際して、コレージュ・ド・フランスでの有名な講義［ミシェル・フーコーの講義を示唆］で語られた自由主義《リベラリズム》的な生政治の誕生の〝大いなる物語〟とはまったく逆の事態が生じているのである。

23…民衆のなかの民衆に対する戦争は、ネオリベラリズムと負債経済のもとに開始された

負債経済はこの分割を推し進め、全資本主義社会の分極化を強化しながら、「世界内戦」（シュミット、アーレント）をさまざまな内戦——階級戦争、「マイノリティー」に対するネオコロニアルな戦争、女性に対する戦争、主体性の戦争、等々——の絡み合いへと変化させる。これらの内戦の基盤は植民地戦争である。植民地戦争は国家間の戦争であったことはない。それは本質的に民衆のなかにおける／民衆に対

する戦争であり、そこでは戦争と平和のあいだの区別、戦闘者と非戦闘者の区別、経済的なものと政治的なものと軍事的なもののあいだの区別といったものは生じない。民衆のなかにおける民衆に対する戦争は、一九七〇年代以降、金融資本が戦闘的ネオリベラリズムの名のもとに発動した戦争である。その戦争はフラクタル的であると同時に横断的である。なぜフラクタル的かと言うと、この戦争はその不変性を絶えざる次元の変化によって際限なく生み出すからである（この戦争の「不正規性」とそれがもたらす「割れ目」は多様な現実の次元で作用する）。なぜ横断的かと言うと、この戦争はマクロ政治的次元で展開される（社会的階級、白人と非白人、男と女といった、あらゆる大きな二項対立的関係において）と同時に、ミクロ政治的次元でも展開される（高度な相互作用を行なう分子的〝エンジニアリング〟によって）からである。かくしてこの戦争は、世界の南側と北側において、（ほとんど）すべての人びとが住まう南側の諸国と北側の諸国において、市民的次元と軍事的次元をさまざまな様態で結びつける。したがってこの戦争の第一の特徴は、不明瞭な戦争と言うよりも不正規な戦争であるということだ。

　一九七〇年代の初めに、国家、戦争、科学、テクノロジーを決定的に統合した資本の戦争機械は、現代のグローバリゼーションの戦略を明瞭に体現している。すなわち資本の改良主義――一九四四年に刊行されたウィリアム・ベヴァリッジのマニフェスト本のタイトルに従えば〝自由《リベラル》社会における完全雇用〟――の短い歴史の終焉を早め、至るところであらゆる手段でそのような改良主義を押しつけた力関係の現実的条件に立ち向かうということである。かくして「市場」に〝コンピューター処理情報〟による超人的性質を付与する――市場を究極のサイボーグにする――ために、ネオリベラリズムの政治計画による恐るべき創造活動が繰り広げられることになる。

24……資本主義的戦争機械とネオファシズム的戦争機械の収斂と分岐は、内戦の進行に規定される

　二〇〇八年の金融危機を起点とするネオファシズムの実体化は、民衆のなかにおける諸戦争の展開の曲り角をなすものである。この諸戦争のフラクタル的であると同時に横断的でもある広がりの次元は、分割

と極性化の新たな恐るべき有効性を身にまとう。新たなファシズムは「戦争機械」のあらゆる資源を試す。なぜなら戦争機械はかならずしも国家と一体化せず、また資本のコントロールから逃れることもできるからである。資本の戦争機械が所有と富の「包括的」分化を通じて統治するのに対して、新たなファシズム的戦争機械は、人種、性、民族といったアイデンティティを起点とした排除によって機能する。この二つの論理は両立不可能に見えるが、実際には、経済的・政治的緊急事態が〝グローバルな流れ〟の自己保持的時間のなかに定着するに従って、いやおうなく収斂することになる(たとえば「自国産品第一主義」)。

資本主義機械が新たなファシズムを警戒し続けるのは、民主主義的原理のためではなく(資本は存在論的に反民主主義的である!)、また〝法の支配〟のためでもない。そうではなくて、ナチズムを見ればわかるように、ポストファシズムは資本の戦争機械に対して「自立性」を保つことができるし、資本のコントロールを逃れることもできるからである。イスラム・ファシズムとともに到来したのは、まさにこれではないか。アメリカ合衆国によって形成され、武装化され、資金援助されたイスラム・ファシストたちは、かれらを道具化したこの超大国と同盟諸国に反旗を翻した。西洋からカリフ(イスラム)の土地に至るまで、そしてカリフの土地から西洋に至るまで、あらゆる種類のネオナチズムが資本主義的「破壊様式」の自殺的主体化を体現している。これはまた植民地主義によって抑圧されたものの回帰の最終的シーンでもある。第二世代のジハディストが西洋の首都に取り付き、その最も奥深い敵となっている。かくして内部的植民地化が、民衆に対する資本主義の最も強度の高い支配から生まれる「核心的」暴力の発生源となっている。資本主義的戦争機械とネオファシズム的戦争機械のあいだの収斂と分岐の過程は、進行中の内戦の変化に依存することになるだろう。そして、革命的過程の進展しだいで、私有財産――もっと一般的に言うなら資本の権力――に危険をもたらすことになるかもしれない。

25…資本は構造やシステムではなく〝戦争機械〟であり、経済・政治・技術・メディアなどすべてが含まれる

階級戦争、人種戦争、性の戦争、主体性の戦争は、資本や資本主義を一つのシステムや構造に還元すること、そして経済を自閉的な循環の歴史に還元することを禁じるとともに、科学やテクノロジーが自律性を持っていることにも異議を唱える。歴史の運動に対する進歩主義的理解（それは今日《こんにち》、加速化されている）によってつくられた「複雑性」や解放に向かう王道などは存在しないということである。

これらの諸戦争は、不明確な対抗関係に開かれているとともに、いっさいの自己調整的メカニズムあるいは〝フィードバック〟によるいっさいの調整を実行不可能にする不確実な闘いに開かれた戦略的諸関係を持続的に注入する（これはいわば「複雑性」を未来に向けて開く「人間＝機械」システムである）。戦争の戦略的「開放」はサイバネティクスのシステム的開放とはまったく別ものであり、戦争のなかで戦争から無意味に生まれるものではない。資本は構造でもなければシステムでもない。資本は「機械」であり戦争機械であって、そのなかには経済、政治、テクノロジー、国家、メディア等々が含まれていて、それらはひとえに戦略的諸関係によって形成され節合されている。〝一般知性〟のマルクス的／マルクス主義的定義では、奇妙なことに、科学やテクノロジーやコミュニケーションをおのれの機能のなかに統合する戦争機械の問題がないがしろにされ、「資本のコミュニズム」がいくらか信頼に値するものとして優先されている。

26…資本は「エコロジー危機」を利用して、地球全体の商品化を完遂しようとしている

資本は同時に破壊様式でなくては生産様式ではありえない。おのれの限界を絶えず移動させながら限界を再創造する無限の蓄積は、同時に無制限に拡張された破壊でもある。生産による利益と破壊による利益が並行して進展するのである。これは全面戦争のなかで体現されるのだが、科学者たちはこれを資本中心主義ではなく人間中心主義と呼びたがる。われわれを取り巻く（われわれがそのなかで生きている）環境の破壊が、明らかに「人間」と人間にとっての必要性の増大によって始まったのではなくて資本によって始まったにもかかわらずである。「エコロジー危機」は、近代化の結果でもなければ、テクノロジーの発展のネガティブな影響に対して無頓着な人間性の結果でもなくて、ある人間たちの「意志の産物」である。

かれらは、あらゆる人間的かつ非－人間的な資源の際限のない開発（搾取）のための地政学的世界戦略をもとにして、他の人間たちに対する絶対的支配を行なうことを目論んだのであり、その結果として「エコロジー危機」が起きているのである。

資本主義は人類の歴史上最も凶悪な文明というだけでなく、われわれの心のなかに「人間であることの恥」を導入した文明でもある。そして資本主義はまた、労働、科学、技術が人類の歴史のなかで際立った特権（絶対的）を生みだし、あらゆる種と種を住まわせている地球の消滅（絶対的）の可能性をつくりだした文明である。しかしそこに至るまでのあいだ、「自然」の（救助の）「複雑性」のために、〝地球エンジニアリング〟の〝技術的〟ユートピアと「汚染する権利」の新たな市場の現実とが結びついて相当の利益をもたらすという展望が約束されている状況である。〝新たな資本中心主義〟はこのユートピアと現実の合流地点において資本主義を〝不可能な夢想〟へと送り込むのではなく（資本主義はむしろ醒めている）、いみじくも対流圏［対流が生じる成層圏以下の大気の層］と呼ばれるものへの権利を価値化しながら地球全体の商品化を完遂しようとしている。

27……資本の論理とは、無限の価値化のロジスティクスであり、経済にとどまらない権力を蓄積していく

資本の論理は無限の価値化の物流管理（ロジスティクス）であり、単に経済にとどまらないある権力の蓄積を包含する。なぜかと言うと、この権力はたたかう諸階級の力と弱さに対する戦略的な知と力の複合体だからである。この権力はこの力と弱さに適用され、これに対抗し続ける。フーコーはマルクス主義者が「闘争」の概念をないがしろにして「階級」の概念に注意を向けたことを指摘している。そのため戦略についての知が排除されて、和平というオルタナティブなくわだてを利することになったのである（マリオ・トロンティが、その最も叙事詩的な解釈を提示している）。誰が強者で誰が弱者なのか？　強者はいかにして弱者になり、弱者はなぜ強者になるのか？　他者を支配し搾取するために、どのようにしておのれを強化し他者を弱体化させるのか？　われわれはこのフランス的ニーチェ主義の反資本主義の道筋を辿

り、それを再創造するつもりである。

28…資本の権力の第一の機能は、〝内戦〟の存在を、その記憶にまで遡って否定することである

資本は総力戦の勝者となり、われわれにとっては六八年が指標となる世界革命との対決の勝者となった。資本は以後、その冷却エンジンを改良しながら勝利に勝利を重ねている。そこでは、権力の第一の機能は内戦の存在をその記憶にまで遡って否定することであることが確認される（和平は焼土の政治である）。ヴァルター・ベンヤミンは、勝者がおのれの支配のもととする勝利と敗北の記憶の再活性化は、ひとえに「敗者」から生まれることを喚起している。すなわち問題は以下のことである。六八年の敗者は内戦の〝洗い湯〟をレーニン主義の年老いた〝赤ん坊〟とともに捨てたということだ。それは「自立の党」の弁証法の破産に印し付けられた「熱い秋」の終焉とともに起きた。そしてそれは、第二の冷戦に沿った「冬の時代」の始まりを画し、「資本主義の民衆」の勝利を確固たるものにすることになる（〝民衆のための資本主義〟、〝これがアメリカだ！〟）。かくして〝歴史の終焉〟論が登場し、〝湾岸戦争は起こらなかった〟ことになる。例外は新たな戦争の散在、革命的あるいは突発闘争的な分散的戦争機械の登場（チアパス、バーミンガム、シアトル、ワシントン、ジェノヴァ等々での闘争）であり、そしてまたしても敗北である。新たな世代は「人民（ピープル）の欠如」を否認し「その存在」を別の仕方で提起しているが、しかし残念なことに、おのれの友たちだけに向かって呼びかける、という不眠と孤立の過程を歩もうとしている〔ジュリアン・クッパを中心とする「不可視委員会」の著書『われわれの友へ』（邦訳・夜行社）を示唆〕。

29…本書の目的は、多数多様な形で進行中の本当の戦争の「うなり声」を聞かせることである

われわれの敵たちに向けて手短に言おう。この本の目的は、経済と「民主主義」のもとで、そしてテクノロジー革命と〝一般知性〟という「大衆的知性」の背後において、多数多様なかたちで進行中の本当の戦争の「うなり声」を聞かせることにほかならない。多数多様性は一からつくるべきものではなくて解体

しつくり直すべきものであり、それはその二重の主体である「大衆あるいは流れ」に新たな可能性を負荷するためである。その可能性は、戦争に従属する権力諸関係あるいは／そして戦略的諸関係の主体を諸戦争の主体の位置へとつき動かすこと――「ありうべき変化、しかるべき脱領土化、連携、緊急性などを伴って」――のなかに見いだされるだろう。要するに、われわれはわれわれにとって六八年の思想の挫折として立ち現われたものから教訓を引き出さねばならないということである。われわれはあらゆる意味で六八年の思想の遺産継承者であり、ネオリベラリズムならびに資本の独占的政治としての経済の絶対的優位性の名のもとに発動された内戦の次元に対応する集合的戦争機械を思想的に構築できていない無能性をも継承しているのである。すべてはあたかも六八年が最後まで思考を煮詰めることができなかったかのように推移している。その敗北（〝ヌーヴォー・フィロゾーフ〟から各種の専門家に至るまで、その事例は枚挙にいとまがない）にこだわるのではなく、持続する破壊のなかで敗北を断ち切ることができる理性の戦争的次元を突き詰めることこそが重要なのであり、〝抵抗〟の闘いを現在的原形にしなくてはならないのである。

30……対抗しうるのは、「抵抗」という現象でしかありえない

とにもかくにも抵抗と縁を切ってはならない。抵抗とではなくて、到来することに対して戦略的に無能な言説で事足れりとする〝理論主義〟と縁を切らねばならないのだ。なぜなら、権力の装置が戦略的諸関係とそこで行なわれる諸戦争をもってしか構成されえないものであるとするなら、それに対抗しうるのは「抵抗」という現象しかありえないからである。それが成功することもあることは〝ギリシャの教訓〟が示している。

二〇一六年七月三〇日

〔追記〕

この本は「政治の指導者」たることは不可能であるという状況に刻印されている。もっと正確に言うなら、史的唯物論（われわれの姿もそのなかにある）の片隅で形成されたアルチュセール的格言の逆説的印を帯びている。すなわち「問題の所在を知りたいなら、それを歴史的に捉えることだ」。アルチュセール主義の法則（そしてそれが代理表現するあらゆること）に照らしてみたら大きな逸脱でしかない六八年は、この本に続く第二巻（仮題は『資本と戦争』）を発動させるダイヤグラムとなるだろう。われわれはこの続刊において六八年の奇妙な革命ならびにその革命のその後についての調査をするつもりだ。そこでは「反革命」によって多くの〝革命の続き〟が隠蔽され、復興の形態をとった多様な反革命が君臨してきた。これらの反革命は、第二巻において、現在の戦争的現実によって政治的に「多元的決定」を施された理論的実践の観点から分析されることになるだろう。そしてそうした流れに沿って、われわれは、「資本主義の新精神」（これは〝メイドイン六八年〟の「恣意的批判」に由来する）、加速主義（ポスト労働者主義《オペライズモ》の最も〝アップ・トゥー・デイト〟で最も退行的なバージョン）、思弁的実在論（つまりわれわれが本書で〝人新世《ひとしんせい》［アントロポセン］〟の解釈のなかに含めることをやめたもの）といったものの「症候的読解」を大胆に試みることになるだろう。

第1章

国家、
戦争機械、
通貨

État,
machine de guerre,
monnaie

価値化（つまり剰余価値ないし「超過収益」の資本化）には限界がある。しかし、その価値化の限界を変形して内的限界を拡張しながら再生産し続ければ、それはむしろその後の発展の条件に変わる。だからそれを目指して生産諸条件を「永久革命」すること。資本とはここに帰着するプロセスだとマルクスは説明している。『資本論』よりは、貨幣についての章から始まる『グルントリッセ』に近い立場を取るドゥルーズとガタリは、このプロセスにおいて、まさに無限こそが価値法則の唯一の形式である貨幣を通じて生産に導入されたのだ、と見ている。信用と負債――（抽象的）労働の（具体化された）資本への従属関係をつねに内的に決定する負債――と、この両者の「循環」を拡大し続けることで、貨幣はシステムを維持し、また維持させている。

　通貨が持つ現実的な抽象能力、それは脱領土化が最大限に進んだ流れ《フロー》のことだとしよう。そうであればこそ、それは一方では資本の無制限の運動の原動力として、他方では資本家の手のうちにある戦略的指令の装置として機能する。貨幣がその「一般等価物」としての商品形態に付随する機能とは別の機能を持ち続けるのも、そのためである。さらに言えば、商品流通の必要性だけを根拠にして貨幣形態を位置づけるという原理そのものが、「経済学批判」の最も古典的な定式に対立するものとして打ち砕かれるのもそのゆえである。さて、本源的蓄積（つまり資本主義の「創世記」）の分析において、政治経済学のあらゆる伝統に対抗してマルクスはこう述べることになる。力とは経済主体のことである［『資本論』第一巻第七編第二二章］。この分析においてかれは、「国家権力」と「公的信用」のかたわらに戦争を置く。

　貨幣とは脱領土化が最大限に進んだ資本がとる形態であり、戦争とは脱領土化が最大限に進んだ主権のとる形態である。この両者のあいだの緊密で構成的、存在論的な関係こそ、資本主義の歴史全体をその最新の形態に至るまで再考する上で避けては通れない出発点である、とわれわれは提案する。「六八年の思想」の最大の担い手であり、あるいはこの思想を限界を超えたところまで導く可能性もあった理論的＝政治的行為の一つと思われるところから出発、いや再出発することで、われわれはこの歴史を書き直すことにしたい。

通貨、戦争、国家が配置の中核を、つまり権力配置の組み立ての中核を担っている。そう提示したのはフーコーであり、ドゥルーズとガタリもすぐさまその分析を『アンチ・オイディプス』に取り入れた。これによって、歴史全体を資本主義の不連続的持続性という観点から理解することが可能になった。というのは、歴史の批判的使用は「どこから何を見るのかを知っている」[*1]遠近法的な知によって系譜を辿れば、かならず資本主義へと導かれるからである。

フーコーは、コレージュ・ド・フランスでの最初の講義（一九七〇～一九七一）で、この論点を古代ギリシャへ導入することを意図して次のように論を進めていく。通貨制度は商業や取引、金儲けを理由に説明することはできない。「生産品の交換」によって通貨利用が促進されたのだとしても、通貨制度の「歴史的起源」はそれではない。「ギリシャ通貨」制度は何よりもまず権力行使における変動、つまり新しいタイプの権力と関係している。その権力の主権と、「重装歩兵革命」によって生じた新型の戦争機械の独占的利用とは不可分である。この革命は軍事的であると同時に社会的でもある。なぜなら、戦争機械はもはや貴族（戦士階級、つまり英雄の理想像に忠実な、奴隷を引き連れた騎士や戦車の御者）の手のうちにではなく、登場しつつあった都市の防衛に不可欠となった小農民（重装歩兵）の手のうちにあるからだ。デモス démos と呼ばれ始めた「人民」の力、そしてかれらの集団行動が、最大多数が参加可能な戦士育成というかたちで具体化される。その戦術の基礎が、密集した兵士の隊列からなるファランクス――「槍と盾を持った兵士が互いに密着する隊形」[*2]――である。ファランクスとその武装システム[*3]（全員に同じ武

＊1　Michel Foucault, « Nietzsche, la généalogie, l'histoire » (1971), *Dits et écrits*, Paris, Gallimard, 2001, t. I, n° 84, p. 1018［ミシェル・フーコー「ニーチェ、系譜学、歴史」、ミシェル・フーコー『ミシェル・フーコー思考集成４』（蓮實重彦、渡辺守章監修。筑摩書房、一九九九）所収、三〇頁］。

装）の原理そのものが、全員が受け入れ実行する一つの命令のもとでの「兵役と扶助の相互性、運動の同期、集団の制御」[*4]をもたらす。その結果、重装歩兵の武装勢力は、兵士＝市民からの平等の要求をエスカレートさせる性格を強めていくことになり、「階級権力」の維持のためにかれらを利用しようとする者に槍を逆しまに向けるリスクを孕むことになる。「階級権力」という表現からして、この問題の持つ現代性を十分に示している。この問題は、都市＝ポリスで潜在的につねに戦争状態にあった貧民（polloi）と金持ち（ploutoi）のあいだの闘争の時代以来、諸革命の一般的歴史と渾然一体化している。フーコーが自身初めてギリシャにたち帰った際、「通貨制度」との関係を持つ「新たな権力形態」として指摘したものは、系譜学的に政治の「原光景」として新たに位置づけられたこの問題に対応しているのである。

したがってフーコーは、その研究を紀元前七世紀から同六世紀の巨大な政治変動から始めることになる。それは血縁に基づく古い貴族制の排除を引き起こした「重装歩兵戦略」ととくに関係が深い。[*5]とりわけコリントスのケースがそれである。コリントスでは、僭主キュプセロスが重装歩兵兵団の元兵士たちによって権力の座についた。しかし、フーコーがとくに関心を持ったのは、キュプセロスが権力を維持しようとした方法である。かれは軍事勢力の（経済的）統合のための（政治的）構図のなかに通貨利用を持ち込んだ。その鍵となるのは、農民層の負債の増加を招く農業危機を背景に、「重装歩兵軍の特性上、社会的報復の危険性が増す一方なため、それに対して制限をかける」[*6]ことである。問題は有産階級が所有制度と権力保持をどう維持するかだろう、と理解した僭主はどうするか？　かれは農民＝兵士に（その負債を帳消しにすることなく）限定的な土地の再分配を行なうことにする。そしてそのために、「金持ち」に対して収入からその財産の一〇分の一だけを天引きする。一部は直接「貧民」に再分配され、一部は「巨大建設事業」と職人への前払いに投入された。この複雑なシステムの構成は「現物払い」では成り立ちえなかった。経済循環は、「貧民」に分配された資金を「金持ち」の懐に（再分配された土地の補償金と「賃金」労働の開始により）逆流させ、こうして金持ちは（現金で）租税の支払いを済ませることになる。これによって――フーコーの依拠するエドゥアール・ウィルの立証に従えば――「通貨の流通ないし循環、ならびに富と兵役の等価性」[*7]が保証される。通貨は「交換」と「等価性」の手段かつ基準としての地位を固め、そしてこれらは債務制度の拡大と充実に伴って、都市体制における最初の政治的国家制度を包含することになる。租税、天引き、合併所得、価格決定、そして農業の交易活動から植民地化による商業と開発への移行、これらが市場の形式的条件を成立させ、国家装置によって直接コントロールされる市場空間を生み出すのである。

「無からの創造」かそれに等しいものとして創造された通貨は[*8]、僭主や立法者といった政治権力の新たな「例外的」形態に依存するかたちで登場する。かれらが「所有制度や、負債と返済のメカニズム」に介入

★2 Aristophane, *Les Guêpes*, 1081-1083［アリストパネス『蜂』（高津春繁訳、岩波文庫、二〇一四）、八四頁］。

★3 ドゥルーズはフーコーをテーマにした講義の一回（一九八六年一月二八日）において、内側に取っ手が二つついている盾の重要性を分析している。この盾を使って兵士は隣の兵士と連結し、基礎軍事ユニットを形成する。その技術は社会的にも心理的にも内側から作用する。ドゥルーズは以下のテクストを参照している。Marcel Détienne, « La phalange : problèmes et controverses », in J.-P. Vernant (dir.), *Problèmes de la guerre en Grèce ancienne*, Paris, Mouton-École Pratique des Hautes Études, 1968. この研究論文集はフーコーの思索にとってもとくに重要なものである。

★4 Michel Foucault, *Leçons sur La Volonté de savoir. Cours au Collège de France (1970-1971)*, Paris, Gallimard/Seuil, 2011, p. 118 (leçon du 17 février 1971)［ミシェル・フーコー『「知への意志」講義――コレージュ・ド・フランス講義　１９７０～１９７１年度』（慎改康之、藤山真訳、筑摩書房、二〇一四）、一六五頁］。

★5 *Ibid.*, p. 117-123［前掲書、一六四～七一頁］。

★6 *Ibid.*, p. 133 (leçon du 24 février 1971)［前掲書、一八二頁］。

★7 Édouard Will, *Korinthiaka : recherches sur l'histoire et la civilisation de Corinthe des origines aux guerres médiques*, Paris, Éditions de Boccard, 1955, p. 470 sq.

★8 コリントスには銀鉱がなかったため、鉱物は当初、地位や財産を失った貴族家系が所有していた貴重品を溶かしてストックされたものとウィルは推察している。

し、戦争機械の領土的制度化（再領土化）を保証するのである。通貨は権力の行使と同一視されるが、それは「通貨を所有するから権力を所持・行使するというわけではなく、誰かが権力を握ったからこそ通貨は制度化された」[*9]という意味においてである。

こうしてみると通貨は、その起源が商業であるといったような、単純な経済的「資本」ではない。国家は通貨使用を制度化し、逆に通貨は国家の制度化に貢献する。このように国家の掌中にある通貨が担う役割は、社会における再分配というよりも、むしろ権力の座を拡大再生産することなのである。だとするなら、通貨こそ政治以上に、別の手段による内戦の継続ということになる。万人からしてみれば、おのれが負っているものが「何であるか」ということ、つまりその負債が何に価するかということが、このようにして権力の管轄下に置かれることになる。一方では、通貨は万人のあり方を変えることで分断（貴族、戦士、職人、「賃金労働者」）を生産かつ再生産しており、これが社会的現実としての内戦の火種を恒常的に煽っている。そしてこの社会的現実こそ、政治が計算に入れる術を学ぶべきこととなる。他方では、貧民と金持ちの無軌道な闘争に終止符を打つための「新たな規制のメカニズム」のおかげで、通貨制度は「階級支配の維持」[*10]を確保する。ここでその支配の維持の条件となっているのは「社会的分断」と内戦（プラトンならstasisよりdia-stasis、つまり二分割したもの同士の不-和と呼んだであろう「本当の戦争」）を別の領域に置き換えることである。その領域こそ、計量単位による支配であり、それは重装歩兵革命に対応する社会的なものの整序を意味する。そこから生じたのはいわゆるギリシャ都市なるものではない。そこから初めて平等主義（重装歩兵の共和国という理念的図式）の最初の芽が吹き出したのである。

通貨を通じて権力を奪取し戦争に勝利するという通貨戦争を行なう権力によって、経済は初めて政治的なものになったのである。国家、権力、戦争の機能を「経済的下部構造」という最終審級による決定に帰するマルクス主義的経済主義に対するフーコーの批判的まなざしをここに見て取るのは簡単だろう。

僭主制というかたちでしかないにせよ、それによって内戦が回避されたことで、通貨（ノミスマ）はこの新しい組み合わせから解放された。しかし都市国家（ポリス）の法的・政治的構造としてのノモス（すなわち万人が服する「法」）が抽出されることになるのはここからなのである。約二〇年後、「債務により奴隷に転落した貧民」と「家のなかまで暴力につけ回される」有産階級の住むアテネにおいて、キュプセロスの戦術とは正反対でありまた補完的でもあるかたちで、ノモスとエウノミア（「良き支配」あるいは良き市民組織）が「権力の公正な分配」として確立される。フーコーはこう述べている。「ソロンの確立したエウノミアは、（イソノミア〔法の前の平等〕において）要求されていた富の分け前を政治権力の分配に置き換える、という手法のことである。要求されたのは土地だが、かわりに権力を与えたのである。エウノミアの手法によって富と置き換えられた権力〔……〕。ソロンは〔キュプセロスとは〕逆に、富を配分しないで済むよう、ある程度まで権力を分配したのである」*11。

しかし、フーコーがさらに説明するように、ノミスマとエウノミアのあいだには時代差ではなくむしろ連続的な相互補完性があり、総体的な効果は同一である。「金持ちが経済的犠牲を強いられたとき、通貨は主役の座についており、そのおかげで僭主を介した権力維持が可能になる。金持ちが政治的犠牲を強いられたとき、エウノミアのおかげでかれらの経済的特権の保全が可能になるのだ」。とすれば「ソロンの改革」なるものは、富の経済的再配分に応じた政治権力の再分配以外の何であろうか（四つの納税階級）。だが権力が民主的形態をとる新たなシステムでは、最貧民まで含めたすべての市民が統合されてしまうために、そのことが見えなくされてしまう。権力はもはや誰かが排他的に所有しているのではなく「全員に属するものであり」、富の分配のかわりに権力の分配というかたちで内戦を政治的に排除し続けることによって「〔……〕すべての市民に対して恒常的に行使されることになる」。したがって、全員が異なるメカニズムと秩序に従わねばならなくなり、「権力にしがみつきすぎたものは都市国家によって罰せられ、富

---

*9 Michel Foucault, *Leçons sur La Volonté de savoir, op. cit.*, p. 132 (leçon du 24 février 1971)〔フーコー『「知への意志」講義』、一八二頁〕。

*10 *Ibid.*, p. 134〔フーコー『「知への意志」講義』、一八四頁〕。

*11 *Ibid.*, p. 152 (leçon du 3 mars 1971)〔フーコー『「知への意志」講義』、二〇八頁〕。

にしがみつきすぎた者はゼウスの罰を怖れねばならない」[12]。なぜなら市民集会への参加が禁じられない範囲での各人の貧困や富を決定するのは、「偶然、幸運、運命あるいは神々」だからである。ソロンの統治下で、エウノミアという民主的な「良き法制度」によって可能になったのは、債務奴隷の廃止とそれに伴う債務者に有利な通貨価値の調整操作を[13]、最大多数（ポロイ）の要求する債務の帳消しと土地の全面的再配分（イソノミア、つまり「平等な取り分」の再配分）へと置き換えることであった。ここでは通貨は「全員に再配分された権力のシミュラークル」のように展開されるが、「他方でいくばくかの経済的犠牲によって何人かの掌中にある権力の維持を保証する。アテネ人が手にしたフクロウの刻印のある四ドラクマ銀貨は、誰か別の人間が握っている権力のシミュラークルをほんの一瞬輝かせただけである」[14]。この権力は、法的には（ノモスの法では）万人に共有されている。そしてその万人は、エウノミアにおける各人の持ち場において、輸出と植民地開拓へ向かう手工業と商業の発展へと（不）平等なかたちで鼓舞されていくのである[15]。このことは戦争の概念そのものを変化させることになる。戦争が海戦（島々と海上ルートのコントロール、国家が資金拠出する艦隊の特権的地位）と拠点攻略（「攻城術」や軍事技術、傭兵制の発展）に向かう時代では、戦争概念は市民からなる重装歩兵モデルとは切り離されてしまう。ペロポネソス戦争以降、恒常的に続くあらゆる手段を行使する戦争において、アテネの帝国主義と軍隊の専業化は軌を一にして進む。「戦争のコストはますます跳ね上がり、技を競う精神は殲滅への意志に取って代わられ、他方で『奇襲』『特攻』『ゲリラ』戦が〔……〕戦闘と並ぶ位置を占める」[16]。だが、国内の戦争は絶えず、アリストテレスの批判する通貨による貨殖論を用いた権力の再配分と財の再分配のサイクルへと回帰する。アリストテレスによれば、それはただひたすら「通貨の獲得それ自体を、つまりは通貨の獲得を無限に」[17]追求する。それによって（富の過剰ないし貧困の過剰が）「多すぎもせず、少なすぎもせず」という、政治と経済を繋ぐソロンの規範原則を瓦解させてしまう。もちろん、ソロンの規範原則が金持ちと貧民のあいだの断絶を別のかたちに移動させるためのフィクションであったことは、すでに十分見てきた通りである。残る課題は、ソロンの言う「多すぎもせず、少なすぎもせず」を排除することが、ある種の原始的資本主義（手工業的、商業的、軍事的）を触発しかねない資本化に対し、どのような役割を果たしたのかを測ることである。

内戦の排除を可能にする経済の通貨化は、じつはポリスとその諸制度に致命的な危険をもたらす。というのも、通貨にはダイレクトに経済的な捕獲作用があり、そのおかげで通貨は「無制限」の領有化と蓄積を誘発し解放することになり、この「無制限」のゆえにつねに「過度の富と過度の貧困」が激化する危険が生じるからである。このような通貨の脱領土化の力能に対しては、一群のコード化によって政治的・宗教的・道徳的・社会的制限を課すことで、その力を排除せねばならない。

「資本主義が普遍的真理であるとすれば、それは資本主義が」、資本主義より前から存在し、（諸々の制度や法、主体化の様式を解体する）通貨という脱コード化された流れと遭遇した「すべての社会構成体にとってのネガである、という意味においてである[*18]」、というドゥルーズ／ガタリの言葉の意味をここで確認しておこう。この流れとは内部からの圧力に押されて外部から訪れた死（ここではギリシャ都市の消失）

---

*12　*Ibid.*, p. 152-154〔フーコー『「知への意志」講義』、二〇八～二一一頁〕。

*13　プルタルコスの説明によると、ソロンは「それまで七〇ドラクマとされていた一ミナを一〇〇ドラクマと定めた。これにより債務者は数字の上では同じ額を返済したことになるが、実質はそれ以下の額しか返済しておらず、結果的に債権者に被害を与えることなくかなりの儲けを得た」(Plutarque, *Solon*, 15, 2-4)〔プルタルコス『英雄伝　1』（柳沼重剛訳、京都大学出版局、二〇〇七）、「ソロン」第一五節〕。

*14　Michel Foucault, *op. cit.*, p. 155 (leçon du 3 mars 1971)〔フーコー『「知への意志」講義』、二一二頁〕。

*15　フーコーはソロンの改革の「経済的諸側面」という見出しでまとめている。

*16　Pierre Vidal-Naquet, « La tradition de l'hoplite athénien », in *Problèmes de la guerre en Grèce ancienne, op. cit.*, p. 173.

*17　Michel Foucault, *op. cit.*, p. 138〔フーコー『「知への意志」講義』、一九〇頁〕。アリストテレスは「共通の尺度は通貨であるとする一般的見解」に反対していたことを想起されたい。「通貨は中名辞であるかのように振る舞っているがじつはそうではない」(Aristote, *Éthique à Nicomaque*, 1133a 27)〔アリストテレス『ニコマコス倫理学』（高田三郎訳、岩波書店、一九七三）、一一三三a節二七行〕。

を象徴する現実的境界線のことだとされている。資本主義は、通貨の無制限性を自らの組織化原理そのものとする唯一の社会構成体である。それゆえ、資本主義との関係で歴史全体を遡及的に読み直す可能性も芽生える。この場合、資本主義は制限なき蓄積をその内的な原動力に変えることを特徴とする。これにより、資本による逸脱が規範化される、という意味で、価値化が無限に行なえることになる。そしてこのことによって国家は通貨管理という、いっそう重要性を増す役割を担うようになる。国家は、まさに蓄積の「矛盾」の存するところで、自らを内在的なものに変成すべく再始動することになるのである。

フーコーの通貨制度論をドゥルーズとガタリがニューディール政策と対比して論じるようになったのも、ここから説明できる。「それはあたかも、国家の課す重税は取引には好都合である、という、アメリカ人がニューディールによって再発見した事実を、ギリシャ人がかれらの流儀で発見していたかのようであった」[19]。というのも、税こそが国家に対し、「階級権力」を保全しつつ、経済と政治の両面の再配分を行なう手段を与える抽象化と浸透能力という力能を付与して、「経済を通貨化するからである」[20]からである。そしてこれこそまさにニューディールの問題だったのである。ニューディールでも資本主義はその延命のために、交換と生産の流れの絶対的脱領土化という本来の傾向に背くことを強いられる危機的状況のなかで、前代未聞の資本の修正主義を立案して（とはいえ、何とはかないものであったか）同様の手法を投入せざるを得なかったのである。

コリントスに寄り道したのは、経済サイクルと戦争と軍隊の関係をより一般的に明確化するためであったことも忘れてはならない。国家は戦争機械を専有するが、それはプロの軍隊に衣替えすることによってではなく、むしろ生産、税制、技術革新、科学、そして雇用といったサイクルに統合することによって果たされるのである。

軍隊と戦争は、政治的な権力組織と資本の経済サイクルを統合する構成要素である。われわれは本書を通じてそのさまざまな機能を描いていく予定である。言ってみれば、資本の戦争政策としての経済学である。

権力の流れがなければ、通貨と資本は空虚な（経済的）「抽象」である。そしてその流れの最も脱領土的な様式を構成しているのが戦争と内戦である。商品経済は何の自律性も持っていないし、これらの流れの持つ力能から独立した自立的存在としての可能性さえ持っていない。通貨の「経済的」機能（単位、退蔵、一般等価物、支払手段）は、破壊／創造の流れに依存しており、その流れは企業家の活動というシュンペーター的な協調的定義とはまったく別のところに根拠を持つ。戦争をその絶対的形式とする戦略的権力の流れに支持されていなければ、貨幣は資本としての自らの価値を失うのである。

生産手段の接収と力の行使手段（戦争機械）の専有化とが、資本形成と国家構成という、並行して発展する両者にとっての条件である。資本家による価値の蓄積と独占、国家による力の蓄積と独占、この二つが互いを支え合う。外部に対する戦争（対植民地および国家間）の遂行と、内部においては国家による内戦と主体性の戦争の遂行。これらなくしては、資本はけっして構成されえなかっただろう。逆もまた然り。資本による富の捕獲と価値化が行なわれていなければ、国家は何もかもが軍隊組織を基礎に構成されている「絶対的な権力」としての役割を遂行することはできなかっただろう。

資本の論理は無限の価値化の論理であり、それは力の蓄積つまり権力の持続的な蓄積をもたらすが、その権力は単に経済的なものではなく、闘争状態にある諸階級の力関係に則った戦略的な知を伴った権力なのである。

★18 Gilles Deleuze, Félix Guattari, *L'Anti-Œdipe*, Paris, Minuit, 1973, p. 180［ジル・ドゥルーズ、フェリックス・ガタリ『アンチ・オイディプス』（宇野邦一訳、河出書房新社、二〇〇六）上巻二八七頁］。

★19 *Ibid.*, p. 233-234［前掲書、上巻三七三頁］。『千のプラトー』にも同じ指摘がある。「租税はとくに利潤やレントに関して生産的でありうる、と資本家たちが気づいたことが、資本主義にとって重要な瞬間であった」（*Mille plateaux*, Paris, Minuit, 1980, p. 554）［『千のプラトー』下巻一九一頁］。

★20 Gilles Deleuze, Félix Guattari, *Mille plateaux*, *op. cit.*, p. 553［ジル・ドゥルーズ、フェリックス・ガタリ『千のプラトー』（宇野邦一他訳、河出書房新社、二〇一〇）下巻一九〇頁］。

第2章

本源的蓄積は続いている

L'accumulation primitive continuée

> 資本主義の時代に開花した本源的蓄積のさまざまな様式は、おおむね時系列順にポルトガル、スペイン、オランダ、フランスそしてイギリスへと分化し、最終的には一七世紀の最後の三〇年間ほどのあいだに、植民地体制、公的信用、近代的金融そして保護主義システムを包括するシステム群に統合されたものに育っていく。それらのいくつかは暴力的な力の行使に依拠しているが、そのどれもが例外なく、封建的経済秩序から資本主義的経済秩序への移行を暴力的に加速させ一足飛びに事を進めるために、国家権力つまり集約化され組織化された社会的力を活用している。そして事実、力こそ現存の旧社会全体の産婆なのである。力は一個の経済的主体である。
>
> カール・マルクス、『資本論』第一巻第七部

『資本論』の本源的蓄積にあてた箇所で、マルクスは資本主義を生み出した脱領土化の二つの力能を完璧に描きだしている。一方には征服戦争、つまり新世界の「処女」地を侵略し領有化するという暴力がある。他方には、信用、公的債務（「公的信用、これこそ資本の信仰宣言である」[*1]）があり、欧州諸国家がそれを支持、維持し組織化した。マルクスにとって、これら二つの力能は資本の前提条件を構成しているに過ぎず、革命技術の進歩的な物質的基盤となる生産諸力が発展するに従って、「産業資本」によって乗り越えられ、再構成される運命を辿るべきものだった。この弁証法の基礎には、ブルジョア「革命」への移行にほかならぬ（国家レベルでの）資本主義への移行こそ「革命の名に値する」経路である、という考えがあ

るが、これに対しては、われわれが最初に提示した論拠——戦争と信用こそ資本主義の歴史を通じてつねに資本の戦略的武器であり続けている——をもとに異議を唱えておこう。資本主義はそういうものであるがゆえに、本源的蓄積とその全地球的な脱領土化の力は、あらゆる存在を支配し商品化するプロセスをより巧みに追求するべく——それをできる限り加速させることで——自らを反復し差異化することをやめないのである。言い方を変えれば「周縁部においても中心部においても」本源的蓄積とは資本主義そのものの継続的創造にほかならないのだ。

資本主義は初めから世界市場である。だから、資本主義は経済‐世界として分析するしかない。マルクスがまず、戦争、征服そして侵略によって生まれた最初の大規模な脱領土化の持つ（＝資本にとっての）主要な意義[★2]を表わすために、「本源的蓄積」と呼んだものは、当時「発見」された「新世界」においても（外部の植民地化）、欧州（内部の植民地化）においても、同時に展開されていた。というのも、国際プロレタリアの階級構成を貫く分割・差異化・不平等といった戦略が依拠する、性や人種、年齢、文化のヒエラルキーを固定化することなしには、「本源的蓄積」は資本主義の経済的条件や、今日《こんにち》まで続く世界を北と南に分断する地政学的な労働の国際的分業を創造しえないからである。

それゆえ、一五世紀から一六世紀、イギリスで土地領主と勃興しつつあるブルジョアジーとが、共有地を私有化するべく農民、職人、日雇労働者に対して内戦を勃発させた時点から出発して、蓄積戦争を説明する標準的な典拠を、その内実と拡がりの両面から再考する必要がある。国内生産を支える村や家庭とい

★1 Karl Marx, *Le Capital*, livre I, section VIII, chap. XXXI, in *Œuvres*, t. . I, Paris, Gallimard, « Bibliothèque de la Pléiade », 1962, p. 1217〔カール・マルクス『資本論』、『マルクス＝エンゲルス全集』（大内兵衛、細川嘉六監訳、大月書店、一九六五～一九六七）、第二三巻b、九八四頁〕。この続きは以下のようになっている。「こうした準備期間が過ぎると、公債に対する信仰の欠如が、聖霊に対する唯一の許しがたい罪とされるようになる」。

★2 原罪について触れた有名な一節は以下である。「政治経済学における本源的蓄積は神学における原罪とほぼ似た役割を演じる」（*Le Capital, op. cit.*, p. 1167）〔マルクス『資本論』第二三巻b、九三二頁〕。

った共同体構造の破壊、食糧生産の放棄、農園の接収により、人民は貧困に追い込まれ、増加していく根無し草たちは物乞いや浮浪者生活を強いられる。かれらに残される選択肢は、絶滅か、それともかれらを強制的に賃金生活へと送り込む規律訓練か、そのどちらかでしかない。同時に、エンクロージャー、土地集中そして土地所有者の再編はヨーロッパ全体で進展し――それはマルクスも紙幅を割いて論じた「血まみれの諸法」に支配されたヨーロッパであり、この諸法こそが奴隷労働を復活させることになったのであって、[*3]強制労働の枠組みとしての収容が一般的に行なわれるようになったのはその後である――、さらに「アメリカ」の「無主地」を専有することで、この進展はさらに加速させられる。征服、つまり「荒地」の農業開拓とセットになった天然資源や鉱山資源の富の略奪は、現地民のジェノサイドに道を開くことになる。それによって生じた「空白」[*4]は、「アフリカを黒人狩りを行なうための商業的な一種の禁猟区のような状況に変えること」によって可能になった奴隷交易によって穴埋めされる。「これこそ資本主義の時代の黎明期を告げる本源的蓄積の牧歌的プロセス」[*5]であり、また今もそれは続いているのである。さらに「機械、信用等々と並んで、直接的な奴隷労働はわれわれの現在の産業主義の主軸である」と、マルクスは一八四六年の書簡に記している。[*6] それゆえに本源的蓄積は、こうしたプロセス全体の資本主義的結合と思われがちである。だがこれらのプロセスは、人類学的戦争とでも言うべきかたちで内部から外部へ向かう暴力の無際限の増加とも無縁ではない。そしてこの人類学的戦争はかなり早い段階から〝鎮圧《パシフィカシオン》〟と名付けられているのである。[*7]

　信用の流れ、公的債務（「本源的蓄積の最もエネルギッシュな主体として」機能している）そして征服戦争、これらが直接的に世界と結びついた脱領土化のプロセスにおいて相互に結合し、強化しあう。「公的信用システム、つまり公的債務のシステム」がヨーロッパに決定的に侵入し、他方で「植民地体制はその海上貿易および商業戦争を通じて、システムにとっての温室のように機能する」。戦争と信用の密接な関係、さらには財政上の必要から、前者の持つ『大砲と帆船』[*8]の錬金術的な力を投影して後者を創造すること、これらが一四九二年以降飛躍的に発展する蓄積のプロセスの世界的な構造を規定するのである。

（アメリカの発見以前は「ヨーロッパ人はいかなる面でも非ヨーロッパ人に優越してはいなかった」とJ・M・ブラウトは力説している）。[*9] 金融の起源はもとを辿れば商人か金貸しであったかもしれないが、と

★3　エドワード六世の名で一五四七年に布告された法をここで考えてみよう。この法によれば、三日間働かなかった人間は放浪罪の現行犯と見なされる。判事は「即座にこの無益な輩に焼けた鉄でVの字の焼き印を押し、生かしておくよう配慮して紹介者［要は告発者である］に与えねばならない。当該人物は紹介者の奴隷となり、当該の奴隷は紹介者自身あるいは紹介者の代行人ないし奉公人が二年間自由に扱える」。逃亡した者には身体罰、新たなSの字の焼き印、永久奴隷の罰が宣告される。さらに逃亡をくり返した者は死刑である。Cf. Borislaw Geremek (éd.), *Truands et misérables dans l'Europe moderne (1350-1600)*, Paris, Gallimard/Julliard, 1980, p. 98-99.

★4　一五四二年に始まったスペインの植民地化による諸影響の恐ろしい一覧については以下を参照。Las Casas, *Brevísima relación de la destrucción de las Indias* ［ラス・カサス『インディアスの破壊についての簡潔な報告』（染田秀藤訳、岩波書店、一九七六）］。

★5　Karl Marx, *Le Capital, op. cit.*, p. 1212-1213 ［マルクス『資本論』第二三巻b、九八〇頁］。

★6　Karl Marx, lettre à Annenkov, 28 décembre 1846 (*Œuvres*, t. I, *op. cit.*, p. 1438) ［カール・マルクス「書簡集」、『マルクス＝エンゲルス全集』（大内兵衛、細川嘉六監訳、大月書店、一九七一～一九七五）、第二七巻三九五頁］。

★7　ツヴェタン・トドロフは「インド」に関するスペインの勅令をほぼ文字通りに再録してこう書いている。「征服を止めるべきなのではない。『征服』という語を使うのを止めるべきなのである。『鎮圧《パシフィカシオン》』という語が同じ事態を示しているのだから」（*La Conquête de l'Amérique. La question de l'autre*, Paris, Seuil, 1982, p. 220 ［ツヴェタン・トドロフ『他者の記号学――アメリカ大陸の征服』（及川馥、大谷尚文、菊地良夫訳、法政大学出版局、一九八六）、二四二頁］）。

★8　Cf. Carlo M. Cipolla, *Guns and Sails in the Early Phase of European Expansion, 1400-1700*, Londres, Collins, 1965 ［C・M・チポラ『大砲と帆船――ヨーロッパの世界制覇と技術革新』（大谷隆昶訳、平凡社、一九九六）］。

★9　J.M. Blaut, *The Colonizer's Model of the World: Geographical Diffusionism and Eurocentric History*, New York, Guilford, 1993, p. 51.

にもかくにも金融はここで表に出せない新たなターニングポイントを迎え、それがすべてを変えたのである。『資本論』にはこう書かれている。「公的債務によって、国際的な信用システムが誕生した。しかしある人びとにおける本源的蓄積の出所の一つは、往々にして隠匿されている。〔……〕今日《こんにち》アメリカで出生証明書なしに誕生しつつある多くの資本は、昨日のイギリスで資本化された工場から生まれた血以外の何ものでもない」[*10]。

さらにもとを辿れば、リヴァプールやマンチェスターの工場や銀行のレンガはアフリカ人の血で固められている、と言えよう。金融は数学により最高度に洗練されたが、その背後にはつねに「銀行家、金融業者、金利生活者、仲買人、両替商、山師、ハイエナ」がいるのだとマルクスは書いている。

1……戦争対女性

インターナショナル・フェミニズム・コレクティブによる取り組みとして、イタリアおよびアメリカの一九七〇年以降の研究を体系化する作業が行なわれた。その一冊の著作でシルヴィア・フェデリーチは、ヨーロッパの女性の運命とヨーロッパによって植民地化された人びとの運命とを大胆に関連づけている。タイトルは『キャリバンと魔女』[*11]。シェイクスピアの『テンペスト』と、その登場人物たるキャリバンの人間性を、反植民地主義の見地から再考する、という閃きから生まれたこのタイトルは、マニフェストと呼ばれるにふさわしい。彼女がこの著作で説明するように、資本主義の誕生は貧者に対する戦争である、と言うだけでは話は収まらない。資本主義の誕生には「女性に対する戦争がつきものなのだ」[*12]。その目的は、女性たちを社会的労働分業に、さらにはあらゆるかたちでの人間関係の〝エンクロージャー〟に従属させるためである。これらはともに、労働力の生産と再生産における分業を蓄積する新たな性的秩序を通じて行なわれる。女性の蔑視と悪魔化（「悪魔の花嫁」）、女性が受け継いできた知の破壊、避妊と「魔術的」治療行為の犯罪化。こうして、女性は自らの身体をコントロールする権利を奪われる。それは今や男性の所有物となり、そのことを国家が保証する。それはどこか総動員体制にも通じるところがある。[13] かくして、生物学的、経済学的そして「情動的」な労働力の再生産を女性に割りあてる諸条件が規定される。「非生産的労働」、古典経済学者や少なからぬマルクス主義経済学者は、そうもったいぶって説明する。なぜならそれは資本による価値化の前段階に位置するからであり、結果として不払い労働であり、天然資源や共有財のたぐいに位置づけられるからであるが、しかしそれは営利主義が猛烈に促進する出産奨励的、家族主義的な生政治の枠内でコントロールされている。マリア・ミースに倣って女性の不払い労働（男性労働者がその利益を専有することとセットである）と奴隷の強制労働を比較し、さらには「女性に対する戦争」が規律訓練を目的とする新種の父権主義、賃金労働父権主義に組み込まれるかたちを研究する、という方向にシルヴィア・フェデリーチが打ってでることができたのは、このようなわけによるのである。[14]

*10 引用はすべて『資本論』第一巻第二一章から。モーリス・ドッブの定式も改めて引いておこう。「蓄積プロセスの本質は他者からの収用接収であって、何がしかの特別な富を資本家が獲得しただけでできることではない」(Maurice Dobb, Paul M. Sweezy, *Du féodalisme au capitalisme : problèmes de la transition*, t. I, Paris, Maspero, 1977, p. 91［ポール・スウィージーほか『封建制から資本主義への移行』（大阪経済法科大学経済研究所訳、柘植書房、一九八二）、六八頁］。

*11 Silvia Federici, *Caliban et la Sorcière* (2004), Genève, Entremonde, 2014［シルヴィア・フェデリーチ『キャリバンと魔女――資本主義に抗する女性の身体』（小田原琳、後藤あゆみ訳、以文社、二〇一七）］。この著作の第一版はこれより一〇年前にイタリアで出版されている。以下を参照。*Il Grande Calibano. Storia del corpo sociale ribelle nella prima fase del capitale*, Milano, Franco Angeli, 1984.

*12 Silvia Federici, *op. cit.*, p. 23［フェデリーチ『キャリバンと魔女』、一八頁］。

*13 ミシュレはこう指摘している。「魔法使い、とくに魔女は唯一無二の医師であった」(*La Sorcière* [1862], Paris, Julliard, 1964, p. 110［ミシュレ『魔女』（篠田浩一郎訳、岩波書店、一九八三）、上巻一七九頁］)。

*14 「男性労働者は形式的には新しい賃労働制度によって初めて自由になったとしても、資本主義への過渡期にあって奴隷の状況へ最も近づいた労働者集団は労働者階級の女性たちであった」。生産と再生産の分離によって「未払い労働の賃金を蓄積の手段とする資本家特有のやり方が広まること」が可能になったのである(Silvia Federici, *op. cit.*, p. 199, p. 148［フェデリーチ『キャリバンと魔女』一一二頁］)。

「魔女狩り」は数十万に及ぶ処刑が行なわれたことで、中世末期から遂行された女性の自律と自由に対する戦争の最も血なまぐさいエピソードになった。[15]「魔女狩り」は「心性史」に属する中世的な神の忌まわしいしるしではなく、資本の狂宴にほかならなかったのである。

「宣教」という軍事遠征は、「君主権でも司牧権でもない」[16]、「統治技術」の最も日常的な機能のおかげで、魔女狩りを新世界に輸出することができたのである。他方で、「インディアン〔先住民〕」たちの抵抗のために「良き野蛮人」[17]の神話に終止符が打たれ、土着民の反抗に密接にかかわった女性たちこそ植民地体制にとって本質的な危険なのだ、とされることになる。（土着民はキャリバンであってかれの母シコラクスではないが、しかし「魔女」シコラクスが、のちにラテンアメリカの革命家たちにとっての英雄となる息子にどれだけの権威を持ち、影響を及ぼしたかについて、シェイクスピアは余すことなく描きだしている）。逆に、はっきり確定されている時系列を乱すことを怖れずに言えば、貧者に対する断罪の狂乱に身を投じたわれらがいにしえのヨーロッパでプロテスタントの虐殺に影響を与え、また長きにわたって（乱交と人肉食の咎での）魔女狩りにヒントを与えていたのは、野蛮人の絶滅という政治戦略だったのかもしれない。[18]より広い文脈では、一六世紀終わりから、「植民地での実践が西洋の法的・政治的構造に対するある種の回帰的効果をもたらしていた」ことをミシェル・フーコーが立証している。フーコーはこう説明する。

> 植民地化によって、関係する政治的・法的な技術や武器を介してヨーロッパ・モデルが異大陸へと持ち込まれたことはもちろんだが、しかしそれが西洋の権力メカニズム、権力の装置、制度、技術に数多くの回帰効果を及ぼしたことも忘れるべきではない。西洋に一連の植民地モデルが持ち込まれたのだ。そしてそれらによって、西洋は植民地化、つまり国内植民地化に相当するものを自らに向けても行使することができたのである。[19]

ナショナリズム、人種差別、性差別の歴史的な相互作用のサイクルがもたらす展開、迂回、そして回帰的効果はこのようにあらゆる意味で、資本主義を通して世界を永続戦争のなかに組み込む全世界的な力能の構成要素となっている。この永続戦争こそ、資本主義のヴェクトルでありテンソルなのである。この全世界性という性格は、生権力の諸々の「テクノロジー」なしには生まれなかっただろう。また資本主義の登場という、植民地をその実験場の一つとして出現した資本主義の現代的生政治を考察することによって、「進歩主義的」と思われていたこの移行の実態を生々しく浮かび上がらせることができるのである。これは断続的連続という言葉でよりよく言い表わすことができるだろう。

★15　この最後の点についてはフェデリーチのほかに以下も参照。Maria Mies, *Patriarchy and Accumulation on a World Scale*, Londres, Zed Books, 1986, en part. p. 78-81［マリア・ミース『国際分業と女性——進行する主婦化』（奥田暁子訳、日本経済評論社、一九九七）、とくに一一五～一二一頁］。

★16　Michel Foucault, *Sécurité, territoire, population. Cours au Collège de France (1977-1978)*, Paris, Gallimard/Seuil, 2004, p. 242 (leçon du 8 mars 1978)［ミシェル・フーコー『安全・領土・人口——コレージュ・ド・フランス講義　1977～1978年度』（高桑和巳訳、筑摩書房、二〇〇七）、二九四頁］。

★17　アメリカという「幼い世界」の断末魔については、モンテーニュの『エセー』の「馬車について」を思い浮かべるかもしれない。

★18　Cf. Luciano Parinetto, *Streghe e Potere: Il Capitale e la Persecuzione dei Diversi*, Milano, Ronconi, 1998, p. 22 :「インディオたちが旧世界の外部の魔術師のように扱われており、他方で旧世界の魔術師たちは新世界で実験された絶滅の技術を用いることで抹殺された。つまり、旧世界で構築された権力に対立した者は皆、ヨーロッパにおけるインディオとして扱われたことになる」。ジャン・ボダンは政治経済学の「先駆者」であると同時に悪魔憑きについての論考の著者であり、きわめて近代的な「統一的」着想を提示した主要な一人であった。

★19　Michel Foucault, « *Il faut défendre la société.* » *Cours au Collège de France* (1976), Paris, Gallimard/Seuil, 1997, p. 89 (leçon du 4 février 1976)［ミシェル・フーコー『社会は防衛しなければならない——コレージュ・ド・フランス講義　1975～1976年度』（石田英敬、小野正嗣訳、筑摩書房、二〇〇七）、一〇三頁］。強調は引用者。

2…主体性の戦争と多数派のモデル

『安全・領土・人口』と題されたコレージュ・ド・フランスでの講義で、フーコーは戦争の意味、さらには本源的蓄積の初期に用いられていた戦争の類型論を拡大しようと試みている。このために、かれは封建主義から資本主義への移行を印す「巨大な社会闘争」の、一般には語られることのなかった一側面に注意を向けるよう求めている。そのうち、「農民闘争」（一五二四〜一五二六）は最も注目すべきエピソードの一つである。

この「移行」こそ、主体化の様式そして行動の教導を争点とした、ある特殊な戦争の劇場であった、とフーコーは見ている。キリスト教の「司牧権」とは、諸個人の行動をコントロールする主体的権力（「個人となるためには主体とならなければならない」――それも言葉の持つすべての意味で主体とならなければならない）を行使するものであったが、それが「対抗‐教導の逆襲」、つまり「教導への反乱」によって危機的状況に陥る。フーコーはそれらを、新しい経済条件と行動の統治に対する「司牧的反抗」と形容している。「魂の統治」から「人間の政治的統治」への移行は、司牧的機能が教会から国家へと移転しただけで成立するわけではない。精神的なかたちでの諸個人の行動のコントロールが強化される（宗教改革も反宗教改革もともに「過去をはるかに上回る、諸個人の精神的・物質的生活の捕捉[*20]」を行なっていた）と同時に、時間的有効性も拡大された。これは「公共物の政府管理[*21]」という措置によって導かれたもので、人びとを規律訓練し、そして強制労働へ動員するべく、労働と富の新たな神学的倫理を打ちたてる。

かくして、吝嗇ではなく怠惰こそが大罪とされることになる。それは「規律訓練の低下」と「風紀の緩み」の結果であり、無秩序から秩序への変化によって減少させねばならないものである。これはまた、フーコーが『狂気の歴史』で強調するように、「強制収容と労働要求の関係は、経済的条件によっては〔……〕完全には定義はできない[*22]」ことをも説明してくれる。というのも、労働の要請が経済的かつ道徳的なものとしてこの両者が分かちがたく結びついたものになるために、この要請は無数の抵抗と衝突するのであり、それゆえ民法と道徳的義務を結びつけなくてはならなくなったからである。

ヨーロッパおよび新世界において、主体性の戦争の持つ重要性およびその根本的性格がはっきりと現われるのは、本源的蓄積が引き起こす破壊においてである。その破壊は生活の物質的条件のみならず、実存的な領域、価値観の世界、植民地化された人びとや「文明化された」世界の貧者たちの「主体的生活」の根本にある宇宙観や神話にまで及んでいる。脱領土化は植民地化された人びと、女性、そしてプロレタリアから、ドゥルーズとガタリの表現を借りれば「非‐有機的」な生のあり方を剥奪した。だがこの表現は、フーコー的な分析に向けて転用せねばなるまい。というのは、生権力が、人類という種の「生物学的」諸条件（出生率、死亡率、健康等々）の管理機関として、国家を通じて生に許認可を下すことが可能なのは、本源的蓄積がそれ以前からこの「主体性」の次元の破壊の主体であったからにほかならないからである。主体性の戦争とは、資本をその「主体としての」面から「補塡」をする、というものではなく、女性、狂人、貧者、犯罪者、日雇い、労働者等々に対して仕掛けられた諸々の戦争の最も「客観的」な特殊性を構成するものなのである。それは敵を「解体する」（国家間戦争の古典的概念に沿って和平案を有利にすすめる）だけにとどまらない。なぜなら、それが意図しているのはまさに主体性の「転換」であり、資本の蓄積とその再生産の論理に、人びとの振る舞いや行動の形態を適応させることだからである。

この意味で、主体性の生産は資本主義による生産の筆頭に置かれると同時に、戦争と内戦の主要な対象

★20 Michel Foucault, *Sécurité, territoire, population, op. cit.*, p. 235 (leçon du 8 mars 1978)［フーコー『安全・領土・人口』、二八五頁］。この回の講義の冒頭全体を参照のこと。ロシア革命に至るまでの「振る舞いの反乱」という問題が提起されている。

★21 *Ibid.*, p. 242［前掲書、二九三頁］。

★22 Michel Foucault, *Histoire de la folie à l'âge classique* (1961), Paris, Gallimard, 1972, p. 85［ミシェル・フーコー『狂気の歴史――古典主義時代における』（田村俶訳、新潮社、一九七五）、九一頁］。

でもある。主体性をフォーマット化することがその戦略的争点であり、われわれはそれを資本主義史のあらゆる箇所に見いだすことになろう。「主体性の戦争」という語を、われわれはフェリックス・ガタリから借用している。かれにとってそれは、資本の生産、消費、そして再生産に必要な主体性の「フォーマット化」と「操縦」という、諸々の政治的戦争のことである。それらもまた、革命的戦争機械（軍事活動、行動様式、戦略、戦術）の組織化と主体化の諸形態を規定する蜂起や異議申し立てといった運動内部で展開される苛烈な闘争と無縁ではない。ミシェル・フーコーにとっては、それらは抵抗や「別の」主体化の創造の横糸であり、人びとの革命的断絶の経験や、フーコーが考えた最終的変化のなかに再発見することができるものである。[*23]というのも、フーコーにとって「パレーシア」を経由した「戦闘的生」という倫理への移行は、それ自体が「他者l'autreとの戦争[*24]」だからである。

本源的蓄積（魔女狩りの際まで含め、この語の最も厳密な意味における[*25]）の中心にある暴力的な脱領土化と、それに伴うグローバリゼーションのプロセスは、それゆえつねに主体性の戦争と分かちがたく結びついている。人類、男性、白人、成人による「多数派のモデル」の構築は、女性をジェンダー的な性の少数派に変え、植民地化された人びとを人種の少数派に変える。これが、新世界の諸植民地とヨーロッパにおいて必然的に同時発生した戦略的布置であった。これについて人びとは「多様性がサタンにすばらしい富をもたらした[*26]」ことだけをわかりすぎるほどわかっていた。それゆえ、史上最初のヨーロッパの構築は、この恐怖の空間から生まれた〝小さな巨人◆〟の構築にほかならず、それが全世界の「プロレタリア」を継続的に生み出すためのあらゆる戦略的「交易」を促進することになったのである。

多数派のモデルによって確立された権力諸関係および諸々の分割は、本国のみならずその周縁における搾取の諸関係の組織化にもしっかりと組み込まれることになる。というのも多数派（男性）／少数派（女性）のモデルは、ヨーロッパの賃金制度の内部では、階級搾取を利用して拡大する一方で、本源的蓄積による資本主義の継続的な蓄積として機能するものだからだ。

女性に対する戦争が産み落としたのは差異化であり、性差別による労働分業であるが、それは資本蓄積の歴史そしてそれに対抗することになる闘争に対処するための戦略的なものであった。貨幣が行きわたる社会において、女性は男性労働者の給与を通じて間接的なかたちでしか貨幣にアクセスすることができず、男性に対する依存的・劣位的状況に置かれることになる。階級の論理に則って支配される男性賃金労働者が、多数派／少数派モデルの論理に則って支配者となる。賃金とその分配様式は、労働者世界では女性に対する支配と「ブルジョア的」核家族化を強制的に推進する形式と同義になる。そして労働者世界は最も革命的な潮流においてさえ、その決まり文句をくり返すようになるだろう。「アンチフェミニズム・プロレタリア」（テンネッセンの表現に倣う）、結局母であり主婦であるという条件に還元される女性の権利を擁護する労働者。この二つは対をなしている。マリア・ミースの検証によれば、「男性のプロレタリア化は女性を主婦に変えることに基づいている。白人の小市民も『植民地』を持っているのだ。つまり家族と、家庭に収まった主婦である」[*27]。

★23　Michel Foucault, *Sécurité, territoire, population*, *op. cit.*, p. 234［フーコー『安全・領土・人口』、二三四頁］。「目的も争点もまったく違った革命のプロセスにおいてもつねに、振る舞いの反乱という次元、振る舞いの革命という次元が存していたのです」。

★24　Michel Foucault, *Le Courage de la vérité. Le gouvernement de soi et des autres II, Cours au Collège de France (1983-1984)*, Paris, Gallimard/Seuil, 2009［ミシェル・フーコー『真理の勇気――コレージュ・ド・フランス講義　1983～1984年度』（慎改康之訳、筑摩書房、二〇一二）］。

★25　魔術関係の裁判では、「罪人」の財産没収がつきものであり、女性の血を黄金に変える正気の沙汰とは思えない錬金術もいやでも目に入る。魔女狩りの政治経済学たる所以である。

★26　バスクでは「畑仕事に向かない者、下手な職人、手作業に身を入れない者、家事の一つもろくにしない女のように家庭で暇を持て余す女」と言われている。Cf. Pierre de Lancre, *Tableau de l'inconstance des démons, magiciens et démons* (1612), éd. N. Jacques-Chaquin, Paris, Aubier, 1982, p. 72, p. 77.

◆**小さな巨人**　アーサー・ペン監督、ダスティン・ホフマン主演の西部劇で、アメリカ先住民と白人のあいだで苦悩する〝小さな巨人〟とあだ名された白人の男の物語。

★27　Maria Mies, *op. cit.*, p. 110［ミース『国際分業と女性』、一六六頁］。

フーコーのミクロ権力論は、フェミニストの側からの批判もあるが、ここでは、非支配層のもとにも権力が行きわたる仕組みを理解するうえで不可欠の道具であり、したがって「ミクロ政治学」は、この分割、差異化、対立関係の力学を考察するのに格好の領域になる。事実、このように亀裂の走ったプロレタリアの「階級構成」こそが、まぎれもない分子的な「内戦」の発端にあり、それらはいかなるイデオロギー的紛争にも還元できないのである。

アシス・ナンディはインドにおいて、ひとたび新たな「性的アイデンティティの植民地的」ヒエラルキーが確立されてしまえばあとは根本的にはつねに同じ段階を経て進んでいく、イギリス植民者による多数派のモデルの構築方法をみごとに描きだしている。それによれば、インドの両性具有的コスモロジー[*28]を切り捨てていく過程で「男性はつねに女性の上位にあり、女性は男性の内にある女性性よりは上位にある」ことにされる。正常性は男性的・競争的で戦士の精神に突き動かされる成人の「ヨーロッパ的人間」と同一視される。女性的なものは無力なものとして打ち棄てられる。他方で植民地の被支配者は子どもとして「原始的」世界へと追いやられる。これは「発展」(文明化のプロセス)だけが修正できる劣位状態と同義なのだ。

多数派／少数派の権力配置は、内外における植民地化に伴う主体性の戦争を制御する。そして人種、性別のみならず、文明のヒエラルキーをも確立するのである。文明のヒエラルキーについてはカール・シュミットの断定的主張が見事に定式化している。それによれば、インディオは「キリスト教になったヨーロッパが持つ理性に特有の認知的な力を持っていない。〔……〕知的な優越性は完全にヨーロッパの側にある[*29]」。このことはまた、新世界の発見が、ガリレオ的な宇宙の脱中心化を「ヨーロッパを帝国主義的に地球の中心に置き直す」ことによって補正するという「まぎれもない認識論的な出来事」になったのはなぜかを物語ってくれる[*30]。

それゆえ「本源的蓄積」は、最初の(première)(J＝P・ルフェーヴルの翻訳では initiale)蓄積と呼ばれるべきものなのかもしれない。そこにすでに、労働の国際分業が浮かび上がっているからである。

この分業はジェンダー・人種・文明などを含んだ「階級」的なものにほかならなかった。出現しつつある世界経済を、本国の階級闘争と植民地の人種闘争を対置することで単純化してしまうわけにはいかない。なぜならそこには力能と権力の蓄積が関与しているからであり、多数派／少数派という装置は大西洋の両岸においてそれぞれ異なった様態で作動するからである。そこでは性質の同一性と体制の相違が多様なかたちで交錯しているのである。

3…リベラリズムと植民地化——ロックの場合

ジョン・ロックは本当に、政治的リベラリズムの始祖であり、アメリカの伝統の起源であり、「近代的政治経済学の司祭」（マルクス）であるのか。それを検証すべく、かれの知的伝記や学説的資料については多くの研究がなされてきた。フランスではあまり知られていないが、アングロ・サクソンには膨大な文献がある。にもかかわらず、かれの植民地での長いキャリアや、また至るところに「アメリカ」が登場するかれの哲学全体がそのキャリアから受けた影響については、それほど関心が持たれてはいなかった。ロックのリベラリズム——あるいはリベラリズムなるもの自体の研究が、われわれがこれから大まかに粗描しようとしている歴史（ないし対抗史）のなかに、特筆的に豊富化されて組み込まれることになろう。

ロックはカロライナを所有する貴族の秘書であり、かれが起草に加わった憲法の規定により、そこに領地を所有していた。この憲法によれば、「カロライナのすべての自由民は黒人奴隷に対し無制限の権力と

★28 Ashis Nandy, *L'Ennemi intime* (1983), Paris, Fayard, 2007, p. 95.

★29 Carl Schmitt, *Le Nomos de la terre*, Paris, PUF, 2001, p. 133［カール・シュミット『大地のノモス——ヨーロッパ公法という国際法における』（新田邦夫訳、福村出版、一九七六）、一五六頁］。

★30 Matthieu Renault, *L'Amérique de John Locke. L'expansion coloniale de la philosophie européenne*, Paris, Éditions Amsterdam, 2014, p. 23-24.

権威を行使することができる」[*31]とされている。一六七三年以降、かれは通商・植民地委員会の主事を務めているが、同時にいくつかの株式会社の株主でもあった。このうち王立アフリカ会社は黒人奴隷貿易を経営し、西アフリカにおいてはその独占権を獲得していた。

　ロックが熱烈に支持したイギリス流の「農耕モデル」による植民地化は、このきわめて実入りのいい取引の上に成り立っていたのである。これは端的に『統治二論』の第一論の冒頭の記述と矛盾する（「奴隷制は不道徳かつ破廉恥である」[*32]……）。奴隷制を批判したこの記述は、ロックがリベラルな哲学者であるという評価を定着させることに貢献したのだが、そこに矛盾があることは明らかである。「実践における矛盾」と「原則の矛盾」のあいだに、あるいは「強いファシズム」と「弱いファシズム」のあいだに精妙な区別を立てたところで、この矛盾を解消することは不可能だ。むしろここで、植民地的／植民地主義的憲法のなかに文明的人種主義を埋め込んだ〝イギリス人〟の名において哲学的に展開されているのは、リベラル・モデルの普遍主義に内在する矛盾的現実なのである。それはまだ人種という近代的概念が生物学的に――つまりは「科学的に」――確定してない時代であり、当然ロックも参加していた〝王立冒険商人〟のサークルからの圧力を受けながら、プランテーションでの奴隷労働の合法的枠組みが話し合われていた時代である。そういうわけで、このイギリスの哲学者はかれ特有のリベラルな視点のもとで矛盾を感じることなく、公然と政治的「奴隷制」を非難することができたのである。それは当時の絶対君主制がヨーロッパに導入することを望んでいたもので、すべての国民を万人に対する専制によって支配された恒常的な戦争状態に置こうとするものだった。これに対する手短な記述（王は「野獣に堕した」）は、ヨーロッパの諸大国の「重商主義的」対立関係を背景にもっともらしく続けられた、（略奪と強奪という）組織的横領による植民地化という「スペイン的技法」の暗黒の伝説を思い出させなくはない。絶対君主制が非難されていたのはそのゆえにであったからである。つまり、絶対君主制はヨーロッパと最悪の植民地とを混同している、と。そしてそれにより、「頻発する蜂起」がやまないリスク、さらには統治原則そのものを危機にさらすことによって「民衆蜂起」を促すような原則が登場するリスクが生じる、と。共和国第三年（一七九五年）に出版されたダヴィッド・マゼルの仏訳の序言にあるように、ロックの政治プロジェクトは「極論のあいだに落としどころを探す」[33]いかにもソロン的な古典主義的公式によって語られているのである。

いかなる「人間も、契約や同意によって自ら奴隷になる、あるいは絶対的な専制権力に従属することは不可能」[34]であり、だからこそ政治権力や市民社会――『統治二論』第二論の中心部分にあたる章のタイトルに倣えば「政治社会ないし市民社会」――の起源における「同意」によって、人間は「人民」になるのである、とロックは言う。その成員は自らの「自然権」を「共同体」の手に委ねる。この共同体は戦争に訴えることなく「私有財産を保護する」権力によって「コモンウェルス」となる（第七章三八節）。良きヨーロッパ人たるロックにとっても、唯一戦争こそが奴隷制度のまぎれもない条件であった。というのも、かれにとって奴隷制度は「正当な征服者と捕虜のあいだで持続する戦争状態にほかならない」（第四章二四節）からである。自国の人民に対する別のかたちでの戦争の継続であるからこそ「絶対君主制が〔……〕事実上市民社会とは相容れないことが自明となる」としよう。だとするなら市民社会なるものもまた、所

＊31　John Locke, Constitutions fondamentales de la Caroline, art. CX (in *Deuxième Traité du gouvernement civil*, Paris, Vrin, 1967, p. 245)［ジョン・ロック『ロック政治論集』（山田園子ほか訳、法政大学出版局、二〇〇七）、三一頁］。ロックは初稿では「絶対権力」と付け加えている。

＊32　Cf. John Locke, *Premier Traité du gouvernement civil*, § 1［ジョン・ロック『完訳統治二論』（加藤節訳、岩波書店、二〇一〇）、第一論文第一章］、「奴隷制度は人間にとってきわめて有害、悲惨であり寛容の精神にはっきりと背くものであり、紳士はもちろん一介のイギリス人でさえどうすればそれを擁護できるのか想像することも難しいほどである」。

＊33　John Locke, *Avertissement au Traité du gouvernement civil*, éd. S. Goyard-Fabre, Paris, Garnier-Flammarion, 1992, p. 137.「永遠の反乱」や「民衆蜂起」といった表現はこの緒言から引用されている。

＊34　John Locke, *Le Second Traité du gouvernement. Essai sur la véritable origine, l'étendue et la fin du gouvernement civil* (IV, « De l'esclavage », sec. 23)［ロック『完訳統治二論』、第二論文第四章第二三節］。このあとは本文内で第二論文の当該の章・節の参照個所を示す。

有者としての人民にかかわる問題領域である、ということも自明ではあるまいか。かれらにとっては、ヨーロッパの地そしてイギリスへと、アメリカの「黒人」奴隷制度（抑圧されたもの）が回帰すること（植民地の差別化という戦争の手法を用いて、ヨーロッパやイギリスが「繁栄」するということ）こそ政治問題にほかならないのであり、その問題意識がロックを介することでリベラリズムと見なされるようになったのである。そもそも、どうすれば奴隷狩りとその商品化を、「正当な戦争」の権利として位置づけることができるのだろう？　しかしこのような植民地の差別化は、貧者たちの目から見たら、同じ舞台上で生じているまったく相対的な現象に過ぎないのではないか？

誕生しつつある資本主義とその労働概念、私有財産そして通貨は、所有者としての人民のもとに発現するに至る。これらはそのときまで自然状態にあった植民地の被支配者には縁のなかったものだが、かれらはこの自然状態の法を犯しているとされるのである。土地は未開発であり、空き地（vacuis locis）である。なぜなら「いかなる囲いも知らない野蛮なインディアン」（第五章二六節）は、それを「所有」の自然な基礎にあるとされる「人間らしい勤勉さ」や価値化する労働のために利用しないからである。ノマドたちは採集や狩猟で生活する以上、万物に適切な価値を与えるために働いてはいない。かれらは地に実りをもたらせという神の命令とは無縁である。「勤勉かつ理性的なことに利用せよと、神は土地を与え賜うた（そして労働とは土地を所有するための一つの資格である）」（第五章三四節）。それが最初の自然権違反である。個人所有、すなわち人間がその労働によって、限定された仕様の（「きわめてつつましやかな」）範囲で共有物を分離し囲い込むという、土地の排他的な私的所有（proprietas）への違反である。そしてこれはすぐに、少なくとも間接的に、こうした共有されている未開発なアメリカの土地を、エンクロージャー政策を発動させることによって植民地スタイルで専有することを正当化する最初のものとなった。この政策は、権利を持っていない住民（先住民としては当然のことである）から、その同意なしに接収することと以外の何ものでもない（この戦争行為に関して、そしてグロティウスを拠り所とするその理由づけにおいて、[*35]〝空白地〟、〝無人地帯〟という説明原理をヨーロッパによる植民地化から二〇〇年経ってから用いているのだが、そのことはロックの頭に思い浮かばなかったのだ）。

文明の差異がこうも絶対的であることが明らかになってしまえば（「この部族の習俗は〔……〕あらゆる文明の表現とまったく異質である」）[*36]、「自然と調和して」生きているとされる未開人の場所は、自然状態において保護されているとはお世辞にも言えないものになる。自然状態の特徴は、「私的所有」（第五章三五節）[*37]を「権力と司法が完全に相互的である平等状態」と両立させることにある。相手に対し真実と言葉の尊重を課す「約束と物々交換」が、「アメリカの森でスイス人とインディアン」（第二章四節および一四節）のあいだでも行なわれる、というのはいかにもありえそうにない歴史的状況である……。アメリカのヨーロッパ人はこうして自然法を体現するに至るのだが、それは他人のものをわがものにしようとする連中のあいだに行きわたる単なる利害計算以外の何ものでもない。かれらの議論は、こうして土地にすべての価値をもたらす労働について再度触れたままではいいが、そのあと現状に対する説明を引き受けたあたりから、そのアナクロニズムが暴露されていく。アメリカの「広大で肥沃な土地の王はイギリスの日雇い労働者よりも栄養状態、住宅事情、そして身なりが悪い」（第五章四一節）。その理由は、ここで耕された「一エーカーの土地」（ロックはその収益をきっちり五ポンドと見積もっている）と、「インディアンが自分の土地から引き出す〔……〕ここで市場に出せばその一〇〇〇分の一にもならない額の利益」（第五章四三節）の収入差である。インディアンは通貨の創造という、自然状態の究極の段階に進めなかったために、彼我の差を超えられない。「同意というルートを経て」通貨を使用することで、土地は商業財の生産を目的とする資本へと変化する。平等は失われ、そして欲求の満足にはつきものの自然な限界も取り払われて

＊35 Dans le *De Jure Belli ac Pacis*, livre II, chap. 3-4［グローチウス『戦争と平和の法』（一又正雄訳、酒井書店、一九七二）、第二巻第三～第四章］。

＊36 John Locke, *Essai sur la loi de nature*, Caen, Centre de philosophie politique et juridique de l'université de Caen, 1986, p. 45 (cité par Matthieu Renault, *op. cit.* p. 57).

＊37 「人間にとって生の条件には労働と加工する原料とが必要であり、ゆえに必然的に私的所有へと通じる」。

しまう。そして貨幣が土地と労働の無制限の領有への道、ひいては「拡大する所有と、確立された所有関係の諸権利」（第五章三六節）によって不平等になった各個人のあいだに築かれる最初の政体（ないし統治体制）への道を開くことになる。ここで、「極西」の通貨体制および（その枠組み内での）原始的な司法体制の発展形態が姿をあらわす。そしてそれは荒廃した戦争[*38]へと変質していく。しかし、ロックにとっては社会が求めるべきは財であった。なぜならそれは全体の富を増大させ、その恩恵は最も貧しい日雇い労働者にまで及ぶからである。それはおとぎ話に過ぎないが、アダム・スミスは『国富論』において「先行蓄積」という章題でそれを正式に採用し、マルクスはそれを一蹴したのであった（国富は人民の貧困を保証する）。

事ここに至れば、マクファーソンの議論に反論するのは難しい。かれは、「各人の所有」を守るためにこの通貨が支配的となった自然状態から出現するであろう市民政府の機構は、市場経済とそこでの階級分割をもとにして文明化された社会の恒常的基礎を築くだろう、と論じている[*39]。つまり、ロックはアメリカの植民地主義の展開を、ただ一つの世界における文明化の進行として、誕生間もない資本主義の世界経済に位置づけることになるのだ。すなわち「立派な牧場付きの、耕作の容易な一万ないし一〇万エーカーの豊かな土地に価値を見いだす人びとにわたしは聞いてみたい。それがアメリカの真ん中にあり、よその世界と取引し、製品の販売で貨幣を得る可能性が皆無であったとしたら？　そんな土地は囲い込むに値しないだろう」（第五章五〇節）。

自然状態の植民地における地政学でこのように展開される、申し分なく資本主義的な合理性は、「取引」を通じて世界の領有化が蓄積されていく、という歴史的論理に従っている。その合理性のおかげでこの哲学者は、イギリス農民に対して行なわれた同意なき土地収用をアメリカを舞台に、真の理性的秩序に則って再演し、再構築し、移植することができたのである。イギリス農民たちはそのような存在としてはロックの二つの『論』に一度たりとも登場しない――きわめて自然な成り行きとされたその結果だけは描かれているが。すなわち、土地を失った者には労働によって通貨という交換手段で生き続ける能力が与えられ、それは労働の報酬として得られたものを他人の懐に移すというかたちで行なわれる。[*40] ロックにとってエンクロージャー諸政策は「イギリスルートでアメリカを植民地化する試金石」[*41]だったかもしれない。しかし「貧者」の場合、救貧院や、子どもの場合であれば〝勤労学校〟といった制度に放り込む、船乗りになるよう強いる、あるいはプランテーションへ送るなど、[*42]何としてでも労働させねばならず、その運命が示唆するのは、商業によってかつてなく「繁栄した」世界のなかで、隷属の義務によって奴隷化が起きた、ということだ。必要ならその証拠はこうだ。「貧者の増加には別の原因があるに違いない。それは規律の弛みであり、習俗の腐敗以外にはありえぬだろう。美徳と勤勉は、悪徳と怠惰同様につねに一組である」[*43]。

　貨幣のおかげで、自然と理性の法則に従って領有が可能な（土地なき人間の）労働と、（土地の）領有化とが分離される。これによって、無制限の蓄積にも合理性があるという原則が裏付けられる。貨幣がこのように使われるようになったことで、労働の持つ文明化機能のどこに限界があるのかも即座にわかる。それ以降、〝経済人間〟の流行とも軌を一にする合理性は、労働ではなく領有と接収に関して大きく

★38　以下の著書の表現を参照している。Mark Neocleous, *War Power, Police Power*, Edinburgh, Edinburgh University Press, 2014, p. 60.

★39　これが以下で論証されていることの意義のすべてである。C. B. MacPherson, *La Théorie politique de l'individualisme possessif* (1962), Paris, Gallimard, « Folio Essais », 2004, chap. 4〔C・B・マクファーソン『所有的個人主義の政治理論』（藤野渉ほか訳、合同出版、一九八〇）、第四章〕。

★40　マルクスが剰余価値論の附論で引用した、通貨価値向上新論でのロックの説明に倣う（éd. G. Badia, t. I, Paris, Éditions sociales, 1974, p. 428-429）。

★41　Matthieu Renault, *op. cit.*, p. 156.

★42　ロックは貧民についての報告でそう推奨していた。次を参照。*On the Poor Law and Working Schools*, 1697 – présenté au ministère du Commerce et des Colonies. Cf. John Locke, *Que faire des pauvres ?*, Paris, PUF, 2013, p. 29-30, p. 32.

★43　*Ibid.*, p. 26.

発展するのである。そして「勤勉人」はもはや「理性人」ではない。おのれの労働力を管理・訓練する国家当局に従う働く貧民である。そして当局はかれらの生活の糧を「手から口へ」という最短の生存回路のなかに閉じ込め、その日その日の「目先の暮らしの問題以上の物事を考える」にはまったく不向きな状態に置くのである。労働階級はまた、知識や富を得る可能性が限られており、[*44] したがって蜂起権も与えられない。というのも蜂起権の行使は法的には理性の選択に依拠しており、事実上それこそが市民権の唯一の基準でさえあるからだ[*45]――その点でのみ、市民権は専制的・絶対的権力への服従とは違うのである。「人民」はそうした権力に対し、自らを保護し財を保全するために反抗する根拠を持つ。そして「それこそが社会に参加する目的なのである」（一九章二二二節）。新たなプロレタリアの包摂的排除による「隷従からの解放」がここに登場する。イギリスの経済学者たちは一六六〇年以降、この新たなプロレタリアの状況を「今日《こんにち》において最悪の部類の白人植民者の、有色人種の労働者に対する振る舞い以外に対応するものはない」[*46]ときわめて無慈悲に考察している。かくして、それが白人のものであれ黒人のものであれ、労働力は「最も重要で基本的、かつ貴重な資源（商品）[*47]」である。しかしそれが、「政治的」人民に変わること、すなわち、立法こそが「形式、生命、統合の核心」（一九章二一二節）となる「市民社会」の構成員たるべく理性的に知性を操作し、相互的同意によって「市民政府」を形成する人民に変わることは、けっしてないのである。

立法権は、それを構成する人民の正当性をもとに、契約‐同意によって基礎づけられる。このリベラルな観念のゆえに、ロックは隷属に関しては連続性を重んじ、理性に関しては段階性を重んじる考えを抱かざるを得なかった。[*48] それによれば、自らを統治することのできない者たちは、内にも（子ども、女、「狂人」、「痴愚」そして貧民、ワーキングプアと〝ニート〟）外にも（野蛮人）存在するものであって、かれらは何らかのかたちで、その同意を必要とせず統治されるべきである、とされている。

その根拠となっているのは、内部と外部における植民地化を自己と他者を統治する新しい主体の「意識の同一性」のなかで新たに結びつける、知性の（地理）政治学である。この主体は、各人は「自己の人格の所有者」である（第五章二七節）とする自然状態の物語をもとに確立される。ロックは『人間知性論』で自己（the Self）という名詞形の表現を作り出し、労働への隷従はそれ以降、所有的主体の構築における「自己」の所有化と領有化に結びつけられ、心理学、認識論、法学、政治学そして経済学の交錯する領域で、ヨーロッパにおけるリベラル意識の創案と混同されるまでに至った。

「人間がこの小さな世界——つまり人間の知性——のなかで所有している帝国は、可視的存在たちの織りなすこの大きな世界のなかで人間が行なっていることと同じものである」[*49]。神的な種子が魂に植え付ける「生得的観念」の普遍性を批判するロックの経験主義は、「内省」によって思考と認識が意識（consciousness）にとって同一であることを確証するという〝精神〟の現実的な「働き」を定義することに情熱を燃やすことになる。そしてその自己意識こそ、知の総体化のプロセスが獲得されたことを約束するものであり、また個人責任の現実的条件とされている。思考はもはや形而上学的「実体」（デカルト）ではなく、それ自体が労働と領有の対象になる（思考は領有化される）。それがわたしを「自分の持つ意識つまり自己意識」を通じて（道徳的、法的に）「法的能力のある」おのれの「行為を説明できる」個人

*44 Cf. John Locke, *Essai philosophique concernant l'entendement humain*, trad. Costes, éd. É. Naert, Paris, Vrin, 1989, p. 591 (IV, XX, 2)〔ジョン・ロック『人間知性論』（大槻春彦訳、岩波書店、一九七二〜一九七七）、第四巻第二〇章第二節〕。

*45 Cf. C. B. MacPherson, *op. cit.*, p. 370-371〔マクファーソン『所有的個人主義』、二五一頁〕。

*46 R.H. Tawney, *Religion and the Rise of Capitalism*, Penguin, 1948, p. 267 (cité par C. B. MacPherson, op. cit., p. 377)〔トーニー『宗教と資本主義の興隆——歴史的研究』（出口勇蔵、越智武臣訳、岩波書店、一九五六〜一九五九）、下巻一九一頁〕。

*47 William Petyt, *Britannia Languens* (1680), p. 238 (cité par C. B. MacPherson, *Ibid.*).

*48 Cf. Matthieu Renault, *op. cit.*, p. 26.

*49 John Locke, *Essai philosophique concernant l'entendement humain*, *op. cit.*, p. 76 (II, II, 2)〔ロック『人間知性論』、第二巻第二章第二節〕、「自分自身の知性の狭い世界に対する人間の支配は、目に見える事物の巨大な世界の支配と似たり寄ったりである」。

として責任ある者にする、というわけである。意識（conscience）という語はピエール・コストが、ロックとの緊密な共同作業によって行なった翻訳作業を通じて、この哲学者が最初に「自覚」[50]と呼んだものを説明するために提案した新造語である。「物質世界の発見」[51]へと投げ込まれ、経済権力と認知能力そして規範権力がきわめて密接に結びつく経験主義と帝国の交差点に立たされた白紙の人間は、自己意識なしでは「知識の大海」のただなかでその知性を操り舟を進めることはできないだろう。そのような自己意識があったからこそ、イギリスは他国に互して「商売を進める」ことができたのである。同じものの同一性、自己の同一性、「固有のもの」の同一性、「所有」の同一性といった、西洋的同一化のなかにあるのはまさにこの「内省」の運動である。だからこそ、「処罰と報酬、幸福と不幸にかかわるすべての法と正義」は、「理性的存在はつねに同一である」とする「この個人の同一性」に「基づいて築かれねばならない」ことになるのだ。「というのは、各人が〝自分自身〟に関心を持つのは、処罰と報酬、幸福と不幸などにかかわってのことにほかならないからである[52]」。

しかし、この個人的同一性は当然のことながら、それ自体が自己規制をもとに構築されねばならない。それは、自分自身と他者に行使される権威と権力を学び身につけるということである。その鍵となるのは、父権的家族のヒエラルキーの型を（「われわれイギリスのジェントリにふさわしく」）学び服従することである。『教育に関する考察』（一六九三年出版）が一八世紀を通じてベストセラーとなったという事実は、その確実なしるしとなる。この本は資本主義のピューリタン的な責任倫理[53]、またそれが推奨する習慣の体系化と響き合って、大きな反響を呼んだ[54]。それは単なる手引き書以上のもの、「公私にわたる全生活領域を貫く、きわめて重厚かつ厳格な行動規定[55]」であった。それは（マックス・ウェーバーの言葉を借りれば）資本主義文明さらにはそれが称揚する主体性の戦争の核心に位置するものであった。その大義名分となるのは私有制度の普遍性であり、これを通じて、自己（Self）の戦争という多数派モデルのなかで他者を包摂的排除したり／排除的包摂したりするよう「教化」されるのである。というのも、あらゆる人間はその立場や資格は異なっても、統治されるという観点から見れば「政治社会ないし市民社会」の構成員であることは自明だからである。リベラリズムのセルフサービスというわけだ。

4…フーコーと本源的蓄積

広く曖昧な領域を有するポストコロニアル研究に携わるさまざまな著者が、生権力には植民地に由来する系譜学があることをおおむね無視した、とフーコーを批判している。唯一の例外は一九七六年のコレージュ・ド・フランスでの講義で、この講義ではたった一カ所ではあるがわれわれが先に引用した一節が登

★50 『人間知性論』におけるピエール・コストの長い注釈およびエティエンヌ・バリバールの分析を参照すること。*l'Essai philosophique concernant l'entendement humain, op. cit.*, p. 264-265 (II, XXVII, 9); Étienne Balibar, *Identité et différence. L'invention de la conscience*, Paris, Seuil, 1998. 51.

★51 Cf. John Locke, *Essai philosophique concernant l'entendement humain, op. cit.*, p. 463-464 (IV, III, 30)〔ロック『人間知性論』、第四巻第三章第三〇節〕。ここでロックは航海と新世界の発見の「帝国的」パラダイムを知性の拡大として展開している。

★52 *Ibid.*, p. 265 (II, XXVII, 9), p. 271 (II, XXVII, 18)〔前掲書、第二巻第二七章第九節および第一八節〕。

★53 Cf. John Locke, *Some Thoughts Concerning Education* (1693)〔ロック『教育に関する考察』（服部知文訳、岩波書店、一九六七）〕。第一の点および欲望の抑圧（「人間は自身の欲望を自分で否定することもできる」）については、「健康」についての長い章でのマニアックな説明を参照すること。第二の点については結論の一節を引用すれば十分だろう。「人間が適度な範囲を守る最善の助けとなるのは、正確な帳簿をつけた取引状況をつねに目にしていることである」（§ 211）。指針（compass）を見失わないようあえて仏訳してみよう。「ひとに指針を守らせる〔within compass〕助けとして最上の策は、正確かつ適切な帳簿によって事業状況を常に見させることである」。

★54 John Locke, *Quelques réflexions sur l'éducation*, § 18〔ロック『教育に関する考察』、第一八節〕、「教育における重要課題は子どもにどのような習慣を持たせるかを考えることである」。

★55 Max Weber, *L'Éthique protestante et l'esprit du capitalisme*, Paris, Plon, 1964, p. 33〔マックス・ヴェーバー『プロテスタンティズムの倫理と資本主義の精神』（大塚久雄訳、岩波書店、一九八九）一八頁〕。

場している。[56] ほかにもフェミニズム研究の領域では、シルヴィア・フェデリーチのようにこのフランスの哲学者が「魔女狩り」を語らないこと、またより一般的には、かれが自身の研究する生権力の技術、およびそれに対する抵抗現象の長期的動向において、「再生産」そして女性の規律化という問題に関心を寄せなかったことを批判する向きもある。両者ともに、「歴史」の「第一動因」として機能する権力に対するフーコーの分析の論証的抽象性をやり玉に挙げる、という点では一致している。

だが規律訓練技術と生権力の系譜学を、本源的蓄積の「開始時点」まで遡ってみるなら、こうした権力配置の歴史、機能そして継続的変化はそれらの大部分を生み出したあらゆる形の戦争と分離不可能だということも、また周知の通りである。一七世紀末からさまざまな様式で出現したこれらの権力配置は、別の手段による戦争の継続をそれらの様式によって最適に表現するものであり、そしてその表現を権力関係の分析装置として登場させることになる。これが、一九七六年の講義で作動している論理であり、この時点では、フーコーは（あまりに安易に言われるように[57]）クラウゼヴィッツの公式を反転させてはいない。むしろ逆に、戦争は「恒常的社会関係[58]」として理解されるべきだとする「かなり以前からの原則〔……〕」、あるいは一七世紀から一八世紀以降広まっていた、散漫とも的確とも言えるある種のテーゼ」を逆転させることになるのがクラウゼヴィッツだったのだ、と措定している。そのためにフーコーは、政治は戦争の継続であると最初に解釈した言説が登場し、広まっていくさまを研究することになるのである。

したがって、フーコーは本源的蓄積に相当する時代に関心がなかった、と主張することはできない。逆に、勃興期の資本主義における諸国家の「画期的」構成（「国家の統治機関化」）という観点のもと、封建主義から資本主義への移行の特徴である主体性戦争という見通しに沿ってそれを分析していた、と言う方が確実に正しい。ここでわれわれは、ミシェル・フーコーの比類なき仕事をもってしても大きな限界に悩まされることになった障害に突きあたる。かれのヨーロッパ中心的な観点（「人種戦争」の系譜学に関してはおおむね「イギリス中心的」でさえあり、一九七六年の講義ではそれをかなりいい加減にイギリスにおける征服戦争の影響と関連づけている）それ自体が問題であり、そのために大西洋の両岸を挟んで登場した資本主義の権力関係の構成分析の射程が狭められている。したがって、かれの仕事から引き出される三つの側面（国家による蓄積、戦略的・戦術的観点から規定される「統治性」の登場による司牧権力の危機、規律／植民地化の関係が西洋の権力メカニズムに及ぼしうる回帰効果）は、再検討のうえ、それらの性格を規定する線引きを超えて拡張する必要がある。というのもこれらの側面は、政治権力の分析を戦争の規律訓練化として提示することで、戦争という問題を「数値」として、あるいは資本の社会関係を数量化する数字として問題設定するにあたって、非常に大きな役割を果たしていたのだから。

それというのも、資本主義の誕生とその飛躍に不可欠なもう一つの制度の拡大的な自己開示をコントロールしているのは、新世界を征服し捕食する諸々の戦争だからである。本源的蓄積は同時にまた、いやおそらくは何にもまして、国家の権力と富の蓄積のことなのだ。ミシェル・フーコーはおそらくそれを最も正確に描いた人物だったが、他方で資本主義を構成するグローバリゼーションのことは黙殺していた。だからこそ、われわれがそれをかれの分析の網の目に組み込まねばならないのである。

★56　Michel Foucault, « *Il faut défendre la société* », *op. cit.*, p. 89［フーコー『社会は防衛しなければならない』、一〇三頁］。Cf. Ann Laura Stoler, *Race and Education of Desire. Foucault's History of Sexuality and the Colonial Order of Things*, Durham et Londres, Duke University Press, 1995, p. 74-75.「フーコーは以前の講義でも植民地化の問題にアプローチしているが、ヨーロッパ内の植民地化の言説とヨーロッパの外部拡大の実態とを明示的に結びつけているのはここが最初かつ唯一の機会であり、そのスタイルもそれ以前の分析ではどこにも予兆がない。〔……〕フーコーはこの結びつきをさらに深めることも展開させることもなかった」。これから見ていくように、この問題は一九七二年～一九七三年の講義（精神医学の権力）で植民地主義の問題を解説した際に下ごしらえされていた。アン・ローラ・ストーラーを擁護すれば、彼女の著作が出版された時点ではフーコーの講義録は一つも出版されていなかった。

★57　それゆえ、フーコーが一九七六年の第一回目の講義で提示した当初の定式化までにとどめておく。cf. Michel Foucault, « *Il faut défendre la société* », *op. cit.*, p. 16 (leçon du 7 janvier 1976)［フーコー『社会は防衛しなければならない』一九七六年一月七日の講義、一九頁］。

★58　*Ibid.*, p. 41-42 (leçon du 21 janvier 1976).［前掲書、一九七六年一月二一日の講義、五〇頁］。

三〇年戦争末期、すなわち一七世紀中盤に「新たな歴史の視点が開かれます。それは無制限の統治性という視点であり、国家の永続性という視点でした」とフーコーは説明する。こうした視点が要求するのは、「理性そして国家理性の純粋形態として暴力を受忍すること」[*59]である。封建時代に戦争機械が制度化された成果として、外交・軍事システムが、国力と国富を目標とする新たな統治技法を特徴づける「第一のテクノロジー集合体」を構成する。それは諸国家への権限委譲を確実にする権力均衡の保証である。同じ目的を持つ第二の「テクノロジー集合体」を構成するのは、「警察」および警察による社会と人びとの統治である。

おそらくここで、カール・シュミットの重要な分析に立ち戻る必要もあろう。ヨーロッパ公法の制定にとって軽視できない条件の一つとしてかれが指摘するのは、諸国家の権能に制限をかける「力の均衡」が確立される大陸の空間と、その同じ国家が無制限の競争、競合に身を投じることのできる新世界の「自由な土地」とが分割されていることだった。大陸には諸国家のある種の均衡という枠組みがあり、そこでは戦争は〝事実上〟別の手段による政治の継続である（それゆえフーコーにとって、クラウゼヴィッツの理論はこのような諸国家の力関係の体系化を二世紀経ったのちに行なったものとされる）。それ以外の世界では、戦争は依然として征服、略奪、人間や財、土地に対する無制限の暴力であり、そこではクラウゼヴィッツの公式はとうの昔に、植民地領土を奪い取る諸国家によるヨーロッパ外での戦争がもたらした「人種戦争」の恐ろしく野蛮な公式へとひっくり返されていた。

フーコーの方法論はヨーロッパに局限されており、そのため住民に対する無制限の国内権力（つまり警察国家）と、諸国家の「ヨーロッパ的均衡」を考慮して自国の目的の範囲内に自己制限する国家理性によって限定される対外権力とを区分するよう強いられる。[*60]ゆえに、かれの方法論には重商主義の影響範囲とその意義についても欠落が生じた。これと最大のコントラストをなすのは、奴隷制と資本主義の関係に関するエリック・ウィリアムズの古典的業績であろう。ウィリアムズの仕事では、重商主義＝奴隷制という等式（「重商主義の本質、それは奴隷制である」[*61]）が提出されている。同時に、産業革命に先立ちそれを刺激した「段階」について、諸国家の外交・軍事的物理学によるヨーロッパの均衡よりもはるかに射程の長い、まったく別の視点が開かれる。諸国家の権能と富は、大部分が植民地および奴隷貿易による搾取から得られたものである、という事実（「ヨーロッパの経済成長に対する主要な外部貢献」*62）が一つの証拠であり、それはジョン＝スチュワート・ミルに至って、つまり重商主義と奴隷制擁護論のリベラルな止揚において、はっきりと逆証されることになる。というのもミルは「イギリス領アンティル諸島との貿易は外国貿易にはあたらない。むしろ都市と農村の取引に該当する」*63とその著書『政治経済学原理』（一八四八）で明言しているからである。植民地の強制労働を、本国の「自由な賃金制度」へと相互にすりあわせるこ

★59　Michel Foucault, *Sécurité, territoire, population*, *op. cit.*, p. 272-273 (leçon du 15 mars 1978)［フーコー『安全・領土・人口』一九七八年三月一五日の講義、三三〇頁］。

★60　Cf. Michel Foucault, *Naissance de la biopolitique. Cours au Collège de France (1978-1979)*, Paris, Gallimard/Seuil, 2004, p. 6-8 (leçon du 10 janvier 1979)［ミシェル・フーコー『生政治の誕生――コレージュ・ド・フランス講義 1978～1979年度』（慎改康之訳、筑摩書房、二〇〇八）、一九七九年一月一〇日の講義、九～一〇頁］。一六四八年に締結されたウェストファリア条約の対象であった「ヨーロッパの均衡」について論じられている。cf. Michel Foucault, *Sécurité, territoire, population*, *op. cit.*, p. 304-314 (leçon du 22 mars 1978)［フーコー『安全・領土・人口』、一九七八年三月二二日の講義、三六七～八頁］。

★61　ブローデルが引用したエリック・ウィリアムズの定式（Eric Williams, *Capitalism and Slavery*, 1944［エリック・ウィリアムズ『資本主義と奴隷制――経済史から見た黒人奴隷制の発生と崩壊』（山本伸訳、明石書店、二〇〇四）］）である。以下を参照。Fernand Braudel, *Civilisation matérielle, économie et capitalisme, XVe-XVIIIe siècle*, t. 3, *Le temps du Monde*, Paris, Armand Colin, 1979, p. 337［フェルナン・ブローデル『世界時間』（村上光彦訳、みすず書房、一九九六～一九九九）、第Ⅱ巻一二頁］。

★62　Sidney W. Mintz, *Sweetness and Power. The Place of Sugar in Modern History*, New York et Londres, Penguin, 1985, p. 55［シドニー・W・ミンツ『甘さと権力――砂糖が語る近代史』（川北稔、和田光弘訳、平凡社、一九八八）、一二三頁］。

★63　John Start Mill, *Principles of Political Economy* (1848), New York, D. Appleton, 1876, p. 685-686 (cité par Sidney W. Mintz, *op. cit.*, p. 42).

とは[*64]、黒人の奴隷化を介して貧民の規律訓練を実現させることでもある。これらを利用した新たな労働の国際分業という資本主義的生産様式が物語るのは、資本主義問題についてアプローチする際のいくつかの側面について、ヨーロッパ外の地政学的次元を省くことは不可能であるということだ。その理由はごく単純で、この次元がヨーロッパの飛躍的発展とまさに一体だからであり、また軍事・貿易企業の発展による大量生産−大量消費のサイクルを始動させる結果をもたらしたからである。これらの企業の成功の鍵はつまるところ、規律の経済、つまり労働・時間・空間の大規模な〝連動的〟組織化による経済を実現したことである。サトウキビのプランテーションはこれにより、製造業にとっての資本主義の実験室という域に達することになる。植民地体制、それはマルクスに倣えば「ヨーロッパの古い偶像」を破壊する「異国の神」であったかもしれない。しかしそれが可能になったのは、「人類にとっての唯一究極の目標としての利潤[*65]」という道筋を主張し力づくでそれを切り開くことによってのみだったことが、ここから確証される。

5…植民地における生政治の規律訓練の系譜学

ポストコロニアル系の論者たちによる定番の批判を全面的に共有する必要はないが、それらはフーコー的なアプローチとその欠陥を上手に表面化させることはできる。主権による封建的儀式と断絶して以降の人間に対する権力行使の展開を支えた二つの柱をとりあげよう。すなわち「効果的な管理システムおよび経済システム」に統合された機械としての身体を対象とする規律訓練型権力と、住民に対する生政治[*66]として「それよりややのちに形成された」生権力である。これらは一七世紀後半ないし末期、そして一八世紀において、それぞれ歴史に登場することになる。しかしわれわれの言う意味では、分化していくこの二つの発展は資本主義権力の配置構成の第二段階に過ぎず、それに先立つ二世紀に及ぶ「本源的蓄積」との断絶と連続性から考えることで、より意義深くなるものである。

一九七三～一九七四年に行なわれた講義『精神医学の権力』では、この断絶と連続性の関係がいくつかうかがえる。この講義でフーコーは、本国と植民地に並行関係があることを確認し、それをもとに経済－世界における知と権力の配置構成の空間を拡大している。そこでの記述によれば、放浪者、ノマド、非行者、売春婦らの「内部の植民地化」は、ヨーロッパと同じ規律訓練型の配置が適用され実験対象にされた植民地人民という「外部の植民地化」の鏡映しである。「植民地の人びとに規律訓練型の図式が適用され完成された経緯については、より詳細に検討する必要がある。この規律訓練化は最初はつつましく周縁から、そして奇妙なことに奴隷制と並行して形成されたように思われる」[*67]。

経済－世界は、軍隊での規律訓練システムをモデルとする「継続的管理の手順」に沿って（「生産品ではなく身体の捕獲、労役ではなく時間全体の確保」）、自らの権力配置を諸々の知と住民の管理および統治の諸機能に対応した新たな「真理」概念と組み合わせる。[*68] そしてこのモデルが、地球全体に拡大していくことになる。その地球規模の拡大が、「植民地化の二重の運動」――「各人の動作や身体、思考にまで寄生する深部の植民地化、ついで領土と表面積レベルでの植民地化」[*69]が相互に強化しあう――と一体化する。ここがわれわれの現在地点であり――この現在地点にいるわれわれは、そこがまるでパノプティコン風の規律訓練型生産・監視のミクロコスモスであったパラグアイのイエズス会の建築内であるかのような感を抱くことになる――つまり「地上のあらゆる場所をすべて対象とする探究」の真っただ中にいる。[*70] それは、

*64　しかし、新世界に特徴的な奴隷制が継続し濫用されているさなかでさえ「ヌエバ・エスパーニャでは一六世紀以降、賃労働者の『自由』労働が見られるようになった」ことは忘れずにおくべきだろう（cf. Fernand Braudel, *op. cit.*, p. 338-339［ブローデル、前掲書、第Ⅱ巻一四頁］）。

*65　Marx, *Le Capital*, livre I, section VIII, chap. XXXI, *op. cit.*, p. 1216 (et note)［マルクス『資本論』、第二三巻b、九八四頁］。

*66　Michel Foucault, *La Volonté de savoir*, *op. cit.*, p. 182-183［フーコー『知への意志』、一七六～七頁］。

*67　Michel Foucault, *Le Pouvoir psychiatrique. Cours au Collège de France (1973-1974)*, Paris, Gallimard/Seuil, 1973, p. 70 (leçon du 28 novembre 1973)［ミシェル・フーコー『精神医学の権力――コレージュ・ド・フランス講義　1973～1974年度』（慎改康之訳、筑摩書房、二〇〇六）、八五頁］。

人びとの行動、生活や思考、愛を交わすスタイルについての知を生みだす。「つまり、世界のあらゆる時間と場所、そしてあらゆることについて真理を問うことができるのであり、またそうせねばならないのです。至るところに真理があり、また真理は至るところでわれわれを待ち受けています[*71]」。ロックのおかげで発見することができた諸々の様式によれば、この真理の普遍的生産に必要なのは、言表行為およびその受け手の主体を生み出すことで真理にアプローチすることを可能にする思惟の形式と「テクノロジー」である。確かに「普遍的真理の普遍的主体」は必要だろうが「しかしこの主体は抽象的な主体でしょう。というのも具体的に考えれば、このような真理を把握できる普遍的な主体はまれでしょうし、そのような主体はいくつかの手順を経て保証された主体でなくてはならないだろうからです。その手順こそ、教育学と選抜の手順にほかならないでしょう[*72]」。それは資本蓄積についての知によって教育された主体であり、人間を蓄積しその組織的な植民地化を行なう権力を握るに足る主体であろう。パラグアイのグアラニ族の共同体に対してイエズス会が行なった「規律訓練型」実験が、このあとフーコーの著作に出てこないのはいかにも惜しい。資本主義によるグローバル生政治に通じる道があっという間に閉ざされたことになるからである。

本源的蓄積を自らの起源として内包する系譜学によって生権力と規律訓練型権力という概念の区分を理解していれば、それらがどういうやり方で別の手段による戦争を継続させていたかが把握できただろう。とくに「女性に対する戦争」に関してはそれがあてはまる。生産と「出生率、出産率、死亡率、平均寿命」のプロセス管理の配置、および国家による住民の「再生産」の管理という生権力の定義を[*73]、女性の「身体」の接収と領有という諸政策とセットで考えてみる価値は大いにあったろう[*74]。それは労働力の「再生産」および身体の生政治に対し自らの権力を全面的に行使するものだ。住民の生を司ることを特徴とする生政治の「規制化」権力が、「それらを機能させるために、治安のメカニズムのもとで増殖する規律訓練型の集合[*75]」に依拠していることがここで確証されていたことであろう。このことが、あらゆる点で規律訓練型の技術とつながっている経済的リベラリズムの分析にもまったく異なる射程をもたらしていたはずだ。生の規律訓練化が生産の経済‐政治的管理の生政治的母体として登場することを考えればなおさらである。「パノプティコン、それは自由主義《リベラル》的な統治の公式そのものである」[76]というベンサム＝フーコー的な公式は、この方向に転用する必要があるようにわれわれには思われる。

★68 *Ibid.*, p. 48-49〔前掲書、五九～六一頁〕。これは以下の著作の主要な三つのテーゼの一つである。*Surveiller et Punir*, Paris, Gallimard, 1975, en part. p. 137-196〔ミシェル・フーコー『監獄の誕生――監視と処罰』（田村俶訳、新潮社、一九七七）、特に一四一～七四頁〕。フーコーは『ヘロドトス』誌掲載のインタビュー（一九七六）で、この点をマルクスの功績に数え入れている。「軍隊と軍隊が政治権力の発展において果たした役割についてマルクスが書いたことはどれも〔……〕きわめて重要なことなのですが、実際問題としては放置されています。その割に、剰余価値についての注釈は引きも切らないのですが」（« Questions à Michel Foucault sur la géographie », *Dits et écrits*, *op. cit.*, t. II, n° 169, p. 39〔フーコー『思考集成　六』、四六～七頁〕）。

★69 *Ibid.*, p. 246 (leçon du 23 janvier 1974)〔フーコー『精神医学の権力』、一九七四年一月二三日の講義、三〇五頁〕。

★70 フーコーはここですでに、一九六七年の建築研究サークルの講演について触れている。cf. Michel Foucault, « Des espaces autres », *Dits et écrits*, *op. cit.*, t. II, n° 360, p. 1580〔フーコー「他者の場所――混在郷について」、『思考集成　一〇』所収〕。

★71 Michel Foucault, *Le Pouvoir psychiatrique*, *op. cit.*, p. 246〔フーコー『精神医学の権力』、三〇五頁〕。

★72 *Ibid.*, p. 247〔前掲書、三〇六頁〕。

★73 Michel Foucault, *« Il faut défendre la société »*, *op. cit.*, p. 216-217〔フーコー『社会は防衛しなければならない』、二四三頁〕。

★74 フーコーはこうした政治的発言において、「労働力再生産」機能を、セクシュアリティを政治化する直接的効果を持つ「政治体」に組み込むことを忘れてはいない（cf. «Sexualité et politique» [1974], *Dits et Écrits*, *op. cit.*, t. I, n° 138, p. 1405〔フーコー『思考集成　五』、九二頁〕）。

★75 Michel Foucault, *Sécurité, territoire, population*, *op. cit.*, p. 10〔フーコー『安全・領土・人口』、一一頁〕。

★76 Michel Foucault, *Naissance de la biopolitique*, *op. cit.*, p. 69 (leçon du 24 janvier 1979)〔フーコー『生政治の誕生』、一九七九年一月二四日の講義、八二頁〕。

6…人種主義と人種戦争

しかし、最もやっかいな問題はフーコーの「国家の人種主義」の系譜の問題である。『社会は防衛しなければならない』の最終講義で、ミシェル・フーコーは生権力の概念を「軍事関係でも戦争関係でも政治的関係でもなく」「生物学的関係」として理解するようわれわれに注意を促している。女性や植民地の住民を生物学的存在に還元することは、人種戦争、女性に対する戦争によってのみ実施・継続しえたプロセスだったことを思えば、問題視されて当然の発言だったろう。生権力と戦争には厳密な包含関係があり区別不可能なことが本源的蓄積によって立証されている一方、本源的蓄積という別の手段による戦争の継続を成り立たせているのは、「フーコー的」配置関係だからである。フーコーは「初めに植民地化ありき、つまり植民者によるジェノサイドありき」[*77]で人種主義が進展したことを認めてはいるが、依然としてはっきりとヨーロッパを中心に据えている。社会関係の指数としての戦争という問題設定や、国家の人種主義の系譜学は、かなり薄められてしまう。フーコーにとっては「国家のメカニズムに人種主義が組み込まれたのは生権力の登場によってであり」、その起源をここでは一九世紀に遡らせていることにその傾向が現われている。[*78]

生権力が「生を担当する」権力であり、生を「導き、保護し、保証し、生物学的な意味で養う」[*79]権力であり、また主権（「死なせたり生きさせたりする」）とは異なり、新しい権利（「生きさせたり死なせたりする」）を通じて行使されるものであったとすれば、死を与える権利にほかならぬ戦争の持つ特殊な役割はどう確保するのか。人種主義というバイアスによって確保する、とフーコーは回答する。「人種主義はわたしのものであるわたしの生と他者の死とのあいだに、軍事的なものでも戦争によるものでもない対立関係を構築することを可能にするでしょう。それは生物学的関係なのです」。こうして「政治的な敵といらテーマを生物学的に拡大解釈すること」と、生物学的連続性を「切断」し「殺害というにしえよりの主権者の権利」[*80]を回復できるように「生権力の経済に死の役割を」組み込むこととが、同時に可能になる。この前後の記述では、一九世紀末の人種主義の隆盛は、経済 - 世界の進歩とも、植民地獲得が頂点に達し第一次世界大戦へとなだれ込む帝国主義とも、いっさい関連づけられていないように思われる。ここでもまた、ヨーロッパ中心的な分析枠組みのために説明に限界が生じてしまう(そしてこの説明は、主権から死へと後退していき、フーコーを奇妙なキアスム(前後逆転)へと誘導することになる)[*81]。なぜなら、「国家の人種主義」の諸政策が最初に現われたのはヨーロッパではなく、植民地と奴隷制に関連してだったからである。

奴隷制の起源は「人種」の諸政策に求められるべきものではないことは確かである。それは一方では絶滅政策のために、他方では先住民や「雇われた」白人の「惰弱さ」のせいで新世界の鉱山やプランテーションでの強制労働を確保できないために生じた経済問題である。「奴隷制度は人種主義から生じたわけではない。むしろ人種主義が奴隷制の帰結なのだ」[*82]。しかし、奴隷制の諸政策を維持し安定させるためには、人種政策の実施が必要となる。スペイン植民地では非常に早い段階で、つまり一五四〇年代から「『人

★77 Michel Foucault, *« Il faut défendre la société », op. cit.*, p. 229 (leçon du 17 mars 1976)〔フーコー『社会は防衛しなければならない』二五六頁〕。
★78 *Ibid.*, p. 226-227〔前掲書、二五三頁〕。
★79 *Ibid.*, p. 232〔前掲書、二五八頁〕。
★80 *Ibid.*, p. 227-229〔前掲書、二五三〜五頁〕。
★81 事実かれは次のように述べている。「規準化の力が殺すという古い主権を行使しようとすれば、人種主義を経由せざるを得ません。逆に、主権、つまり生殺与奪の権力は規準化という道具、メカニズム、テクノロジーを用いて機能しようとし、このときもやはり人種主義を経由せざるを得ません」(*Ibid.*, p. 228〔前掲書、二五五頁〕)。
★82 Eric Williams, *Capitalisme et esclavage*, Paris, Présence africaine, 1968, p. 19〔ウィリアムズ『資本主義と奴隷制』、三四頁〕。

種』が資産の継承における重要な要因となっていた。そして人種ヒエラルキーは、土着民、メスティーソ［インディオとスペイン人との混血］、ムラート［白人と黒人との混血］といった内的区分と白人住民を区別するために制度化されたのである」[*83]。フランス政府は黒人法（一六八五）と原住民法（一八八一）によって、人種戦争に「法的」枠組みを与えることになる。

つまり国家の人種主義は、一九世紀後半のヨーロッパで「規範化社会」における生権力の展開の結果として進化論という科学的主題が採用されたために生まれた、というわけではなかったのだ。それは経済−世界に規律訓練型生権力を投影した国家の諸機能のモンタージュの構成要素なのである。一九世紀末の国家の人種主義に変化があったことには異論の余地がない。しかしその新しさは人種政策の移入と変形によるものであり、それらは数世紀前に植民地化された住民に対する「統治」技術と切り離せない。一九世紀を通じて、とくにフランスでは、労働者の蜂起を壊滅させるために植民地から内戦の技術が持ち込まれたのである。二〇世紀の戦争について言えば、ポール・ヴィリリオによれば、総力戦は「すでにヨーロッパの伝統的戦争よりは植民地事業にはるかに近い」[*84]のである。

ナチズムは国家の人種主義にとっての終止記号であり、また最終解決であった。フーコーはここにおいて、規律訓練型の全体国家と全般化された生権力とが絶対的に合致し、「殺害という、いにしえよりの主権権力」が社会全体に広まったと感じている。だがナチズムは、「政治プロセス全体の最終的・決定的局面」[*85]としての戦争へと転がり落ちたヨーロッパの生−力学biodynamiquesの自殺的結果というだけではない。詩人エメ・セゼールはナチズムをまったく違う理由から、植民地化の苦い果実として理解している。植民地化はヨーロッパを「ゆっくりだが確実に」「野蛮化する」ことで、「植民者が脱文明化する」ように機能したのである。ヒトラーに許せないところがあるとすれば、それは「かれの犯した犯罪それ自体ではない。人道に対する罪とは人道それ自体への侮辱ではなく、白人に対する犯罪であり、白人に対する侮辱であり、それまでアルジェリアのアラブ人、インドのクーリーそしてアフリカの黒人のみに適用されていた植民地主義的手法をヨーロッパに対して適用したことなのである」[*86]。

7…経済－世界の／における戦争

こうしてみれば、経済－世界の研究に名を連ねる著者たちが、戦争の変容の分析を、さらには戦争を草創期の資本主義や植民地に直接結びつけるよう誘導するさまざまな手段の分析を、完成させ充実させていくことに何の驚きもない。事実、本源的蓄積こそが次のようなすべての機能を融合させたのであって、戦争がそれらを発展させるのはそのあとのことだ。たとえばそれは規律訓練型の権力配置であり、生産の合理化と加速であり、実験と新たな技術の調整の場、さらには生産力そのものの生政治的管理である。しかしなかでも戦争こそが、世界規模の資本主義において共存する多様な生産様式、社会形成そして権力配置を「統治化」するにあたって、最重要な役割を演じている。それは諸国家の（対外）政治の戦略レベルでの継続に限定されない。労働分業、性的そして人種的な区分を規定するさまざまな差異をもたらし一つにまとめることにも貢献している。さもなくば、資本主義は自らが解き放った不平等をだしに肥え太ることなどできなかったろう。

フェルナン・ブローデルは、戦争は「近代を生み出した技術によって革新され」、資本主義の地固めを加速すべく働いたと指摘している。「一六世紀以降、信用、知性、技術革新を熱狂的に動員する最先端の戦争が生じ、それはいわば日進月歩で変化するに至った」[*87]。イマニュエル・ウォーラーステインも同じ時

★83 Silvia Federici, *op. cit.*, p. 222［フェデリーチ『キャリバンと魔女』、一八九頁］。
★84 Paul Virilio, *L'insécurité du territoire* (1976), Paris, Galilée, 1993, p. 136.
★85 Michel Foucault, « *Il faut défendre la société* », *op. cit.*, p. 231-232［フーコー『社会は防衛しなければならない』、二五八頁］。
★86 Aimé Césaire, *Discours sur le colonialisme* (1950), Paris, Présence africaine, 2011, p.14［エメ・セゼール『帰郷ノート——植民地主義論』（砂野幸稔訳、平凡社、二〇〇四）、一二六頁］。
★87 Fernand Braudel, *op. cit.*, p. 44［ブローデル、前掲書、六二頁］。

期についで触れているが、かれによれば戦争は貧民にとっては雇用の貯蔵庫であり、同時に信用を刺激する第一級の生産力でもあった。「軍事支出の増加はしばしば他領域の生産を刺激し、結果的に戦時こそ余剰生産量が増大するのであった」。軍のロジスティクスは商業と生産を牽引するのみならず、「信用創造のシステムだった。事実、銀行家から金を借りたのは君主だけではない、軍事企業もまたそうしたのである」[＊88]。

ブローデルは「ブラジルの戦争はフランドルの戦争ではありえない」ことに注意を促し、本源的蓄積が戦争遂行の手法に深刻な変化をもたらしたことの重要性を指摘している。この変化によって、戦争遂行の手法ではゲリラが重用されることになる。カール・シュミットはその誕生をずっとあとのものだとしたが、それはとくにスペインでのナポレオン戦争によって誘起されたレジスタンスの諸形態を特権視するヨーロッパ的な進行表に従ったためである。

「進歩の母であり娘であり」、国民国家に影のように付き従い、資本主義「文明」の飛躍に貢献した戦争は、経済‐世界の中心舞台にしか存在しない。周縁部や植民地では、野蛮人に対する貧者の戦争が繰り広げられていたのである。それだけがかれらの身の丈に合った「手段」だった。「アメリカ大陸」に派遣された職業軍人たちが大いに戸惑ったのは、ブラジルやカナダではヨーロッパの使用規則（「戦時法」）に則って戦争を遂行することができないことだった。密林戦ないし遊撃戦は現地雇用の部隊によってブラジル東北部で遂行されたが、それは「西洋の」戦争技術にとって、戦術的革新というより戦略的革命の一手法と言うべきものであり、植民地戦争とそれに付随する国家の人種主義によって、つねに拡大再生産されることになる。

8…本源的蓄積を巡る論争

本源的蓄積は資本主義の真の「母体」と言ってもいいが、ただしマルクスが『資本論』で描いた枠組みに大きな変更を加えなくてはなるまい。移行過程に関するマルクスの分析には、資本主義分析の全体に影響しかねない二つの「限界」がある、と指摘できよう。

まずあげられるのは、労働の社会的分業を構造化する性差、人種、主体性、文明などといった諸々の戦争の多様性を、資本／労働関係に還元したことである。われわれとしては、本源的蓄積はその当初から、「生産様式」だけに還元できない生産、労働搾取、社会形成、権力配置そして支配のさまざまな様式のなかに差異化要因を生産・再生産する、という意味において、世界市場の現実的働きを担う継続的な破壊／創造であることを示したいと考えた。

さらにあげられるのは、進歩主義的、進化的、線形的な時間と歴史の概念である。これは本源的蓄積に関する分析全体を「型にはめる」傾向にあり、マルクスによって進められた歴史分析の政治的展開を少なからず妨げている。[89] マルクスが「本源的蓄積」と呼んだものは一度きりのものではない。ドゥルーズとガタリによれば、それは資本主義がとりうるあらゆる形態に応じて捕獲装置が新たに編成されるたびごとに反復されるものである。最新の生産プロセスによる「取引」を隠れ蓑にした「本源的蓄積」、征服と接収の現代版が、金融資本主義のおかげで幅を利かせているのだ。

本質的には資本主義の（前史にではなく）展開期に結びついたプロセスとして本源的蓄積を定義することとは別に目新しくはない。二〇世紀初めには主流となっている。それは金融資本を原動力とした新たな植民地化の流行のせいであり、またこの流行のおかげで、帝国主義は資本主義にとって数多くの選択肢の一つなどではないことが理解できるようになった。ローザ・ルクセンブルクは、本源的蓄積とは資本主義の「歴史的」現象ではない、むしろ同時代的現象であり、それが二〇世紀においては帝国主義というかたちで継続しているのだ、と理解した最初の一人だろう。蓄積が絶えず生産・再生産されるにしても、それは産業資本主義の「外部」にのみ関係する。つまり新領土併合（「領土獲得」[90]）という暴力にさらされる周縁部で実行されるものであって、逆に中心部は「沈静化」するのである。

★88 Immanuel Wallerstein, *Capitalisme et économie-monde (1450-1640)*, Paris, Flammarion, 1980, p. 131.

資本蓄積はこのように二重の相を持つ。「一方は工場、鉱山、開拓における剰余価値の生産、および市場での商品流通に関するものである。この観点から考察すれば、蓄積とは平和、私有財産と平等を旗印にした〔……〕資本家と賃金労働者の取引をその最重要局面とする、永続的プロセスのことである」。蓄積の第一翼は「北」で展開されるが、おおっぴらにはできない第二翼は資本と「南」およびその非資本主義的生産様式との関係にまつわるものである。「ここで用いられる方法が植民地政策である。国際的融資システム、利害圏政策、戦争もそれにあたる。暴力、詐欺、弾圧、略奪が公然とむき出しで行なわれ、暴力と警察の横暴が交錯するところでは、経済プロセスの厳密な法則などほとんど見つけることができない」[*91]。

蓄積の二つの側面が「同じ有機的現象」を作っている、とも言えるかもしれない。だが非資本主義的領域が「今日《こんにち》なお（地理的には）地球の大部分を占め」、ヨーロッパ自身においてさえその大部分で非資本主義的経済が残存している時代にあっては、この二つの側面は厳密にいえば資本の「内部」と「外部」のことを指している。

現代のグローバル化は、ローザ・ルクセンブルクが資本主義存続の条件としていた、獲得すべき空間的「外部」を消し去ってしまった。暴力、詐欺、弾圧、戦争は、それまで何らかのかたちで「第三世界」からの略奪の恩恵を被ってきた「豊かな」北の賃金労働者たちに対しても同じように行使される。現代の金融資本主義は改めて、ローザ・ルクセンブルクを端緒とする本源的蓄積批判を喫緊の課題として浮かび上がらせた。最も衆目を集めたものとしては、デヴィッド・ハーヴェイのそれがあげられる。ハーヴェイは「剝奪による蓄積」という自身の概念を用いることで、本源的蓄積を乗り越えられるべき「起源段階」へと還元する（マルクス）、ないし資本主義の中心にとっての「外部の」現実へとそれを投影する（ローザ・ルクセンブルク）、という傾向とは一線を画そうと試みている。ハーヴェイがマルクス主義的分析の枠内にいることに変わりはない。というのはかれは、産業資本およびそこへの道を開いた本源的蓄積という意味での資本が持つ「進歩主義的」機能を受け入れているからである。逆に、金融資本によって実行される、「資源の所有者」からの接収を基本とする「剝奪による蓄積」が告発されるのは、それが産業発展を蝕むからこそなのである。

ハーヴェイによると、本源的蓄積は「下層階級に対する暴力であるとはいえ」、それでもなお「創造的エネルギーの解放であり、技術革新・組織革新の巨大な潮流へと社会を開くものであり、迷信と無知に従属する世界を、知識に基づいて窮乏や物質的困窮から人間を解放する世界◆へと置き換える」[*92]ものでもある。

ここで、「加速主義者◆」が現代風に味付けした『共産党宣言』の有名な一節に思いを馳せる向きもあろう。

---

*89 マルクスは晩年、本源的蓄積理論の主題の大規模な修正に取り組んでいた。最初のきっかけとなったのは「ポピュリスト」社会学者のロシア人、N・ミハロフスキーの論文である。この論文は資本主義発展の普遍的必然性についての（自称？）哲学を批判していた。マルクスは一八七七年にそれに応答し、自分がまずは西欧資本主義の創成の歴史に取り組んでいること、それを「当人たちの置かれた歴史的状況の如何を問わずすべての人民に必然的に課された一般的行程の歴史哲学理論」に変えてしまったのはミハロフスキーただ一人であることを指摘した（Karl Marx, « La commune rurale et les perspectives révolutionnaires en Russie », in *Œuvres*, t. II, Paris, Gallimard, « Bibliothèque de la Pléiade », 1968, p. 1555）。

一八八一年、ヴェラ・ザスーリッチの書簡でロシアの農地問題と農村共同体について述べるよう促されたマルクスは、その機会に社会主義への移行についての自分の視点を説明している。ロシアは「否が応でも」前資本主義的社会形成、本源的蓄積、資本主義、社会主義というヨーロッパのシークエンスに追従する必然性はない。ロシアの「農村共同体」は、土地の共同所有を通じて「近代社会の向かう経済システムの直接の出発点となることが可能です。まず自らを滅ぼすことから始めずとも、自らを一新できるのです。社会主義体制を経ずとも、資本主義的生産が社会を潤すその結実を奪取することができます」（p. 1565）。移行問題は理論的問題ではない。「ロシアの共同体を救うためにはロシア革命が必要です」（p. 1573）。後進的であったからこそ、農村共同体は革命という枠組みのなかで「ロシア社会を再生させる要素として、また資本主義体制に隷従する諸国よりも優位な要素として急速に発展するでしょう」（p. 1573）。以上、出典はマルクスがザスーリッチに送った返書である〔『マルクス＝エンゲルス全集』、第一九巻所収〕。

*90 この言葉を最初に使ったのはローザ・ルクセンブルクだからである。カール・シュミットがそれを取りあげたのはそのあとのことである。

*91 Rosa Luxemburg, *Œuvres*, t. IV, L'Accumulation du capital, Paris, Maspero, 1969, p. 116-117〔ローザ・ルクセンブルグ『資本蓄積論』（長谷部文雄訳、岩波書店、一九三四）、下巻、第三二章〕。

現代世界では今なお本源的蓄積が直接的に作動している以上、その「肯定的側面」が引き合いに出されるのは当然と言えば当然である。しかし一九八〇年代では、インドネシアのような国の産業化は人びとにとって「好機」をもたらしたのかもしれないが、その大部分は一九九七～一九九八年の金融危機が引き起こした脱産業化によって破壊されたのである。この国の「長期的な希望や願望をより大きく損なったのは」誰か？　産業化への道を開いた本源的蓄積か、それとも金融による脱産業化か。ハーヴェイはそう問うているのだろうか？　かれはその相関関係を認識してはいるが、それでもなお「より肯定的な変化」をもたらす本源的蓄積が一方にあり、他方で「いちど切り開かれた道を混乱させ破壊する剝奪による蓄積はそれとはまた別である」[*93]という立場を崩していない。ハーヴェイが「脱産業化」と呼ぶものは、現実には労働の国際分業の完全な再編である。そこでは金融資本は戦略的首謀者であって、「寄生物」などではない。当該の「虚構的資本」は新たな蓄積体制の確立をリードするのであり、そこでは「資源の所有者」からの剝奪、賃金労働者からの搾取、戦争、暴力、略奪、そしてまぎれもない実体経済が、比類のないかたちで共存しているのである。

　真の資本の戦争機械は金融化である。「産業」資本はその構成要素に過ぎず、「虚構的」資本の要求によって完全に再構築され服従させられる。現代資本主義では、レント〔金利収入〕は利潤の一部である、というマルクスの定式は逆転されている。なぜなら、むしろ利潤がレントから派生しているからである。だからこそ、ハーヴェイが展開する現代資本主義のマルクス主義的分析は、根拠薄弱な政治的提言へと行き着くのだ。産業資本と金融資本というきわめて古典的な区別を維持したために、ハーヴェイは自分が最初に二つに分けたもの、すなわち「拡大再生産領域での闘争」[*94]つまり労働運動の古典的闘争と剝奪による蓄積に対抗する「オルター・グローバリゼーション」運動が主導する闘争とを統一する政治的弁証法を作り出すよう強いられるのである。金融資本のヘゲモニーによって生じた政治的問題、つまり搾取による蓄積と「剝奪による蓄積」とを区別することはできないということによって生じた問題を回避したために、経済の戦争は経済内部の戦争であるという観点が無視されることになったのだ。

ハンナ・アーレントはマルクス主義者ではなく、それゆえ資本の進歩主義を語ろうとはしなかった。そのかわりに彼女は、一九世紀の植民地戦争から二〇世紀前半の総力戦までの帝国主義を決算するというかたちで、金融資本のヘゲモニーが引き起こしたことについて語っている。

帝国主義の時代への道を開いた一八六〇年から一八七〇年の不況は決定的な役割を演じることになった。この不況のために、ブルジョアジーは純然たる略奪という原罪を、否《いや》が応でも意識するよう強いられたのである。この原罪こそ、数世紀も前から資本の「本源的蓄積」（マルクス）を可能にし、将来の蓄積を誘発したものであり、蓄積の原動力が突然死するのを見たくなければこの先も反復せざるを得ないものでもある。ブルジョアジーのみならず国家全体を揺るがしかねない生産の破局的低下という危機に直面して、資本家生産者は理解したのである。かれらの生産システムの形態と法則は「その初めから全地球規模で計算されていた」（ローザ・ルクセンブルク）ということを。*95

---

*92 David Harvey, *Le Nouvel Impérialisme*, Paris, Les Prairies ordinaires, 2010, p. 192［デヴィッド・ハーヴェイ『ニュー・インペリアリズム』（本橋哲也訳、青木書店、二〇〇五）、一六四頁］。

◆**加速主義者**　社会変革を生み出すために資本主義システムを急進化することを唱える理論。

◆**『共産党宣言』の有名な一節**　マルクスが〝資本の文明化作用〟について言及した一節を示唆。

*93 *Ibid.*, p. 193［前掲書、一六五頁］。

*94 *Ibid.*, p. 205［前掲書、一七七頁］。

*95 Hannah Arendt, *Les Origines du totalitarisme*, Paris, Gallimard, « Quarto », 2002, p. 384［ハンナ・アーレント『全体主義の起原』（大久保和郎、大島通義、大島かおり訳、みすず書房、二〇一七）、第二巻四四頁］。

第3章

戦争機械の領有化

L'appropriation
de la machine de guerre

リベラル派の主張とは逆に、国家主権は資本主義の形成に不可欠の条件だった。それには少なくとも二つの理由がある。まず、資本が経済‐世界に自らの権能を確立するには、きわめて長期にわたって、おそらくは一九七〇年代に至るまで、国民国家の領土が必要だった。しかしより決定的なのは第二の理由だ。というのも、封建時代の戦争機械を接収し再編するよう命じたのは国家以外の何ものでもないからである。フーコーに倣って「戦争の国有化」と呼ぶべきものは、そのようなかたちで開始された。国家は国家間戦争のための諸慣行、諸制度を集約、管理、職業化し、「私戦」[*1]の勃発を禁じ、ついには国家間の対外戦争を独占し、国境内では内戦の規制を請け負うに至る。ドゥルーズ／ガタリとフーコーの分析はまさに次の点について一致している。すなわち、戦争機械の領有化、制度化、そして職業化は国家の営みなのだ。

1……戦争国家

なぜ資本の構成は国家‐形態を経由することになるのか、とドゥルーズは問う。リベラル派が飽きもせずくり返すようにすべてが、あるいはほとんどすべてが〝資本〟と〝国家〟を対立させているように見えるのであれば、〝資本〟は諸都市を経由して発展した、という可能性もあったかもしれない。フェルナン・ブローデルは当初、諸都市は資本主義発展の決定的要因のうちに数えられると述べていた。金融都市、商業都市、そして都市国家である。諸都市が国家に従属していたアジアとは違い、ヨーロッパでは諸都市と諸国家は対立し、陰に陽に闘争している。国家装置はその闘争で、ライバルの「都市住民」を抑えて勝利者になったのである。

この闘争の性質を説明するために、ブローデルは二人のランナーの競争を例にする。ウサギが都市で、カメが国家だ。だから進展速度は異なる。なぜなら都市は国家を上回る脱領土化の力能を持っているからである。為替手形の国際取引ネットワークの構造が大規模商業を支え、市場や定期市の中枢を担い、ヨーロッパ全域の貴金属の流通を統制する民間銀行を持つ都市の経済と重なり合っていることを思い浮かべてほしい。だとすれば、国家‐形態がそれを都市‐形態に勝利したことをどう説明するのか。手工業資本主義をも含む商業資本主義が非常に高い資本見通しの能力を持ち、諸都市がヨーロッパのルネサンスの基盤そのものとなっていたにもかかわらず、脱領土化の「ダイナミックさ」において劣る側が勝利したのはなぜか？

　歴史家の著作を読み込んでいたドゥルーズによれば、決定的要因は「都市‐形態は戦争機械の領有化に適した手段ではない。都市‐形態は基本的に傭兵に頼った短期戦を求めている。都市は戦時に巨額の投資を行なうことはできない」[*2]。さて一五世紀から一七世紀にかけて、戦争について軍事革命が起こる。それは技術的・戦術的・戦略的かつ概念的な革命であり、前代未聞の人的・物質的集約化を実行することで、地上でも海上でも展開されることになる。火砲（マスケット銃、鋳造の青銅砲ないし錬鉄砲……）の質的・量的向上は野戦における火力の重要性を増大させ（マスケット銃の一斉射撃、可動式の野砲、攻城砲）、騎兵に対する歩兵の優位を確立することになり、これによって中世騎兵の支配が終わる。はるかに巨大で（より厚く、より深く、より広く）、数多くの大砲（「要塞砲」）を備える稜堡に守られた（幾何学的な）要塞化が要求される要塞建設もまた、大きな変容を迎える。それは攻撃側にも、包囲軍を防御し補給を確保するための堅固で長大な防衛線を持つ一連の防衛拠点の建設を要求することになる。空間の分割に対抗して領土に軍事体制を構築する要塞戦の原則はここから生まれている（常備軍の創設、軍を駐留させ監視す

＊1　「中世期に社会を全面的に覆った戦争的諸関係が社会全体から少しずつ一掃されていった」（Michel Foucault, « *Il faut défendre la société* », *op. cit.*, p. 42［フーコー『社会は防衛しなければならない』、五一頁］）。

＊2　Gilles Deleuze, « Appareils d'État et machines de guerre », séance 4 (URL : www. youtube.com/watch?v=kgWaov-IUrA).

る駐屯地の建設、兵員の増大をまかなうにたるロジスティクスの編成、コミュニケーション手段の発達）。そのために「ささやかな勝利を辛抱強く積み上げ」「敵の経済基盤をゆっくりと浸食する」[3]ことを意図する消耗戦略に沿って、戦時は際限なく延長される。一六七七年にロンドンで出版された『戦争論』の著者、ロジャー・ボイルの証言によれば「戦争は今や国家間の争いに決着を付けることはない。〔……〕というのも、われわれはライオンというよりはキツネのように戦争するからである。われわれは一つの戦争のために二〇もの包囲戦を戦っている」ことになるという。この証言は、スペインの大貴族、アイトナ侯爵が一六三〇年に述べた次の評言とも符合する。「当今の戦《いくさ》の作法は取引のたぐいにまで落ちぶれてしまった。つまり最も金を持っている者が勝つ商売だ」[4]。

　レースに勝利したカメは、軍事勢力の財政力の苦境を支え[5]、そのツケを（「飢饉」という分け前で）人民に払わせることのできそうな金持ちキツネに似てくる。しかしだとすると必然的に、そのキツネの獣道（ある動物がよく通る小径のネットワークがそう形容されているからだ）はヨーロッパ大陸そして大陸の陥った戦略的袋小路を超えて海まで、そして海外まで延びていくことにはなるまいか。一七六〇年代の宰相ショワズール公爵はこう書いている。「現在のヨーロッパの国家においては、大陸での勢力均衡を決定するのは植民地と商業、そしてとどのつまりは海軍力である」[6]。それはまた、巨大な軍艦の登場による軍事革命が海の支配（海上権力）を可能にしたということでもある。こうした軍艦は大砲（砲架で固定され、砲口からではなく砲底から装塡するタイプ）[7]で重装備し、二隻一組で展開され、全長に応じてさまざまな船級を持つ。それはまさに「浮かぶ要塞」であり、やがて機動性向上のために全長を短くすることもあったかもしれない。船舶建造が経済的・戦略的・政治的に拡大されれば、次はヨーロッパ大陸そして海外に強固に要塞化され重装備した海軍基地の建設が必要となる。さもなくばアメリカおよびアジアの植民地航路の防衛がおぼつかなくなるだろうし、そうなれば〝現存艦隊〟の尖兵たる私掠船の争いが勃発しかねない[8]。海が「すぐれた平滑空間」[9]であり、交易都市が古代からその力を注ぎこんできた脱領土化の力能の担い手だとしても、外洋艦隊を海上に常駐させることで軍事‐商業的条理を帝国主義的な第一次グローバリゼーションの水準にまで高め、こうしてそれを巧みに御すことができたのは国家のみだったこともまた理解される。その費用は桁外れなものであり、過酷なライバル関係を維持してこの競争に加わることができたのはヨーロッパの大西洋岸の諸国家だけだった。その関係があまりに過酷だったからこそ、「海上覇権に近道なし」[*10]を掲げる最も海洋的な国家が、軍事改革を産業革命にまで延長させうる決定的な打開策を見いだすに至ったのである。

こうした「インフラストラクチャー」と「サービス事業」の経済戦争、攻撃・防衛装備の軍拡競争に必要な戦争への投資といったものが、それらを財政的に裏付け管理するために、近代国家の絶対主義的なあり方を全面に押し出すことになる。国家の軍事施設の確立には、確かに「職業」軍（部隊編成と集団訓練、戦闘時の効率を優先した新しい軍隊階級制を持つ）と、常設の官庁、そして私的所有権に関する体系化された法制度が必要である。私的所有権とはここでは、法的には絶対的な性格を持ち、「管理運用」さ

★3　Geoffrey Parker, *La Révolution militaire. La guerre et l'essor de l'Occident (1500-1800)*, Paris, Gallimard, 1993, p. 128［ジェフリ・パーカー『長篠合戦の世界史――ヨーロッパ軍事革命の衝撃　1500～1800年』（大久保桂子訳、同文舘出版、一九九五）、六〇頁］。

★4　Cités par Geoffrey Parker, *op. cit.*, respectivement p. 88, p. 161［前掲書、八四頁］。

★5　クロムウェル時代のイギリス、ルイ一四世時代のフランス、ハプスブルク帝国、ピョートル大帝時代のロシアは歳入の七五％以上を軍事部門に割いていた。加えて、外国の金融市場から利子付きの借金もあった。

★6　Cité par Geoffrey Parker, *op. cit.*, p. 194［前掲書、一一四頁］。

★7　これにより、敵艦の「船壁」を貫通させるために、砲弾を重くし舷側砲の発射間隔を短縮させることが可能になった。

★8　イギリス人が「私掠船本部」と呼ぶものが率いた私掠船遠征軍である。

★9　Gilles Deleuze, Félix Guattari, *Mille plateaux*, *op. cit.*, p. 598-599［ドゥルーズ、ガタリ『千のプラトー』、下巻二五七頁］。

★10　Michael Duffy, « The Foundations of British Naval Power », in M. Duffy (dir.), *The Military Revolution and the State, 1500-1800*, Exeter, University of Exeter Press, 1980, p. 81.

れるものと措定されている。最後に、領土統一により単一化された市場も必要だ。それにより、国税徴収を可能にする布置ができるからである。その手本となるのは、ヨーロッパで最初の常備軍部隊の財政をまかなうための国王タイユ税（これがフランスで徴収された最初の国税となる）である。マルクスが「工場のように仕事の分業と集約化が行なわれた国家権力の入念なプラン」[*11]と呼んだものが、絶対王制の時代にその領土全域に警察国家、軍事国家、租税国家、官僚制国家、大規模土木事業の施行－請負国家、そして植民地国家という諸特性を広げることによって設計されたのだとしたら、その理由は「諸国家の国際的システム」（ポルシュネフの表現による）に取り込まれた重商主義国家とは、何にもまして都市に勝利しそれを国家レベルで支配下においたことで経済と政治のあいだに新たな融合をもたらした軍事革命の産物だからである。言い換えれば、封建主義という問題や、戦争の絶対主義的役割の持つ本質的に封建的な「古代的合理性」という仮説のせいで「封建的絶対主義」のテーゼ（アルチュセールのテクストにまで見受けられる）にとらわれたままの「古典的」なマルクス主義的な立場（本当のところはマルクス自身のと言うよりエンゲルス的な立場だが）と関係づけて言うなら[*12]、国家は戦争を軍隊化することで諸都市を服従させ「国営化」したのである。それまでは都市を「除外」していた封建主義に固有の経済・政治の有機的統一が、これにより前代未聞のレベルで脱領土化・再領土化される。それまでカメのようだった国家はキツネに、妖怪ギツネになり、「封建主義の政治経済体制のなかでひとえに主権の『脱全体化』のおかげで[*13]」存在していた都市というウサギを追い抜くことができるようになる。重商主義の権力と力能のロジックがここで把握される。ジョヴァンニ・アリギはそれを次のように完璧に要約している。「戦争行為と国家建設はしだいに紆余曲折の多い事業になり、一見互いに関係を持たずに数や幅、種類を増していく諸活動を巻き込んでいく[*14]」。

　つまり、戦争を物量戦に様変わりさせ、「国民皆兵制」つまり「人間」の全面的規律訓練化を計画することで、国家は戦争機械を領有化することになる。その規律訓練化の基礎になるのが兵役である。これは以前の、中間団体の権威（地域、都市、職能団体）のもとでの諸々の集団的な義務に相当するが、それが今では個別的な義務になる。この新たな権力経済は、その支配下にある領土の囲い込みによる軍事制度の展開を経由するものであり、そしてこの権力経済を通じて、カメはウサギに追いつき打ち負かすに至る。戦争産業への投資は資本家の観点から見て最も重要であることがやがて明らかになる。それはこうした投資が、一七世紀に武器生産の「画一化」が強いられたのちに起こった技術的・科学的イノベーションの最も豊かな源泉の一つであることが早々に立証されたためであり、のみならず「剰余価値の具体化」に不可欠だったからでもある。戦争機械とは実のところ、政治的に見ても経済的に見ても、それなしには資本主義が崩壊しかねない予防生産機械なのである。この二つの視点から見れば、資本主義は不可避的に戦争経済である。なぜならその活動を軍事的規律訓練に服従させる工場に始まって、植民地企業を育成し国土整備を可能にする国家税収に至るまでの「剰余価値のサイクル」を回すために、資本主義は戦争と多数の部品からなるその一式装置の分析学を必要としているからである。

フーコーはとくにその議論を深めることはなかったが、ドゥルーズとガタリで言えば戦争機械と国家-軍隊制度の区別に相当する「軍人」と「戦士」の性質の違いについて触れており、それを通じて重要な説明を行なっている。一七世紀から一八世紀のあいだに、戦争機械はただ戦争のみを目的と見なすのではな

★11 Karl Marx, *Le Dix-huit Brumaire de Louis Bonaparte*, Paris, Éditions sociales, 1969, p. 125〔「ブリュメール一八日のルイ・ボナパルト」『マルクス=エンゲルス全集』、第八巻一九三頁〕。

★12 ペリー・アンダーソンによれば、国家の軍事形態学は「きまった土地の面積を得るか失うかという、戦場におけるゼロサムゲームの争いを構造とする」「中世における戦争の役割の拡大された記憶」の呈を成すのである(*L'État absolutiste*, vol. 1, *L'Europe de l'Ouest*, Paris, Maspero, 1978, p. 32-34)。

★13 *Ibid.*, p. 22. ペリー・アンダーソンは次のように強調している。「西洋封建主義において、都市はけっして外因的な現象ではなかった」。

★14 Giovanni Arrighi, *The Long Twentieth Century. Money, Power and the Origins of our Times*, Londres et New York, Verso, 2010 (2e éd.), p. 51〔ジョヴァンニ・アリギ『長い20世紀——資本、権力、そして現代の系譜』柄谷利恵子、境井孝行、永田尚見訳、作品社、二〇〇九〕、九九頁〕。

く、「平和」すなわち富の生産、諸都市や領土の組織化等々をも目的とするようになった。絶えず蜂起の危険にさらされていたヨーロッパの諸大国においては、軍隊は常時展開される武力行使の脅威によって国内平和を保障していたが、「それだけではなく、軍隊は社会体を対象におのれの計画を立案する技術と知識のことでもあったからである」。

戦争は権力諸関係の「数値」を構成しうるものだ、という事実にフーコーは戸惑い、疑い、見解を変えた。かれが幾度もの方針変更を強いられたのはそのためだ、という点で、ここから学ぶべきことは多い。フーコーはこう述べている。「戦略としての戦争は政治の継続であるかもしれない。しかし『政治』は、厳密に戦争の継続とまでは言わずとも、少なくとも軍事モデルの継続であり、また国内騒擾を予防する基本的手段と見なされていた、という事実を忘れてはならない。平和と国内秩序の技術としての政治は、完璧な軍隊、規律正しい大衆という配備を作動させるべく努めていた[15]〔……〕」。

軍隊と軍事制度は、「一方に戦争と戦いの喧噪があり、他方に秩序と従順な平和の沈黙があるという、そのあいだの結合点に[16]」設立される。したがって軍事制度は権力の二重の技術をかたちづくっている。つまり、ヨーロッパ諸国の均衡を保障し維持する（国民国家の経済的・人口学的パワーの対決を経る、政治の継続としての戦争）一方で、それぞれの国家内での規律訓練と秩序を確立しているのである（別の手段による戦争の継続としての政治）。

ヨーロッパにおいて規律訓練型の技術が最初に用いられたのは軍隊の職業化の際であるにしても、古典時代に「軍隊の規律訓練型システム」は、「個人の武器操作の動作や、集団での戦場移動を合理化し規律訓練する演習」によって「全員の身体を差し押さえる、つまり生涯にわたって身体を占有する[17]」よう組織を整えている。そうした動きは戦略論では計算表で表示されるようになり[18]、「銃を持った機動力のある兵士を基本単位とする可視的な構成部分からなる幾何学を、〔……〕そしてその兵士のもとには最小限の動作、基本行動の所要時間、占領ないし走破すべき空間的部分を[19]」を登場させることになる。したがって、「全体を構成する各要素の力の総和以上の効果をもたらす生産力を構成する[20]」ために用いられる仕掛けを発明することが懸案となる、とフーコーは力説する。

規律訓練型の技術は軍隊なしには、そして軍事制度とその「管区」の管轄する規律訓練なしには説明できない。それらが軍事力の制度設計そのもののかたちをとった経済管理権力の作動する諸様式に道を切り開いたのである。「法学者や哲学者が社会体の構築ないし再構築の原初的モデルを契約に求めていたのに対し、軍人と規律訓練の技術者たちは身体を個人的・集団的に拘束する強制措置の手続きを作ろうとしていたのである」[*21]。

2…アダム・スミスにおける戦争の技術と手法

「富」、「権力」そして国家による武力行使の中央集権化、これらのあいだの関係を最初にテーマ化したのはマルクスではなくアダム・スミスである。それは強大な国家だ。だとすれば、スコットランド啓蒙主義に位置づけられるこの人物が、リベラリズムの伝統に特有の、穏和な商業と「基本的平和主義」の偉大な理論家と見なされていることは、いかにも理解しがたいものになる。だがシュンペーターに至るまで、アダム・スミスはこの伝統と結びつけられているのである……われわれにとってここでは、『国富論』で軍

★15 Michel Foucault, *Surveiller et Punir, op. cit.*, p. 170〔フーコー『監獄の誕生』、一七〇頁〕。
★16 *Ibid.*, p. 171〔前掲書、一七一頁〕。
★17 Michel Foucault, *Le Pouvoir psychiatrique, op. cit.*, p. 48-49〔フーコー『精神医学の権力』、六〇～一頁〕。
★18 Cf. David Eltis, *The Military Revolution in Sixteenth-century Europe*, Londres et New York, I. B. Tauris, 1995, p. 61-63.
★19 Michel Foucault, *Surveiller et Punir, op. cit.*, p. 165〔フーコー『監獄の誕生』一六六頁〕。火器の使用が一般化したのは一七世紀の最終盤である。
★20 *Ibid.*〔前掲書〕。フーコーはここで、工場組織と軍事計画の類似性を見通したとマルクスを認めている。
★21 *Ibid.*, p. 171〔前掲書、一七一頁〕。

隊行進曲のようにリズムよく進められるかれの論証を再構成してみるだけで十分だろう。

「文明化され豊かな」国家の条件として、君主法はまず権力と軍隊の中央集権化を実現する必要がある。社会で猛威を振るう恒久的な戦争を国家が最終的にコントロールし、義勇軍[*22]を服従させ、封建社会から受け継いだ戦争機械を「統制された軍隊〔規律ある常備軍〕」へと体制化すること、それがこの中央集権化のプロセスの核心である。それによって確立される「労働分業」（戦争技術と同様に手工業や商業にも存在する）と権力とのあいだの動的連結に比べれば、この再構成の歴史的正確性はそこまで重要ではない。このプロセスの帰結は富の蓄積にとって決定的である。近代戦は「権力と富」、軍事領域と〝産業〟の相乗効果をもたらす。それが、富裕国と貧困国の勢力の非対称性や、後者を犠牲にした（植民地主義、帝国主義）前者の国での「大所有地」の蓄積の条件と原因を確立する。

「ほぼ恒常的な戦争状態[*23]」と形容される「古代において」、「封建法」は「王に始まって零細地主に至るまでの、奉仕と義務の長い連鎖を伴う統制された従属関係」を初めて確立した。しかし、権威は依然として「リーダーたちにとってはあまりに弱く、部下たちにとってはあまりに強く」、それゆえ部下たちは「あいかわらずおのれの一存でのべつまくなしに互いに戦争を続けている。その相手が王であることもしばしばである。曠野は以前と変わらず暴力と略奪、無秩序の劇場であった」。

「規律ある政府と安定した秩序を徐々にもたらし、またそれと同時に個人の自由と安全をもたらしたのは[*24]」商業と手工業であり、封建法が失敗したのはまさにこのことだった。しかし、リベラル派の教えに従ってこのプロセスは市場の見えざる手によって導かれた、と信じてはならない。それを巧妙に導きうるのは国家のみであろう。というのも、自由と安全を擁護するというその義務は、主権者の「軍事力の助けがあって初めて果たされる」からである。古代においては、「すべての男はまた戦士であるか、あるいはそうなる準備がある[*25]」のだが、「より先進的な社会では、〔……〕手工業の進歩と、戦争技術にもたらされた改善[*26]」のために、国家の指令に服する軍隊の専門職化が必須になったのである。

どの場合でも機能しているのは「労働分業」である。しかし、手工業の場合と戦争の場合とで、その方法は異なっている。「職人、鍛冶屋、大工、織物師」はよい兵士にはならない。なぜなら、完全に労働に専念しているために「この軍務のために大部分の時間を割くわけにはいかない」からである。ところで、「戦争技術が最も高貴なものであることに異論の余地はないが、するとそれは当然最も複雑な技術の一つでもあるということだ〔……〕。機械の進歩、また戦争技術と必然的に関係するほかの諸技術の進歩のために」、戦争技術はいやがおうにも「市民のある特定の階級の唯一ないし代表的な職業になり、またこの技術を完全にするにあたっては、ほかの分野に劣らず労働分業が必要となる」。結論はこうなる。戦争技術における労働分業が確立されるのは「兵士の仕事をほかのどれとも違う、区別された、特殊な仕事に変えることのできる国家」によってのみである。他方で「ほかの技術では、労働分業は各個人の知性の自然な帰結である」。いやしくも国家の名に値する国家であれば、「規律ある軍隊」の創設は「抵抗の余地なき力で、帝国の最奥の辺境にまで主権法による支配を広めさせる」ために不可欠であり、それによって「それなしには統治できなかっただろう諸地域にある種の正当政府を存続させる」*27のである。

★22 「義勇軍」問題はアダム・スミスとアダム・ファーガソンの論争の中心であった。この論争は著者たちの希望により、（無署名の）二冊の小冊子として出版された。共和制における政治と軍事の技術統合が、主権にのみ奉仕する軍によって／軍において解体されることに対し、ファーガソンはたとえ軍事的にも社会的にもすでに意味を成さないとはいえ、高地スコットランドの偉大な伝統である戦士の美徳の重要性を強調する。そしてその解体を招いたのは、「手工業者の国」の確立であり、アダム・スミスはそれを構造化する権力の政治経済学を復権させたのであった。Cf. Adam Ferguson, *Reflections previous to the Establishment of a Militia* (1756); John Robertson, *The Scottish Enlightenment and the Militia Issue*, Edinburgh, John Donald, 1985.

★23 Adam Smith, *Recherches sur la nature et les causes de la richesse des nations*, Paris, Garnier-Flammarion, 1991, t. 1, p. 502 (livre III, chap. IV)〔アダム・スミス『国富論』（杉山忠平訳、岩波書店、二〇〇〇～二〇〇一）、第二巻二三五頁〕。

★24 *Ibid.*, p. 502-506〔前掲書、第二巻二三五～四一頁〕。

★25 *Ibid.*, p. 315〔前掲書、第三巻三四七頁〕。

★26 *Ibid.*, p. 315-316〔前掲書、第三巻三四七～五〇頁〕。

軍事法と文民政府法は国内では内戦を掃討し、国外では富や権能そして権力の蓄積のために要求される帝国主義的戦争を遂行せねばならない。アダム・スミスはもちろんそう表現したわけではないが、しかし申し訳程度にごまかしたかたちで（この件についてマルクスの使った形容を借りれば「ホメオパシー的」に）この論理を展開している。

民法と軍事法は「ある種の正当政府」を支えているが、それは「自由と安全」全般を擁護するためではなく、主権国家の内外の所有権および所有者を保護するためである。「大所有地のあるところにはかならず財産の不平等がある。一人の大金持ちごとに少なくとも五〇〇人の貧乏人が必要である。豊かさに浸っている者がいるなら、数多くの貧しい者もいるはずだ」。それが否応なく貧者の羨望と、金持ちの財産を横取りしようという止みがたい意志をかき立て、その財産を守ることができるのは市民政府とそれに奉仕する軍事力のみである。「世俗為政者の庇護のもとでのみ、高価な財産の持ち主はたった一晩とはいえぐっすりと眠ることができる〔……〕。いついかなるときも、見知らぬ敵の群れに囲まれている」この持ち主は「こうした敵を罰するための用意を怠らぬ世俗当局の力強い腕によってのみ守られるであろう〔……〕。財産のないところ、ないし二、三日の仕事の稼ぎを超えない程度の財産しかないところでは、市民政府はそこまで必要ではない[*28]」。

これ以上の言い回しはあるまい。（ホッブズ的な意味での）人間「本性」が内戦の原因なのではない。〝公正〟でも〝公平〟でもない所有権と社会的な労働分業が原因なのである。さらに言えば、金持ちの「平安と幸福」こそ貧乏人の「貧困と絶望」から保護されねばならないのである[*29]。アダム・スミスの推奨したワーキングプアの公教育の唯一の目的は、マルチチュードを「極端すぎる根拠のない要求[*30]」から遠ざけるよう言い聞かせるためだろう。

巨大な富の蓄積は、ただ手工業において他人の労働を搾取するだけで達成されるわけではない。極貧の最も「野蛮な」諸国を接収、横領、捕食することでも達成される。植民地主義、帝国主義と分かちがたく結びついたこの資本化は、経済的であるだけでなく政治的、軍事的なものである。アダム・スミスは『国富論』で意味もなく国家と軍隊を利用したわけではない。戦争の機械化、産業化（最新の「戦争機械」の大規模利用による）は「植民地」での蓄積の重要な構成要素である。というのもそれらが、富裕国と貧困国の勢力差を作り出すことになるからであり、この差異は豊かさの差異へと読み換えられるからである。

近代戦においては庞大な費用が火器のために支出され、最大限の支出が可能な国家、つまり貧困国よりも文明化され裕福な国が有利になる。古代において、文明化され裕福な国は、貧困かつ野蛮な諸国から自国を防衛することは困難であった。近代においては、貧困かつ野蛮な諸国の方が裕福で文明化された諸国から自国を防衛することが難しくなっている。火器の発明は、一見危険なように思われるかもしれないが、確かに人びとの文明化を持続・拡大させるのに有益なのである。[*31]

ここでも理屈は労働分業の場合と同じである。労働分業は不平等を作り出すが、にもかかわらず最終的には「社会の最下層の成員」まで拡がるはずの、全体としての裕福さを生み出すと見なされている。植民地主義はこのプロセス全体の歴史的真実であり、このプロセスが軍隊に育まれた「産業資本主義」においても継続される本源的蓄積のプロセスでもあることに留意しよう。「人民の文明化」は資本蓄積にほかならない。この文明化においては、軍事的不均衡に後押しされた、最も「現代的」でない国々を犠牲にする最も「現代的な」武力がとどまるところを知らず行使される。国内の治安とはすなわち富の蓄積のための

★27 *Ibid.*, p. 319〔前掲書、第三巻三六九頁〕。
★28 *Ibid.*, p. 332〔前掲書、第三巻三七五頁〕。
★29 Adam Smith, *Theory of Moral Sentiments*, éd. D. D. Raphael et A. L. MacFie, Oxford, Clarendon Press, 1976, p. 51〔アダム・スミス『道徳感情論』（水田洋訳、岩波書店、二〇〇三）、上巻一三一頁〕。
★30 *Ibid.*, p. 249〔前掲書、上巻一八二頁〕。
★31 Adam Smith, *Recherches sur la nature et les causes de la richesse des nations*, *op. cit.*, p. 331 (trad. modifiée)〔アダム・スミス『国富論』、第三巻三七三頁〕。

武装衛兵であり、それを国外にまで推進する止むことなき銃火を通じて軍国主義へと変容していく。

　アダム・スミスにとっては依然として、軍隊への支出と、手工業と商業に財政的に支えられた戦争が増え続けることは「非生産的」なものであった。イタリアの都市国家以来「戦争のケインズ主義」は一貫して蓄積のための構成要素であったと理解していたにもかかわらず[＊32]、大英帝国の不平等交易にとって、国家による軍事支出は富を増加させる生産的投資であるとかれが考えていなかったことは興味深い。いかにも逆説的に聞こえるかもしれないが、アダム・スミスの説明の根拠は国富の帝国主義的誇示を支える「軍事力」の国有化に帰着し、その「現代的特質」は、もはやイタリアの諸都市に先駆を求めるたぐいのものではなくなっている。ここでわれわれは、今はなきジョヴァンニ・アリギによるポスト・マルクス主義的なアダム・スミス読解に多くを負っていることを進んで認めておこう。

＊32　Cf. Giovanni Arrighi, *Adam Smith in Beijing: Lineages of the Twenty-first Century*, Verso, 2007［ジョヴァンニ・アリギ『北京のアダム・スミス——21世紀の諸系譜』（中山智香子ほか訳、作品社、二〇一一）］。

第4章

フランス革命の二つの歴史

Deux histoires
de la Révolution française

1…クラウゼヴィッツにとってのフランス革命

国内外の植民地化という／植民地化における軍の暴力行使の第一幕は、フランス革命で幕を閉じる。クラウゼヴィッツこそ、国家の戦争機械という視点からこの出来事を最も厳密に把握していた人物である。ヨーロッパの均衡、国際秩序保障のために戦争を遂行し軍隊を組織化する手法、各国内の平和を法－軍事的に管理すること、これらがどうしても避けて通れないものになったのは、革命のためである。諸々の革命的出来事は国家と戦争機械の違いを確証する。というのも、わずかのあいだとはいえ後者は国家の支配下を逃れたからであり――それは戦争機械が国家に反旗を翻す可能性がつねにあるという仮説を確証したからである。

革命を端緒として、政治の第二幕が開幕する。新たな社会勢力、つまり労働者と資本家は、それぞれの思惑のもとに戦争機械と国家の領有化を図っていた。革命後の特徴は、国家および戦争機械を資本の利害を焦点に再編することにブルジョアジーが成功し、さらに一九世紀を通じて戦争機械と国家を領有化し変形しようと試みていた革命運動が失敗したこと、とまずは表現できよう。

フランス革命によって上演された第一幕と第二幕の転換点に戻ってみよう。「フランス革命が勃発した段階で、事態はそこまで来ていた。〔……〕一七九三年、誰もが予期しなかった勢力が出現した。戦争は突如としてふたたび人民の、誰もが国家の市民と自認する三〇〇〇万の住民の問題になった。〔……〕以来、もはや用いうる手段に――そしてそれらを実現しうる努力に――明確な制限はない[*1]」。

戦争機械はもはや「政府や軍隊から」出てくるのではなく、また「戦士という要素が次第に薄れつつある」「卓越した将軍や王〔……〕が、同じように卓越した軍隊のリーダーとして君臨する[*2]」君主や王の軍隊ではなく、「人民の、国家の」軍隊となる。「戦争技術における技術革新の大部分が新たな社会状況から生じる」とすれば、クラウゼヴィッツがとりわけ強調するように、[*3] ナポレオンこそ革命の指導権奪回のメルクマールであり、それにより革命のエネルギーは「大軍隊」へと注ぎこまれることになる。かれは戦争技術を一新し、ヨーロッパの均衡を転覆し、そして自身が動員する国民国家という新形態へ革命の勢いを閉じ込めるため、革命の動員を利用することになる。戦争にはもはや際限がないが、その理由はルネ・ジラールが考えるような内在的なもの（紛争中の軍隊を模倣することが「過激化」の原因であろうとする）[*4] ではなく、紛争に力を貸しているのが新たな政治勢力だからである。クラウゼヴィッツが強調するように、ここではそれは「フランス革命がフランスのみならず他のヨーロッパにおいても変貌させた政治」[*5] という意味での政治を指す。革命から生まれた新しい軍隊は、政治と戦争の融合を通じて純粋なコンセプトとしての戦争（「絶対戦争」）へとふたたび接近する。その目的は国家的戦争に対する最初の帝国主義的政策をエスカレートさせるためであり、そしてこれらの政策は「一気呵成な敵の殲滅を目的に指揮され」、「この

＊1　Carl von Clausewitz, *De la guerre*, Paris, Minuit, 1955, p. 687 (livre VIII, chap. 2)［クラウゼヴィッツ『戦争論』（篠田英雄訳、岩波書店、一九六八）、下巻二八八頁］。
＊2　*Ibid.*, p. 686 (livre VIII, chap. 3)［前掲書、第八篇第三章］。
＊3　*Ibid*, p. 597 (livre VI, chap. 30).［前掲書、第六篇第三〇章］。
＊4　ここでルネ・ジラールを引用するのは、クラウゼヴィッツを補完する、というかれの理論（en collaboration avec Benoît Chantre, Paris, Champs-Flammarion, 2011）の効力に期待してではなく、万人の万人に対する戦争というクラウゼヴィッツの戦争論がレギュラシオン学派では通貨制度の存在論的基礎として用いられるというただそれだけのためである。この戦争論については、フーコーがホッブズに対して行なった批判と同じ批判を行なう必要がある。そこで取りあげられているのは実戦ではなく、主権に集約される権力を正当化するためのフィクションである。万人の万人に対する戦争に基づいた通貨制度は、「資本家と労働者」のあいだの実戦に対し超越論的な立場を得る。これが、階級闘争の媒介としての通貨である。
＊5　Carl von Clausewitz, *De la guerre*, *op. cit.*, p. 709 (livre VIII, chap. 6)［クラウゼヴィッツ『戦争論』下巻三二六頁］。

国家の一大事に人民を参加させる」[6]ことを基礎としていた。「ボナパルト以降、ふたたび国家全体の問題となった戦争は、まったく新たな性格をあらわにした。あるいは、その真の性格に、絶対的な完成に、よりいっそう近づいた、と言うべきか。それゆえ、そのために行使される手段にはっきりとした一線が引かれなくなった。それは政府とその臣民たちのエネルギーと熱狂のうちに失われていった」[7]。

ヨーロッパ諸国間の均衡においても、リベラルな経済規制においても、そして戦争においても同様に、一線を引くことの難しさが明らかになり始めた。これと時を同じくして、軍事的目標と、平和へ回帰する方策をもとに策定される政治的目的と、その両者が合致するところで行なわれる（想定された）古典的な政治的調整（「他の手段による政治の単純な継続」[8]としての戦争）からも、戦争は逸脱していく。だからこそクラウゼヴィッツは、共同体全体の利害の政治的代表者たる資格を与えられた「人格化された国家知性」[9]に「過激化」を従属させる試みとして、カント的な軍事的理性批判のパースペクティヴのもとに戦争を位置づけなおそうと企図することになる（「内政の利害、さらには人道や哲学的悟性によって意味づけうるすべてに関する利害の全体を統一し均衡させるのが政治であること、われわれはそれを仮説によって認める。というのも、政治は他国に対するこれらの利害全体の代表者にほかならぬからである」[10]）。仮説は机上の空論に終わった。なぜなら「戦争の神おん自ら」[11]の失敗のせいであるという以上に、あらゆる制約を乗り越える運動のせいで、「社会的存在」の領域――戦争もまたその社会的存在の一部であり、だからこそクラウゼヴィッツは戦争を「商業」と比較可能なものとすることになる（それもまた「人間同士の利害や活動で起こる係争」ではなかろうか）[12]――に引かれるべき一線を理性のうちに基礎づけることが不可能になるからである。だがそれを商業と言うのなら、ひとがたずさわっているのは無制限の商業であろう。それは産業資本の到来とともに社会体《ソシウス》全体を拡張し、さらに一八七〇年代以降は金融資本のヘゲモニーのもと進展を速めていくことになる。「総力戦」への道を開くのは、この金融資本のヘゲモニーである。クラウゼヴィッツの「絶対戦争」とはまったく異なるコンセプトと現実が争点となることは間違いない。というのもイエナの戦いで敗れた側にとっては、その争点の登場はひとえに革命期の政治と、ナポレオンによる戦争国家の強度管理によって解き放たれたエネルギーの「化け物じみた効果」に由来するものだったからである。クラウゼヴィッツは、この「絶対的エネルギー」はかならずしもその後の戦争の性格を左右するものではない、「敵の壊滅が戦争の軍事的目的ではないかもしれない」、「文明化された国家」間の現状をナポレオン以前に回復する可能性もあろう、と考えようとしていた。

「しかしながら、反動はいつでも起こりうる。スペインでは、戦争はそれ自体人民の問題になった」[*13]。事実、大軍隊の攻撃技術は——それを先駆的な「機械化」と表現することもでき、人的資源の「プール」と、そこに属する比較的高い自律性を持つ強襲部隊に編入される「多目的な」兵士がこれとセットになる[*14]——新しい抵抗形態（「ゲリラ」）、とくに新たな「人民による抵抗のための役割」を出現させることになる。

★6 *Ibid.*, p. 672 (livre VIII, chap. 2)〔前掲書、下巻二六二〜三頁〕、p. 688 (chap. 3)〔前掲書、下巻二九一頁〕。

★7 *Ibid.*, p. 688〔前掲書、下巻二九一頁〕。

★8 *Ibid.*, p. 51 (livre I, chap. 1, § 24)〔前掲書、上巻五八頁〕。

★9 *Ibid.*, p. 68 (§ 26)〔前掲書、上巻六〇頁〕。より一般的には、「政治は知的能力であり、戦争は手段に過ぎないのであって、その逆ではない。ゆえに軍の視点を政治の視点に従属させることだけが唯一なしうることである」(*Ibid.*, p. 706)〔前掲書、下巻三二一頁〕。ハワード・ケイギルはクラウゼヴィッツのカント哲学を以下の近著ではっきり強調している。Howard Caygill, *On Resistance. A Philosophy of Defiance*, Londres et New York, Bloomsbury, 2013, p. 15-29.

★10 *De la guerre*, p. 705 (livre VIII, chap. 6), trad. modifiée〔『戦争論』、下巻三二〇頁〕。

★11 *Ibid.*, p. 677〔前掲書、下巻二七〇頁〕（もちろんナポレオンのことである）。

★12 *Ibid.*, p. 145 (livre II, chap. 3)〔前掲書、上巻一八九頁〕。クラウゼヴィッツは以下のように述べて議論を続けている。すなわち、戦争は「いっそう政治に似ており、政治は政治で部分的には大規模な商業と見なすこともできる」。この逆転の意義は次の結論に照らして評価される。すなわち、「政治は戦争の展開される母体である」。

★13 *Ibid.*, p. 662, 687 (livre VII, chap. 22)〔前掲書、下巻二八九頁〕。

★14 Cf. Manuel de Landa, *War in the Age of Intelligent Machines*, New York, Zone Books, 1991, p. 67 sq.〔マヌエル・デ・ランダ『機械たちの戦争』（杉田敦訳、アスキー、一九九七）、一一五頁以降〕。

クラウゼヴィッツは、戦争の目的を「いっさいの抵抗を不可能にすべく敵に打撃を与えることがその直接の意図である」[*15]と規定することになるかれ自身のヨーロッパ中心主義的視点から[*16]、この役割を絶対的に新しいものと見なしており、この点でシュミットに先駆けている。したがって（絶対的な）「近代戦の性格」とは、一方ではナポレオンが武装人民を軍隊化することで戦争技術の「あらゆる伝統的な古い手法」に対して起こした革命、他方ではその帰結として起こり、その「精神的要素」もあわせて新しい戦争プランに統合すべきスペインでの人民戦争（Volkskrieg）による抵抗（Wiederstand）[*17]、この両者に分類されることになるのである。「それゆえ、武装人民全員の抵抗は国家にどの程度の代償を要求するのか、と問うことはもはややめよう。問うべきはこうである。この抵抗はどのような影響を持つか？　その諸条件は何か、そしてどうすればそれを利用できるのか？[*18]」。

クラウゼヴィッツに真の「抵抗論」を着想せしめた、その「ぼんやりとした」「流動的な」構成要素を用いることで、「ゲリラ」は人民戦争への見通しを開いたのであり、共産主義者、アナーキスト、社会主義者はそれを通じて革命の可能性を長きにわたって考えていくことになる。

2…黒人革命

フランス革命のある政治的・軍事的事件のために、クラウゼヴィッツのさしもの慧眼も曇ってしまう。その事件こそ、フランス植民地帝国の珠玉、サンドマングを奪取した黒人革命である。そこは世界で最も有望かつ豊かな植民地でもあった[*19]。そうとしかいいようがない。（ドゥルーズ風の言い方をすれば）「脱根拠化」の力によって現われる革命の最も根本的な「出来事」であったと言っていいかもしれない[*20]。思考不可能なものが、革命側の視点から見れば世界史となった〝歴史〟のなかへ力づくで押し入るのだ。

成功裏に終わった最初のプロレタリア革命は奴隷革命である。この革命は、フランス共和国がその既成事実を認めざるを得なくなると、ナポレオンが秩序の回復と黒人法による奴隷制度の回復を目指して一八〇一年にこの島に派遣した部隊への抵抗以上のことを求めるようになる。かつてのスペイン軍、イギリス軍と同様に、革命によって部隊は敗北を喫した（五万人の死者を出した——つまりワーテルローでのフランス側の損失よりはるかに多い）。一七九一年の最初の反乱から、一八〇四年一月一日の独立宣言に至るまでの一二年に及ぶ、ハイチと名を改めたサンドマングの五〇万奴隷による黒人革命は、経済‐世界を支配する三大植民地勢力との対決を政治的にも軍事的にも勝利で切り抜ける。ソビエトおよび中国の赤軍にはるかに先駆けて、「黒人軍」こそが戦争技術にかくも根本的な革命を起こした最初のプロレタリア勢力だったのである。「かれらは訓練された軍隊の組織と規律を持ち、他方でゲリラ特有のずる賢さと巧妙さ

★15 カール・シュミットの『パルチザンの理論』とは違い、『戦争論』には植民地戦争を連想させるような箇所はまったくない。第一篇「戦争の天才」の章では逆に、野蛮人には天才がいないと措定されている。それは「未開の人間には達し得ないレベルの精神的発展が前提とされる」からである（*op. cit.*, p. 85〔前掲書、上巻八九〜九〇頁〕）。

★16 Carl von Clausewitz, *De la guerre*, *op. cit.*, p. 51 (livre I, chap. 1, § 2 « Définition »)〔『戦争論』、上巻二九頁〕。

★17 *Ibid.*, p. 551〔前掲書、下巻六七頁〕。「人民戦争は一般に、戦争要素が今日《こんにち》に至って古い人工的な障壁を打ち破ってきたその帰結であり、つまりはわれわれが戦争と呼ぶ興奮状態を拡張し強化したものと見なされるべきだと見てとらねばならない（Livre VI, chap. 28 : « L'armement du peuple »〔前掲書、下巻六六頁〕）。

★18 *Ibid.*, p. 552〔前掲書、下巻六七頁〕。

★19 サンドマングは指数関数的に需要の増大するコーヒー豆と砂糖の最大の産地であった。この地の死亡率の高さは、毎年四万人の奴隷をこの島に「輸入」せねばならない域に達している。ゴードン・K・ルイスはサンドマングを「アンティルのバビロン」と形容している。というのも、腐敗と汚職と野蛮がこの地の共通規則になっていたからである（Gordon K. Lewis, *Main Currents in Caribbean Thought*, Baltimore, Johns Hopkins University Press, 1983, p. 124）。

★20 ピーター・ホルワードによれば以下である。「フランス革命が近代における巨大な政治的出来事とすれば、ハイチ革命はこの出来事の最も決定的な帰結として描かれねばならない」（Peter Hallward, « Haitian Inspiration », *Radical Philosophy*, n° 123, janvier-février 2004, p. 3）。

を駆使した。〔……〕フランス軍が掃討作戦のために大軍を率いて到着すると、かれらはすべてを焼き払って山中に姿を消した。フランス人たちが飢えのため撤退すると、かれらは戻ってきて別のプランテーションも破壊し、フランス側の戦線に攻撃を仕掛けた」[*21]。ヨーロッパ地政学を生かしてスペイン人レジスタンスの力を完全に見極めることができていたプロイセン将校をもってしても思考不可能なものがここにあることは、クラウゼヴィッツにそっくりなC・L・R・ジェームズの文体でも隠しきれないようだ。「体質的に規律にも自由にもなじまない」無学な奴隷が、最高度に洗練された戦争技術を急速に学ぶことができ、ヴードゥーの儀式を祝っていたあと易々と冷酷なゲリラに身を投じるというのは、確かに理解を超えている[*22]。

「奴隷たち」はナポレオン戦争という「退行」プロセスを逆転し黒人法（一八〇二年にナポレオンがフランス植民地で復活させたが、このとき本土では大きな反対は起こらず、イギリスとアメリカでは安堵で迎えられた）と戦うべく、クラウゼヴィッツの描くナポレオン戦争の条件と手法をわがものとすることで、革命的ゲリラを人民ゲリラというかたちに作りあげた。「将軍」も「将校」も「兵士」も皆が新しい社会階級を構成する。頭数と同じ数だけ「リーダー」のいる奴隷‐戦士という「人民」の階級である（ナポレオンはトゥーサン・ルヴェルチュールを捕縛させたあとでこう述べている。「トゥーサンを排除すればすべてが片付くわけではない、ここには二〇〇〇人ほど排除すべきリーダーがいる」）。かれらは植民地戦争、つまり住民に対する人種戦争・総力戦の本質をひっくり返した。かれらは、新たな帝国主義の「人民軍」に対抗する革命勢力としての住民の存在の原理を主張し（またそれを構成し）たのである。「軍隊同士というより住民同士の戦争である」[*23]。

C・L・R・ジェームズの分析は、ある程度まではナポレオン軍の新たな特徴に対するクラウゼヴィッツ流の認識に影響されている。その勢力は「降って湧いたわけではなく」、「兵士たちは単純に〔ナポレオンという〕軍事的天才から〔……〕産まれたのではない。〔……〕かれらの抵抗しがたい勢い、知性、そして持久力と高い士気は新たな社会的自由から生じた」[*24]。奴隷たちは確かにフランス革命に教えを受けていたが、しかしナポレオン軍とは違い、ブルジョアジーによる革命掌握の尖兵にも、反革命の戦争機械にもならなかった。トゥーサンの指揮下で蜂起した「参謀本部」の戦術的策謀は、新たな統治体制の提案のなかに組み込まれようとしていたが、奴隷たちはそれとはいっさい手を切った戦略を押し通すことになる。*25

サンドマングの黒人蜂起がそのルーツをフランス革命に見いだしていたとしても、またフランス革命なしにその成功は不可能だったとしても、やはり奴隷革命は啓蒙の理念を現実的に批判することで成り立っている。奴隷の闘争は、自由の普遍性とブルジョア的平等の混交から完全に脱皮していた。ハイチの最初の憲法（一八〇五）は、すべてのハイチ人はその肌の色や出自にかかわりなくすべて黒人であると表明されることになる（蜂起側に立ってナポレオン軍と戦ったドイツ人およびポーランド人も含まれる）。ついでながら、この種の主体革命では、アメリカ革命およびイギリス革命を一方の極、フランス革命を他方の極とする両者の〝絶対的差異〟という激しい論争のある問題が、奇妙なほどに相対化されていることも確

*21 C.L.R. James, *Les Jacobins noirs. Toussaint Louverture et la révolution de Saint- Domingue*, Paris, Éditions Amsterdam, 2008, p. 332 (1re éd. anglaise, 1938 ; 1989 pour l'édition augmentée［C・L・R・ジェームズ『ブラック・ジャコバン――トゥーサン・ルヴェルチュールとハイチ革命』（青木芳夫監訳、大村書店、二〇〇二）、三四〇頁］。

*22 C・L・R・ジェームズの語るところによれば次のようであった。「反乱のリーダーたちは松明で道を切り開き、最大都市カプ＝フランソワを望むモルヌ・ルージュ山の深い森の開けた場所に集まった。頭目のブクマンはヴードゥーの呪文を唱え豚の血を飲み干すと、最後の指示を与えた」（C.L.R. James, *A History of Pan-African Revolt*, Oakland, PM Press, 2012 [1938/1969], p. 40）。

*23 C.L.R. James, *Les Jacobins noirs*, *op. cit.*, p. 342［C・L・R・ジェームズ『ブラック・ジャコバン』、三五二頁］。

*24 *Ibid.*, p. 297［前掲書、三〇一頁］。

*25 「リーダーシップがあったからではない、むしろリーダーシップ不在にもかかわらず、群衆ははじめからフランスに抵抗したのである」。cf. Carolyn Fick, *The Making of Haiti: The Saint-Domingue Revolution from Below*, University of Tennessee Press, Knoxville, 1990, p. 228 (cité par Peter Hallward, art. cité, p. 5).

認しておこう。ハンナ・アーレントはフランス革命の「社会的」性格に比し、アメリカ革命においては「政治」が優位だったことを区別して捉えている。フーコーはフュレを援用して次のような修正を加える。すなわち、統治者に対する「被統治者」の自由がアメリカ革命の特性であったとすると、フランス革命は「人権」の中央集権的な公理系によって特徴づけられる、と。実のところ、経済‐世界全体の基礎にある奴隷制という問題は、いずれの革命ももはや（自由の）理念においてしか通用しない領域にかかわっていることを示しているのである。

スーザン・バック＝モースがその刮目すべき『ヘーゲルとハイチ』で注意を促しているように、啓蒙批判は制度としての奴隷制を対象としているのであって、幾百万の男や女そして子どもの搾取と隷従の実態を対象としているわけではない。「自由についての言説と奴隷制の実践というパラドクスは西洋諸国の特徴であり、それは世界経済の指導者にまで引き継がれることになる」[*26]。一六世紀オランダから一八世紀の英仏に至るまで、奴隷制はヨーロッパにおけるあらゆる支配形態を表現するためのメタファーとしてきわめて戦略的なものとなった。そのため、このメタファーと、「富裕で文明化された」諸国（アダム・スミスを参照）による植民地での（ロックを参照）奴隷制の実践とは、何の問題もなく共存することができた。奴隷制の「自然さ」は（ルソーも含む）啓蒙思想において「人間」の自由と同じくらい「自然なもの」だったとスーザン・バック＝モースは指摘する。奴隷制の廃止は諸原則が実施された結果ではなく、フランス革命に固有の「力学」が実行された結果でもない。「奴隷制の最も強硬な反対派も、廃止を訴える熱意はほとんど見せなかった。サンドマングの五〇万の奴隷は自分自身でおのれの自由の立役者となったのだ」[*27]。『ヘーゲルとハイチ』の魅力的な（そして厳密に資料に裏づけられた）テーゼによれば、主人と奴隷の弁証法はハイチの黒人革命をもとに構想されたというが、これには議論の余地があろう。大事なところは別にある。マルクスは「主人と奴隷の闘争」をそのまま利用せず、ただ階級闘争のメタファーとして用いるにとどまった、という事実は、間違いなくマルクス主義が資本の「マンチェスター的」定義に特有のヨーロッパ中心主義から抜け出す機会を失ったことを意味する（スーザン・バック＝モースはさらに手厳しい。

「公式マルクス主義には人種主義に属する暗黙の構成要素が含まれている」)。*[28]

マルクスがこの革命を分析し、問題提起していれば、労働者の運動が挫折する多くの行き詰まりは回避できたとまでは言わずとも、少なくとも諸々の可能性の孕む現実性を、まったく違うかたちに位置づけて取り組むことができただろう。最初に引き出せただろう教訓は、勝利を収めた最初のプロレタリア革命は「非賃金」労働者たちにリードされた「人種戦争」だったということだろう。ついで、「非賃金労働者」から女性の労働を排除することなく包含することで、「無償労働」全般および非賃金労働を集合的創発の源泉に変えることができたであろうし、それは資本の「価値」論から、あからさまにブルジョア政治経済学に影響された特徴を払拭することに寄与するものだったろう。この偏狭で、賃金労働者と資本主義的企業にとらわれた視点がいまだに、闘争の進展、そして解放の政治戦略の展開に重くのしかかっている。

黒人革命は成功した革命の例に漏れず、資本主義の発展が技術的にピークに達した時点で起こったわけではない。「植民地」において、その内的な変化と矛盾に「出遅れた」ところで起きたのである（革命期の中国やロシアは「準-植民地」と見なしえる）。こう考えれば、奴隷制植民地の存在そのものが解読不可能に（あるいはあまりにも解読可能に）してしまう資本主義ならびにブルジョアジーが「進歩主義的」で「革命的」であるという観念を本当に揺さぶることもできただろう。

労働の単なる組織化ではなく、「労働の社会的分業」という視点を借りれば、ハイチの「すばらしい経験」はなおさら重要性を帯びてくる。本源的蓄積以来、「人種戦争」は資本の経済-世界の基礎にあり、これに勝利したのが奴隷だった。それが「万国のプロレタリアよ、団結せよ！」というスローガンのもと

★26 Susan Buck-Morss, *Hegel et Haïti* (2000), Paris, Éditions Lignes, 2006, p. 9［スーザン・バック＝モース『ヘーゲルとハイチ――普遍史の可能性にむけて』（岩崎稔、高橋明史訳、法政大学出版局、二〇一七）、二五頁］。
★27 *Ibid.*, p. 27［前掲書、三七〜八頁］。
★28 *Ibid.*, p. 61［前掲書、五三頁］。

に世界的な政治運動の空間を切り開いたのである。これこそ、「万国」という言葉がヨーロッパの枠を超え、「国際主義」へと展開できる唯一の条件である。というのも、奴隷制の廃止は人種戦争を廃棄しなかったからである。むしろその反対に、今日《こんにち》に至るまで「別の手段」で（奴隷制そのものとして）継続されている。「人種主義」的分業の力は資本主義の「危機」のたびごとにあらわになる（イントロダクションではそれについて議論を進めておいた。人種主義は「近代」の「生政治」が創造したのではなく、無限に続く最古の本源的蓄積によって創造されたのである）。

　レーニンは、ロシア革命が数週間の命に終わったパリ・コミューンの短命を超えた日を祝ったとされている。では一二年間続いたロシアの革命的蜂起のプロセスについては何を言うべきだろう？　今日《こんにち》なお、アラン・バディウは奴隷－戦士の反逆を主題にするためにスパルタクスを参照し、トゥーサン――「黒いスパルタクス」――のなかの「永遠の真理」の復活を言祝いでいる。もっとも、歴史的にはこのことが、トラキアの奴隷たちという先例にはマイナスに作用することを除けばだが。帰郷を求めたかれらは、奴隷制下のプランテーションという世界のすべてを破壊することを望んだハイチ人革命家たちと異なっている。[29]

　ヨーロッパの労働者階級の革命家たちに「忘れられた」とはいえ、黒人革命は反植民地主義活動家によってふたたび、黒人解放、アフリカ再生そして脱植民地化の革命的諸方策の決定的気運として表舞台に立たされた。「あえてアナクロニズムを犯せば、こうも言えるだろう。第三世界はサンドマングから芽吹き始めたのだと。ここでわれわれは、ソヴィーの考え◆から着想を得ている。かれは第三世界を第三身分と比較している。なぜなら第三世界は第三身分と同様に『無視され、搾取され、軽蔑されて』いるからである。地球は第一、第二、第三世界に分割され、そしてこの第三世界は『ひとかどのものになる』ことを望んでいる」[30]。なぜならそこでは事態の到来はつねに遅すぎたり早すぎたりするのであり（ここではC・L・R・ジェームズにならって、「当時存在した任意の労働者集団」ではなく、それよりもよりプロレタリア的でありまたより近代的である巨大なサトウキビ「工場」の「近代プロレタリア」を念頭に置いている）、ここでは資本主義のプロセスの（神学的）論理との関係で示されるマルクス主義の方向性にそって展開するものなど何一つないのだ。それがブラック・マルクス主義だ。トゥーサン——それは資本の継続的蓄積という生政治的体制を制定しようとする搾取、支配、隷従のための多種多彩な戦争に風穴を開ける突破口である。

★29 ニック・ネスビットはこの意味で以下にコメントを述べている。Nick Nesbitt, *Caribbean Critique: Antillean Critical Theory from Toussaint to Glissant*, Oxford, Oxford University Press, 2013, p. 10-11.

◆**ソヴィーの考え** フランスの人口学者アルフレッド・ソヴィーが一九五二年に「第三世界」という表現を最初に使ったとされている。

★30 Selim Nadi, « C.L.R. James et les luttes panafricaines », *Parti des indigènes de la république*, 5 mars 2014 (URL : indigenes-republique.fr/c-l-r-james-et-les-luttes-panafricaines).

第5章

恒常的内戦の生政治

Biopolitiques
de la guerre civile
permanente

1……労働者階級（および社会全体）の一時的拘束

革命の危険を回避し、王政復古に庇護された資本は、「平和裡に」発展していくことになるのだろうか？　リベラル派のイデオロギーでは、答えはためらいなく肯定的である。一八一四年はナポレオン軍の敗退の年であり、カール・シュミットはそれを「産業革命の勝利」と符合するものとしているが、この年、バンジャマン・コンスタンが口にしたリベラリズムの最初の決まり文句がこれだ。「われわれは商業の時代に辿り着いた。それは必然的に戦争の時代に置き換わるべき時代であり、戦争の時代もまた必然的に、商業の時代の前にあるべきものだった」[*1]。

一九世紀そして二〇世紀の歴史は、かれが間違っていたことを証明した。一九世紀を通じて、経済という「文明的計算」が、戦争という「野蛮な衝動」に取って代わることはけっしてないだろう。逆に内戦を勃発させ、その結果プロレタリアを従順な労働力に変貌させ、国民国家を新しいタイプの戦争へと駆り立てることになる。帝国主義的総力戦、それは複雑に絡み合った国家間戦争であり、経済戦争であり、内戦であり植民地戦争である。

いわゆる革命後の「本源的蓄積」は、国内の植民地化（遍在化した内戦と新しい主体性の戦争を伴う産業労働力の養成）と国外の植民地化（地球のほぼ全域を覆う植民地化の拡大と軌を一にして奴隷制撤廃が行なわれた長い時代）というかたちで続いていく。産業資本の力と科学技術の発展も相まって、人種・性別・階級の分割という暴力の増大、そしてそれらが引き起こす戦争は、新たな水準に足を踏み入れることになる。

プロレタリアを生産装置に縛り付けるために、生活時間を「労働時間」へと変容させるようにかれらの行動と生活様式を規範化することによって「主体性」の調教を実現可能にしたのは「遍在化した内戦」の起動だった。フーコーに倣って、われわれも「階級闘争」よりも「内戦」という語を優先させよう。なぜなら、「恒常的内戦」や「遍在化した内戦」の存在を否認することが権力行使の最初の公理の一つであり、ゆえにこの語には一連の権力や知のみならず、生産様式の構成要素であるにもかかわらず工場内での資本家と労働者の紛争には還元できない一連の勢力や制度も含意されるからである。

生権力が介入するのは、歴史的には本源的蓄積戦争の力の表出すべてと切り離せない規律訓練型の生政治的技術による調教の第一波に、すでに巻き込まれた住民に対してである。この最初の行動モデル化がまだ不十分なことは実際明らかになる。社会恐慌と民衆蜂起を背景に、さまざまな形態の抵抗や激しい闘争を引き起こした点から見ても、この一連の権力布置と主体性の戦争は世界的な労働新秩序に十分な服従心を保証することなどできなかった。古典時代の末期、すなわち都市のプロレタリアを増加させる都市のネットワークが大幅に拡大したなかで、富と財の増大が「治安のニーズ」を増した際に、野蛮と厳格きわまりない経済主義が熾烈に競い合う場としての強制措置が多様化したことが、その証明となる。このようなわけで、重農主義者たちにとって放浪者は、駆逐し、マークし、強制労働させるか奴隷に落とすべき反生産の悪魔と見なされた。生産の政治経済学にとって放浪者が意味する危険性は、「領内にはびこり、占領地のように気ままに暮らし、施しという名目で、税金と何ら変わらぬものを徴収していく敵の群れ」[*2]と説明されている。ほんのわずかあとに出た別のバージョンでは、「鉄鎖以外に失うものを持たない」という有名なプロレタリアの決まり文句を予告することが述べられているが、それによれば放浪者は「新しいも

＊1 Benjamin Constant, *De l'esprit de conquête et de l'usurpation dans leurs rapports avec la civilisation européenne*, Paris, Imprimerie nationale, 1992, p. 58.

＊2 Le Trosne, *Mémoire sur les vagabonds et sur les mendiants* (1764), p. 4, cité par Michel Foucault dans *La Société punitive*, op. cit., p. 50 (repris dans *Surveiller et Punir, op. cit.*, p. 79)［フーコー『処罰社会』、六八頁］。

のに飢えた野心家であり、また失うものもなければ、罰されて当然な毎日だけに罰に抵抗感がないせいか、冒険的でもある。国家転覆に関心があるのは、それだけがかれらの状況を変えられるからであり、ゆえにかれらはトラブルを引き起こすどんな機会も躍り上がって捉まえようとするのである」[*3]。放浪者を否定するパラダイムを規律訓練によってのみ構築するのではもはや十分ではなく、より緊密化した社会体の網の目のなかで日常的行動を引き受け監視できるように、権力機構を調整する必要性が理解されるようになる。それなくしては、賃労働形態が社会全体の枠組みとなることはできないのだ。

一九世紀に、生産、再生産そして労働者階級の統治を確実にする権力の布置は、根本的に二つに収まることになる。それは家族、ならびにフーコーが「一時的拘束制度」と呼ぶものである。「拘束」は「大監禁」の古典時代から一九世紀を区別するのに役立つ概念である。拘束は空間（閉鎖システムへの固定）よりも時間（生き方の枠決め）に関係するもので、労働力の生産を労働の自由の必要性に合致した主体的装置として認めることで、国内植民地化に新たな原動力、支配力をもたらすことになる[*4]。

だからこそ国内植民地化では、労働者の規律訓練化に取り組む際にはかならず、女性、子ども、物乞い、犯罪者、病人等々を巻き込んでいく生政治による裏付けがなされたのである。そうした人びとは、つまるところ「生き方の処罰化」[*5]へ従わせることで教化し規範化すべき貧困住民の集合体である。「生政治」とは、生政治が主体つまりは人びとの生を対象に管轄する遍在化した内戦のなかで、多重化された権力配置として姿をあらわす。それは「剝き出しの生」ではなく、より多様に性格規定されるように分節され移行していく生のことである。家庭生活、軍隊生活、学校生活、職場生活、学校、監獄等々がそこに含まれる。今や社会装置の至るところに展開されている国家構造の規律訓練型モデルを内包的にも外延的にも刷新する「超‐権力」の生産諸審級によって、ここに整った生活という生政治的な経済全体が登場する。このように、労働時間制度は時間的なもののすべてを生政治的に管理し規律訓練することを前提としている。「労働時間」を強制するには、ゆりかごから墓場まで「生活」時間を規律訓練せねばならない。生産リズムを課すには生活リズム全体を管理し、統合し、規範化し教化せねばならない。「馬鹿騒ぎや欠勤、賭け事とくに宝くじを追放せねばならなかった。それらは労働の継続性ではなく運任せの非継続性に頼って金を稼ぐやり方という意味で、時間とまずいかかわり合いをしているからである。病気、失業といった生き方の運任せな部分を制御するよう労働者を導かねばならなかった。将来設計と呼ばれるこの美徳を教え、貯金箱を渡して自分自身に責任を持たせる必要があったのだ[*6]。

「工場の時計、工程管理のクロノメーター、そして監獄のスケジュール[*7]」の連続性は、厳密な意味での労働力の教育を構成するものであり、ここには貯蓄の時間、再生産の時間、「自由時間」と生産時間とを横断する規律訓練が含まれる。時間はプロレタリアが所有する唯一の「財」であり、労働者は（労働）時間を賃金と交換し、他方で「犯罪者」は（自由な）時間を（たいていの場合所有権に対する）「犯罪」の代償を払うために交換することを強いられる。最も革新的な非正統的なものまで含め、マルクス主義は逆方向に議論を進める。すなわち以下のように。資本はまず労働時間を領有し、ついで——第二次世界大戦末期へと至る長い道のりのあと——「消費社会」において生活時間を搾取するに至り、それは「ポストフォーディズム」においてより強烈に、より多方面で行なわれることになる。

産業革命とともに、個人の位置固定、つまり土地（空間）に諸個人を縛り付け、その土地に対して主権を行使しレントを取り立てる、というものから、「一時的拘束」への移行が起こる。「一時的拘束」は資本

＊3　*Des moyens de détruire la mendicité en France en rendant les mendiants utiles à l'État sans les rendre malheureux* (1780), p. 17, cité par Robert Castel, *Les Métamorphoses de la question sociale. Une chronique du salariat*, Paris, Fayard, 1995, p. 105［ロベール・カステル『社会問題の変容——賃金労働の年代記』（前川真行訳、ナカニシヤ出版、二〇一二）、九六頁］。

＊4　ロベール・カステルの表現による。*op. cit.*, p. 176［カステル『社会問題の変容』、一八二頁］。

＊5　Michel Foucault, *La Société punitive*, *op. cit.*, p. 197 (leçon du 14 mars 1973)［フーコー『処罰社会』、二六三頁］。

＊6　*Ibid.*, p. 216 (leçon du 21 mars 1973)［前掲書、二八七頁］。

＊7　*Ibid.*, p. 73 (leçon du 24 janvier 1973)［前掲書、九九頁］。

によって均質化された時間に諸個人の生をつねに従わせ、その結果その生のどこもかしこもが社会化されるように諸個人を捕捉する「時間の歯車」である。「一時的拘束」を考えるにあたっては、そこでは時間が規律訓練を管理しているとはいえ、工場、学校、病院等々の、諸々の空間化された布置に満足してはいけないし、また時間の規律訓練の「内面化」という問題だけにとどめてもいけない。[*8]「貯金金庫、共済金庫」（二〇世紀に福祉と呼ばれることになるものに関連する）もまた、「ゆりかごから墓場までという〔……〕個人の一生全体に及ぶ生き方の仕組み」[*9]へと個人を組み入れつつ、プロレタリアを資本主義の時間区分のリズムに縛り付ける管理、規律訓練、そして社会的規範の布置となる。

一時的拘束の諸制度は、直接関係しないものを取り扱うという意味で「無分別」と言えるだろう。また同時にたとえば、フーコーの分析した、女性を雇用した絹織物工場の例でそうだったように「ごちゃまぜ」でもあった。なぜなら、こうした諸制度は生産には間接的にしか関係しないように思われる振る舞いを強制するからである。工場で男性とやりとりしたり、一緒に働いたりしてはいけない、それだけでなく日曜に出かけてはならない、など。これらの諸制度の中心には、つねに生全体がある――そのなかでは労働はまず生に関する権力そして生き方についての権力掌握にほかならない生産関係によって捕捉され、服従する。くり返そう。この観点からは、「実質的包摂」として社会全体に拡張された生産および再生産の社会形態はもともとポストフォーディズムの発明ではないのだ。

「諸制度は生き方の直接間接の管理を担う。一般に、身体、セクシュアリティ、個人間の関係といったいくつかのポイントを生き方から取り出すのである」[*10]。一時的拘束の諸制度は遍在化した内戦から生まれた権力の諸々の布置であり、それは戦争を別の手段で継続しつつ、社会的なものの製造と「社会防衛」（むろん資本主義社会の防衛）のための比較的安定し予見可能で規則正しい行動の統治を確実なものにする。

結論しよう。「時間管理」が工場での軍事的な規律訓練を介するのは、工場が「労働力が『時間を潰す』だけでは許容されない」[*11]より包括的な布置の一部を成しているからである。資本主義が社会全体に対して仕掛けた時間戦争に伴うすべての価値はここから生まれている。

2…核家族の形成

遍在化した内戦は労働力形成の条件かつ帰結であるが、「主体性の戦争」でもある。主体性の生産は資本主義の生産物の筆頭であり、また主要な戦争・内戦の様式の一つである。

プロレタリアの不法行為と戦い、規律訓練や賃労働者としての主体性モデルへの服従拒否を屈服させることは、内戦の古典的布置を機能させるだけではない。私有財産に即した自由主義的《リベラル》な社会では、プロレタリアを生産装置に縛り付けるのは経済的制約だけではない。「飢餓による規律訓練」や投獄への恐れのみで隷従を続けるわけではない。（風紀警察による）単純な抑圧や新しい規範を野蛮に押しつけるだけで行動を「正常化」するのでもない。

収用されたプロレタリアという身分から賃労働者という身分への移行は自動的にはいかない。産業資本主義を決定づける「金持ち」と労働者が出会うためには長い主体性の変換作業が必要とされた。植民地化の過程で、「野蛮人の生活」から収用されたすべての人民は、むしろ死ぬまで放置されていたのであって、「自由労働」という選択肢も含んだ奴隷の身に落ちる方が少なかった。「自由労働」は、作業場や工場での過労死が当たり前になるにつれ、端的に奴隷制にそっくりになったため、『モーニング・スター』――イギリスの自由貿易論者の機関誌――さえこう叫ぶことになる。「われらが白人奴隷は墓場まで続く労働

★8　これは引き続き以下の見方に従っている。Edward P. Thomson, *Temps, discipline du travail et capitalisme industriel* (1967), Paris, La Fabrique, 2004, chap. VII.

★9　Michel Foucault, *La Société punitive, op. cit.*, p. 221 (leçon du 21 mars 1973)［フーコー『処罰社会』、二九二〜三頁］。

★10　*Ibid.*, p. 217［前掲書、二八八頁］。

★11　Edward P. Thompson, *op. cit.*, p. 79.

の犠牲者である。かれらのために葬送の調べが奏でられることもないまま、疲れ果てて死んでいく」[*12]。労働による絶滅はこうして、産業都市を人びとの詰め込まれたスラムと工場の暗黒大陸へと変容させ、本源的蓄積のためのグローバル戦争にとっての絶対的真理へと化す――その唯一の限界は、「機械仕掛けの肉体」[*13]へと還元された貧者の反乱だけのように思われた。死んでいった者たちの場所はすぐに埋められるが、恒常的貧困の増大だけでしかそのことを説明できなかったため、それこそが「もはや住処でもない都市をうろつく野蛮人」[*14]との「驚天動地の紛争」によって自由主義《リベラル》社会を脅かすプロレタリアのノマド生活と不法行為を増加させていることは長いこと知られてはいた。「労働者階級は危険な階級である」というかたちをとった非常事態は、同時に植民地型の死力戦に脅かされるパリを「ノマドの野営地」（ルクーチュリエ）に近づけ、その戦いの出口はあまりに不確かだったからこそ、栄光のサンドマングの蜂起が突如労働者街の真ん中で再度出現したのである。一八三一年一二月、リヨンの絹織物工の反乱の翌日に*le Journal des débats*（『論争ジャーナル』）に掲載されたテクストには次のように記されている。「植民地のプランテーション経営者が奴隷に囲まれて暮らしているように、住民たちは工場のなかに暮らしている。リヨンの暴動はサンドマングの蜂起の一種だ〔……〕社会を脅かす野蛮人〔……〕は工場都市の場末におり〔……〕中流階級は事態を十分に知る必要がある。自分の立場を知っておく必要があるのだ」。したがって、労働力と労働作業の担い手の再生産についての学問は、住民管理を新しい集合的施設の目的としながら、都市領域全体へと拡張されねばならないことになる。それらが行使する〝積極的な〟権力（学校、住民政治、公衆衛生、住民の医療化……）は、国家の自由経済的再定義の核心部を成す。

　集団労働の合理化の時代としての長い一九世紀を通して気づかれるようになったのは、資本の蓄積が要請する新たな生産的・主体的機能のために心身を調教することなしには、資本主義の発展など考えることもできない、ということだ。もっと言えば、住民に対する生政治的科学の学際的領域に属する精神の道徳的調教ぬきに、身体の永続的調教はありえないことが理解されたのである。社会的作用はこのようにして、自由放任（「労働の自由」）における重商主義的な作業効率の基準が交代する条件をもたらす。同じ労働力と言っても、自由放任は労働力については権力の管理という性格をほとんど持たない。ここでは労働力とは「語の本来の意味で耕すべきもの、労働力を働かせるために働くべきもの」であり、「そうして労働がもたらすもの、すなわち社会的富を育み収穫するのである」[*15]。さて、この「耕す」ことは、自由社会《リベラル》における分業という遍在的文化ぬきには成り立たないものである。

小家族の構成は、性的アイデンティティとそこに含まれる権力と役割の配分（男性にとっての「生産的」労働と女性にとっての無給の「再生産」労働）、さらにはそこに循環する近親相姦的情動と欲望のコントロールも含め、主体性の生産戦争の産物であるが、この戦争はプロレタリアとブルジョアジーでは違ったかたちをとる。しかし、そこかしこでこの戦争が最も特定して狙いを定めているのは女性である。家父長権力および解体を迎えつつある有機的集団でのその行使に危機が訪れたことが、小家族を構成する最重要の理由であればこそなおさらである。資本主義の歴史においてあまりにも忘れられていることが多いのだが、婚姻による家族形成は、私人の解放という歴史的展望のなかにしっかり組み込むべきこの「主体性の戦争」のパラダイムとなる内的馴化を介した女性支配の変化に依存している。

児童の「反自慰キャンペーン」は、一八世紀末に数多くの医師と教育者を動員したが、これによりブルジョア家族に引き起こされたのはあらゆる媒介（家庭教師や住み込み家庭教師）の撤廃であり、可能な限りの使用人（乳母を含む）の削減であり、家族空間から継続的な教育・監視空間への変容であった。こ

★12 *Morning Star*, juin 1863. Cité dans Karl Marx, *Le Capital*, livre I, section VIII, chap. X (« La journée de travail »), éd. citée, p. 1257 (nos italiques)［マルクス『資本論』、二三巻a、三三二頁、強調は引用者］。

★13 以下に引用された一八五八年作成の警察調書から。Lion Murard et Patrick Zylberman, *Le Petit Travailleur infatigable. Villes-usines, habitat et intimités au XIXe siècle*, Recherches, 1976, p. 54.

★14 Jacques Donzelot, *La Police des familles*, Paris, Minuit, 1977, p. 54［ジャック・ドンズロ『家族に介入する社会——近代家族と国家の管理装置』（宇波彰訳、新曜社、一九九一）六一頁］。

★15 Robert Castel, *op. cit.*, p. 180［カステル『社会問題の変容』、一八七頁］。

のことは家庭医学の流行をもたらし（自慰は「病気」である）、それによって子どもの身体は両親にとってつねに注意を払われるべき対象となった（ロックの『教育論』はその最初の体系的な事例である）。そこに含まれるありとあらゆる実践的な注意事項を通じて、十字軍そのものと言うべきものが「家族関係を狭め、両親と子どもの中核的三角形を、実体的・情動的に飽和したユニットのなかに閉じ込めるための手段となる」[16]。大家族は依存・帰属関係の複雑なネットワークのなかに取り込まれて、今日《こんにち》われわれが、経済的‐精神的に自律したものとして知っている小家族、核家族、婚姻家族、ふたおや家族へと変貌するが、その変貌はこの子どもの管理から生じたものであり、ついでそれがブルジョア的な妻や「主婦」像の形成を条件づける。彼女らには外ではもはや慈善や教育的使命に献身することしか選択の余地がない。だからこそ、ブルジョア的規範化のサイクルがそれを構成するすべての要素の連なりを循環的に結び合わせることで自己維持していることが重要になるのである。女性はこうして、（結果的に核家族的両親へと縮小された）家族単位を介した子どもの身体の意味づけに、医学的権力のテクノロジーによってセクシュアリティを浸透させるというこの主体性の生産に縛り付けられる。そのことは、特殊な教育的諸制度を介した子どもの規範化の技術的形成を担うことになる国家による経済的・情動的な子どもの意味づけとも協働する。子どものセクシュアリティはそれゆえ、（両親の近親相姦的無遠慮さが子どもの近親相姦的欲望へと転移することによる）近親相姦の幻想として出現し、こうして両親は国家に「機能《パフォーマンス》的身体」[17]を委ねるのである。

民衆に対する介入の条件と様式はまた別である。というのは、ヨーロッパのプロレタリアが「生産力」へと変化したことにより、労働条件や住宅事情、流動性や不安定性といったもののために「家族関係はますます脆弱になり、家族構造は無効化された」[18]が、そのかわりに同棲には好都合になった。一九世紀前半、個人や子どもの放浪という問題が、産業化、人口爆発、貧困化などの進展のためにコントロール不可能になった都市化を理由として、奇妙なほどに強調されていたのはまさにこのためである。この巨大な社会問題に対する戦いに、病理学的な規定（感染症、伝染病）と衛生学的関心が混ざり合い、それが国家レベルと家族レベルの新しい同盟のために古い婚姻と親子関係の枠組みを更新するよう強いる。ここに、（教会に支援された経営者レベルの）民間イニシアティブが合流する。それが労働者の生活様式や居住環境の道徳的教化における最初の関係者である。これは「貧困階級の道徳的教化」の一大キャンペーンであった。

数多くの慈善団体が直接プロレタリアに対して行なった家族主義的戦略は、ブルジョアジーの世界を対象にしたそれとは異なり、婚姻システムの再建と家族生活の称揚を目的とするキャンペーンとなる。「結婚しなさい、子どもを作ってから〔国に任せて〕捨てることなどないように。それが同棲、内縁関係、そして家族外ないし疑似家族といった捕捉の難しいものに対抗するキャンペーンのすべてであった」[*19]。持参金を不払いの家庭内労働によって置き換えることも、家庭空間における行動の標準化に貢献する。この家庭空間における社会経済は、女性の労働市場参入を男性にコントロールさせることで家父長的権力に新しい基盤を提供する。しかし同時に、それは主婦とその家事を通じて男性（とその子どもたち）に対する監視を促進することでもあった。

一八二〇〜一八二五年あたりから、経営者、慈善家そして公的権力は、労働住宅をその模範例とする新たな家庭向け住居に家族を住まわせるためにかなりのエネルギーを使い始める。それは三部屋からなる戸建て住宅のモデルによって、一八四八年の蜂起者たちの「暴動の墓碑」を刻み、武装人民の「革命の時代を終わらせる」[*20]ことが想定される。「ブルジョア家庭は内部の敵や使用人を抑圧あるいはコントロールす

---

*16 Michel Foucault, *Les Anormaux. Cours au Collège de France* (1974-1975), Paris, Gallimard/Seuil, 1999, p. 250 (leçon du 12 mars 1975)〔ミシェル・フーコー『異常者たち――コレージュ・ド・フランス講義 1974〜1975年度』（慎改康之訳、筑摩書房、二〇〇二）、二九五頁〕。

*17 *Ibid.*, p. 241-242 (leçon du 5 mars 1975)〔前掲書、二八四頁〕。

*18 Michel Foucault, *Le Pouvoir psychiatrique, op. cit.*, p. 84 (leçon du 28 novembre 1973)〔フーコー『精神医学の権力』、一〇二頁〕。

*19 Michel Foucault, *Les Anormaux, op. cit.*, p. 254 (leçon du 12 mars 1975)〔フーコー『異常者たち』、二九九頁〕。

るために、家族の成員［子ども］を戦術的に縮小するかたちで構成され」[21]（使用人たちは見張り監視するというこの欲望の身代わりだ）、逆にプロレタリアに対しては、「気味の悪い雑居」が避けられるような、戦術的な分離空間（両親に一室、子どもたちに一室、共同の部屋が一室、というのは一八三〇年ごろに最初の労働住宅のプランに登場したモデルである）に落ち着くことが要求された。他方で、そこからはよそ者、「好き者」、つまり住み込みの「独り者」といった、欲望が不在なわけではない社会空間に向けて家族空間を開くかもしれない者たちが排除される。したがって、大衆的な家族、労働住宅は、つねにその可能性はあるだろう大人からの近親相姦という現実の条件に対抗して計画されると同時に、「外部からの誘惑」（「クラブ」や「ストリート」に向かう）に対抗して企画されたものでもある。定住した家族はこうして、すべての成員が、自由と、経営者による規律訓練のための集合的施設によって監視された住居とからなる体制へと逆戻りしていくことになる。これらの施設は、定着が求められる労働人口を対象にした自由主義《リベラル》社会の生政治の原則の根源を成している。

　よき労働者が一家の父であるならば（かれは反‐高尚ということになる）[22]、労働者が所有者になるよう推し進める経済については理解が容易である。『衛生学雑誌』一八八六年八月号にはこう書かれている。「かれは自分の家の所有者ではない、かれの家こそがかれを所有しているのだ。家はかれを完全に変えるよう機能する」[23]。しかしさらに言えば、この住民台帳の役割には収まらない親密性が作られたのも、この変化のせいだと見なさなくてはならない。欲望を婚姻関係に置き換え、またそれを支える工場法（これは居住場所と労働用空間の分離から生まれたのではあるまいか）のもとに客観的に位置づけることに加えて、家は個人的習慣の主体的生産に直接に関係している。リオン・ミュラールとパトリック・ジルバーマンは習慣についてこう書いている。習慣とは「あらゆる布置に足りなかった鎖の環である。それは職業には還元できず、社会領域のどこからもはみ出すが、ミクロなレベルの教育法の足掛かりとなり、無限にくり返される」[24]。それは労働者の生活の全体を権力の対象かつ権力の主体に変えることで、労働時間と自由時間に分割された二領域をふたたびがっちりと結び合わせることになる。慈善団体によって理想化されたこの

〝原基的な福祉モデル〟は、他方で親密性の生政治の調整手段を用いた戦争の継続たる行動戦略や感情戦術に立脚する規律訓練型の親密性を生み出す。それは何も、勤労福祉制度という父権主義的独裁と産業労働組織の軍事的体制が終焉したということではなく(「工場ではわたしが君たちのボスであり、君たちはわたしの兵士だ。命令するのはわたしであり、わたしに従ってもらわねばならない」)、服従というものが、規律訓練とリベラリズムの生政治的結合にお墨付きを与える行動科学の対象であるということだ。

これら二つの主体性の生産の政治が「階級間」家族モデルに到達することになる。このモデルの基礎は、労働者世界を基準にした「ブルジョア的暮らしの家」と呼ばれるものだ。近代的なノアの箱舟的家族につきまとうセクシュアリティと婚姻関係の不幸な機能には共通のタブーがあるが、このモデルはそれをまったく違うかたちで結びつけている。ここに介入するのが、子どものセクシュアリティに対する医学的監視と、危険階級の大人のセクシュアリティに対する警察－司法的な社会的管理の二元論にほかならない。「二種類の家族単位の構成、二種類の近親相姦の定義、二種類の近親相姦への恐怖、こうした恐怖を巡る二種類の諸制度の束。ブルジョアのものとプロレタリア(ないし民衆)のものと、二種類のセクシュアリ

★20 パリの最初の労働者街シテ・ナポレオンの医師タイユフェールによる。以下の著作が伝わっている。*Des cités ouvrières et de leur nécessité comme hygiène et tranquillité publique* (1850).

★21 Jacques Donzelot, *La Police des familles, op. cit.*, p. 46〔ドンズロ『家族に介入する社会』、四九頁〕。

★22 最高度の熟練労働者の不品行と労働自律性という意味で用いられている。雇用者に服従せず家庭道徳を遵守しないかれらは、一九世紀なかばにはこの「崇高」という言葉で馬鹿にされて認知されていた。cf. Denis Poulot, *Question sociale. Le Sublime ou le travailleur parisien tel qu'il est en 1870*, Paris, Maspero, 1980 (1re éd., 1870)〔ドニ・プロ『崇高なる者――一九世紀パリ民衆生活誌』(見富尚人訳、岩波書店、一九九〇)〕。プロは家族を生活の中心にする良心的労働者(p. 139〔六七頁〕)と対置して「崇高」の「病理診断」(p. 123〔三九頁〕)を提示している。

★23 Lion Murard, Patrick Zylberman, *Le Petit Travailleur infatigable, op. cit.*, p. 155.

★24 *Ibid.*, p. 185.

ティがあるとは言わないが、家族の性愛化の二つのモード、あるいはセクシュアリティの家族化の二つのモードがあるとは言える。セクシュアリティの家族空間と性的禁止の家族空間がそれだ[*25]」。

確かに、両親－子ども間の交雑の危険を司法的に管理することを焦点とした家族の家庭内再編成が、労働人種[*26]をでっちあげるための（規律訓練型）調教と（生政治的）管理の新しいテクノロジーに助けられて「労働力の優生学」に近づいていく一方で、他方では両親の助けを借りて子どものセクシュアリティを医学的に三角測量する試みが、フーコーが「動的人種主義」と呼んだものを証明するかのように、「健康、衛生、家計、人種による」階級身体の形成に近づいていく。かくして拡大人種主義が一九世紀後半から全面的に結実していくことになる。[*27]

3…主体性の調教はイデオロギー的ではない

主体性の戦争はイデオロギー的なものではない。それはアイデンティティと役割のシステムのなかで諸個人の型を決める諸々の布置、制度、技術、知識を横断して展開するが、このシステムは最初に意識やその（虚偽の）表象機能を経由することはない。逆にそれらの方がこのシステムに依存しているのである。家族の布置が隷従の現実的メカニズム全体のなかに積極的に取り込まれるからこそ、家族は今日《こんにち》に至るまで、生に関する資本主義的組織化、またそれが解き放った「主体性の紛争」の中心に位置するのである。その経済は女性の（情動的・経済的）再生産労働を「社会」が無償で扱えるようにするにとどまらず、同様にまた規律訓練型諸制度（学校、軍隊、工場、病院）グループと、産業資本主義の持続的機能に不可欠な新しい調整装置（貯金ないし共済金庫、扶助機構、公衆衛生および医学化サービス）グループのあいだに立って権力を仲立ちし増大させる役割も果たす。

古典時代においては、諸個人を管理し一つの機能、役割、アイデンティティへ固定することが、カースト、共同体、同業者やその幹部からなる集団など、領土的な帰属によって達成されたので、古い家族体制に含まれる世代という垂直的血統は、それと緊密に連携していた。一九世紀に入ると、こうした帰属集団の解体と（「自由労働」の）工場への縛り付けによる古い家族モデルの崩壊のために、諸個人は外側から「時間的拘束」の多様な布置へと配置され再配置される。その連続こそ、有益な人生にほかならない。「生まれたあとは保育所に、子ども時代は学校に。そのあとは職場。こんな風に人生を通じて慈善部門へ所属するのだ。貯金金庫に預金することができる。ホスピスで死ぬ。端的に言えば、生涯を通じてひとは多様な諸制度との関係を維持し続けるのである」*28。

この規律訓練型諸制度と調整装置のネットワークに参加する、あるいは退出するよう諸個人を駆り立てる衝動が生まれるのは「縮小」家族からであり、またこのネットワークが縮小家族を、その権力のすべて（ネットワークで行使される権力）を通じて支えつつ、婚姻によって再構成するよう刺激する。なぜならそこにあるのは「そのもともとの役割が（新しい）集合的施設によって段階的に担われていくことになるだろう〔……〕古い家族の段階的縮小」*29ではなく、まったく逆に、規律訓練の母体かつ調整原則として働くことになる婚姻による横の結びつきをすべての個人に与えることを目的とした（「結婚しよう！」）新機構における権力の拡大強化だからである。このような行動に必要となるのは、父親が家族権力のミクロ

★25 Michel Foucault, *Les Anormaux, op. cit.*, p. 258〔フーコー『異常者たち』、三〇四頁〕。

★26 Lion Murard, Patrick Zylberman, *Le Petit Travailleur infatigable, op. cit.*, p. 17.「労働人種」の文化はこうして、この章の冒頭で紹介した、植民地の経験により多元決定された反労働者的人種主義のあとを引きつぐ（オスマン男爵の「ノマドの輩」という言葉を想起されたい）。

★27 Michel Foucault, *La Volonté de savoir*, Paris, Gallimard, 1976, p. 164-166〔ミシェル・フーコー『知への意志』（渡辺守章訳、新潮社、一九八六）、一五九頁〕。

★28 Michel Foucault, *La Société punitive, op. cit.*, p. 211〔フーコー『処罰社会』、二七九～八〇頁〕。

★29 *Recherches*, numéro spécial Généalogie du Capital, 1. Les équipements de pouvoir, nº 13, décembre 1973, p. 122. フェリックス・ガタリ（当時 Cerfi の編集長だった）やジル・ドゥルーズに並んで、ミシェル・フーコーもこの号を締めくくる討論に参加している。

機構に特有の新たな支配システムを組み込んだ主権原則を法的に保持していることである。「民法により、家族は主権の図式を保持した。支配、帰属、宗主権的な拘束等々。しかし、それらは男女関係、親子関係にのみ限定されていた」[*30]。近代の家族はその中心にある支配関係を具体的に構成することで保証される標準化の機能を果たすことに失敗し、個人は学校や工場、軍や監獄での規律訓練についていけなくなることが明らかになると、こうして「心理学者の役割」を介入させることになる。つまり、直接に（規律訓練型）権力が介入するのではなく、行動の再調教を狙って親密性の病理学が（医学的）知に則って介入するのである。別種の権力か、あるいは「超‐権力」かはともかく、その装置は個人を主体として、そして真理のディスクールの主体として拡大再生産することになる。

プロレタリアを労働力に変容させるために開始された、遍在化した内戦において、知は戦略的な武器となる。誕生しつつある人間科学、社会科学はこの権力の検証装置の役割をみごとに担うことになる。

どのような権力もその形成にあたって知を必要とするがゆえに、戦略的権力の諸関係は権力の布置（規律訓練、統治性）と同時に知（監視方法、録音技術、尋問と捜査の手続き……）によって自らの足場を固める必要があり、それによって比較的安定し予想可能なやり方で行動を「統治」できるようになる。かくして、家族に対し、そして家族のなかで行使される権力と並行して、そこに依存しないがそれなしには有効性を持たないであろう「医学‐精神医学的知」が形成される。医学‐精神医学的知は一九世紀後半、それぞれの権力布置のなかで機能しつつ拡大を続けるこの「心理学者の役割」に特有のものだ。「学校、工場、監獄、軍隊等々に心理学者が登場したのは、これらの諸制度のそれぞれがその内部で行使される権力こそ現実だとして意味づける〔……〕義務を自らが負っていると見なしたその瞬間だったからである」[*31]。

この知の権力は個人が自らを主体と自任する根拠となる現実原則として登場し、主体は臨床知に由来する判断基準による普遍的規範に組み込まれ、差動的な発展システムと合致するよう主体を導く分析的備給の「効果‐対象」として構成される。

「遍在化した内戦」を通じて、暴力的きわまりない土地の収用とそれによって調整される結社の自由とを、身体の規律訓練型調教や小家族向けの生政治キャンペーンと接続する諸介入の連続体を理解することができる。そのために、女性の主権への隷従と主婦の称揚が、教育的、医学‐精神医学的な新しい知の構成と連結され、そしてこの知は、家族の統治に関しては政府を家族から撤退させるに至る。労働力の養成と、一九世紀全般を通じて炸裂した暴動や革命におけるその暴力的な抑圧とのあいだで、規律訓練、安全保障、そして主権の諸制度があらゆる手段を講じて内戦を継続させている。この内戦は、住民の個人化のあり方を二極化するが、同時にブルジョア家族に大衆家族を戦略的に（そして非イデオロギー的に）接続させるように働いたのである。

★30 Michel Foucault, *Les Anormaux*, *op. cit.*, p.## 〔フーコー『精神医学の権力』、一〇二頁の誤記か〕。
★31 Michel Foucault, *Le Pouvoir psychiatrique*, *op. cit.*, p. 187 〔フーコー『精神医学の権力』、二三一頁〕。

第6章

新たな植民地戦争

La nouvelle guerre coloniale

この戦争はほかのどれにも似ていない。ヨーロッパの戦術の記憶のすべてを辿っても、役に立つどころかしばしば妨げになる。

アレクシス・ド・トクヴィル『アルジェリア論考』一八四一年一〇月

われわれのまわりに光は絶えた。

アレクシス・ド・トクヴィル『一八四七年五月二四日の報告――対アルジェリア債務猶予関係法案検証議会委員会として』

ナポレオン戦争と二〇世紀の総力戦のあいだに、植民地化戦争の新たな波が地球全体に押し寄せていた。控えめに「ヨーロッパの第二次拡大」と呼ばれているが、資本主義による地球の包括[*1]と言った方がよい事態であり、それは産業革命、時空間の産業化、それらのおかげで圧倒的に強まった軍事的覇権、[*2]さらに金融資本主義の発展（「新銀行」）、最初の過剰生産危機と直接に関連づけられている。これらもまた、階級闘争や「下層民」の暴動の増加を抑えきれなくなった国内植民地化によって課せられる統治性の諸問題と関連がないわけではない。エルネスト・ルナンは「植民地を持たない国は社会主義に向かうのっぴきならない運命にある[*3]」と結論づけている。

帝国主義が一八七〇年以降に本格的な飛躍を遂げる前のことではあるが、フランスによるアルジェリア征服戦争（一八三一年〜一八七一年）がとくに興味深い。なぜなら本国における「社会問題」と革命運動の闘争とが、直接間接にさまざまな局面で交差することになるからである。このような奴隷制以降の「同化」政策、および危険階級の国外追放を促す植民地への入植政策のほかにも、北アフリカで「アラブ人」に対し実験された「小戦争」と再定義される植民地戦争において、戦争と内戦を厳密に組み合わせたことが、一八四八年六月の蜂起鎮圧に「共和国」が用いた軍事技術を生み出したのである。チャールズ・コールウェル大佐ならば、そのあたりを間違えることはなかろう。その著書では、「文明国」での常備軍による「暴動」と「蜂起」の鎮圧こそが、〝小戦争〟が用いられる領域を開拓した、とされている。それは征服戦争（「強国が野蛮人種の領土をその属領に加える際」）および「遠方植民地周辺に生活する部族に対する」[*4]討伐隊に限られると考えることもできる。それらの戦争の「パルチザン戦争」としての定義は、文明人、野蛮人、未開人のもとでの実際の戦争の正しい序列を復元することで、われわれの誤解を晴らしてくれる。フランスのアルジェリア征服は、当然にもヴィクトリア朝後期の対蜂起論の大著と目されているこの著作において特別な位置を占めている。

ハンナ・アーレントが「安全保障の黄金時代」（ボーアの人種差別的思考のせいでそれがついに失われるのは一九世紀末期である）[*5]と呼んだものに対するノスタルジーのいっさいに冷や水を浴びせるように、この新しい征服戦争では、産業化時代に入っても植民地的人種主義が継続されていたことによって、本源的蓄積が継続的な性格を持つことが浮き彫りになった。それは瞬く間に、「拡大こそすべて」という植民

★1　いくつか数字を上げておこう。一八〇〇年当時、ヨーロッパ列強は地表の三五%を占領ないし管理していた。これが一八七八年には六七%、一九一四年には八四%になる。（ケープ植民地首相を退任後）ローデシア会社を創立したセシル・ローズのものとされる有名な言葉を思い出す向きもあろう。「できるものなら地球を繋げたい」。

★2　砲艦、撃鉄、雷管、銃尾、機関銃……。

★3　Ernest Renan, « La réforme intellectuelle et morale de la France » (1871).

★4　Charles Callwell, *Small Wars: Their Principles and Practices*, Londres, HSMO, 3e éd., 1906, chap. 1, p. 22.

★5　Hannah Arendt, *L'Impérialisme* (1951), Paris, Seuil, « Points-Essais », 2010, p. 19［ハンナ・アーレント『全体主義の起原　二　帝国主義』（大島通義、大島かおり訳、みすず書房、二〇一七）、二一頁］（とくに第三章のボーアの人種社会およびそれがナチのエリートに与えた意味についてを参照）。

地主義の公式が、一九世紀半ば以降それに影のように付き従う「人種こそすべて」という派生命題へと「科学的」に発展していくのに貢献することになる。われわれの仮説を確証するのは次のことである。資本主義とは、共通する実体を持つという意味で世界的包摂という「市場」であり、そこでは「植民地における」蓄積が継続的かつ人種主義的に基礎づけられて創造されていることも、まさにその実態に内包されている。「産業生産様式」という概念そのものが、労働、資本そしてそれらすべてに（国家の庇護のもとに）融資する「新銀行」と同じレベルで、「従属人種の政府[*6]」における官僚主義化された捕食および植民地的人種主義という帝国主義的暴力を「生産諸力」として不可避的に内包せざるを得ない。この主張は、アーレントがボーア戦争という偶発事態であるかのように語られる異型を分析した際に下敷きとしていた先験的命題から見れば、確かにアーレント的とは言いがたい。それによれば「正常な資本主義の発展」は「人種主義社会の論理的帰結」を確固たるものにする、とされている。[*7]問題はこうだ。帝国主義の拡大は（経済的には）前者に属し、同時に（歴史的には）後者を人種主義的な死の政治学のなかに内包する。オリヴィエ・ル＝クール＝グランメゾンが示唆するように、それは「別の手段による生政治の諸目的の継続」と述べてもいいかもしれない。

新しい植民地戦争はまた、ヨーロッパで実践されていたような戦争の概念と現実をすっかり混乱させる。カール・シュミットは、ローザ・ルクセンブルクに倣って帝国主義を「領土獲得」として完璧に描いた（そしてその帰結として植民地の拡大に言及した）が、それと引き換えに「総力戦」を予示し準備する植民地戦争の諸様式については無視している。同様にミシェル・フーコーも、主権の哲学の司法‐政治的知に対抗して、かれが「根幹戦争」と形容するものに登場しつつある戦争の歴史的特異性を「人種戦争」をもとに作り上げたのだが、「人種戦争」が植民地において主流だったことにはほとんど関心を持たなかった。しかし「未開人」に「進歩」と「啓蒙」をもたらす「文明化戦争」とは、古来よりヨーロッパで実践されているものだ。そこに新機軸が、つまり普遍主義、共和主義そして自由《リベラル》主義的な機軸が、「東洋的専制」、アラブの野蛮、「ムハンマドの宗教」の戦闘性という幻想（モンテスキューが批判した「剣」の宗教は、「二つの文明」のあいだの植民地戦争に利用される）[*8]に対抗するために作成された革命後のフランスの文明的使命と一緒に持ち込まれるのである。

植民者の側と被植民者の側の双方で、征服・鎮圧戦争は、主権者の降伏とその軍の投降を企図する「これまでの」戦争と同じではありえなかった。被植民者側は、ヨーロッパではそうであるように、戦争機械を独占できたであろう中央集権化された国家の命令に従う正規軍を中心に組織された敵ではない。あらゆる中央権力から逃れるアラブの部族（ノマド）と農耕民（基本的にベルベル人とカビリア人）はつねに武装し、「独立」のための武力行使の権利を執念深く堅持していた。生まれながらの強盗と言われながらも、アルジェリアの「土着民」は奇妙なことにスペイン戦争以来「ゲリラ」と呼ばれるようになったものを実行するに十分な装備があり、アルジェリアで軍役に就く多くのフランス人将校はこの「正真正銘の傷、フランスの不幸の第一の原因」（ナポレオンがラス・カーズに語った言葉）と対決したことで、ゲリラについては知りすぎるほどの認識を有していた。

アルジェリアでくり返されたこの脅威の経験に支えられたからこそ、一八四〇年代末のアフリカ軍は「ゲリラとは自分たち自身のやり方で戦う」ことを決定したのである。それは徹底的な戦争、反ゲリラ戦として戦われ、「アラブ諸族」の首長アブデルカデル（「ムスリムのクロムウェル的人物」とトクヴィルは形容している）が植民地総督のトーマ＝ロベール・ビュジョーを相手どって駆使した狡知から、ありとあらゆる教訓を学んだ。アブデルカデルはこう書き送っている。「汝の軍が前に出るなら、われわれは退こう。だがその軍はいずれ退かざるを得なくなろうし、そのときはわれわれが戻る。好機と判断すれば戦う。汝の率いる軍とまともにやり合うのは狂気の沙汰だ。だがわれわれは汝の軍を疲れさせ、粉々に打ち破るだ

＊6　Cf. Lord Cromer, « The Government of the Subject Races », *Edinburgh Review*, 1908.
＊7　Hannah Arendt, *L'Impérialisme*, *op. cit.*, p. 149〔アーレント『帝国主義』、一三九頁〕。
＊8　Olivier Le Cour Grandmaison, *Coloniser. Exterminer. Sur la guerre et l'État colonial*, Paris, Fayard, 2005, p. 128, 85-89.

ろう」[*9]。

確かに、どうやってかくも捕捉不可能な、征服・占領軍に対抗して動員されたとはいえただの住民でしかない敵と、「国家対国家の戦争」の規則と法に則って「交戦する」というのか？　これまでの戦争に特有の時間空間の境界がその性格を根本的に変えながら占領地の全域、社会の全体に拡張され、「アラブ人」とともに布告されることはけっしてないだろう持続的な和平実現の原則そのものに異議を唱えているのだ。フランツ・ファノンはこう述べる。「あたかも植民地搾取の全体主義的性格を説明するかのように、入植者は植民地人を一種の悪の精髄に仕立て上げたのである」[*10]。かれらを打ち負かしたあとに、征服を最大限に利用し不可逆的にするために「全面支配」を行使しなくてはならない。それが、非常にリベラルな思想の持ち主であったアレクシス・ド・トクヴィルが、植民地問題の特別議員として作成したレポートで述べたアドバイスである。「全面支配」は恒常的戦争の新たな段階を生政治的に名づけたものにほかならない。

トクヴィルがその著書『アルジェリア論考』（一八四一）で示唆したように――「リベラリズムの問題はできるだけ統治しないことである」という理論の信奉者たちは、この覚書を検討せねばならないことになろう――植民地戦争ではこれまでの戦争で「国際公法」が禁じていた、そして今やグローバルな恐怖戦略や飢餓戦略に含まれるすべてを行なわねばならない。占領地の経済を荒廃させ、「住民の永続的な集まり、つまり都市とおぼしきものはすべて破壊する」、略奪を行なう、村を焼き討ちする、群衆の一斉逮捕、「丸腰の人間を捕らえる」、市民と軍人をまったく区別しない（とはいえ捕虜の組織的な処刑を行なうわけではない）、などがそれである。かくして、責任ある中道派の支持者を自認する者が、こう説明することになる。住民に対する統治行動は「わずかでも支配を植民地化から、また植民地化を支配から区別してはならない」のだ、と。スペイン戦争に従軍したビュジョーは戦争の目的をこう要約している。「目的はアラブ人を追い回すことではない。それは恐ろしく無益である。目的はアラブ人が種を蒔き、収穫し、糧を得る〔……〕そして土地の恵みを享受する〔……〕のを妨げることだ。毎年かれらのもとに行き、その収穫を焼き払おう〔……〕あるいは最後の一人まで皆殺しにしよう」[*11]。トクヴィルがこの究極の過激策に反対し、「アラブ人たちを締め付ける」というアイディアの方を好んだにせよ、対蜂起戦という新しいジャンルの戦闘に軍を対応させる必要性についてはビュジョーと見解を共にしている。そのとき奨励された方式は、一九六〇年代に一般化される軍組織のモジュール的結合を予示するものだ。「アラブ人たちにわれわれを食い止めることのできる障害は国中のどこにもないことを見せつける」ために「大遠征」を維持する必要があるにせよ、「いくつかの定点の周囲を絶えず活動し続けるいくつもの小部隊を持つ方が、大軍を持つより良い」と強調することになる。それが「野蛮人」に野蛮人自身の「方法」を突きかえしてやることで、「武器を手にしたならず者」[*12]と唯一戦える「アフリカ特別軍の創設」に繋がる。

アルジェリア民衆に対するビュジョーの軍事戦略（「いぶりだし」も含む[*13]）を承認したからと言って、アルジェリアを軍隊式に植民地化するというかれのプロジェクト（ローマ式のモデルによって鼓舞された元兵士による植民地化で、労働者軍の創設を企図する[*14]）まで支持するということにはならない。事実トクヴィルにとっては、「ヨーロッパ系住民にとっての安全保障と植民地化の進展に不可欠のアラブ人の

★9　Lettre d'Abd el-Kader à Bugeaud, citée par Yves Lacoste, *La Question post-coloniale*, Paris, Fayard, 2010, p. 297.

★10　Frantz Fanon, *Les Damnés de la terre* (1961), Paris, La Découverte, 2002, p. 44〔フランツ・ファノン『地に呪われたる者』（鈴木道彦、浦野衣子訳、みすず書房、一九六九）、四一頁〕。

★11　Cité par François Maspero, *L'Honneur de Saint-Arnaud*, Paris, Plon, 1993, p. 177-178.

★12　Alexis de Tocqueville, « Travail sur l'Algérie », *Œuvres complètes*, t. I, Paris, Gallimard, « Bibliothèque de la Pléiade », 1991, p. 706, 710, 716. Cf. Olivier Le Cour Grandmaison, *op. cit.*, p. 98-114.

★13　トクヴィルのテクストには次のように述べられている。「尊敬はするがわたしとは意見を異にする人びとが次のように述べているのをしばしば耳にしている。すなわち、収穫を焼き、サイロを空にし、武器を持たぬ者、女、子どもを捉えるのはけしからぬことである、と。わたしに言わせれば、それは遺憾ながら必要なことであり、アラブ人と戦おうというなら誰しも従わざるを得ないのである」（« Travail sur l'Algérie », *op. cit.*, p. 704）。

支配[15]」にとって必要な強制的手段はどれをとっても、アルジェリア情勢の「正常化」（沈静化）によって、リベラリズムおよびフランスとの「自由貿易」の一般規則（「［アルジェリアの］経済状況は容易に人びとにゆとりをもたらしうるもので、少なからぬ者が富を得るにまで至った）」）に植民地的例外を組み込むこと以外の目的はない[16]。自由主義《リベラル》的な植民地統治の原則は、植民者だけにとっての「自由」（ヨーロッパ系住民が「土着分子」を抑圧し破壊することで得る自由[17]）を、なお不完全な安全保障戦争の諸布置をベースに構築するということだ。それは（国内における）「すさまじい数の政府介入」およびフーコーがはっきりと見てとった、「リベラリズムの裏面であり条件そのものである安全保障戦略[18]」に最も密接に依存する統治の自由主義《リベラル》的な技術を、こうした例外手段によって、（国外にまで）拡張する。このことは、次のようなトクヴィルの主張にまったく別のニュアンスを与えるものである。トクヴィルは「アフリカの社会組織はいくつかの類似点を除けば例外でなければならない、と言うべきではない。逆にアフリカでもいくつかの例外を除けば物事はフランスと同じように運ばねばならない、と言うべきである[19]」と主張しているのだが、これをどう理解すべきかということだ。なかでも、「アラブ人」に交易を禁じたことを、リベラルなトクヴィルは「諸部族を押さえつけるために用いうる最も有効な手段[20]」として評価していることを指摘しておかねばならない。

一八四八年の二月革命は内戦へと転化する。このとき、「労働者階級」が階級の戦いの政治的主体として初めて登場する[21]（「六月に禍あれ！」）。軍隊と戦うのではなく、鬨の声を上げることもなく、リーダーもおらず、旗印を掲げることもなく戦う「本国のベドウィン」と戦うことに関しては、誰がアフリカの将軍たちよりも上手でありえよう？　戦場ではなく、街路と宅地伝いに戦闘の展開される都市で作戦を遂行できるのは、「アラブ人」と「総力」戦を戦ったことのある者にほかなるまい――たとえば一八三四年四月一三日および一四日の蜂起の鎮圧に加わったビュジョーのように。かれはまた、『市街戦』の著者でもあり、この著作では、階級闘争の前線に広がる戦場に見立てられた都市は、そのあと再編成されねばならないとされる。「国内の野蛮人」と対決しえたのは、同様の状況で植民地の「野蛮人」と戦ったことのある者以外にはいるまい。「この反乱するゴロツキ」、反抗する下層民という「粗暴で残酷な獣」を鎮圧しうるのは、一八四八年二月にアルジェリア総督に任命され、五月一七日には陸軍大臣に就任し「カビリアの山々で行なったのと同じようにパリで」自らの軍を率いて内戦の作戦指揮をとる「アフリカ軍人カヴェニャック」以外にいない。カヴェニャックの威信を背景に成立した「軍事独裁」について、最初はためらいがちだった（「熟慮というより本能的に」）トクヴィルも、やがて留保なしに、「植民地」の軍事戦術による国内の敵の計画的壊滅を支持することになる（戦闘での死者は一〇〇〇人あまり、処刑された者が三〇〇〇人）。『一八四八年六月の戦闘』でエンゲルスは、カビリアそしてアラブの「きわめて低俗な道徳水準」についての人種的な決まり文句を批判することはできても、一八四〇年代のフランスに取り憑いていた階級的人種主義を批判することはできていない。さてこの著作でエンゲルスは、少なくとも三度はアル

★14　ビュジョー元帥は一八三八年に次の著作を出版し、一八四二年にはその議論を改めて取りあげている。*De l'établissement de légions de colons militaires dans les possessions françaises de l'Afrique; L'Algérie. Des moyens de conserver et d'utiliser cette conquête.*

★15　Lettre de Bugeaud à Genty de Bussy, 30 mars 1847.

★16　« Rapport fait par M. de Tocqueville sur le projet de loi portant demande d'un crédit de 3 millions pour les camps agricoles de l'Algérie », in Alexis de Tocqueville, *Œuvres complètes*, t. III, *op. cit.*, p. 404.

★17　一八三〇年から一八五〇年のあいだに、アルジェリア全体の人口がほぼ半減（四〇〇万から二三〇万）したことについては合意が見られる。

★18　Michel Foucault, *Naissance de la biopolitique*, *op. cit.*, p. 66-67 (leçon du 24 janvier 1979)［フーコー『生政治の誕生』、八〇頁］。

★19　Alexis de Tocqueville, « Travail sur l'Algérie », *Œuvres complètes*, *op. cit.*, p. 752. 20.

★20　*Ibid.*, p. 705-706.「国土の荒廃」はトクヴィルにとって「二次的に重要な手段」に過ぎなかった。

★21　ここでトクヴィルの『回想録』を引く必要がある。「六月の反乱は実のところ政治闘争（従来の意味での）ではなく階級の戦いであり、ある意味で奴隷の戦争であった」（Alexis de Tocqueville, *Souvenirs*, Paris, Gallimard, 1978, p. 212-213［トクヴィル『フランス二月革命の日々――トクヴィル回想録』（喜安朗訳、岩波書店、一九八八）、二三六〜七頁］。

ジェリア戦争に範を求め、パリの労働者は軍事経験はあったが「アルジェリア方式」の展開や「アルジェリアの蛮行」に対抗する備えがなかったことを指摘している。政府が「パリのど真ん中でアルジェリアでしているように戦争を」指揮し、「絶滅戦争」へと住民すべてをたたき込もうとするなどと、どうしてかれらが考えつこうか？　それは、「ブルジョアジーが労働者は通常の敵ではなく、絶滅させるべき社会の敵であると宣言した」ということである。[*22] アフリカ軍の将軍たちは、共和国の「本質」はアルジェリアでの人民蜂起鎮圧であると、永劫の烙印を押すことになる。そこでは「女性たちも〔……〕男性と変わらぬ憂き目にあった」。[*23] ビュジョーはさらにこう続ける。「民主共和国はもう手にしているが、社会共和国はけっして手に入るまい！　ほかならぬわたしがこう言ったと銘記しておきたまえ」。アフリカの将軍たちの人種的憎悪は、プロレタリアを所有する植民地人に作り替える（剣と犂）ことを目指した植民地への移民政策によって抑制されるどころか、むしろ即座に「国内の土着民」と植民地の土着民を結ぶ赤い糸を見つけだしてしまう。フランス左翼は、その共和主義的熱情にもかかわらず、けっしてそれを理解するには至らなかった。

それでも、多数派（植民者支配者）少数派（植民地被支配者）のモデルを行使した支配が、ヨーロッパの労働者たちにも同じように「利益を与えた」ことにかわりはない。本国では搾取を被ったとはいえ、労働者たちは資本家たちと植民地化の配当を分け合ったのであり、エンゲルスの表現に倣えばその配当がかれらを「ブルジョア化」させた。エンゲルスが一八八二年、カウツキーに宛てたことのほか辛辣な書簡では、そのことがさらに強調されている。「イギリスの労働者たちが植民地政策について考えていること？　ええ、ブルジョアとまったく同じことを考えています〔……〕。労働者たちはイギリスの植民地独占、交易独占に加わって、それで楽しく生活しています」。[*24] レーニンが第二回国際共産主義者会議での報告で、「搾取され抑圧された労働者たち」の攻勢が「〔……〕今日《こんにち》まで歴史の外に置かれ、歴史の客体でしかないと考えられてきた数億の人びととの革命的攻勢に加わる」ときに、植民地主義に対する闘争は勝利を収めるだろうと断言するのは、一九二〇年になってからである。[*25]

「人種」政策は世界のプロレタリア内部の分裂の力と、労働者の国際主義の脆弱さを融合させた。労働国際主義は原則としての普遍主義について自由主義者《リベラル》の「兄弟」が抱えていたのと同じ限界に苦しんでいたのである。奇妙な行き違いのために、一九世紀末および二〇世紀初頭にアルジェで開催された初期の社会主義者会議は、外国人と見なされていたイタリアの労働者に対して「フランスの労働者」を擁護していた。フランス人植民者たちは自らを「アルジェリア人」と考えていた一方で、植民地の被支配者たちは「土着民」ないし「ムスリム」でしかなかった。[*26]

性的なヒエラルキーと同様、権力はヒエラルキーに従うことで権力を再生産する被支配者たちを経由する。労働者たちは一八世紀および一九世紀を通じての階級的人種主義の対象であり、階級的人種主義を植民地の被支配者に向けて振りかざしていた。軍服を着た多数派のモデルによる支配と、階級搾取の交差はここでも行使されている。たとえばナポレオン時代の市民兵士を、市民にとって男性的美徳を持つ人気のあるモデルだと考えてみよう。そのモデルは一八四〇年代に入ると、兵役はフランス領アルジェリアの最も共和主義的な傾向（労働者–入植者と耕作者–入植者の共和主義）に貢献することになる。植民地戦争は同時に「主体性の戦争」でもある。なぜなら、植民地支配者／植民地被支配者の支配関係の確立はまた、植民地支配者と同様に植民地被支配者の主体性を長きにわたって形成することになる隷従関係でもあるか

★22　Friedrich Engels, « Les journées de juin 1848 », in Karl Marx, *Les Luttes de classes en France*, Paris, Éditions sociales, 1981, p. 184〔『マルクス＝エンゲルス全集』第五巻一二三頁〕。

★23　Alexis de Tocqueville, *Souvenirs*, *op. cit.*, p. 213〔トクヴィル『回想録』二三七頁〕。かれがここに見てとったのは「ある住民全体のほかの住民に対する蜂起」である。

★24　Cf. *Marxisme et Algérie*, textes de Marx et Engels présentés et traduits par R. Gallisot et G. Badia, Paris, UGE, 1976, p. 394. エンゲルスは『イギリスにおける労働者階級の状態』第二版への序文（一八九二）でこのテーゼを改めて取りあげている。

★25　*Marxisme et Algérie*, *op. cit.*, p. 285.

★26　*Ibid.*, p. 265.

らである。

同じように、政治的脱植民地化は主体性の脱植民地化、主体性の転換を伴うことになる。それは翻ってマルクスの経済主義を批判するものであり、資本主義とその弁証法的行為者、つまり「近代」ブルジョアジーおよび「すべての文明国の労働者階級」を、何らかの「文明の進歩」――この表現はアルジェリア征服について、「アラブ人の親玉」の拘束の際（エンゲルスはそれに歓喜した）、エンゲルスが用いた近代主義的な一句だ[*27]――の過程に投影することをいっさい禁じるものである。

*27　Cf. F. Engels, *The Northern Star*, 22 janvier 1848, in *Marxisme et Algérie*, *op. cit.*, p. 25〔『マルクス＝エンゲルス全集』、補巻一、二三五頁〕、「われわれの意見は大まかに言えば、アラブの頭目が捕縛されたことはきわめて幸福なことだ、というものだ。ベドウィンの闘争には希望がない。しかし、たとえばビュジョーのような野蛮な兵士の戦い方は強く非難すべきものであるとはいえ、アルジェリアの征服は文明の進化にとって重要かつ適切な事態である」。より一般的にマルクス主義のヨーロッパ中心主義的な「近代主義」の問題については以下を参照。Peter Osborne, *Marx*, Londres, Granta Books, 2005, chap. 7 et 10.

第7章

フーコーのリベラリズムの限界

Les limites du libéralisme de Foucault

「冥界をも動かさん」という、フロイトが引用した言葉〔をご存じであろう〕。さて、これより有名ではないが、〔……〕イギリス人政治家のワルポールの引用した言葉を旗印に、今年度の講義を位置づけたいと思う。かれは自身の統治方法についてこう述べたのだった。“Quinta non movere”。つまり「寝た子は起こすな」。これはある意味でフロイトとは対極にある。

ミシェル・フーコー『生政治の誕生』

四八年の思想と「共和国とは民主的かつ社会的か、そうでないか」（一八四八年の革命家たちの標語による）というプロジェクトに取り憑かれた一九世紀は、「貿易の自由」によって引き起こされた危機と労働者の貧窮というスペクタクルを伴って、リベラリズムが大勝利を収めた世紀となった。この貿易の自由こそ、戦争と国家による無制限の支配に取って代わるはずであり、その無制限の支配は、財産とその所有者の保障という唯一の防衛線によって制限されることになる、とバンジャマン・コンスタンはきわめて「ロック風に」推論している。かれがそこから導いた結論は、政治的権利を「啓蒙を獲得するのに欠かせない余暇」[*1]を持った人間に制限する、というものだった。このことが十分に示唆するように、リベラル派による自由の管理運営は、ブルジョア社会の転覆という未来図に対しひとえに「国内のベドウィン」に対する内戦の実態を対置することによって、民主的社会を不可逆的な地平にしようとするものである。こうなってしまえば、六月蜂起に加わった者とその家族をトクヴィルの承認のもとアルジェリアへ数千人単位で追放するのも、自由主義的《リベラル》な秩序の務めである。かれは一八四八年の分裂をこう説明することになる。すなわち、社会のより確実な防衛のためには社会の自由放任こそが必要なのだが、革命の影響で社会を犠牲にして国家が肥大化し続けたために分裂が起きたのだ、と――そしてこれをリベラル派は飽きることなくくり返すことになる。

しかしわれわれは、植民地化の歴史や、そこに社会問題を結びつけるときに著名なリベラル派が演じた役割を否定している、というだけの理由で、一九七八年～一九七九年のコレージュ・ド・フランス講義『生政治の誕生』でフーコーがリベラリズムへアプローチしたやり方には賛同できない、と言っているわけではない。この講義は安易にネオリベラリズム分析に還元されすぎているが、ネオリベラリズムはフーコーにとっては、かれが「一八世紀中盤」に遡る「自由主義《リベラル》的な統治技法」として分析しているものと共通の種類のなかの一つの特殊なジャンルに過ぎないのである。

フーコーがそのまま受け入れている重農主義（穀物不足を解消するための自由放任）を、その最初期の発現とするリベラル派の統治の分析において、フーコーは戦争を権力と規律訓練仮説との関係の「数値」として片付けて、戦争を政治経済が統治に押しつける限界の理論の展開に取って代える。「リベラリズムとは、より狭い意味では政府の行為の形式と領域をできる限り制約しようとすることである」[*2]。市場経済において、統治性の近代的形式化の要諦は、「裁判権によって形式化された限界に向きあうというのではなく、〔……〕自分自身に内的限界を与えることにある」。限界はもはや外部（法、国家）ではなく内部にあり、「『リベラリズム』に特徴的な、統治理性の自己規制」のたぐいなのであって、それを今「生政治の一般枠組み」[*3]として研究しなければならない。この新たな枠組みでは、哲学者が特権視する相関関係とは、

＊1　Cf. Benjamin Constant, *Principes de politique applicables à tous les gouvernements représentatifs et particulièrement à la constitution actuelle de la France*, 1815. 第七章ではこれ以上ないほど明快にモチーフが語られている。「財産のみが政治的権利の行使を可能にする」。

＊2　Michel Foucault, *Naissance de la biopolitique, op. cit.*, p. 23 (leçon du 10 janvier 1979)〔フーコー『生政治の誕生』、二七頁〕。

＊3　*Ibid.*, p. 23-24〔前掲書、二九頁〕。

主権の最新の形態つまり経済主権（経済の世界とは多様性の世界であり、さまざまな視点の集約を主権が自然発生的に保証するがゆえに、ますます全体化不可能である）と政治主権（重農主義者たちと同様に、いまだに経済行為者の自由と主権者の存在を一致させようと試みる統治理性）の失権としてリベラリズムのなかに位置づけられる「見えない手」と「経済人homo œconomicus」の相関関係である。フーコーに従えば、アダム・スミスによって経済は「無神論的学問」「全体性なき学問」と化し、正真正銘の「統治理性批判」として全体性という原則そのものを攻撃することになる、とされている。さらにフーコーは、この批判は「この語の本来の、哲学的な意味で」[4]理解せねばならないと説明を加える。つまり、フーコーがその一年前、「『啓蒙とは何か』という質問に対する回答」[5]として、過度に統治されないための技術という考えを持ち出した重要な講演（「批判とは何か」）で対象としたある［カントの］批判における、カント的な理性の（超越論的）自己限定の意味での批判として理解すべし、ということだ。それは周知の通り、一七八四年にカントが啓蒙について書いたテクストのタイトルそのままであり、リベラリズムの大転換においてこのドイツの哲学者をとりあげるフーコーは、つねにそこにたち帰ることになる。『生政治の誕生』では、かれは理の当然としてふたたびアダム・スミスに立ち戻り、過去・現在・未来のすべての啓蒙思想から、自由主義《リベラル》的な真実言表を救い出すことになる。そのためにかれは、経済人（ホモ・エコノミクス）と切っても切り離せぬ新しい参照領域、つまり市民社会を、「経済プロセスの特殊性に準じて自己限定することを目的［……］」とする統治技術に委ねるのである。[6]

経済人のモデルの歴史に焦点を当てた最後の二回の講義は、リベラリズムが「社会」統治という問題設定と同一視されていることもあって、フーコーの著作のなかでは明らかに「戦略的」役割を担っている。「どうしてそれなしにやっていけるのか、そして何に関してはその介入が無駄であり有害であるのか」[7]と統治の必要性が問われることになるのは「社会の名において」である。この問いは、国家理性の「外的制限」の原則としての権利が政府の実践のなかで破棄される点を見極める方向に、探究の指針を向ける。

この二回の講義でのフーコーの論証の大きな特徴を取りあげ要約しよう。そこでは講義全体の一貫性についてのプランが提示されているが、すでに見たように、それは「異議が唱えられることになるのはもはや主権の濫用に対してではなく、統治の過剰に対してである」[*8]というかたちで「批判的統治理性」を新たに概念化することから始まる。

資本主義は経済的主体（経済人）と権利の主体のあいだの、根本的な異質性を融合させる。権利の主体は自らの権利を断念し、それを上位の権威に委譲することで社会化される。他方で経済的主体は自らの利益を「自発的に増大させる」ことによって社会化されるが、こちらはあまりに妥協不可能なために、統治の技術が「経済領域全体を支配すること」は本質的に不可能である、と見なされてしまう。利益の主体の「無限の内在領域」は、主権は経済プロセスを全体として見ることができないのだと見なすことで、主権をその座から引きずり下ろす。すると問題はこうなる。「権利によるのとは違うかたちで」、そして「経済科学」によるのとも違うかたちで、経済と司法の根本的な異質性を担う統治を制限する「合理的原則」はどこに見いだせるのか？

「市民社会、国家、社会、社会問題を管理運営することになる」[*9]権力のテクノロジーの定義を試みるフーコーは、政府がその影響力を行使する対象となる（市民）社会という概念の歴史を、ある「転換点」をもとに再構築しようと試みる。フーコーはその転換点を一八世紀後半に位置づけ、ロック的な市民社会哲学と断絶したときであると見なす。確かに、ロック的な市民社会哲学はまだ（「政治社会ないし市民社会

---

*4 *Ibid.*, p. 286-287〔前掲書、三四八頁〕。一九七九年三月二八日の講義の最終部をなす「見えざる手」についての長い解説（p. 282-290〔三四三〜五二頁〕）のさなかで語られている内容である。

*5 Michel Foucault, *Qu'est-ce que la critique ? Suivi de La culture de soi*, Paris, Vrin, 2015.

*6 Michel Foucault, *Naissance de la biopolitique*, *op. cit.*, p. 300-301 (leçon du 4 avril 1979)〔フーコー『生政治の誕生』、三六五頁〕。

*7 *Ibid.*, p. 324 (résumé du cours)〔前掲書、三九三頁〕。

*8 *Ibid.*, p. 15 (leçon du 10 janvier 1979)〔前掲書、一七頁〕。

*9 *Ibid.*, p. 300 (leçon du 4 avril 1979)〔前掲書、三六五頁〕。

の〕司法−政治的構造の優位を特徴としているが、新しい市民社会概念は、超越性をいっさい持たない新しい合理性のかたちの担い手として経済的主体に特権的な位置を与える。

フーコーはアダム・ファーガソンの『市民社会史試論』とアダム・スミスの『国富論』の親近性を打ち出しており（「アダム・スミスにおける〔……〕「国家」という語はファーガソンにおける市民社会と近い意味を持っている」[*10]）、ファーガソンを用いることで、市民社会と経済的主体の連続性という原則の明確化を目指すという、最初から持って回ったやり方で立場の表明を試みようとする。経済的紐帯に倣って、社会的紐帯も自然に形成されるのであって、社会的紐帯はあえて設立する必要も無ければ、あるいは自分の手で自分を設立する必要もない。経済同様、市民社会も諸個人の自然発生的な統合を打ちたてるのであって、市民生活の始源に「明確な契約」「自由意志による協定」「権利の委譲」を位置づける必要はないのである。

権力関係は「結合契約」や「服従契約」という政治−司法的形式をとらない。なぜなら権力（とそれを動かす従属関係）は、自然発生的に「具体的かつ多様な諸個人どうしを結ぶことになる実際の紐帯[*11]」に基づくからである。司法−政治的構造は諸個人の差異の働きによって自然発生的に形成された権力関係のあとにやってくる。経済的主体と市民社会の共謀関係はそれ以降に明確に確立される。なぜならどちらの場合も社会化を進める力は利害関心だからである。市民社会の場合、それは「利害抜きの関心」（共感、同情、嫌悪等々）であり、経済人の場合、それは「自己中心的利害」である。

自己中心的利害は「領土、局地化、単一的結集体」をもたらさない（市場は脱領土化するものであり、普遍主義的であって、それが持つ諸関係は「抽象的」である）。それに対して、利害抜きの関心は共同体の紐帯を、したがって領土化され、局地化され、単一化された集団をもたらす。「市民社会はさまざまな経済的主体の連合以上のものである」。なぜなら、それは単純な権利交換のシステムでも、経済的交換のシステムでもないからである。だが、「経済的自己中心主義は」（自らを領土化し、単一化された集団のなかに定着することで）「そこに場を占める可能性があり」、またそこで社会変化の行為主体として断絶と革新というポジティブな役割を演じる可能性もある。「自己中心的利害」（市場）の自然発生的な統合はつねに、市民社会の「利害抜きの関心」の、やはり自然発生的な統合を脅かし、「市民社会の自然発生的紐帯が結びつけていたであろうものをつねにほどく」[*12]ように働く。しかし、自己中心的、抽象的で、脱領土化され、脱領土化するものであるがゆえに「分離的な」経済的紐帯は、同時に市民社会の「歴史的変化」ないし「継続的変化」のポジティブな原理でもある。アダム・スミスに倣って言えば、「すべての人間は〔……〕程度の差はあれ商人になる」[*13]。市民社会とは具体的集団であるが、「取引的現実」[*14]に属する同じ集団を形成する。フーコーはこう結論づける。「市民社会と経済的主体はまた、それを適切に運営するには経済人という理念的な要点をその内部に配置しなおす必要がある」[*15]。

　こうして、内在性が新しい統治技術に移行した功利主義をもとに再構成されたリベラリズムにフーコーが関心を持ったのはなぜなのかが、よりよく理解される。かれは、法‐政治的形式の批判、主権批判、法的ではない権力の系譜学、「集団的・政治的統一の構成――法的紐帯でないとは言えないが、純粋に経済的ないし法的というわけでもない」[*16]といったすべてのテーマ設定をきわめて深く交差させている。市民社会が法‐政治的形式以前にその自然発生的な権力の様相とともに存在するのなら、新しい統治技術のすべてを規定する問題は「単純に、いかにして権力を規制するか、すでに従属関係が機能している社会内部でそれをどう制限するのか、というものになろう」[*17]し、それは同時に、「国家に準じて変動する」政治的理

★10　*Ibid.*, p. 302〔前掲書、三六七頁〕。
★11　*Ibid.*, p. 307〔前掲書、三七四頁〕。
★12　*Ibid.*, p. 306〔前掲書、三七二頁〕。
★13　Adam Smith, *The Wealth of Nations* (1776), livre I, chap. 4 (« Of the Origin and Use of Money »); t. I, p. 91 de l'édition française citée〔アダム・スミス『国富論』、第一巻五一頁〕。
★14　Michel Foucault, *Naissance de la biopolitique, op. cit.*, p. 301〔フーコー『生政治の誕生』、三六六頁〕。
★15　*Ibid.*, p. 300〔前掲書、三六五頁〕。
★16　*Ibid.*, p. 311〔前掲書、三七九頁〕。

性の価値を下げることになろう。独裁的ではない国家理性もその例外ではない。

それゆえフーコーは、以下のような違いに立ち戻らねばならないことになる。ドイツでは、市民社会は「国家支援」能力に応じてのみ意味を持った（カントからヘーゲルへ至る路線）。フランスでは人権宣言によって、「政治契約が保障する自然権という法的観念」（ルソーによる）と、ブルジョアジーが国家に課す諸条件とのあいだに食い違いが生じた。最後にイギリスでは、すべての政府を危険な補足物とする「市民社会の内的統治性[18]」のために、国家という問題を経験していない。途中でフーコーは、利害関心を自然発生的に統合する見えざる手を説明するために、ファーガソンによるフランスとイギリスの植民地化の方法の比較分析を利用することになる。「フランス人は計画、役所、アメリカ大陸の植民地にとっての最善の定義などを準備してからやってきた」が、かれらに「政治家」としての能力が不足していることが露呈して瓦解した。ファーガソン‐フーコー（より自由化《リベラル》された方向に引き寄せるために共和主義的美徳をすべて取り去ったファーガソン）はさらに続ける。「逆に、イギリス人は〔……〕アメリカを〔……〕『短期的視点』で植民地化するべくやってきた。各人が即座に利益を得る以外の計画は持ち合わせていなかった。むしろ各人が自分自身の計画の短期的視点だけを持っていた、と言うべきであろう。それゆえ、産業は活発になり、建築が盛んになった[19]」。「突出的」立場をいっさい禁じるというアダム・スミスの啓蒙によって、「一八世紀半ば、政治経済学は経済プロセスの政治的全体化という錯誤を告発したのである[20]」。しかしながら、フーコーはウィーン条約（一八一五年）がイギリスの政治‐軍事的支配を確実にしたことを無視してはいない。この支配はイギリスの経済力と海上覇権を介して海上の自由通行（自由な競争空間としての海）を押しつけることになる。同時にそれは「世界中で市場に組み込まれるものの総体[21]」を含む、無制限の「地球レベルの交易」を自分の利益のために誘導する。端的に言うと、「集団で富裕化するヨーロッパ」を「世界市場において無制限の経済発展を遂げる地域」と見なす想定を、フーコーはその帝国主義的性格を掘り下げることもしないままリベラリズムと呼んでいたのだが、その想定に関して、「ヨーロッパと世界市場のあいだで〔イギリスの果たした〕経済的媒介の役割[22]」の正確な本質についていくらか補足しておかねばならないだろう。

生政治の誕生についての講義を通して、フーコーは第二次世界大戦後で最も重要な統治形態（ドイツのオルドリベラリズム◆とアメリカのネオリベラリズム）を念頭に置いており、それをかれは社会の統治形態として分析している。しかし、かれの読解はここではきわめて問題含みであり、こう言ってよければ明らかに無批判的である。

というのも、国家、戦争（そして内戦）、資本といったものを同時に中立化する「市民社会」についてのこうした観念、あるいは観念化では、一九世紀後半の難局を説明しきれないからである。フーコーはそうしたリベラリズム観念の挫折の理由も、それがもたらした惨事についても問うことはない。リベラリズムの教義がしりぞけたはずのもの（戦争、国家、資本）はどれも、前代未聞の破壊力でもって回帰する。フーコーが、認識してはいたが（「つまるところ、一九世紀とともにひとは戦争、関税率、経済的保護主義、国民経済、政治的ナショナリズム、かつてない〔より〕巨大な戦禍、等々の時代に入る」[*23]）純然たる歴

＊17 *Ibid.*, p. 312［前掲書、三八〇頁］。
＊18 *Ibid.*, p. 313-314［前掲書、三八一～二頁］。
＊19 Michel Foucault, *Naissance de la biopolitique*, *op. cit.*, p. 284 (leçon du 28 mars 1979)［フーコー『生政治の誕生』、三四六頁］。
＊20 *Ibid.*, p. 284-285［前掲書、三四六頁］。
＊21 *Ibid.*, p. 56［前掲書、六七頁、強調は引用者］（なおイギリスの立場についてはp. 62［七四頁］を、「国外市場の無制限性」についてはp. 58［六八頁］を参照。leçon du 24 janvier 1979）。
＊22 *Ibid.*, p. 56, 62［前掲書、六七頁、七四頁］。
◆**オルドリベラリズム**　戦後、西ドイツで唱えられたもので、秩序自由主義とも訳される。独占・寡占を導く古典的自由主義（自由放任主義）と計画経済は、ともに全体主義や経済の破綻を導くと批判し、消費者主権の経済を主張した。そのため再分配を支持し、カルテルやコンツェルンを否定した。これに基づいて西ドイツの社会的市場経済がつくられた。しかし、フーコーは、市場の監視下にある国家を求めるものであり、ネオリベラリズムの一種としている（『生政治の誕生』）。

史的局面しか参照しなかったもの、それは資本主義の経済危機である。そういうやり方では、戦争はもはや「経済プロセスの最適な展開と政府の行動手順の最大化のあいだの原則的な両立不可能性」[*24]を帰謬法（背理法）で証明するものでしかない。このテーゼはハイエク風の着想と響きによって、フーコーが『生政治の誕生』で提示した「古典作品」（ロック、スミス、ファーガソン、ヒューム）の分析に深い影響を与えている。

カントのテクスト『永遠平和のために』の補説（一九七五年）では、交易の世界的拡大だけをもとによりよい永遠平和を保障するために戦争との関連づけを排除しているが[*25]、この補説はその目的そのものから見て必要でもあり……また問題含みでもある。必要であるというのは、カントおよびすべてのリベラル派とともに商業精神が戦争と原則的に両立しないと主張することが重要だからである。フーコーが「驚くべき利害関心の共和国」と呼ぶこの奇妙な共和主義はそこから導出されるのであり、それは新しい自由主義《リベラル》的な政治体制は警察国家特有の「従属的な主体や事物にはもはや権力行使しない」[*26]ことをはっきりとしるしづけるものでもあることになる。問題含みというのは、この補説は、「統治の一般的布置の危機」[*27]により確かな意義を与えるために、リベラリズムの危機は資本主義経済の危機には還元不可能であることを根拠づけることに貢献する、という点である。この統治の危機についてリベラリズムは、統治理性の自己制限という名の下に、最初にして唯一の答えを提供しているが、それは今日《こんにち》「ものの価値を決めるのは交換である」、したがって政府の「使用価値」を揺るがすのも「交換である」とされる社会においては知られている。[*28]こうした物語は、それが動員しそれを支えるのがリベラリズムの超越論的経済である、という意味で、ほとんど超越論的と評してもよさそうな物語だが、これに対して一九世紀には、まったく別の解決策が用意されており、そこではリベラリズムとは根本的に異なるポートレートが描かれている。「全体化不可能な多様性」は、資本の最も抽象的な形式の圧力のもとで独占によって破壊され中央集権化される。それが金融資本であり、これは諸々の利害関心の「統合」を不可能にし、植民地主義的・帝国主義的な戦争への道を切り開くことで、文字通りあらゆる「境界」を飛び越えさせることになる。戦争は「自己調整」によって保証されることなどありえない「経済表」の終焉をもたらすに至る。もはや全体化が主権によって遂行されることはなくなり、そのため全体化はその「影の部分」によって遂行されることになる。つまり戦争と国家の戦争機械である。リベラル派の望み通り、経済競争が戦争に取って代わるのだとしても、それは何があろうとこの影の部分へと導いていくためである。

フーコーはまた、一九世紀全体を通じてリベラリズムが株主-所有者の市民社会に依拠している一方、市民社会の自由主義《リベラル》体制はそのロック的な「前史」の現実と連続していることを沈黙のうちにやり過ごしている。ついでながら、トーニーの定式も銘記しておこう。その説明によれば、ロックにとって「社会は株式会社」であり、株主はそこに「自然の不易の法則により配当を受ける権利を確保」するために参入し、また国家はそこでは「超自然的な制裁ではなく、利便性をこととし、〔……〕株主が自由な道を選ぶことを保証する」[*29]が、それは蓄積戦争の激化に基づく金儲けを第一にするものとなる。この道の延長上で、アダム・スミスの自由主義《リベラル》戦争の技術が再発見されることになり、マルクスが「植民地化の近代的理論」という名のもとに『資本論』第一巻の最後（と「本源的蓄積」を論じた第八章の最後）で論じたことも呼び出される。すなわち「旧世界の政治経済学が、新世界で発見し、植民地を巡る駄弁によってあからさまにな

★23 *Ibid.*, p. 60〔前掲書、七二頁〕。
★24 *Ibid.*, p. 326 (résumé du cours)〔前掲書、三九五頁〕。
★25 *Ibid.*, p. 59-60〔前掲書、七〇頁〕。しかし、カントによれば居住困難な土地への定住も、法的紐帯の確立も、最初は戦争によって遂行される。
★26 *Ibid.*, p. 48 (leçon du 17 janvier 1979)〔前掲書、五八頁〕。
★27 *Ibid.*, p. 71 (leçon du 24 janvier 1979)〔前掲書、八五頁〕。
★28 *Ibid.*, p. 48〔前掲書、五八頁〕。
★29 R. H. Tawney, *La Religion et l'essor du capitalisme*, Paris, Marcel Rivière, 1951, p. 177〔トーニー『宗教と資本主義の興隆――歴史的研究』（出口勇蔵、越智武臣訳、岩波書店、一九五六〜一九五九）、下巻八三頁〕（強調は引用者）。

った秘密」。この秘密はこうである。「資本家の私有財産をもとにした資本主義的な生産および蓄積の様式では、個人の労働に基づいた私有財産の無化が前提とされている。その基礎となるのが労働者の徴用である」。[30] 植民地主義はこうして結局、リベラルな「統治」の媒介として、ふたたび階級戦争の真理に辿り着く。そしてこれを批判することは、植民地化された国々におけるブルジョアジーによる「破壊と創造という二重の使命」のモダニズムを阻止することである。[31] ここでひとは、シュンペーターの資本主義の「破壊的創造」という有名な定式の植民地版原本のようなものに直面するのだが、このことはすでに、フーコーがリベラリズムについての講義で恐ろしいほどに言い落としていたことを十分に示している。

フーコーが二つの異質な統治原理、つまり「公法と人権にとっての革命的公理」と、統治者に対して「被統治者の独立性の領域を規定する経験的かつ功利的な路線[32]」が自由主義的《リベラル》な流れから生じてくるのを見てとったこの時点から問題を取りあげなおそう。二つの原則を結ぶ「一連の架け橋、連絡路、合流点」のすべてが認識されていたとしても、有用性（ないし非有用性）という視点から統治の問題を再定義するのは後者の路線のみである。この視点は功利主義的ラディカリズムの水準にあり、そのラディカリズムは交換やその他のもの、たとえば市場が個人と集団の利害関心の複雑な機能を通じて個人と集団の有用性を規定するものと合致するという原則のみに連動している。

それにしても、「なぜ統治するのか」という問いを課すこの統治は、いったいどのように執行されるのか。一九世紀においてリベラリズムを選択した地域では、「統治者に対する被統治者の独立」という原則に沿って統治が行なわれていたのか？

大西洋の両岸で相対するリベラル派のあいだで繰り広げられた有名な論争では、イギリス側は「自由」という言葉が奴隷制論者の口から出てくることをからかい、アメリカの「リベラル派」は、イギリスでは労働者、貧民、土着民が自分たちの奴隷よりもひどい扱いを受けていると応酬している。これはどちらも絶対的に正しい。しかし、リベラル派は隷属と搾取、貧困にとどめ置かれた非資産者の集団を「統治する」ために「統治者に対する被統治者の独立」という原則を採用することはけっしてないだろう。この人道性がそのままのかたちで考慮されたことはなく（フランスのリベラル派であるシェイエスは新種の奴隷をつくるために「猿と黒人」の混血を夢想していた）、それは「可能な限り統治しない」とはまさに正反対の、内戦の統治に従っているのである。そこでは無制限の支配が行なわれている。ロックの「重商主義」によっても消されることのなかった警察国家の統治が対象としている者、そしてそれに服従する者、つまり「住民」はこの意味でマルクスの批判した平和的交易の婉曲表現なのである。統治者に対する被統治者の独立は「資産者」にのみ関係することで、その意図はとりわけ、いかなる「主権」権力も、奴隷ないし奴隷状態の者、貧民、労働者、女子どもに自分の権力を行使する自由、という意味での所有者の自由の享受を制限することはできない、という点にあった。*33

『リベラリズムの対抗歴史』においてドミニコ・ロスルドは、植民地のインフラに対するリベラル権力のシステムの本質を定義するために歴史家たちが提案した定義を辛抱強く列挙していく。「白人による大農園経営」「大農園主の民主主義」「支配民族の民主主義」（「地主」のための民主主義）「差別主義的リベラ

★30　Karl Marx, *Le Capital*, livre I, VIIIe section, chap. XXXIII, éd. citée, p. 1235［マルクス『資本論』、第二三巻b、一〇〇九〜一〇頁］。

★31　Cf. Karl Marx, « La Domination britannique aux Indes », *New York Tribune*, 25 juin 1853［「イギリスのインド支配」、『マルクス＝エンゲルス全集』、第九巻二一三頁］。「イギリスはインドで破壊と創造という二重の使命を達成せねばならなかった。アジア的な社会の旧秩序を根絶し、アジアに西洋的秩序を確立する物質的基盤を創造することである」。

★32　Michel Foucault, *Naissance de la biopolitique, op. cit.*, p. 45［フーコー『生政治の誕生』、五四頁］。

★33　ついでながら触れておこう。統治者に対し被統治者たちが独立する典型的な革命、つまりアメリカ革命では、奴隷制は廃止されない（合衆国憲法を批准した三九の代表団の大半は奴隷所有者であり、むろん初期の合衆国大統領たちも例に漏れない）。それどころか二度にわたって、古典的リベラリズムの現実の体制が生んだ最も恥ずべき副産物が批准されている。すなわち、逃亡奴隷法である（一七九三年法および一八五〇年法）。

リズム」「貴族的共和制」「古代ギリシャ的民主主義」（奴隷に支えられる）「白人民主主義」そして端的に「貴族主義[*34]」。この点に関して、ロスルドは「所有者的個人主義」ないし「所有的個人主義」（マクファーソン）はこのリベラリズムの輪郭を上手く描けていないと指摘している。それは一九世紀においてはまだ接収や剥奪、強制的登記や非資産者に対する残虐きわまりない内戦の諸特徴を帯びた課役によって機能しており、「自由主義《リベラル》的な感情」といささかも衝突しないこれらの行為と直接に連続している。というのも、これらの行為はロック以来、市民社会の自己統治の礎だったからである。

フーコーは『生政治の誕生』においてはっきりと直接的に、ロック以降のこの「市民社会」の統治にかかわる諸問題と、ドイツでのオルドリベラリズムによる（そしてアメリカでのシカゴ学派のネオリベラリズムによる）「社会」の統治とを関連づけ、あえて一つの世紀にブラックホールを穿ったのだった。戦後の「社会」はしかしながら、一九世紀の「市民社会」とは根本的に異なっている。なぜなら、それはフーコーが再構成しなかった二重のプロセスの産物だからである。それはまず、奴隷、労働者、貧者そして女性を、市民権、参政権から排除することでかれらを搾取し支配する「自由」として具現化されていた所有者の「自由」をかれらが奪うための戦いの結果であった。一九世紀全般を通じて非資産者は、万人にとっての平等と自由を主張しつつも所有者たちだけを庇護していた多額納税者の「民主主義」という壁を揺さぶることになる。「普通」選挙（女性を除く）は、登場しつつあった労働者運動の最初の主張だった。それは一八四八年六月のフランスのバリケードの上で獲得されることになるが、このときリベラル派の立場は多額納税者投票に好意的だった（二〇世紀初頭の自由主義《リベラル》的なイギリスでも、貧民、奉公人、「安定」雇用でない労働者や女性は投票が禁じられていたことを思いだそう）。報道、婚姻、結社の自由も同様に、強引に獲得された。ついで戦後の「社会」が生じたのは、一九世紀の革命運動の平等要求を万人を戦争に送り込む平等へとひっくり返した「住民」全体の総動員を行なう二つの世界大戦からだったことも思い出す必要がある。こうした所有者の市民社会との二重の断絶がなければ、「社会」そしてそれを「統治する」新しいリベラリズムの現実は理解できない。

一九八三年四月、フーコーはある著作でリベラリズムの役割にたち帰る。絶対君主の支配に抵抗し、一八世紀の「行政国家」の官僚主義と「権力過剰」に対抗して獲得された、リベラル派の言う「自由」は、官僚主義化や現代の行政権力、とくに〝福祉の過剰〟を問題にすることができるはずだ、とフーコーは説明する。かれはこうして、リベラリズムの思想というよりはその問題設定を再評価することを提案する。「こうした諸問題を多少は再活用できると思います。それはそのころと同じタームを使ったり、ジョン＝スチュワート・ミルに戻るためではまったくありません。むしろバンジャマン・コンスタンやトクヴィルが問題としたことを取りあげるためです」。その問題とは「すべての社会主義体制に問いたださねばならないものです」[*35]。

そうであるなら、ジョサイア・タッカーがロックそしてイギリスに反乱を起こしたアメリカ入植者にあてて書き、トクヴィルとコンスタンのリベラリズムも俎上に載せた批判に答えることから始めるべきではなかったか？「新旧のいかなる共和主義者も〔……〕自らの上にある区別はすべて廃棄し平等化するが、同時に不幸にもかれらより下に位置するこの貧窮者たちについてはそれを抑圧する以外の案を出したことがない」[*36]。そうであるがゆえに、経済が「統治はつねに過剰である」という「批判的」原則を主権と国家に押しつけて政治のなかに持ちこむ制約理論では、リベラリズムの歴史的行動を、あるいはフーコーが自らの探究について口にし主張する意味で言うならリベラリズムの実践を、どうあがいても説明できないとわれわれには映るのである。

ロックそしてリベラルな市民社会の背後には、つねにホッブズそして国家とその戦争機械の姿が見いだ

⋆34　Domenico Losurdo, *Contre-histoire du libéralisme*, Paris, La Découverte, 2014, p. 125-129.

⋆35　ミシェル・フーコーが一九八三年四月にバークリーで行なった「倫理と政治」についての講演の際の未発表の対談より。出典は以下である。Serge Audier, *Penser le « néolibéralisme ». Le moment néolibéral, Foucault et la crise du socialisme*, Lormont, Le Bord de l'eau, p. 433.

⋆36　Cité par Domenico Losurdo, *op. cit.*, p. 125.

される。なぜなら「社会」はつねに深刻な分割を維持することで統制されているからである。フーコーは一九七二年〜一九七三年の講義（『処罰社会』）において、これまでリベラル派の政府がその有用性について疑問視してきた「社会」という概念に対抗して展開してきた分析を、一九七七年以降、脇にのけたように思われる。しかし、こうした脇にのけられたところに立ち戻る必要がある。というのも統治は一貫して、晩年のフーコーがそう信じたがったように、社会一般に対してではなく社会の分裂を通じ、そして社会の分裂に対して行使されるものだからである。

習慣、規律訓練、所有、社会といったものの関係から、フーコーはリベラリズムとその「市民社会」概念に対する根本的な批判を導き出したが、不幸なことにその後このことは忘れ去られてしまった。一八世紀の政治哲学は、習慣をその基盤とすることで主権の伝統を取り除いた、とフーコーは解説する。ひとが法や諸制度に従うのは習慣のためであり、権威を尊重するのもつねに習慣によってである。ヒュームは習慣を起源にするのではなく結果とし、それゆえ習慣のなかには何かしら否定しがたく人工的なもの、つまり作られたものがあるのだと見ていた。一八世紀には、この観念は「超越的なものに基づく伝統的義務かもしれないものをすべて回避し、純然たる契約的義務に置き換えるために」[*37]利用された。しかし、一九世紀において、その使われ方はまったく異なるものになる。習慣は「規範的である、なぜならひとはそれに従わねばならない」。習慣は伝達され学ばれるものであり、それゆえ規律訓練型技術の作動原理とされることになる。「一時的拘束」装置は、「強制と処罰、修行と懲罰の働きによる習慣」そしてその「標準」を同時に作り出すことを役割とする諸規範をもたらすことで、諸個人を生産装置に縛り付ける。

一九世紀において、習慣と契約は補完的でもあれば社会を根本的に分裂させるものでもあると受け止められていた。というのも、それらは所有に対して本質的な不平等性をあわせ持っているからである。フーコーは言う。

こうした一九世紀の政治思想において、契約は所有者が互いに結びつくための法的な形式であった

〔……〕。逆に習慣は、諸個人が所有と結びつくのではなく――なぜなら所有は契約の役割だから――生産装置と結びつくためのものである。だからこそ、所有しない者たちは自分の所有しない装置に結びつけられるのであり、互いが階級への帰属ではなく社会全体への帰属と見なされる帰属関係によって結びつけられるのである。[*38]

所有は「市民社会」のなかの諸個人を結びつけるが、他方で習慣／規律訓練はかれらを、階級の分割と帰属を抹消する「ものごとの秩序」「時間の秩序と政治的秩序」に従属させることによって、「社会全体」のなかで結びつける。社会科学はその最初の役割として、資産者と非資産者の分割をまさにこの「社会的なもの」、「社会」という概念によって中和する機能を担っている。デュルケムの社会学はこの狡猾で日常的かつ習慣的な規律訓練の作業と規範の遂行そのものを体現している。「権力は権力の媒介としての規律訓練のシステムを通じて行使されるが、しかしその行使は秘密主義的なものであるとともに、また記述し理解すべき社会と呼ばれる現実そのもの、社会学の対象として姿をあらわすものでもある[*39]」。

フーコーにおいて、統治についての著作（一九七七年～一九七八年）を皮切りに、契約によって支配される所有者の社会と規律訓練の習慣によって支配される非所有者の社会の区別は消えていき、またそれに伴って社会の分裂も消えていった。「社会」は今や、人びとが交換し、生産し共生するそのときに、「自然」かつ「自然発生的」な人間秩序をかれらのあいだに構成する。統治はこの社会の「内在的な自然性」に対して行使される。「国家は社会、市民社会を担うのであり、この市民社会の管理運営こそ、国家が保障するべきものである[*40]」。かくも自然に内在的なやり方で、ひとは古典的リベラリズムについての二つの

⋆37　Michel Foucault, *La Société punitive, op. cit.*, p. 241 (leçon du 28 mars 1973)〔フーコー『処罰社会』、三二〇頁〕。

⋆38　*Ibid.*, p. 242〔前掲書、三二一頁〕。

⋆39　*Ibid.*, p. 243〔前掲書、三二三頁〕。

講義のなかから、社会分業と、それによって促進される（土地所有者と日雇い労働者、工場主と労働者、商人と大衆のあいだの）不平等交換の「管理運営」の痕跡を空しく探すことになる。これこそ、アダム・スミスが「社会の一般的利益」と「支配階級の私的利益の純粋な表現」との事実上の違いを強調することによって正当化した当のものであるということは忘れないようにしよう。[*41]

一九七二年から一九七七年のあいだに、確かにフーコーは規律訓練分析から安全保障技術の分析にフィールドを移した。しかし、私的所有とそれが引き起こす「社会」分裂は消えたのだろうか？　安全保障技術は同じ問題を違うやり方で、別のコンテクストで管理運営しようとするものである。それが統治するのは社会ではなく所有によって引き裂かれた分裂ということになろう。そのような統治によって生み出され、惹起され喚起され再生産されるのは、資産者と非資産者の存在であろう。そうした統治の技術が今日《こんにち》に至るまで、より抽象的で脱領土化されたかたちをとった内戦を管理しているのである。その内戦とは、すなわち債権者と債務者の内戦である。

＊40　Michel Foucault, *Sécurité, territoire, population*, *op. cit.*, p. 358 (leçon du 5 avril 1978)〔フーコー『安全・領土・人口』、四三三頁〕。
＊41　Cf. Adam Smith, *The Wealth of Nations* (1776), livre I, chap. 8 (« Of the Wages of Labor ») et 9 (« Of the Rent of Land »), conclusion〔アダム・スミス『国富論』、第一巻第八章および第九章、結論〕。

第8章

シュミットからレーニンに至る奪取の優先性

La primauté de la prise, entre Schmitt et Lénine

一八七〇年～一九一四年の一連の出来事と、そこから生じた転回点の分析に結論を出すために、われわれはレーニンとカール・シュミットが行なった帝国主義の諸解釈をつきあわせることにする。その目的は、相互批判の原則に従って、かれらに互いを補完させあうことである。この方法の根拠として、このドイツの憲法学者による近代帝国主義の経済‐政治学的分析と、レーニンの帝国主義理論とが、少なからぬ点で交錯していることをあげよう。レーニンの帝国主義論について、シュミットはその典拠を見逃してはいない。それは資本主義の長期持続の歴史（最新の恐慌に至るまでの）における戦争経済についてのエンゲルスの理論、[*1] J・A・ホブソンの『帝国主義論』（一九〇二年）（植民地主義のグローバル経済がかれの帝国主義批判の中心である）[*2]であり、またルドルフ・ヒルファーディングの『金融資本』（一九一〇年）である。

　カール・シュミットの中期の仕事の特徴は、主権主義思想の放棄を強いられたことだろうが、まずそれを取りあげ、ついで後期の主要作品――これが本当の意味でのデビュー作でもあった――を取りあげよう（『大地のノモス』は英米軍の爆撃下で執筆が始められた）。こうすることで、帝国主義が「国際的なものが国内的なものを『併合する』[*3]」経済世界の諸形態を利用するのは一九世紀末からだったことが理解される。さて、これらの形態が国民国家を掌中に収めるときには、かならず国民国家の歴史的な実体経済を表向きにするのだが、そのときこれらの形態は、この経済をより巧妙に独占するために自由主義《リベラル》化することによって自らのものとする。この自由主義《リベラル》化は、新世界における国家間の領土奪取とヨーロッパの地での「戦争劇場［戦場］」との違いとに基づいた、大地の古い空間的秩序の限界を超えていく「市場、経済、法の国家横断的秩序」のなかで、「個別の国家主権と超国家的自由経済の絡み合い」を通じて行なわれる。[*4]それは、シュミットがヨーロッパ空間での限定戦争の現実的条件として新世界を理解したから、というだけではない（［新世界は］「巨大な貯水池であり、そのおかげでヨーロッパの人びとは自分たちの紛争に均衡をもたらすことができた[5]」)。帝国主義こそが国家間の「正式戦争」として行なわれる内戦を乗り越えるヨーロッパ中心的な手段となったからでもある[6]。もし、このように定義された植民地が、ヨーロッパ内での国家間戦争とヨーロッパ外での植民地戦争の基本的体制の違いを確実なものにすることによって「発展したヨーロッパの国際的権利の空間的な基本的事実[7]」であるのなら、一九世紀において植民地の国家領

---

*1　その最良の紹介は『反デューリング論』に見られる（『政治経済学　第三章　暴力論』）。

*2　ホブソンは『マンチェスター・ガーディアン』紙にボーア戦争の記事を送っている。ゆえにかれは、「劣等人種」に対する「文明化の使命」、そして経済的「関心」を最優先する上位の人種にとってのその「政治的・道徳的」帰結に反駁する十分な材料を持っていた。ホブソンは帝国主義に対して初めて経済的批判を行なっただけでなく、かれが「地球中心的」と呼ぶ論拠に基づいて帝国主義的精神を養う「大衆教育」の重要性を長々と強調している。「教会、新聞、学校および大学、政治機構、これらは大衆教育の四つの主要な道具として利用されている。〔……〕さらに深刻なのは、学校システムを乗っ取りそれを帝国主義に従属させようとする継続的な努力が『愛国主義』として喧伝されることだ」（A. J. Hobson, *Imperialism. A Study*, IIe partie, chap. IV）。かれはそれに先だってこう措定している。「軍においては軍国主義が支持を得ているが、その支持以上に重要なのは国民の非戦闘員のあいだで、帝国主義への支持を勝ちうるために『戦争』が果たす役割だ」（第三章）。

*3　Carl Schmitt, « La révolution légale mondiale » (1978), in *La Guerre civile mondiale. Essais (1943-1978)*, éd. C. Join, Paris, Ére, p. 143. ドゥルーズとガタリも使っている「併合（包括 englobement）」という語はカール・シュミットがフランソワ・ペルーから借用したものである。

*4　Carl Schmitt, *Le Nomos de la terre, op. cit.*, p. 234〔シュミット『大地のノモス』、下巻三三〇頁〕。

*5　Carl Schmitt, « Raum und Großraum im Völkerrecht » (1940), in *Staat, Grossraum, Nomos. Arbeiten aus der Jahren 1916-1969*, Berlin, Duncker & Humblot, 1995, p. 242.

*6　Cf. Carl Schmitt, *Le Nomos de la terre*, III, 1, a/ « La guerre civile surmontée par la guerre sous forme étatique », *op. cit.*, p. 142〔シュミット『大地のノモス』、上巻一七三頁〕。

*7　Carl Schmitt, « Völkerrechtliche Grossraumordnung mit Interventionsverbot für raumfremde Mächte. Ein Beitrag zum Reichsbegriff im Völkerrecht » (1941), in *Staat, Grossraum, Nomos, op. cit.*, p. 310.

土への変化と同時期に植民地会社が復活したことが、シュミットの目には戦争としての世界経済の到来という意味しか持ちえなかったことが理解される。シュミットによるとこの到来により、剰余価値体制と世界政治から「世界警察」への変化は混じり合うことになる。この表現は、一九七八年に出版されることになっていた最後のテクスト（「合法的世界革命」）のなかで「政治的剰余価値」というタイトルのもとに書かれたもののなかに出てくる。政治的剰余価値というこのタイトルは「大地の新しいノモス」[*8]の最後の派生命題として理解しなくてはならないが、ここではもはやマルクスへの参照が欠かせない。しかしその参照は、『大地のノモス』の遡及的前提のなかでもともと使われていた用語を変更させることとなった恒常的対立の様式に関する箇所にも現われている。近年、セリーヌ・ジュアンが指摘したように、シュミットは帝国主義問題については体系的にカール・ブリンクマンの著作に依拠しており、[*9]その著作では経済と戦争の関係という問題についてはマルクス主義的分析（ヒルファーディング、ローザ・ルクセンブルク）が無視できない性格のものだとはっきり主張されている。シュンペーターの『帝国主義の社会学』に対する批判は『政治的なものの概念』（一九三二年）へと結実したが、そこでは次の点が確認されている。「経済に基づく帝国主義」は戦争と同様に政治とも無縁ではない。そして「経済が政治現象となった」からには、「経済的優位を手段にして獲得された政治的立場は本質的に戦争とは関係ないと信じる」[*10]のは間違いである。その証拠は大戦において現われ、シュミットはそれを『大地のノモス』で「戦争の意味の変化」と呼ぶことになる。レーニンは秘密交渉から浮かび上がる「帝国主義的平和」の政治学を別の手段による帝国主義戦争の継続と理解していた。[*11]それは、そのときまでにかれが自家薬籠中のものとしていたクラウゼヴィッツの公式を逆転して用いたものである。

一九五三年の論文『奪取・分割・生産——ノモスを端緒とする経済・社会秩序の問題』で、シュミットは初めて明示的にレーニンを参照している。ここでシュミットは、帝国主義とその植民地拡大プログラムが分割（teilen）や生産（weiden）より奪取（nehmen）を優先させることを強調して、資本主義のひとえに戦略的な性格を強調している。帝国主義的奪取は「領土奪取」（Landnahme）であり、「海洋奪取」（Seenahme）によって支えられた植民地奪取（「新世界の領土奪取」）であり、これらは征服、占領、略奪を通じて行なわれ、地球規模での産業奪取（Industrienahme）へと続いていく。さて、シュミットはここで、リベラル派が「生産」に認めている優位性のみならず、マルクス主義者たちの本質的に「進歩主義的」な信念をも批判している。かれの論証に従えば、社会主義とリベラリズムは根底的には「進歩および経済的自由が生産諸力を解放し、生産と消費財の総量を増大させ、その結果奪取は止み、分割自体も特別の問題ではなくなる」*12という点で一致している。シュミットはここで、ドイツでオルドリベラリズムの論者たちのあいだで交わされた「社会的市場経済」についての論戦を参照しているが、その方向性は、フーコーが行なった分析とは正反対である。シュミットは「純粋な生産に目を向けさせるために奪取と分割からわれわれの目をそらす」*13ことは、つねに暴力的かつ戦闘的な接収を資本主義の新しい調整によって人

★8 『大地のノモス』第四部、最終部の章題である。

★9 「一九三七年まで、シュミットは帝国主義の問題について体系的に同僚のカール・ブリンクマンを参照していたが、一九五三年に改めて"Prendre/partager/paître"において、そして一九七八年に"La révolution légale mondiale"においてブリンクマンを参照している」（Céline Jouin, « Carl Schmitt, penseur de l'empire ou de l'impérialisme ? », URL : juspoliticum.com/Carl-Schmitt-penseur-de-l-empire.html）。

★10 Carl Schmitt, *La Notion de politique* (1932), Paris, Champs-Flammarion, 1992, p. 125［C・シュミット『政治的なものの概念』（田中浩、原田武雄訳、未來社、一九七〇）、一〇一頁］。シュミットがナチスに加入した一九三三年の版では『政治的なものの概念』からマルクス主義の書誌情報が削除されている。

★11 Lénine, « Pacifisme bourgeois et pacifisme socialiste », 1er janvier 1917 (*Œuvres complètes*, t. 23, p. 212)［レーニン「ブルジョア的平和主義と社会主義的平和主義」、『レーニン全集』（ソ同盟共産党中央委員会付属マルクス＝エンゲルス＝レーニン研究所編、マルクス＝レーニン主義研究所訳、一九五三〜一九六九）、第二三巻］。

★12 Carl Schmitt, « Prendre/partager/paître. La question de l'ordre économique et social à partir du nomos » (1953) in *La Guerre civile mondiale, op. cit.*, p. 57.

類の記憶に封印できるだろう前史的なやり方、ないしは非常に「原始的」な起源の蓄積だけのことに制限しようと試みる経済学とリベラリズムの特徴だ、と意味づけようとして執念を燃やしている。資本主義はこうして、自分が創造したものや自分が生産に寄与したもののみを領有化することになる。ここに、労働者が生産した剰余価値を資本家が領有すると付け加えてみれば、これはいまだにマルクス主義者やレーニン本人の視点であろう。「分割の矛盾状態」と理解された奪取の問題は、最終的には生産諸力の十全な発展そしてその享受を妨げる接収者を接収してしまうことで、歴史の弁証法によって解決されることになる。したがって二重の意味で純粋なこの生産は、「最も近代的であるがゆえに最も強力な帝国主義[*14]」を等閑視して、その結果、「帝国主義的拡大による奪取とくに領土奪取が分割と生産よりも先立つ」という事実を「中世的、隔世遺伝的、反動的な、進歩に逆行する」状態に帰着させることになる。「他人から何かを奪おうとするかくも反動的な敵」に対抗して、レーニンは「生産諸力の解放と領内への電力供給にのみ傾注する[*15]」ことができた。「社会問題」という政治的課題が、今日《こんにち》なお「経済成長」という呪文に、そしてリベラル派と、エンゲルス主義者であることを忘れた多数のマルクス主義者とが共有する「技術進化の原理」への信仰に引き戻されているのを思い起こすまでもあるまい。シュミットは「マルクスは進歩主義的リベラリズムの主要観念を強調しつつ、生産の際限なき増大という観念を引き継いでいる[*16]」ことを簡潔・的確に指摘している。

略奪、強盗、強奪、征服、つまりは媒介なしの武力による「生産」の領有は、時代錯誤でもなければ、技術発展や労働と科学の合理的組織化を通じた捕獲装置の近代化によって乗り越えられるはずの、過ぎ去った時代の名残でもない。奪取は「始まりに」現われただけでなく、その最も「中世的」形態によるものまで含め、最高度に発展した資本主義においても現われるのだ。

一九五七年、デュッセルドルフでの講演でコジェーヴの提案した二つの資本主義の定義（「ライン型資本主義」の代表者たちに向けた講演）――これはシュミットが試論「奪取・分割・生産」の単行本収録に際して付け加えた補注の一つではやくも言及されている――は、「フォーディズム」が資本の性格理解に持ち込んだ曖昧さや誤解を取り除くことによって「奪取の優位性」の意味をより深く把握するための助けになろう。このヘーゲル主義の哲学者にしてフランスの高級官僚は、かれが「わたしが生涯で読んだ最も鮮やかな論文の一つ」[*17]と評した論文を参照し、現代のノモスの第四のルーツを提起する。これはある種の「贈与」であり、これをコジェーヴは「現代西洋世界の経済的・社会政治的法則のルーツ」と見なし、(シュミットを批判して)「奪取型資本主義」と「贈与型資本主義」を区別することになる。後者は「現代的、フォード的、啓蒙的で、労働者の購買力増大へと方針転換した」資本主義であり、他方でそれに先立つ「奪取型資本主義」(労働者の大衆にはできるだけわずかしか与えない「原始的資本主義」、「古典的資本主義」)はフォード的に乗り越えられて、法的にも事実的にも歴史の終わり(地球レベルでの世界のアメリカ化[*18])を印しづける「止揚」に至ることになる。きわめてリベラリズム寄りの雑誌『コマンテール』がコジェーヴの論文の前書きに選んだ「資本主義と社会主義。マルクスは神だが、フォードはその預言者である」というタイトルも頷ける。コジェーヴの推論によれば、フォードは二〇世紀でただ一人の本物のマルクス主義者であり、その仲介によって(「贈与型資本主義」の)「分割=共有」が(「奪取型資本主義」の)「奪取」に取って代わることで、資本主義はその内的矛盾を「平和的かつ民主的に」消去する。ソビ

＊13　*Ibid.*, p. 61.
＊14　*Ibid.*, p. 60.
＊15　*Ibid.*, p. 56.
＊16　*Ibid.*, p. 60.
＊17　« Prendre/partager/paître »(「奪取・分割・生産」)を指す。
＊18　この未発表の講演は『コマンテール』誌にほぼ二〇年近い間隔を空けて二号にわたって掲載された。掲載時のタイトルは編集部によるものである。Alexandre Kojève, « Capitalisme et socialisme. Marx est Dieu, Ford est son prophète », *Commentaire*, n° 9, 1980 ; « Du colonialisme au capitalisme donnant », *Commentaire*, n° 87, 1999 (précédé par la traduction de l'article de Carl Schmitt, « Prendre/partager/paître »).

エト社会主義は、貧者の管理による警察国家の革命的転覆にしても同じ結果に至るだろうと思わせるが、マルクス主義の「奪取」の最後の領域は経済的植民地主義であろう。コジェーヴはそこにも同じレシピを応用する。すなわち「贈与型植民地主義」（！）。それはトルーマン大統領の演説から着想を得たもので、そこでは産業諸国が非産業諸国の発展に貢献するよう促されている。

コジェーヴの講演を示唆した補論において、シュミットは虚構の対話相手として自らを登場させて、こう反論している。「何らかの仕方で奪取することなく与えることができる者などいない。無から世界を作った神だけが奪取することなく与えることができるが、神でさえそれができるのは神自身が虚無から作り上げたこの世界のなかでだけなのだ」。[*19] シュミットにとって、奪取することなしに与えるのは絶対に不可能であり、だからこそ経済学者に対抗して、戦争を経済から切り離すのは別の手段による戦争の継続であるという経済の現実を「イデオロギー的に」覆い隠す試みであることを無条件に断言せねばならなかったのである。シュミットによると、〃福祉〃（オルドリベラリズムはこれを上品なドイツ語で大衆の社会的保護のための行政国家〔Verwaltungsstaat der Massen-Daseinsvorsorge〕と呼ぶ）の対象となる分配者および再分配者の立場については、「自分自身を奪取と分割＝分有の対象とする権力の立場」[*20] とされる。

しかし、分割と生産に対する奪取の優位性は、レーニンによる帝国主義分析から再出発することで、より明確化することができる。それによって、先述の「贈与型資本主義」は「奪取型資本主義」のきわめて長い歴史のなかの短くて例外的な戦略的挿話に過ぎず、一九七〇年代中盤からはネオリベラリズムの征服的奪取がそれを引き継いでいることが確認できる。

レーニンにとって帝国主義は、一八六〇年代に産業・商業資本主義の執行部・司令部として君臨した金融資本と切り離せないものである。金融資本は、本質的に産業的とされる資本主義にとっての異常ないし異型ではなく、その現実化である。それが完全に実現されるのはA－A'のヘゲモニーがその「政治的剰余価値」のすべてを現実化できたときである。金融資本の捕獲装置の特殊性は、資本主義固有の「生産」や賃金労働を「奪取」するに「とどまる」のではないところにある。なぜならこの捕獲装置は、生産形態のあいだにいかなる区別（近代、超近代、伝統的ないし古代的）も設けないからである。いわゆる「認知」労働者の生産も、その最も「非物質的な」行為によって現代的にアップデートされた繊維産業の「限定期間契約」の奴隷の生産も、同じやり方で領有される。

カール・シュミットによる経済論理の転倒は注目すべきものだが、にもかかわらずかれは産業主義的な資本主義概念に忠実であり続ける。最新の「大地のノモス」は産業であり、その奪取は「産業の奪取」であり、それを基準にすることで経済戦争は「総力戦」に転化するのであるが、他方で金融資本と世界レベルでのその奪取の持つ包括的な特殊性こそが、一九世紀末以来の継続的な資本蓄積の中核をなしているのである。それがレーニンの分析の意義であり、したがって債権者たる人民と債務者たる人民のあいだに新たな決定的亀裂が生じているというレーニンの所見の価値を認めるには、その分析のなかにシュミットの観点を取り入れなくてはならない。*21

資本主義の歴史は、奪取に関するシュミットの見方、そして金融資本のヘゲモニーについてのわれわれの仮説を十二分に確証するものである。もし二〇世紀の資本の発展を区分しうる三つの大きな契機がつねに一つの奪取から始まったのだとすると、この奪取の「主体」となるのは金融資本であり、すでにこれと融合してしまった産業資本ではなかろう。帝国主義のシークエンスは植民地の「領土奪取」によって幕を開け、金融資本の支配のもとで地球レベルで行なわれた「産業奪取」として発展し、それが一九二九年の大恐慌まで、産業資本主義の政府そして資本の法治国家の政治科学として、「世界の自由経済」をコント

★19　Carl Schmitt, « Prendre/partager/paître », *op. cit.*, p. 64, n. 5.

★20　*Ibid.*, p. 64, n. 4. コジェーヴ自身の説明では、「すべてが所有されてしまえば、分配や再配分が可能になるのは誰かが与えそれを誰かが消費するために受け取るときに限られる」（« Du colonialisme au capitalisme donnant », *art. cité*, p. 562）。

★21　Carl Schmitt, « Les formes de l'impérialisme dans le droit international » (1932), in *Du politique, « Légalité et légitimité » et autres essais*, Puiseaux, Pardès, 1990, p. 83-84.

ロールし独占したのであった。

「フォーディズム」のニューディールは、政治‐金融のヘゲモニーとの関係において一度ならず二度までも、例外は規則を証明するということを地で行ったように思われる――「既存の社会システムのなかで検討された実験によって」[*22]とケインズがもったいぶって説明するように。ただしそれは、ケインズによる検討が国内的・国際的レベルにおいてすべての制度の根幹を揺るがす経済戦争という観点においてのみ意味を持つ、[*23]ということを除けばの話ではある。この観点は、一〇月革命の衝撃と「最終的内戦」[*24]の未来図を呼び覚まさずにはおかない危機の世界的拡大を表わすものである。したがって、『雇用・利子および貨幣の一般法則』におけるケインズの後ろ向きの教訓――「貨幣理論を生産全体の理論に変化させるところまで後退させる」――に従ってアメリカ資本主義の「全体構造」[*25]を洗い直す必要があろう。

「フォーディズム」による奪取はその対象を金融資本そのものに設定し、同時に〝福祉国家〟の枠内で完全に一時的な産業、銀行、保険会社に対する保護監督を行なう。ケインズ主義の言う、金利生活者の安楽死はレントと金融の接収のことであり、それは「倒産」と「システム」の全面危機を背景に、きわめて政治的な方法で（ルーズヴェルトの「機会主義的妙技」である）[*26]、大企業のみならず、むしろ何よりもまず新しい国家形態の速やかな構成にも焦点を当てた、非常に短期的な資本主義的シークエンスを確立することを可能にした。つまり国家計画である。ただそれだけが、出生証明書の代わりに全国産業復興法（一九三三年）を発布することができた。それは私企業、銀行（銀行側の支払いに対する猶予令を含む緊急銀行救済法）、市場（証券取引所法）に対するリーダーシップを確立するものだった。[*27]

したがってフォーディズムにおいて、戦略的武器はもはや金融ではなく、国家資源局の保護監督下で税支出によって創造された通貨の生産的管理なのである。これは一九三三年の金本位制の断念によって開かれたシークエンスであり、第二次世界大戦終了後はブレトン・ウッズ協定に従って、世界経済のニューディール／ニュー・リベラリズムの支配通貨として機能するドルの至上権につながっていく。それがパックス・アメリカーナであり、マーシャルプランである。資本蓄積の内在的法則によってではなく、「大衆の反逆」（オルテガ・イ・ガセット）と階級間の戦略的関係（組合とその代表者を賃金交渉に参加させる全国労働関係法の枠組みで）によって規定された〝社会福祉〟（社会保障法により定立された）という憲法的原則へ金融が従属することになるのだが、これはごく一時的なものにとどまる。それは「階級政治のプロレタリア時代」（デヴィッド・グリーンストーン）とでも呼びうるものとぴったり一致している。これに対応するのが、資本の社会的国家、つまり消費による振興を通じた合理的搾取によって生産を社会化するための動力源として、労働者の要求を承認する改良主義である。ネグリはそれをこう定義している。「苦痛を伴いつつ国家の生命のなかに労働者階級を取り込むこと」。このようなかたちで国家が社会に「降りてくる」こともありえよう。[28] アメリカ合衆国においてさえ、開戦（戦時生産局と戦時労働委員会によって先導された）と戦争資本主義の確立によってカードは大々的に切り直され、それは社会工場という計画の

＊22 John Maynard Keynes, « An Open Letter », *New York Times*, 31 décembre 1933.

＊23 *Congressional Record*, 7 juin 1933.

＊24 一九一九年にはケインズがこれを、ヴェルサイユ条約がドイツに、そして累積的に統合資本主義市場全体の均衡にもたらした荒廃の帰結として予測することになる。Cf. J. M. Keynes, *Economic Consequences of the Peace*, Londres, 1919, p. 251［ケインズ『平和の経済的帰結』（早坂忠訳、東洋経済新報社、一九七七）、二三一頁］。

＊25 *Congressional Record*, 26 mai 1933.

＊26 Richard Hofstadter, *The Age of Reform: From Bryan to F.D.R.*, New York, Knopf, 1955, p. 319［R・ホーフスタッター『改革の時代——農民神話からニューディールへ』（清水知久ほか共訳、みすず書房、一九八八）、二八一頁］。

＊27 一九三三年の銀行法は投資銀行と、預金者が連邦政府によって保護される貯蓄銀行とを分離した。一九三四年の証券取引所法は市場を証券取引委員会（SEC）の管理下に置く。二〇〇八年の金融危機を通じて、そのやり方はアップデートされている。その結果は周知の通り。「投資家」の損失に再融資したのは税と預金である。

◆**ニュー・リベラリズム**　初期の個人主義的で自由放任主義的な古典的リベラリズムに対して、より社会的公正を重視し、自由な個人や市場の実現のためには政府による介入も必要と考え、社会保障などを提唱したもの。

実現のために必然的暴力をあらわにすることになるが、同時に新たな不況の予兆を都合よく終わらせることになる。[*29] これは、またしてもケインズは正しかったことを認めるものだ。ケインズはこう述べている。「資本主義的民主制はわたしのテーゼの正しさを実証するであろう大実験を実行するのに十分な規模の支出を編成することができるということは、政治的に排除されているようだ——戦争でも起きない限りは[*30]」。

＊28　Antonio Negri, « John M. Keynes et la théorie capitaliste de l'État en 1929 » (1967), in *La Classe ouvrière contre l'État*, Paris, Galilée, 1978, p. 31.

＊29　実際、一九三八年はアメリカ資本主義にとってじつにひどい年であった。国内総生産は五・三％の低下、失業率は一四％から一九％に増加する等々。たとえば以下を参照。Ira Katznelson, *Fear itself: The New Deal and the Origins of Our Time*, New York, Liveright, 2013, p. 369.

＊30　J. M. Keynes, « The United States and the Keynes Plan », *The New Republic*, 29 juillet 1940 (cité par A. Negri, *op. cit.*, p. 66)［『ケインズ／ハロッド』（宮崎義一、伊東光晴責任編集、中央公論社、一九七一）、四〇三頁］。ケインズは一九四〇年にイギリス財務省に入る。当時の状況は、軍が使用するためにすべてのリソースを総動員するというものだった。義務労働システムも社会保障プランから登場することになる。これはベヴァリッジ卿の指導下で、一九四三年に国民健康サービス（ＮＨＳ）を登場させることになる。

第9章

総力戦

Les guerres totales

大事なのは何の為に戦っているかではない、われわれの戦い方だ。

エルンスト・ユンガー『内的経験としての戦争』

世界大戦は歴史に残る限り最も大衆的な戦争の一つだ。

エルンスト・ユンガー『総動員』

戦争とは国家の活力である。

ランドルフ・ボーン、一九一八

「第一次、第二次の両世界大戦は、両者を分かつ以上に結びつけている火山脈が縛り付ける二つの炎の大陸のように結ばれあっている」[*1]。ヨーロッパ列強にとっての「監視‐戦争」（一八九九年～一九〇二年の南ア戦争、一九〇四年～一九〇五年の日露戦争、一九一二年～一九一三年のバルカン戦争）のあとを承けた二〇世紀前半の総力戦は、その中断期間にもかかわらず、戦争が無制限に全体化していくなかで資本と国家に深刻な変化をもたらすひとつながりの世界戦争であった。国家の「主権」機能（カール・シュミットの定義によれば「国家間戦争に限度を設け、内戦を抑圧する」もの）とそれを保証する暴力の合法的独占は、もはや一八世紀、一九世紀のようには機能しない。というのは総力戦は、内戦（国内）と大戦（対外）、大戦と小戦争（植民地における）、軍事戦争と非軍事戦争（経済、プロパガンダ、主体性の）の区別、そして戦闘員と非戦闘員、戦争と平和の区別を無効化するからである。

このテーゼは、戦争と革命の交差として十分に知られ認められてきた。しかし、総力戦の歴史的な意味は、その出所と見なされているドイツとフランスのあいだでは、あやふやな関係になっている。というのも、一九一八年に「アクション・フランセーズ」名義で「総力戦」という言葉を作り出すのに貢献したのはレオン・ドーデであり、それをドイツ軍総司令官ルーデンドルフが一九三五年に第三帝国の「人種政策」のために再利用したということだからである。[*2] ドーデはこう書いている。「総力戦とは何か？ 論争家としてではなく説得力のある説明をしようとする歴史家として言うのだが〔……〕、それは急性期慢性期を問わず、戦いが政治、経済、商業、産業、知性、法、金融の諸領域に延長することである。戦うのは軍だけではない。伝統、制度、習慣、規範、精神が戦い、わけても銀行が戦うのだ」[*3]。この一節を記した著者は、「ドイツの資金」とそれが可能にする後背地での「内部分断」作戦という強迫観念に取り憑かれていたが（しかしルーデンドルフもまた、「金融の動員」と「ドイツの金融的武装」を強調していた）[*4]、われわれとしては資本と戦争機械という観点を総力戦を構成する地平のなかに導入したいと思う。

事実、結果として資本主義の存在そのものを脅かす二つの世界大戦の総力戦化を指導したのは、資本による戦争機械の領有化であり、それは国家を戦争機械の構成部品の一つとして統合し再フォーマットする。この領有化と統合を抜きにしては、状態としての戦争さらには新たな統治の状態としての総力戦を考えることはできなかったであろうが、これらは一九世紀から二〇世紀にかけて激しくなっていく三つのプロセスの圧力のもとで遂行される。これは階級闘争（一八三〇年〜一八四八年）および自身の戦争機械を構築

＊1 Ernst Jünger, *La Paix* (1945), in *Journaux de guerre*, t. II : *1939-1948*, Paris, Gallimard, « Bibliothèque de la Pléiade », 2008, p. 49〔エルンスト・ユンガー『追悼の政治——忘れえぬ人々／総動員／平和』（川合全弘編訳、月曜社、二〇〇五）、一二一頁〕。

＊2 Léon Daudet, *La Guerre totale*, Paris, Nouvelle Librairie Nationale, 1918 ; Erich Ludendorff, *La Guerre totale* (1935), Paris, Flammarion, 1937〔エーリヒ・ルーデンドルフ『ルーデンドルフ総力戦』（伊藤智央訳、原書房、二〇一五）〕。ドーデにとってロシア革命はドイツで起きた「物質的・道徳的混乱」であり、ルーデンドルフにとっては依然としてヨーロッパ全土を長きにわたって脅かしている——ユダヤ人、ローマ教会、フリーメイソンらとともにドイツの敗戦の責を負う——革命プロパガンダの結果であった。

＊3 Léon Daudet, *La Guerre totale*, *op. cit.*, p. 8.

＊4 Ludendorff, *La Guerre totale*, *op. cit.*, p. 38〔ルーデンドルフ『総力戦』、六〇頁〕。ルーデンドルフもまた、戦時には金兌換停止が必須であると強調している。かれの理解では金兌換は「多くの国で経済発展の障害」であった。

して「遍在化した内戦」を革命へと変貌させる幾度もの試みの出現であり、ついで自由競争の原則が自己調整をもたらすどころか産業力の集中化と中央集権化（独占）に道を開き、世界市場の支配のために国民国家の帝国主義を武力対立へと突き進ませることになったリベラリズムの挫折であり、最後に一九世紀末には地球の大部分を占めるに至る植民地化の激化である（これは「世界分割競争」である）。主体性の戦争の戦線の過激化については、大戦以来、大衆の国民化が全体主義的な社会管理運営の原則となり、その社会の全勢力がもっぱらプロレタリアの国際的連帯を「解体」させるために戦争に全面的に動員されることになる。産業戦争の労働兵士による国民国家の共同体は、こうして人民の脱プロレタリア化を、そしてユンガー流の（一九三二年の『労働者』[*5]）全体主義的意味を担う以前の、マルクス的な意味における歴史を抹消する傾向への回帰に従う「労働者」の脱プロレタリア化を経由することになる。ルーデンドルフは次のように説明する。「義務的奉仕という名目の戦争労働の導入は、この深刻な時代にすべてのドイツ人を党に奉仕させるという偉大な道徳的重要性を持っている」[*6]。

この三つのプロセスは以下のようなものを伴って総力戦の三重の母型を構成する。

(1) 戦争と生産は絶対的に重なり合うため、生産と破壊が合理化のプロセス——産業戦争のそれ——において同一になり、政治経済とマルクス主義に対する挑戦として現われる。

(2) 総力戦はもはや軍事力だけでなく、国家全体およびおのれの存在が脅かされる人民にとっての問題でもあるがゆえに、植民者にとってつねに住民に対する戦争であった植民地での「小戦争」での過激な暴力への回帰を意味する。

(3) 総力戦は同時に内戦でもあるため、帝国主義間の戦いは戦争と階級闘争の交錯のもとに行なわれる。帝国主義戦争を世界内戦に変えようとするソビエト革命によって「多元的決定」が行なわれるのはそのあとのことである。かくして総力戦は、「革命」の恐るべき反作用を伴って、急速に別の様相のもとに遂行されるところとなる。

1…国内外の植民地化の反転可能性としての総力戦

総力戦は植民地戦争と国家間戦争の可逆性を確立する。それは、植民地戦争の諸特徴が、総力戦以前までは戦時法のいっさいの否定を民間人にまで拡大する「純粋な破壊という悪夢」(ユンガー)とは両立不可能だった国家間戦争の実態を、過激な暴力の連続体のなかに位置づけなおしてしまうからである。

したがって、ルーデンドルフが総力戦についての自著を「戦争技術の達人」であるクラウゼヴィッツの否定から始めたのは偶然ではない。ルーデンドルフに言わせれば、クラウゼヴィッツに関して強調すべきは、かれが自らの論証を「軍事力のみの殲滅」に限定したことであって、それは同時にフランス革命によって動員され最初の人民戦争のなかに組み込まれた「民衆の力」(「大衆蜂起」、市民軍、兵士‐市民軍)としてのナポレオン軍の斬新さに対する自分自身の理解と矛盾することであった。確かにナポレオンは、かれの「大衆」軍の部隊によって野戦の決戦で敵軍を打ち破ることしか考えていなかった。また「クラウゼヴィッツに同調するなら、戦争はまだその抽象的ないし絶対的な形式を具現化していなかった」[*7]――それが世界戦争との違いであり、世界戦争では「どこからが正確な意味での武装勢力になり、どこまでが民衆の勢力なのかを区別することは難しく、民衆と軍は人民戦争においては一体化している」。ルーデンド

---

*5　ここではジャン=ピエール・ファイユの『全体主義の言語』(一九七二)以降の先駆的業績が想起されてよい。

*6　Ludendorff, *Urkunden der obersten Heeresleitung über ihre Tätigkeit, 1916-18* (1920), cité par Jean Querzola, « Le chef d'orchestre à la main de fer. Léninisme et Taylorisme », in *Le Soldat du travail. Guerre, fascisme et taylorisme*, textes réunis par L. Murard et P. Zylberman, *Recherches*, n° 32-33, 1978, p. 79(強調は引用者)。

*7　ルーデンドルフはこの「抽象化」によって、おそらく意図的にクラウゼヴィッツにおける戦争の「絶対的」形態と「総力」戦を混同している。

ルフはさらに続けて言う。「クラウゼヴィッツの全理論が置き換えられるべきだ」。クラウゼヴィッツの理論はドイツ参謀本部において、国家の「対外政治の手段」という古びてしまった戦争概念を維持するのに貢献してきたが、かれの理論が長いあいだ維持してきた不幸な影響がここに表明されている。さて、今や戦争に奉仕すべき政治は[8]、戦争も政治も根底的に変容しつつあり、その内からも外からも融合するまでに至っている。これこそが、政治と総力戦において戦闘員と非戦闘員のあいだの区別を無効化させているのである[9]。

「総力戦抜きには、連合国が当然の権利として主張した――少なくともロシアが降伏するまでは――ドイツを包囲し飢餓に追い込む手段となる封鎖など言葉のうえのものでしかなく、また言葉以外でありようもなかった[10]」とドーデはもったいぶって説明する。連合国側の商船隊さらには「中立旗を掲げた商船隊」に対する「水面下の総力戦」はそれに対応するものであり、民間人住民に対する爆撃でもって応えるしか術はないだろう。今度はルーデンドルフの言によれば、そのことは「総力戦の要請[11]」に適うものであった。戦略爆撃理論の祖とされるイタリアの将軍、ジュリオ・ドゥーエは、「戦闘員と非戦闘員の区別は今や存在しない。なぜなら全員が戦争のために働き、一人の労働者を失うことはおそらく一人の兵士を失うよりも深刻だからだ[12]」と喚起している。かれはさらに解説を加えて言う。「したがって空爆の標的は一般に通常の建設物、住居、建物等々と任意の住民がいる任意の範囲の平面である」。というのも、「全面的な安全そして相対的な平穏のもとで暮らせるようなゾーンはもはや存在しない。戦場は限定されえないものになろう。戦場は交戦中の諸国の前線によって囲まれた場所すべてである。全員が戦闘員になる、なぜなら全員が相手の直接的打撃にさらされているからである[13]」。

勝利をもたらすには、全面的に動員される国家および住民の物質的・「精神的」（ないし主体的[14]）な源泉を攻撃せねばならない。産業戦争はそれにふさわしく、総力戦経済の国家主義的プロジェクトに対する住民の主体的同意を取り付けつつ、産業と労働者階級を動員する。つまるところこのような総力戦ではいつもながら、ルーデンドルフが臆面もなく言い放ったように「強者の法こそが『法と慣例』を決定するのである」[15]。

かくして、ルーデンドルフが「総力戦の性格」にあてた第一章で、「いかなる意味でも戦争という高貴かつ厳かな名にふさわしからぬ」と言いつつも（括弧付きの意味での）「植民地戦争」に固執していることがより深く理解できる。「その存在そのものからして、総力戦は人民全体の存在が脅かされ、そのツケを払うことになるのでなければ遂行されえない」[16]という一節からして、植民地の被支配者層の視点から見た植民地戦争の事例そのままである。植民地においては、すでに見たようにこの種の「総力」戦はつねに行なわれており、植民地化の実情と区別が付けられない。ゲリラの非正規的活動（およびルーデンドルフによればヨーロッパを舞台にしたときのみ正当化される「戦勝国軍の背後で行なわれる人民戦争のゲリラ」[17]）と戦うには、トクヴィルの論証に従えば収穫物、家畜、商業、住居、町等々を攻撃せねばならない

★8 引用はすべて以下から。Cf. Ludendorff, *La Guerre totale, op. cit.*, p. 5-14［ルーデンドルフ『総力戦』、一一～二五頁］。クラウゼヴィッツに反し、戦争に奉仕する政治が第一章の基調テーマである。

★9 ルーデンドルフは実際に「総力政治 totale Politik」という語を使っている。

★10 Léon Daudet, *La Guerre totale, op. cit.*, p. 11. 第一次世界大戦間のドイツの餓死者は七五万人以上と概算されている。連合国の経済封鎖は、生活物資の欠乏がピークに達した休戦協定後の一九一八年～一九一九年の冬の期間も継続された。これは第三帝国が追求した「絶対的」自給自足政策に影響しなかったとは言えない。

★11 Ludendorff, *La Guerre totale, op. cit.*, p. 96［ルーデンドルフ『総力戦』、一二九頁］。

★12 Giulio Douhet, « La grande offensiva aerea » (1917) cité par Thomas Hippler, *Le Gouvernement du ciel. Histoire globale des bombardements aériens*, Paris, Les Prairies ordinaires, 2014, p. 100.

★13 Giulio Douhet, *La Maîtrise de l'air* (1921), Paris, Economica, 2007, p. 72, p. 57［瀬井勝公編著『ドゥーエ 戦略論大系⑥』（芙蓉書房出版、二〇〇二）、三六、二三頁］。

★14 ルーデンドルフはこれを「人民のアニミズム的力」と呼んでいるが、この民族的語彙は必然的に「人種の保存」と判別しがたくなる。

★15 Ludendorff, *La Guerre totale, op. cit.*, p. 98［ルーデンドルフ『総力戦』、一二九頁］。

★16 *Ibid.*, p. 9［前掲書、一六頁］。

★17 *Ibid.*, p. 98［前掲書、一二九頁］。

のだ。というのも、住民全体が戦闘員を支持し助けているからである。国家の支配力を保持するという戦略的要請に基づいたヨーロッパ諸国間の戦争の権利をけっして享受できない植民地は、「総力戦」体制に従うしかなかった。それは、第一次世界大戦時のすべてのヨーロッパ人に課された検査体制ならびにかれら自身が物資の一部でもあった「物資戦争」における動員体制にはるかに先駆けている（「われわれが第一級の物資なのだ」とユンガーは『内的経験としての戦争』で記している）。「植民地戦争は『政府』と名乗る支配的な実体との戦争ではない。万人そして各人を相手どる戦争なのだ〔……〕。この性格のゆえに、植民地戦争は戦争の進化の歴史的母型となったのである」[*18]。

　総力戦が「脱文明化」（ノルベルト・エリアス）のプロセスと見なされるもののなかで廃棄した、戦争と平和、正規戦と非正規戦、軍人と民間人の区別は、植民地ではもともと通用しなかった。植民地は人間性を失わされた空間であり、ヨーロッパという劇場では「人権」に従う諸国家も、そこではいかなる「人類学的」限界も、「戦争への恐れの感覚」も、個人のヒロイズムの感覚も持たない、最も野蛮かつ理論的な蛮行に身を委ねかねない、いや委ねざるを得ない。ある領域から別の領域への移行とは、ルーデンドルフが「勝利への愛によって駆り立てられた」「不道徳きわまりない行為」と形容した、「いかなる意味でも戦争という高貴かつ厳かな名に」ふさわしからぬこのような遠征から、この種のあらゆる行為を、そのグローバル化の合理性の秩序のもとで制約を解かれた戦争機械に担わせる総力戦へ移行した、ということなのだ。

　〝小戦争〟から得た技術と教訓を応用することによって、ヨーロッパの戦争にもかならず引き起こされる諸々の抵抗を打破するには、さらに国家そのものが経済的戦争機械に変容する必要があり、他方で軍隊の指揮は、職業軍人の将官という特権階級の手から、国家が管理運営する大規模な産業戦争の戦術を展開することをその主要任務とする、より少数の参謀本部に移管される。こうして、一九一四年一月において、J・F・C・フラー中佐はなお、戦術は軍事史ではなく火力（〝武力〟）に基づかねばならぬ以上、戦略はすっかり再考せねばならないと断言した文書を作成したことを厳しく批判されることになる。「一歩前へ、銃剣構え」と形容される攻撃は、速射野砲ととりわけヨーロッパの軍隊ではドイツ軍を除けばまだほとんど評価されていなかった機関銃にその座を明け渡さねばならない[*19]。しかしながら、機関銃の最初の「高性能」モデル（ガトリング砲）のアメリカ人発明家が強調することになるように、「これと他の火器との関係は、ミシンとただの縫い針の関係に等しい」[*20]。それが、大数の法則（第一次世界大戦中の戦闘での死者の三分の二以上が機関銃の掃射によるものになろう）と、兵士エルンスト・ユンガーにとっての鉄の雨の「内的経験」によって確証される、産業的死、大量死である。ユンガーは言う。「とにかく悲惨だ、気合いでは何も突破できず、目の前ではたった一台の機関銃が無傷のまま、無人の荒野を抜けて攻撃する立派な若者が鹿の群れのように撃たれていくのは。〔……〕機関銃、このただの帯が数秒ほど繰り出されると、大きな島でさえ耕せるだろう二五人の人間が、ぼろきれの包みのように鉄条網にぶら下がっている……」[*21]。ユンガーの散文の上に浮かぶ、耕された広い島という、大陸的でもあれば原‐植民地的でもある想像力は、一九世紀末のアフリカの植民地化がまさに機関銃によって成し遂げられたことをわれわれに思い出させる。地図を赤く染めろ。一八九八年九月二日、スーダンのオムドゥルマンの戦いで、その有効性を推し量ることができる。キッチナー将軍は四八人の部下を失ったが、スーダン軍は一万一〇〇〇人の死者と一万六〇〇〇人の負傷者を戦場に残す[*22]。アジアも例外ではない。イギリスのチベット討伐軍がその好例である。それは戦闘ではなく大量処刑であり、そのコストベネフィット比は最良であった……処刑執行者にとっては。攻撃の失敗で防戦に追い込まれたヨーロッパの舞台でも、それを経験することになろう。「事はまことに

★18 Thomas Hippler, *op. cit.*, p. 102.

★19 Cf. John Ellis, *The Social History of the Machine Gun*, Londres, Pimlico, 1993, p. 60［ジョン・エリス『機関銃の社会史』（越智道雄訳、平凡社、二〇〇八）、九五頁］。とくに第三章「将校とジェントルマン」全体（ヨーロッパの戦場における機関銃の戦略的使用に対する軍人たちの抵抗について）。

★20 *Ibid.*, p. 16［前掲書、二三頁］。

★21 Ernst Jünger, *La Guerre comme expérience intérieure*, Paris, Christian Bourgois, 1997, p. 122-123.

★22 『河畔の戦争』でのチャーチルの説明による。

単純であった。三人の人間と一台の機関銃で英雄の部隊を食い止められる」[*23]。

エメ・セゼールはこの点をつねに強調している。つまり、西洋の戦争技術からは追放された植民地的暴力が、最終的にヨーロッパ人民に向けられないわけがなかったのだ。ヨーロッパは、地球全体を荒らし回ったあとは自分自身に対し、まずは植民地で実験された方法を解き放つ。そのリストは長い。ネイティブ・アメリカンの二度の虐殺から、一九〇四年にドイツ人がアフリカ南西部の植民地でヘレロ族に対して下した「最終解決」の命令に至るまで、あるいはボーア戦争中にイギリスが発明した強制収容所、イタリア植民地のリビアで偶発的に行なわれた最初の空爆から、イギリス南アフリカ会社のローデシア喪失の危機を救った機関銃の大規模使用まで。野蛮人を文明化する意図を持ったプロメテウス的な火器は資本主義の「北側諸国」に逆しまに向けられ、同じ科学を用いて破壊の生産に対し生産の合理性を応用する。このことが十分な意味を持ったのは、敵国、そして互いに自陣から見れば敵国の体現する新たな野蛮に対する産業戦争の「物量」理論を押しつける新しい軍事システムの実験場として用いられていたのが、大戦勃発までの植民地だったからこそである。「われわれの教会を破壊したのは野蛮人である」と一九一四年のフランスでは語られたものだった。人種主義ないし人種差別主義的な表象が、機銃掃射、爆撃（「殲滅爆撃」）そしてガス殺の許されるこの「野蛮」というテーマに火に油を注ぐようなことをするのだが、産業化は内戦の脅威を継続させ、その内部では諸々の活動分子（アクション・フランセーズの語彙では「下層民」、ルーデンドルフの婉曲表現によれば「大量の不平分子」、戦争とボルシェヴィキに反抗的な組合）が同じ体制に従うことが可能になる。[*24] いずれにせよ労働者、戦闘員と非戦闘員がまずは標的となる。「同時に、かつての中央（平和と法治の空間）と周縁（暴力と戦争の空間）の空間的分離がぼやけていく。もはや内と外を分ける境界線はかならずしも地理的境界線ではない」[*25]。

ヴェルサイユ条約、共産主義の脅威、そしてヨーロッパの連合国のなかに根付いた反植民地闘争といったものに支配された両大戦間の平和の困難な時代において、[*26] カール・シュミットは「リベラル・イデオロギー」にとってきわめて重要な経済と政治の区別を批判した。『政治的なものの概念』には次のような一節がある。「経済的敵対が政治的なものになるのだとしたら〔……〕経済優先の方法で獲得された政治的ポジションは本質的に戦争とは無縁だと信じるのは間違いである」[*27]。なぜなら、経済において機能しているのは（経済学者が理解する意味での）「生産」というより階級闘争だからである。それはつまり、革命側の視点から見れば、階級戦争が経済危機（そして議会闘争）に取って代わらねばならない、ということだ。さらにシュミットに倣えば――ただし今回は政治的なものの概念についての中間所見という副題を持つ戦後の大著『パルチザンの理論』においてである――かれはレーニンこそ、階級闘争を（階級の敵に対する）「絶対的敵対性」であると認めた人間だと見なしている。この階級闘争は「非正規」戦闘という形態を導入することによって、これまでヨーロッパの地では保証されていた戦争と政治的均衡の制限付き構成を転覆させることになる戦略的対立でもある。シュミットは言う。「階級闘争の非正規性は〔……〕政治的・社会的秩序の体系全体〔……〕を問いなおす。哲学とパルチザンの同盟は新しい予期せぬ爆発的力を解放するだろう、とレーニンは結論づける。それによって、ナポレオンが救おうと願い、ウィーン会議が再建しようと願ったヨーロッパ中心的なこの歴史的世界のすべてが砕け散ってしまった」[*28]。

★23 Témoignage cité par John Ellis, *The Social History of the Machine Gun*, *op. cit.*, p. 123〔エリス『機関銃の社会史』、二〇〇頁〕。

★24 このことは機関銃という、南北戦争の発明品によってさらに確証される。これは西洋文明と人種の優位に繋がる産業資本主義の精華というだけではない。アメリカ合衆国ではまたたくまに、ピッツバーグやコロラドのストライキ参加者に対して用いられた。エリスの前掲書の p. 42-44〔六六～七一頁〕を参照。

★25 Thomas Hippler, *op. cit.*, p. 126.

★26 アイルランド独立戦争が勃発したのは一九一九年一月である。

★27 Carl Schmitt, *La Notion de politique* (suivi de *Théorie du partisan*), *op. cit.*, p. 125〔シュミット『政治的なものの概念』、一〇一頁〕。

★28 Carl Schmitt, *Théorie du partisan* (1963), in *Ibid.*, p. 259〔シュミット『パルチザンの理論』、一一四頁〕。シュミットはここで、レーニンが一九〇六年にロシアの雑誌『プロレタリア』に発表した論文「パルチザン戦争」〔『レーニン全集』第一四巻所収〕。を参照している。

西洋の資本主義と東洋のボルシェヴィズムが「ヨーロッパ国際法による国家間戦争を世界内戦に」変容させることによって「戦争をグローバルな全面的現象にする」[*29]とカール・シュミットは強調するが、かれは植民地の住民に対する「小戦争」が総力戦の最初の形態であったこと――そしてこの点で、レーニンが階級闘争を絶対化したのは、ナポレオン占領軍に対するスペインのゲリラを「クラウゼヴィッツ流に」受け継いだだけではないことを、十分に考慮しない。「内戦と植民地戦争、この二種類の戦争はパルチザンという観点からは特別の重要性があり、ある意味で類似している」[*30]と強調するときのシュミットは、それを認めるにやぶさかではないのだが。

レーニンは間違いなく、第一次世界大戦の母型が植民地であることを最も鋭敏に解釈した人間だった。一九一五年、進行中の戦争をかれはこう定義する。「肥え太った奴隷所有者どうしを奴隷制を維持し悪化させるために起こした戦争」。第一次世界大戦のこの側面は、おおむね無視された。しかし、その帰結はあまりにも重大であり、だからこそ世界秩序の再建にとって、あるいは逆に革命の新たなイニシアティブの可能性に関して、現在もなお存在感を示しているのである。

レーニンはこう述べている。

六つの列強が五億以上の（五億二三〇〇万）の住民を奴隷にしている。「大」国の住民四人に対し五人が「かれらの」植民地にいる〔……〕。英仏のブルジョアジーは人民とベルギーの自由のために戦争を主導すると主張してその人民を騙している。現実には、自分たちが占拠する莫大な植民地領を保持するために戦争を主導するのだ。ドイツの帝国主義者たちは、もし英仏人がかれらと植民地を「協議」分割していたら、またたくまにベルギーを撤退していただろう、等々。状況はかくも特殊であり、この紛争では、大陸での戦争の結果が植民地の運命を決することになろう。[*31]

戦争末期、戦勝側の帝国主義列強（英仏）は植民地化された国々と住民の「パイ」を分割することになる。ボルシェヴィキは、革命は資本主義発展の頂点に達した地域で起こるはずだ、というマルクス主義の公理にイデオロギー的には忠実だったとはいえ、こうなればロシアのような「後進」状態の世界（とくに「極東」）に関心を向けざるを得なかった。そのことはまた、依然として公式的マルクス主義を構成しているヨーロッパ中心の見方を大きく変化させることになった。

レーニンが抜かりなく強調したように、第一次世界大戦は確かに、植民地化された人びとが帝国主義および資本主義に対する闘争に入ることによって、世界の政治史の重要な瞬間を記したのである。脱植民地的出来事は、二〇世紀全般を通じてその流れを止めることはなく、また始まったばかりの新世紀とともに終わることもおよそありえないだろう。

レーニンはこう述べている。

> この最初の帝国主義戦争に続いて、極東は決定的に革命運動に入り、世界の革命運動の渦へと決定的に引きずり込まれた〔……〕。闘争の結末は、最終的にはロシア、インド、中国等々が地球人口の大多数を占めるという事実にかかっている。そしてこの多数派人口が、まさしくここ数年来、信じがたいほど急速に解放闘争に引きずり込まれている。[*32]

★29 Carl Schmitt, *La Notion de politique*, *op. cit.*, p. 48.

★30 Carl Schmitt, *Théorie du partisan*, *op. cit.*, p. 213〔シュミット『パルチザンの理論』、二九頁〕。コンゴ会議（一八八五）が「ヨーロッパが連帯して領土奪取を行なった最後の機会」そして「進歩の世紀にふさわしい十字軍」（コンゴの国際キャンペーンを創設したベルギー国王レオポルド二世の発言）として持つ重要性については以下を参照。*Le Nomos de la terre*, *op. cit.*, p. 213 sq〔シュミット『大地のノモス』、下巻一八九頁以降〕。

★31 Lénine, *Le Socialisme et la guerre*, 1915 (URL : www.marxists.org/francais/lenin/works/1915/08/vil19150800b.htm)〔レーニン「社会主義と戦争」、『レーニン全集』第二六巻所収〕。

★32 Lénine, « Mieux vaut moins mais mieux », *Pravda*, 4 mars 1923 (URL : www.marxists.org/francais/lenin/works/1923/03/vil19230304.htm)〔レーニン「量よりも質を」、『レーニン全集』第四五巻所収〕。

共産主義インターナショナルは一九二〇年夏にモスクワに集まったが、参加代表団は多くがヨーロッパ人だった。九月、バクーで共産主義インターナショナルの議長ジノヴィエフが「インターナショナルの大会の残り半分」と呼んだ「第一回東方諸民族大会」が招集される。一八九一人の「被抑圧東洋」諸国の代表団が参加し（ジョージア人一〇〇人、アルメニア人一五七人、トルコ人二三五人、ペルシャ人一九二人、チェチェン人八二人、ヒンドゥー人一四人、中国人八人）、うち一二七三人が共産主義者であった。一人の目撃者が場内をこう描写している。「非常に絵になる様子だった。東洋のありとあらゆる衣装が集まって、それが驚くほど色とりどりの一枚の絵画になっていた[*33]」。

瞠目すべき戦略的直観である。たとえ、それが大会というより集合であったとしてもだ。植民地問題とムスリム問題が議論の中心だった。ムスリムが多数を占める代表団に向けて、ジノヴィエフは同じ言葉遣いで話さねばならぬと思ったのか、あるいは場の盛り上がりに流されたのか、こう断言してしまう。政治目的は「英仏の資本家たちに真の聖戦（ジハード）を仕掛けることである」と。以上再録！

政治プログラムには正式に反映されなかったものの、発言の先見性は強調するに値する。というのもジノヴィエフは脱植民地化の大多数が共有する運命を先取りしていたかに思われるからだ。「極東で起こった革命の高度の重要性は、皆さんを饗する食卓からイギリス帝国主義者を追い出して、裕福なムスリムと入れ替えることにはない〔……〕。われわれが望むのは、労働者のごつごつした手が世界を統べることである」。

あるトルコ人女性の発言は革命によって生じた変化をとくによく表わしている。というのも、彼女が指摘したのは、父権主義的文化が広く浸透した「革命」議会で行なわれる「性の戦争」だったからである（二〇〇〇人近い代表団に対して女性は五五人であり、うち三人を大会執行部に選任する際には強い反対があった）。彼女の発言はまた、いくつかの問いは植民地の被支配者層という枠内にとどまらないことを思い出させてくれるというメリットも持っている。というのも、こうした質問は「統合」の頓挫が語られるフランスで、非宗教的共和主義あるいはむしろ「左翼」の良心を混乱させ続けるからである。以下は全文である。

東洋の女性たちは、〔西洋では〕しばしばそう思われているようにヴェールなしに外出する権利のためだけに戦うのではありません。きわめて高い道徳的理念を持つ東洋の女性たちにとっては、ヴェールの問題は後回しです。人類の半分をなす女性たちが、人類の半分をなす男性たちの敵のままであれば、そして彼女たちに権利の平等を与えなければ、人間社会の進歩はどう見ても不可能です〔……〕。ペルシャでも、ブハラでもヒバでもトルキスタンでもインドでも、そしてその他のムスリム諸国でも、われわれの姉妹たちの状況はわれわれよりなお悪いのです。ご自身の解放を願うなら、われわれの要求にも耳を傾けてください。そしてわれわれを有能な助力者、協力者だと思ってください。完全な権利の平等、女性が男性と同様にあらゆる施設で一般教育や職業教育を受ける権利、結婚における男女の権利の平等、一夫多妻制の廃止、すべての行政職、法曹職への留保なき就労許可。そしてすべての村や町に女性の権利保護のための委員会組織を。

レーニンはヨーロッパでの革命の失敗をすぐに納得した。帝国主義勢力は革命拡大を防ぎロシアを孤立させることに成功した、とかれは認める。しかし、この失敗の原因は労働者階級内部にも存している。なぜなら、資本主義諸国における労働貴族は実際は勝者の共犯者だからである。「労働貴族が形成されたのは、『自国の』ブルジョアジーが帝国主義的手法で全世界を征服し抑圧することによって高賃金を確保するためである」[*34]。したがって植民地化された民衆は、革命がふたたびイニシアティブを握るために同盟せ

＊33　東洋人民会議についての引用とデータは以下による。Ian Birchall, « Un moment d'espoir : le congrès de Bakou 1920 », *Contretemps*, 12/09/2012 (URL : www.contretemps.eu/interventions/moment-despoir-congrès-bakou-1920).

ねばならない。

東方諸民族大会に成果がなかったわけではない。一九〇五年のロシア革命の軌跡の先でレーニンが指摘した「アジアの目覚め」は確かに、ジェフリー・バラクロウの言葉を借りれば「西洋に対する反抗のテーマ」という二〇世紀「最大のテーマ」を構成することになる。概して言えば、それはヨーロッパの没落と、西洋の規模変化に端を発した反抗である。「二〇世紀初頭、ヨーロッパはアジア・アフリカにおいて勢力の頂点に達していた〔……〕。六〇年後、残っているのはこのヨーロッパの支配の残骸だけである」[*35]。バラクロウはヨーロッパに対する南側諸国の反抗圧力についても、北側諸国の労働者階級が主導し一九六〇年代には第二次世界大戦から生じた蓄積モデルの危機を引き起こす賃金闘争以上とは言わずとも、それと同程度の重要性を持つと考えるに至っている。ジノヴィエフは一九二〇年に同じ結論に辿り着いた。「東洋が本当に動いたとき、ロシアと全ヨーロッパは巨大な地図の一角を占めるに過ぎなくなるだろう」[*36]。

2…産業戦争としての総力戦

資本は総力戦の第二の母型で、ここでは戦争と生産が完全に重なり合う傾向にある。総力戦は戦争および内戦を指揮する方法においてだけではなく、生産の資本主義的組織化においても、「労働」の経済的・政治的役割と住民の統治性にとって不可逆な変化を引き起こす。戦争に勝つとは、もはや単純に軍事的な問題や課題ではない。まず何より諸産業の戦争、労働戦争、科学技術戦争、通信とコミュニケーションの戦争、主体性の生産戦争に勝たねばならない。ナポレオン戦争までの戦場に限定しても、戦争の時空間はラジオ波（エネルギー伝送路なしの放送）のように社会に侵入することで社会へとなだれ込んでいくのだが、このラジオ波こそ、時空間のつながりを廃することで、戦争を四次元に引きずり込むことになる。「生産」という視点から見れば、「総力」という語が指示しているのは、資本を再組織化させる戦争経済に社会全体が従属することである。

言い方を変えよう。マルクス主義者たちが資本への社会の「実質的包摂」と呼んだものの先駆け、先行者は、第一次世界大戦において確認される。さらに言えばこうである。社会の生産への従属、それはこの「総力」戦という新たな体制によって条件づけられる。それが新たな権力技術によって「平和を軍事化するよう要求する」*37ものだということはあっという間に理解された。第二次世界大戦を逃れてアメリカに亡命したのち、ハンス・シュパイヤーとアルフレッド・ケラーはそれを「一般人に対する近代戦の包囲網を狭める」破壊機械の技術化によって活用されるものだ、と説明している。

ナチズム敗北以降の実質的包摂の「平和的」進展は、アメリカ経済が「永続戦争経済」へと急速に変容したことを勘案しても、「平和」な時代では同じ強度で再生産することはできないであろう規模の大きさで行なわれた、この実験の一つの結果に過ぎないだろう。資本主義者たちは、この「生産」のための「全面動員」(「粗野な拡大エネルギー」)の再開を長いこと夢見ていたが、そのある種の様相(義務的-自由労働の「軍隊」のモジュール化、軍事費の爆発的増大……)を自らの政治プログラムのなかで調整するのは、ネオリベラル派の仕事ということになろう。

★34 Lénine, « Discours sur les conditions d'admission à l'Internationale communiste », 30 juillet 1920 (URL : www.marxists.org/francais/lenin/works/1920/07/vil19200730.htm)［レーニン「共産主義インタナショナル第二回大会の基本的任務についてのテーゼ」、『レーニン全集』第四一巻所収］。

★35 Geoffrey Barraclough, *An Introduction to Contemporary History*, Harmondsworth, Penguin, 1967, p. 153-54［G・バラクラフ『現代史序説』(中村英勝、中村妙子訳、岩波書店、一九七一)、一八〇〜一頁］(cité par Giovanni Arrighi, *Adam Smith à Pékin*, *op. cit.*, p. 27)。

★36 Ian Birchall, « Un moment d'espoir : le congrès de Bakou 1920 », *art. cité*.

★37 Hans Speier, Alfred Kähler, *War in our Time*, New York, Norton, 1939, p. 13.「戦争の行動領域は平和の領域と同じほど広大になった。現今の状況では、実際の戦争は平和を軍事化することを求めていることを考えれば、より広大だ、とも言える」。ハンス・シュパイヤーとアルフレッド・ケラーはニュースクール大学の創設者のうちに数えられる(亡命者の大学)。

それゆえ「総力」戦を、「数十万の臣下を徴募し、堅実な指揮官に委ねて戦場に送れば十分[38]」な時代が終わり、一国のすべての生産力（労働、科学、技術、組織、生産）、社会的・主体的な力が初めて動員された戦争として理解する必要がある。

総力戦は生産領域の拡張に向けて動員されたすべての生産力をフル活用するモデルである。それがルーデンドルフの強迫観念だった。かれは、戦争は「人間の力を余すところなく利用・活用するようわれわれに強いた[39]」と説明している。ユンガーが証言するように、戦争の末期には「遠回りでも戦争経済のためになる活動以外、もはや何も行なわれなくなる――たとえばミシンを掛ける使用人の活動であってもだ[40]」。しかし総力戦とはまた、生産力領域の強化・合理化の機会でもある。事実、それは初めての、国家規模での労働組織化・生産性調整計画を登場させたのである。周知のようにレーニンは、「独占資本主義から国家独占資本主義への変化」を加速する戦争を原動力とする歴史の弁証法を察知することになる。その変化をかれは、「社会主義への完璧な唯物論的準備[41]」と見なしていた。そしてロシアは一四カ国によるグローバル化した内戦を通じてソビエト・ロシアになるが、それはひとえに実業家のラーテナウによって理論化され実行されたドイツの戦争経済の組織化に影響を受けたものである。ドイツの軍需生産の計画経済の立案者として、かれは五年「計画」の生産キャンペーンを組織した。この計画はまず「国民全体に義務化」され、産業生産のみならずドイツ社会全体の調整原理として制度化された労働を扱う。レーニンは一九一八年三月にこう書いている。「ドイツ帝国主義は、他国に先駆けて労働の義務奉仕への移行を実現したという点で経済的には進歩主義的な性格を持つことを証明した[42]」。また、もと機械技師で、戦争省では軍事技術顧問、ラーテナウの右腕でもあったメーレンドルフの成果に注目すれば、産業動員は包括的な計画経済プロジェクトの派生系であり、帝国の労働力全体の管理を任された「労働庁」がその中心機関となる。「すべての活動は義務として労働庁の指示に従う[43]」。歴史家たちは、この生産の絶対的軍事化の経済効率に異議を唱えた。一九一七年七月にルーデンドルフが全権を掌握した際、ドイツはまだ、戦争の趨勢を逆転し勝利に導くにはあまりにも偏狭な協調組合主義的・独裁的な秩序に依存していた。しかしヨーロッパ列強は、この住民の総動員を基盤にした最初の国家計画モデルをこぞって丸呑みとまではいかずとも、自国流に「労働兵士」を推進しつつ応用することになり、それが大量生産における総力戦の真の集合的主体として重きをなすことになる。この大量生産を推進するのも総力戦であり、それは市民社会の軍隊化という時流にあわせた生産の「科学的」管理をモデル化することによって、軍事力の運用に変化をもたらすことになる。

軍需産業と機械製造業（とくに自動車）に最初の組立ラインが導入されたことによって、戦争経済はテイラー主義的な、標準化と流れ作業を結びつけた労働組織化の諸原則を刺激し深化させることを可能にした。それは戦前までは、産業構造の急拡大、また時間研究法や工場での新しい規律訓練に特有の出来高賃金に対する労働者の抵抗のために、非常に制限されていた。[*44] フランスでは、テイラー主義のおかげで冶金の生産性の向上は五〇％にも達した。イギリスでは国営工場が優遇され、その数は一九一五年で七〇、戦争末期には二〇〇以上に上った。アメリカでは、「テイラーシステム」の導入後、ウォータータウンの兵器廠では連合軍の需要を前に艦船建造が（標準化されたプレハブ部材での貨物船組立によって）合理化・

★38 Ernst Jünger, *La Mobilisation totale* (1930), Paris, Gallimard, 1990, p. 102-103〔ユンガー『追悼の政治』、四二頁〕。

★39 Ludendorff, *Urkunden*, cité par Jean Querzola, « Léninisme et taylorisme », art. cité, p. 79.

★40 Ernst Jünger, *La Mobilisation totale, op. cit.*, p. 107〔ユンガー『追悼の政治』、四四頁〕。

★41 Lénine, « La catastrophe imminente et les moyens de la conjurer » (septembre 1917), in *Œuvres complètes*, vol. 25, cité par Jean Querzola, « Léninisme et taylorisme », art. cité, p. 73-74〔レーニン「さしせまる破局、それとどうたたかうか」、『レーニン全集』第二四巻所収〕。

★42 Lénine, « Première variante de l'article "Les tâches immédiates du pouvoir des soviets" », in *Œuvres complètes*, vol. 42, cité par Jean Querzola, *art. cité*〔レーニン「ソヴェト権力の当面の任務」、『レーニン全集』第三六巻所収〕。

★43 Jean Querzola, *Ibid.*, p. 75.

★44 ここでは一九一二〜一九一三年のルノー工場での反「合理化」労働闘争を考えられたい。

増強された。管理科学推進協会のメンバーで、戦時中は中佐を務めたジョージ・バブコックは一九一九年、ボストンで多くのエンジニアからなる聴衆を前にこう宣言した。「戦争がわれわれに示した最も大きな教訓は、科学的組織化の諸原則の拡大と深化が、かつて誰も担えなかった重荷のもとで実践的に証明されたということである[45]」。

　であれば、まずはアメリカから始めよう。ここでは「管理科学は大戦中、またたくまに大規模に採用された。新しい賃金自動計算システム、生産性の正確な記録、標準化、『役割別の』現場監督を中心にした労働組織化、それらは連邦政府の援助のもと軍事施設、軍需産業で一般化された[46]」。この現象は戦後もさらに拡大する。戦後の特徴は、大量消費が発展したことと同時に、労働闘争が熱狂的な反共産主義に足並みを揃えたことであり、それなしにはテイラーとその促成管理制は「新式工場」の英雄にはなりえなかったろう[47]。

　しかし、第一次世界大戦後の労働運動の敗北は「労使協調」の結果でもあった。それはヨーロッパ全土で、労働者を交渉によって国民国家の総力戦に組み込むよう采配を振るうことになった。イタリアでファシストが、ドイツでナチスがその再構成を行なう以前から、改良主義を掲げるフランスでは、社会党議員にして「神聖同盟」の古参メンバーでもあり、軍需大臣としてフランスの戦争準備を担ったアルベール・トマ、そしてフランス労働総同盟（ＣＧＴ）の事務局長レオン・ジュオーのもとで、労働組織化と社会的規律訓練の新しいかたちが重要視され、それらは戦前の労働闘争を経済発展のための国民統合へと置き換えることになる。「労使」間の「協調と協力へ向けた歩み寄りのためのあらゆる方法」を称揚し、「戦争のために行なわれる努力をできる限り完全に、国が産業領域における平和的闘争のために役立てる[48]」ことが提案される。「協調的競争」を背景とした一九二〇年代初頭のよりリベラルなアメリカでは、それが「階級闘争を超越し「機能的民主主義」を構築するためにヨーロッパで行なわれた努力のアメリカ版[49]」に過ぎないことが急速に認識されることになる。労働は戦後の再構築に至るまで、主体性の戦争（あるいは、フランスの社会主義者や組合活動家の用いた名によれば「戦争精神」でもよいが、同時に「精神の戦争」で

もある）の恐るべき媒介であり道具であることが明らかになると、こうした規律訓練技術を科学的・工学

★45　Cité par Jean Querzola, art. cité, p. 63-64.

★46　Maurizio Vaudagna, « L'américanisme et le management scientifique dans les années 1920 », *Recherches*, n° 32-33, 1978, p. 392. 一九一八年、テイラー協会のメンバーの三分の一は軍需部に勤務していた。このことは、軍需部の先駆者的役割を確認するに十分である。それはすでに内戦であり、初期の兵器廠は鉄道とともにアメリカの勢力の拡大に貢献したことを忘れてはならない。バンジャマン・コリアはこう書いている。「戦争と産業が互いに豊かな生産性をもたらすことは目新しいものではない。双方が資本の領域に組み込まれたことで、規模が変わっただけのことである」（Benjamin Coriat, *L'Atelier et le chronomètre*, Paris, Bourgois, 1979, p. 69）。

★47　「方法論の標準化、最良の工具と労働条件の採用、協調、これらを課すことによってのみ、この労働率の向上が見込まれる。要するにそれは、標準の採用と協調を課す指導部が一つであることを意味する」（F. W. Taylor, *The Principles of Scientific Management*, New York, 1912, p. 83［フレデリック・W・テイラー『新訳　科学的管理法――マネジメントの原点』（有賀裕子訳、ダイヤモンド社、二〇〇九）、九八頁］、cité par David Montgomery, *Workers' Control in America: Studies in the History of Work, Technology, and Labor Struggles*, Cambridge, Cambridge University Press, 1979, p. 114）。アメリカにおけるテイラー主義導入に対する抵抗についてはモンゴメリの著作のほかに以下も参照。Gisela Bock, Paolo Carpignano, Bruno Ramirez, *La formazione dell'operaio massa negli USA, 1892-1922*, Milan, Feltrinelli, 1972 ; David Montgomery, *Workers' Control in America: Studies in the History of Work, Technology, and Labor Struggles*, Cambridge, Cambridge University Press, 1979.

★48　一九一七年三月二六日の経済成長国民協会でのクレモンテルの演説、および産業失業者予想研究の常設委員会の一会合での一九一七年一一月の記録からの抜粋である（cité par Martin Fine, « Guerre et réformisme en France, 1914-1918 », *Recherches*, n° 32-33, 1978, p. 314, 318）。

★49　Ellis W. Hawley, « Le nouveau corporatisme et les démocraties libérales, 1918-1925: le cas des États-Unis », *Recherches*, n° 32-33, 1978, p. 343. 戦中戦後に、労資「協調」という名のもとにテイラー主義導入が話し合われた「交渉」については以下を参照。cf. Hugh G. J. Aitken, *Scientific Management in Action. Taylorism at Watertown Arsenal, 1908-1915*, Princeton, Princeton University Press, 1985 (1960), p. 237-241.

的に労働戦争に応用することで生じた大きな「進歩」のさらなる拡張や生政治的強化は、国内戦線すべてを巻き込む社会全体にかかっていることも明らかになる。

さて、この国内戦線の始まりもまた、大戦によって初めて労働が大規模に女性に委ねられたこと（「女子挺身隊」）をきっかけに引き起こされた。これによって女性たちの戦争は、人手不足の折（労働者の「浮浪化」ないし不安定化、種まきや刈り入れの時期、軍事徴用）に行なわれていた最も古くからの女性の手工業的労働行為を根底から刷新することで、新しい（非熟練ないし未経験の）労働力のテイラー主義的な管理に貢献する。一九六〇年代に入ると、働いている女性は第二次世界大戦時より少なくなることは思い出しておくべきだ（アメリカの場合、五〇〇万人の女性が軍関係に動員されたのに加え、五〇〇万人が防衛産業に雇用され、総計で六〇〇万人以上の女性が働いていたことになる）。フォーディズム時代の完全雇用はとりわけ男性の問題であった。ハワード・ミラーのポスターで有名な「リベット打ちのロージー」は職を失う。このことは少なからぬ意味を持つが、その始まりはやはり大戦に、そして初めてフェミニスト運動が戦争に負けたことに帰せられる。

「第一線」の女性解放闘争は、参加女性の多くが寡婦となり、[50] フランスでは――一九一四年までのフェミニスト運動の強さにもかかわらず――戦後の選挙権獲得の失敗で躓きを見せることになる。女性の選挙権は国民議会では批准されたものの、一九二二年、最終的に元老院［上院］で棄却されることになる。その理由は、女性は「新しいボナパルト」を権力の座につけかねない、ないしは「ボルシェヴィキ革命」を支持しかねない、というものだった。（参政権はようやく一九四四年になってフランス国民解放委員会の行政命令によって――レジスタンス活動への貢献を理由に――与えられることになる）。同種の不幸はその間にムッソリーニ政権に移行したイタリアでも展開されることになる。ベルギーでは、前線で亡くなった兵士の母と妻だけが投票を認められることになる――死者の参政権は一九二〇年に成立した。おそらく最も興味深い状況はイギリスのそれだろう。ここでは、国家に対する奉仕の報酬は一九一八年の女性参政権授与に一役買ったが、しかしそれには女性の権利を夫の権利と連動させるという決定、および年齢制限

（三〇歳以上）が伴っており、軍需工場で働いた若い女性（女性戦争労働者）、ないし補助的軍役に参加した若い女性を強制的に排除することになる。さらに言えば、女性参政権という問題は、男性の選挙権拡大を目指したプロジェクトへの「遅すぎる追加」に過ぎず、それはまた下院議会で唯一、満場一致を得られなかった提案だった。「たとえ参政権が与えられたとしても、女性はまず母であり妻であり続けたし（この三〇年以上女性に期待されていることだ）、他方で戦争のためにより独立した若い女性たちは「フラッパー」［世間知らずの小娘］などとさっそくあだ名されているが、彼女たちは国家再建にあたって自分たちの意見がことごとく拒まれるのを目の当たりにしている」[*51]。イギリスでは一九二八年になってようやく、女性の投票の最低年齢が男性のそれと横並びになる。事はドイツのフェミニスト、ヘレーネ・ランゲが一八九六年に述べた通りである。すなわち「男性たちは自分の利益に役立たない限り、女性に投票権を与えようとはしないだろう」。そこには男性たちの階級利益も含まれる。（ドイツで女性が参政権を獲得することになるのは、一九一八年の革命とワイマール共和国の新憲法の一環としてである）。より一般的には、数多くのフェミニストの著作で「二重螺旋」の原理が強調されていたが、そこでは戦時の女性の社会統合は一挿話に過ぎず、紛争下の国内戦線では性別闘争が広範囲で中断していたため、男性が戻ってくるやふたたび閉ざされてしまったのである。「女性たちというのは性別によって名付けられた存在であり、ゆえに社会政治の定式化に従えば、代用ないし臨時雇いの労働者として性別を具現せざるを得ない存在である。そのうえ、彼女たちはつねに出産に脅かされている存在と受け止められていた」[*52]。戦争はこうして、女性たちが生産

---

*50 最初の世界的紛争ののちに未亡人となったものはフランスで六〇万人、ドイツでも同数、そしてイギリスでは二〇万人を数えた。

*51 Véronique Molinari, « Le droit de vote accordé aux femmes britanniques à l'issue de la Première Guerre mondiale : une récompense pour les services rendus ? », *Lisa*, vol. 6, n° 4, 2008.

*52 Denise Riley, « Some Peculiarities of Social Policy concerning Women in Wartime and Postwar Britain », in *Behind the lines*, *op. cit.*, p. 260.

秩序に従属するに至るまでの、女性に対する労働戦争へとふたたび行き着いてしまう。

総力戦はヨーロッパにおいて、そしてとりわけソビエト連邦において、生産主義の戦闘的イデオロギーが飛躍する機会を与えることになる。ソビエトではこのとき、レーニンが「科学の巨大な進歩」と考えたものを「スタハノフ運動」に仕立てることによって、プロレタリア・テイラー主義という考え方が発展したのであった。ここでレーニンの言う科学とは、資本家の搾取という役割と縁を切り、「合理化」をただ労働過程にのみ限定し社会全体へとその原理を拡大するものとされている。これはまさに総力戦のくわだてにほかならないが、それをレーニンが「集産化する」という言い方で主張したのは、かれが総力戦の現実的な（生）政治的力学を把握していなかったからにほかならない。ただしその力学は、「この期間を通じて〔かれが〕強調していた『点検と管理』というスローガン[53]」のなかで機能しているのだが。

一九世紀のプロレタリア闘争の特徴だった労働批判は、労働の「神聖化」にその座を譲る。それが労働運動に与えた有害な影響は第二次世界大戦後にはっきりと感じられるようになる。解放という問題は、レーニンが衷心から呼びかけた「労働者の革命的動員」から切り離されたら労働運動の唯一の目的としての経済の成長と生産性の問題となる以前に、「労働の規律訓練」に支配されることになる。教訓はここでもまたテイラー主義的である。

労働を人間の種としての本質であるとともしていたマルクス自身の曖昧さは、総力戦によって消え去った。「武装闘争」という戦争のイメージは、「戦争を巨大な労働過程として理解する、より大きな表象の前に次第に弱まっていった[54]」。このことは、国際主義の労働者から国家主義の兵士への転向がほぼ一瞬で起こりえたことを説明する。戦争の組織化と労働の組織化は戦争労働として等質になる。労働の軍事化に最も近い前線には、一方に「戦闘的労働者」、他方には戦闘にはかかわらない「破壊活動労働者」の集団がいることになる。マッシミリアーノ・グアレスキは、組立ライン上の工作機械のように、復元すべき糸を辿りつつ次のようにコメントしている。

塹壕の兵士は部品の取り替えの利く人間資材である。医学は初めて、大規模な補綴の使用に頼って、破壊された四肢を取り替え、毀損した顔を再建さえした。しかし、兵士－労働者はまるごと取り替えることもできる。兵士－労働者の労働においては、それが工場であろうと戦場であろうと、活動のもととなる技術との関係はいっさい消滅した。組立ライン上の流れ作業による大量生産は、機材との戦いにおける匿名の死の生産というかたちで展開する。一九三〇年、フリードリヒ・ゲオルグ・ユンガーは『戦争と兵士』において、またその兄のエルンストは『総動員』で、戦争労働の次元で流れ作業による生産の匿名性の拡がりを明快に示し、それを世界戦争の基本的性格の一つとして定義した。[*55]

対決が国家間のそれと言うよりは帝国主義間のそれとなるにつれ、金融資本の流れと戦争の流れは、一緒になって別の脱領土化の閾を乗り越えたことで、次第に相互の境界をなくしていくことになる。（資本家がかつてないほど豊かになったとしても）[*56]目的が「営利」や「利潤」ではなく、「破壊手段」の無制限の生産になるのにあわせて、戦争は「市場」の需要の「生産」を解放することになる。すべての経済機械、社会全体はこの生産のために、統一的な網状の指令下にある機械的な規律訓練のもとに動員される。（デヴィッド・ノーブルをもじって言えば、マネージメントは軍事用語で言えば指令であり、指令とはビジネス用語で言えばマネージメントである）。同時に、国内戦線で壊滅した階級闘争は、ソビエト革命が遂行する革命的内戦へと変容し、戦線の反対側に、ヨーロッパ公法の定める時空間の境界内の戦争を解き放つ。

★53　Robert Linhart, *Lénine, les paysans, Taylor* (1976), Paris, Seuil, 2010, p. 135.
★54　Ernst Jünger, *La Mobilisation totale, op. cit.*, p. 107［ユンガー『追悼の政治』、四三頁］。
★55　Massimiliano Guareschi, « La métamorphose du guerrier », *Cultures et conflits*, n° 67, 2007.
★56　フラー将軍もそのことをきちんと強調している。「戦争の財政面での利点は、財界人、企業家、産業界の許しを得て将軍とその配下が行なう略奪であると思われる」。Cf. J.F.C. Fuller, *L'influence de l'armement sur l'histoire*, Paris, Payot, 1948, p. 159.

総力戦はその外延において世界戦争であるだけではなく、民政空間と軍事空間の境界を相互浸透させることによって、内包においても世界戦争なのである。

戦争と生産をその制約すべてから解放することで、帝国主義戦争と革命的内戦は総生産と総力戦を融合させる。それが可能になる条件は、破壊によって与えられる。国家の敵の破壊、階級の敵の破壊がそれだが、しかしナチズムによって、それは絶対的破壊、総破壊になる。

カール・コルシュは両大戦間にボルシェヴィキ政党とのいさかいに巻き込まれる。それはかれが、マルクス主義者たちの多くがその影響を無視しているように思われた、総力戦のもたらした混乱について警告したためである。破壊とは異なるものとしての生産は、機械化された近代戦の破壊力が資本の戦争機械の「生産諸力」に統合されて以来、進歩主義的な性格をすべて失った。より経済的な言い方をすれば次のようになる。「生産性の利潤と破壊性の利潤は同じ傾向を辿る。破壊のコストは一九世紀から二〇世紀を通じて下がる一方だった。軍事技術は破壊的力能と結びつくことで、かつてないほど廉価になった」[*57]。消費と生産は無限に破壊へと向かうことしかできないかのように、万事が運んでいく。これこそ、大量消費社会を用意するのに大いに貢献した総力戦、ことに第二次世界大戦がその多くを成し遂げたことである。

経済によって戦争を置き換えるという（リベラル派の）幻想も事実によって否定され、戦争はもはや、単に「競争的闘争〔der Konkurrenzkampf durch Kriege〕をリードする」のに資するだけのものではなくなったとはいえ、同時にまた、生産諸力（労働、科学、技術、住民）の全面動員が意味する生産／消費／破壊の可逆性のために、政治経済、さらには政治経済批判というカテゴリーで資本主義的生産の本質を把握できるのかも疑問視され、再検討にかけられることになる。戦争と資本を総力戦のなかでどう定義するか。資本という概念は、「生産資本」と「擬制資本」ないし「寄生資本」との対置を二者択一として、「経済的」定義のなかに閉じ込めておけるものなのか。総力戦のあととなっては、生産的労働と非生産的労働の区別を巡るアカデミックな論争には何の意味があるのか。「総動員」のなかで「総動員」から引き出される巨大な労働量は、どのようなやり方で定義できるのか。科学技術の最大の進展は軍事研究によって刺激され、もはや破壊手段と区別されず、それを通じてほかのどの「文明」も知らない力能を手にした「エネルギッシュな装備計画」に奉仕する、という事実をどう説明するのか。

こうしたマルクス的な資本主義概念、資本主義が解放する「進歩」の力としての、そして資本主義消滅と共産主義飛躍の条件を作るよう向かう力としての生産諸力（労働、科学、技術）の概念は、総力戦によってことごとく損なわれてしまう。ブルジョアジーと企業家の進歩主義的役割は「大衆の電化啓蒙」（レーニン）と同時に消滅する。最も構成力の高いレベルで権力の戦略的諸関係を導入しなくては、資本の「本質」そのものを捉えそこなう。戦争は一挿話、中断期間ないし（経済的）事態の通常の進行中に生じた危機となり、そのあと資本が人類の「解放の条件」としてのその道程と「生産的」歴史を再開する――ただしそのときには「プロレタリアは消滅〔しているであろう〕」（レーニンの有名な言葉だが、一九二一年のソビエトという背景を抜きにしても意味がある）。戦争が戦争世代に与えた衝撃を、ヴァルター・ベンヤミンは決定的に表現している。それによれば、進歩、科学、技術、そして賃労働の研究といったものに対する信念の持つ可能性そのものが、「鉄の嵐」と大戦時の毒ガス戦で消し飛んでしまったのである。もっともそのガスはすぐに農薬に転用されたのだが。

アメリカの産業が、（第一次大戦時と同様に）連合国の動員への融資を通じて歴史上のどの時代にもなかった速さで成長するのを目の当たりにした第二次世界大戦後、きわめて驚くべきやり方で、生産と破壊はふたたび分離し、資本主義と戦争もまた、あたかもその関係が局面的なものでしかなかったかのように分離した。そのためにマルクス主義は資本、賃労働、技術そして科学に関して、総力戦においてそれらが果たした破壊的な役割を真剣に検証していたにもかかわらず、それらについて自らが持っていた進歩主義的概念を捨て去るのにどうにもならないほどの困難を覚えていた。そうした概念は正統派・異端派双方の

＊57 Christophe Bonneuil, Jean-Baptiste Fressoz, *L'Événement Anthropocène*, Paris, Seuil, 2013, p. 141〔クリストフ・ボヌイユ、ジャン＝バティスト・フレソズ『人新世とは何か――「地球と人類の時代」の思想史』（野坂しおり訳、青土社、二〇一八）、一五六頁〕。

マルクス主義のなかで循環し続けることになり、それは一九世紀社会主義特有の進歩主義的感性と、「（ポスト）プロレタリア・マネージメント」という（新）レーニン主義的な計画経済によるその弁証法的引継ぎを、「テクノ」のモードによって再起動させた「加速主義」という驚くべき理論にまで至る。

ここまで喜劇的ではないやり方もあげよう。フォーディズムの長い戦後において、最も異端的な諸理論は、まるで総力戦など起きなかったかのように、マルクスの資本概念から再出発することになる。工場のピストル型ハンマーの乱打のなかにあってさえ、総力戦は今のところまだ、社会全体を資本の戦争機械へと実質的包摂できていない、少なくとも最も実質的なそれは実現されていない、とでも言うかのようにである。総力戦においては、「末梢神経に至るまで」そして「ゆりかごの赤子に至るまで」、「交換の物理学と形而上学」こそが「戦時平時問わず」そこに動員されることになるのであり、それは「エンジン、航空機、数百万がひしめく大都市」を動員する「労働者の戦争」が「労働と無縁ないかなるアトム」[*58]も存在しないことを意味するからである。

3…戦争と内戦 vs 社会主義（と共産主義）

総力戦における最も重要な母型はおそらく、資本主義と社会主義のあいだの内戦である。社会主義が資本主義に対するグローバルなオルタナティブとして登場した以上、一八四八年のパリの労働者とコミューン派（「国内のベドウィン」）を相手に仕掛けられた「小戦争」はもはや十分なものではない。さて、血の圧殺に終わったとはいえ、「このあと一九一四年の戦争の登場人物になっていく役者たちを舞台にあげた」[*59]一九〇五年のロシア革命以降、開戦前夜に至るまで、社会主義は資本主義に揺さぶりをかけていた。アメリカも同様に危険水域にまで達していたが、それは組合運動の多岐にわたる少数派グループにとって、社会党の魅力が増していたからである。[*60]

かの重要な『一九一四年』でルチアーノ・カンフォラは、イギリスのリベラルな大歴史家、A・L・フィッシャーの一九三六年に出版された『ヨーロッパ史』から次の一節を引用している。「一九一四年七月八日に始まったサンクトペテルブルクの労働者ストライキではバリケードが築かれ、人びとは街路で戦った。そこで示されているように見えるのは、戦争と革命が勃発する過程では、まず革命が先に現われるということである」。かれはまたブローデルも引用している。「第二インターナショナル勢力を過大評価せずとも、一九一四年の西洋は戦争の縁に立たされていただけでなく、社会主義の縁に立たされてもいたのだ、と明言できる。社会主義は権力を掌握し、現実と同じかあるいはそれ以上に現代的なヨーロッパを作り出す直前であった。数日、数時間のうちに、戦争がその希望を打ち砕いたのだ[*61]」。

これが一つの公理だ。すなわち、「政治」が資本の存在そのものを攻撃するかたちで内戦に変貌する危険があるとき、資本はつねに戦争でもってそれに応える。この第一義ないし「原」義において、（潜在的‐現実的）内戦は、大衆を大衆自身に向けて動かすことになる総力戦に先立つ。派生命題は次のようになる。金融資本に刺激され、リベラル派および経済統制派に支持された諸帝国、諸国家は、ヨーロッパをためらいなく第一次世界大戦という大量虐殺に放り込んだ。「国内のベドウィン」が数百万にものぼり、全ヨーロッパにとっての将来像になってしまえば、社会主義は単なる幽霊ではない。そうなれば「大戦争」が「小戦争」を根絶すべく皆殺しを引き受けるのは当然である。その極度の暴力は、「完全に機械化され

---

*58 Ernst Jünger, *La Mobilisation totale*, *op. cit.*, p. 108-113〔ユンガー『追悼の政治』、四四〜七頁〕。

*59 Luciano Canfora, *1914*, Paris, Champs-Flammarion, 2014, p. 31.

*60 Cf. David Montgomery, *Workers' Control in America*, *op. cit.*, chap. 3. 社会主義者の扇動はストの拡大とともにアメリカでは一九二〇年の不況まで続けられることになる。

*61 Herbert A. L. Fisher, *History of Europe*, Cambridge, Mass., Houghton, Mifflin and Co., 1936, p. 1113 (cité in Luciano Canfora, 1914, *op. cit.*) ; Fernand Braudel, *Grammaire des civilisations*, Paris, Champs-Flammarion, 1993, p. 436〔フェルナン・ブローデル『文明の文法――世界史講義』（松本雅弘訳、みすず書房、一九九五〜一九九六）、第II巻九五頁〕(cité par Luciano Canfora, *La Démocratie. Histoire d'une idéologie*, Paris, Seuil, 2006, p. 281)。

た流血を伴う戦争遂行プロセスが市場の役割を担っている前線へ、二四時間無休で発送できるよう、流れ作業で武器を生産する巨大な工場」[62]へと変貌した諸国家の産業動員によって大規模化されることになる。「リベラル民主主義が二〇世紀という地獄への入り口を開いたことをあえて偉大な功績と認めることができるのか」[63]ということを思い出すべきである。戦争では社会主義に片を付けることができなかった、対外戦線と同じように国内戦線にも力を入れる共産主義の危険性がソビエト革命のなかで具体化している、とひとたび認めるや、リベラル派のエリートたちはヨーロッパの巨大内戦の時代へと直ちに足を踏み入れることをためらわなかった。世界内戦は、（ロシア）革命に対しシュミットが（アメリカ合衆国に使うためにとっておいた）差別的戦争観（ある一つの敵全体に仕掛けた戦争[64]）と呼んだものを突きつけることで幕を開けることになる。世界内戦Weltbürgerkriegという概念が反革命的保守派の文献には遅れて登場したのは、レーニンの「革命的内戦」を横領（そして反転）したものだった以上、当然なのである。

両大戦間には、「総力戦」のもたらした諸々の変容の意味が、ソビエトによる内戦の勝利、そしてあと一歩のところでドイツを革命騒ぎに追い込みかけた内戦と関連づけて問われるようになった。イタリアではムッソリーニが革命の伝染の危険をなくそうと監視していた。ソビエト連邦以外では、「戦闘的な生産主義イデオロギー」の勢いは労働者のストライキの増加によって損なわれたが、再軍備の計画は進行していた。戦争と内戦の原則の違いはこうして曖昧になり、ついには解消された。エルンスト・ユンガーはここでもさらに貴重な証人である。「世界戦争と内戦という二つの現象のあいだには、一見しただけでは現われてこないより深い錯綜がある。というのも、それは同じ地球規模の出来事の二つの側面だからである」[65]。別の切り口からハンナ・アーレントも同様に、帝国主義間の戦争を革命の問題および内戦と関連づけている。「世界戦争は革命の帰結として、地球全体に拡がるある種の内戦として登場したのであり、つまりは世論の大部分がそれなりの根拠をもって第二次世界大戦を解釈していた通りだったと言えなくもない」[66]。一九一四年以降、レーニンはグローバル化した資本主義下では正戦のかたちはただ一つしかない、すなわち（帝国主義）戦争に対抗する（内）戦だと強調していたが、以上のような言明はその当時レーニンが総力戦に与えていた意義を正当化するに十分なものだろう。

ヨーロッパの社会主義政党を座礁させた神聖同盟の急先鋒として、戦争への動員にとっての主体的な力となった国家主義は、社会紛争の激化と内戦の脅威に対し、人種主義という最初の答えを出した。トーマス・ヒップラーが指摘するように「戦争が国家主義的になるのは、交戦国がその根底にある社会紛争を抑制しようとするに至った場合のみである。社会問題が国家的なものに吸収されていくにつれ、戦争は国家主義的になる」。その結論はこうなる。「国家間戦争は階級戦争を隠蔽する。〔……〕この潜伏的な戦争は〔……〕内側から国民に働きかける」[*67]。

権力の役割は最初から抑圧だったわけではなく、生産、誘発、要請、あるいはその有名な定式によれば「諸行為に対する行為」であることを示したのはミシェル・フーコーであるが、しかし次の〝事実〟も思い返す必要がある。資本という政治的存在が社会主義と共産主義によって危うくなると、資本主義は住民の抑圧、「虐待」そして戦争によって応じた、ということだ。ヨーロッパにおける革命に対して勝利を収めたあと、ニューディールによってようやく政治による応答が登場したのである(実質的には民主党政

---

*62 Ernst Jünger, *La Mobilisation totale*, *op. cit.*, p. 108-113〔ユンガー『追悼の政治』、四七頁〕。

*63 Luciano Canfora, *La Démocratie*, *op. cit.*, p. 114.

*64 Cf. Carl Schmitt, « Changement de structure du droit international » (1943), *La Guerre civile mondiale*, *op. cit.*, p. 48 :「アメリカ合衆国政府が他の政府を差別する権力を持つ以上、当然のことながら他国民を自身の政府に対立させ、国家間戦争を内戦に変化させる権利も持つ。アメリカ流の差別的世界戦争は、こうして総力的かつグローバルな世界内戦に変貌する。西洋資本主義と東洋のボルシェヴィズムの一見信じがたい結びつきの鍵はこれである」。

*65 Ernst Jünger, *La Mobilisation totale*, *op. cit.*, p. 99〔ユンガー『追悼の政治』、三八～九頁〕。

*66 Hannah Arendt, *Essai sur la révolution* (1961), Paris, Gallimard, 1967, p. 18〔ハンナ・アレント『革命について』(志水速雄訳、筑摩書房、一九九五)、二〇頁〕。

*67 Thomas Hippler, *op. cit.*, p. 132, 130.

権下のアメリカ、ファシズム時代のイタリア、ナチス時代のドイツでも同様だった)。この「経済的-政治的」な包括的応答が資本によって誕生し、一時期確立するには、総力戦、一九二九年の恐慌、そしてヨーロッパの内戦が必要だったということだ。それは権力が最も「民主的」な表情を見せるときでもあるが、かと言ってかつてないほど好戦的な動員を諦めたというわけでもない。こうしてルーズヴェルトは、一九三三年の就任演説で次のように宣言する。「前進するには、われわれは訓練され忠実で、共通の規律のために身を捧げる覚悟のある軍隊のように振る舞わねばならない〔……〕われわれの人民がつくるこの偉大な軍の指揮を執り、われわれが共有する問題に取り組むことに、わたしはいささかのためらいもない」。ニューディールが別の手段による戦争の継続であることを、これほどみごとに表現することはできないだろう。全国復興法(NRA)はそのために、もともとがそのモデルであった、一九一七年にウィルソンが設立した戦時産業委員会へと逆戻りさせられるのである。

産業プロレタリアと住民を総力戦に組み込むことは、(テイラー=フォーディズム的)労働組織を市場組織から切り離すことになり、資本の展開がますます無秩序になる事態を招いた。それは、アメリカ金融資本の破産によって頂点に達することになる(一九二九年の大恐慌)。内戦の危険を再度冒してまでリベラリズムの破綻を封印するために、「民主主義的」体制とファシスト体制は「社会問題」を引き受けるよう強制される。そのために経済運営および社会管理に関して国家の役割が増強され、社会の隅々にまで広がる。ここから、「一九世紀以降構成されてきたような国民国家は、次第に『社会的国民国家』へと進化する」[68]。そのことは、ニューディールがムッソリーニのコーポラリスト国家やヒトラーの全体主義国家と〝似ている〟という理由で、アメリカのリベラル派やマルクス主義者からの批判を招いた(リベラル派は、このリストに「国家社会主義」を加えたという点では間違っていない)[69]。というのも、「ファシズム」は強い国家に指導された経済とだいたい同義だったため、ニューディールは一般に経済的ファシズムと同一視されていたからである。とはいえ、そのことの含意はかならずしも批判的に捉えられていたわけではない[70]。

第二次大戦後のドイツ憲法起草の際に、「社会」国家の定義を巡って激しい議論が行なわれ、やり方は違えどシュミットとフーコーもそれを考察することになるが、この議論の基礎になったのは、一九三〇年代のアメリカのみならず、イタリアでもドイツでも採用された手段と民主的な社会政策との非-連続性という大問題だった。一九三九年にパリで行なわれた独仏間の最後の対話――「ウォルター・リップマン・コロック」――を考えてもよいだろう。このコロックでは、ドイツから追われた、ないしは沈黙を強いられた何人かの参加者は、「国家は経済的生成変化を支配せねばならない」（フランツ・ベーム[*71]）という（発言者の）考え方を、社会的リベラリズムとして位置づけている。

アメリカ民主主義、ファシズム、ナチズムを貫くように展開された社会政策は、工場-社会という唯一の規律訓練原則を超えて、フーコー的な生権力の定義（出生、健康管理、労働リスクに対する保障システム等々）を乗り越えてしまう。実際、その政策は住民の「生物学的」生およびその「安全保障」に限定されない。新しい管理形式としての大量消費への道を開くことによって、近代的生活施設全体に関係を持つのである。ドイツでは「モータリゼーション」計画（最初の高速道路網の建設と「国民車」の立ち上げ、つまりアウトバーンとフォルクスワーゲン）、アメリカでは「電化」（テネシー川流域開発公社〔TVA〕、ここには本格的な国土整備計画つまりニューディール・ランドスケープにおける土壌改良が含まれる）、「余暇」や「仕事のあと」（全国余暇事業団 Opera nazionale dopolavoro）そして歓喜力行団（楽

★68　*Ibid.*, p. 131.

★69　以下に収録された抜粋を参照のこと。Wolfgang Schivelbusch, *Three New Deals. Reflections on Roosevelt's America, Mussolini's Italy, and Hitler's Germany, 1933-1939*, New York, Picador, 1986, p. 26-32〔W・シヴェルブシュ『三つの新体制――ファシズム、ナチズム、ニューディール』（小野清美、原田一美訳、名古屋大学出版会）、一七～二五頁〕。

★70　イタリアによるエチオピアの植民地化は一九三五年のことであり、ムッソリーニとヒトラーがスペイン内戦に関与したことが状況を変えることになった。

★71　Cf. Michel Foucault, *Naissance de la biopolitique*, *op. cit.*, p. 138-139 (leçon du 14 février 1979)〔フーコー『生政治の誕生』、一六五～六頁〕。

しみを通じて力をKraft durch Freunde）の発明（とテイラー主義化）、ラジオと映画の大規模な利用（有名なマクルーハンの定式によれば「自我が技術に吸収される電子のエデン」）、プロパガンダと管理の発達等々。このテーマに関しては、NRAの「青鷲運動」にも触れておこう。これは一九一七年〜一九一八年の戦争動員を模したもので、これを通じて個々の市民、消費者、雇用者被雇用者がNRAメンバーとして個人的かつ公的にニューディールの緊急措置全体の支援に参加した。「自分の仕事を果たす」「味方でない者は敵」。「ボス」（Bonzen）やマルクス主義労働組合がいなくなった労働者階級の物質的・精神的な貧困化は、国民的・社会的統合の新しい体制や新しい精神に好都合には働かないことをヒトラーはいち早く理解していたことを踏まえれば、この運動で言う「人民」（人びと、ふつうのアメリカ人）と民族共同体Volksgemeinshaftがよく似ていることは偶然ではありえまい。以下のことは強調しておいてもよかろう。「枢軸国」の拡張主義に向かって歴史が決定的に加速していく前の数年間は、外交だけではない仲介を通じて、ムッソリーニのファシズムとルーズヴェルトのニューディール、そしてヒトラーのナチズムのあいだには絶え間ない意見交換があったのだ。

一九三〇年代の社会政策は、ボルシェヴィキ的な「集団主義」の危険を払いのけ、自由主義《リベラル》的な金融「資本主義」の自殺的な個人主義を保護監督することを目的としていた。したがって、ニューディール、ファシズムそしてナチズムは、欧米の「観察者」からは、国家の指導下での経済の計画化を目的とするポストリベラリズム的統治の三つのスタイルと見なされることになる。そして国家には、「自由放任」の突然死のあと、資本と国民の双方を国有化することで資本自身と国民から資本の利益を保護するという役割が降りかかる。（この役割が大戦を、そして大戦が大恐慌を招いたのではなかったか）。それはつまり、社会的国民国家である。シカゴ大学の尊敬すべき教授にして、『力の追求』と題された大部の著作を著わした著者は次のように強調する。「ヒトラーがこの語を横取りするまでもなく、ヨーロッパの兵舎と徴兵事務所から生まれ、巨大ビジネス界出身の経営エリート、巨大な労働組合センター、大学や権力の取り巻きの協力に支えられた、国家社会主義と呼ばれてしかるべきだったものは、急速にヨーロッパ社会を席巻していたのである」[72]。ほかもすべて同じ。スターリンが「一国社会主義」（一九二四年）へと転換し、プロレタリア国際主義を断念したこともまた、国家社会主義の先駆けと形容できる。ニューディールという言い回しを作ったとされる民主党の花形ジャーナリスト、スチュアート・チェイスが「アメリカにとってのニューディール」と題したシリーズ記事で、計画経済の実験にけんか腰の関心を寄せつつ、じつにイギリス的なユーモアを湛えつつこう結論づけている。「いったいなぜわれわれロシア人が、世界を作りなおすことを楽しんだりするのか」[73]。

4…生権力の「パラドクス」

二つの世界大戦、内戦そして一九二九年の危機が、生政治的・規律訓練型の技術をかつてないほど一般化し全体化するよう働きかけた。そのことがこれらの技術の発展を急変させたのだが、フーコーにその影響を推し量る様子はない。両大戦間に、ヨーロッパで繰り広げられていた階級闘争と内戦を前に、生権力と規律訓練は完全に組み替えられた。これらの闘争、内戦の持つ重要性は甚大で、われわれが一九一四年〜一九四五年の一連の出来事をひとまとまりの「ヨーロッパ内戦」と呼んでもいいくらいである[74]。

＊72 William McNeill, *La Recherche de la puissance*, *op. cit.*, p. 373［ウィリアム・H・マクニール『戦争の世界史——技術と軍隊と社会』（高橋均訳、中央公論新社、二〇一四）、下巻二四二頁］。

＊73 ルーズヴェルトが議会で演説をする数日前の『ニュー・リパブリック』紙にて（cité par Wolfgang Schivelbusch, *Three New Deals*, *op. cit.*, p. 101［シヴェルブシュ『三つの新体制』、注一三三頁に引用］）。

＊74 ルチアーノ・カンフォラはエルンスト・ノルテのものとされるこの発言の主を以下で検証した。Luciano Canfora, *La Guerre civile européenne. National-socialisme et bolchévisme (1917-1945)*, publié en 1989. じつは彼女はその二〇年ほど前に、まったく異なった問題意識のもと、それをロシア革命五〇周年の際のケンブリッジ大学での講演でアイザック・ドイッチャーが述べたものとしていた。Cf. Luciano Canfora, *La Démocratie*, *op. cit.*, p. 278 sq.

フーコーはナチズムにその絶頂の瞬間が見いだされる新しい権力のメカニズムが一般化されていくさまをみごとに描いている。かれはこれを「より規律訓練的かつより保障的な社会のことではない」と明言している。フーコーは「普遍的に保障的、安全確保的、調整的、かつ規律訓練的なこの社会」をすぐさま、「近代国家の機構に組み込まれる」一つの傾向の完成と関連づける。[*75] しかしながら、自らの社会的な性格をエネルギッシュに標榜するその新しい組織化を基準にした資本の「戦争機械」を問題視することなく、生権力と規律訓練の一般化を説明できるものだろうか。第一次世界大戦の際に規律訓練が拡張したのはひとえに戦争経済のおかげであり、また規律訓練だけでなく、「総動員」の組織化原理としての剰余価値の生政治が拡がったおかげであった、とわれわれは指摘した。一方にロシア革命の予測不可能な成功とヨーロッパにおける諸々の革命の失敗、他方に一九二九年の金融危機、この両者が「階級闘争」と世界内戦を無力化するために、生権力を完全に組み替えることを不可欠にすることになる。この戦略枠組みなしには、ファシズム、ナチズムそして「殺す権利」を伴った権力の諸技術の一般化を理解することは不可能である。『社会は防衛しなければならない』の最終講義によれば、生権力の一般化は一つの「パラドクス」をもたらすという。生の管理を目的とする権力は、同時にそれを抹殺することもできる。そして生権力として自分自身を抹殺することもできる。原子力はこのパラドクスの絶対的枠組みである。なぜなら、爆弾は生権力が担当するとされている住民を消滅させる可能性を持つからだ。この段階に至って、主権の昔ながらの特権、つまりその臣下たちを殺す決定（「殺す権利」）が揺さぶられることになる（生を保障する権力がどうして死を命じることができるのか）。このパラドクスを脱する唯一の方法は、覚えておいでの方もあろうが、フーコーにおいては「国家の人種主義」である。「もちろん、ただナチズムだけがこの殺すという主権の権力と生権力の諸々のメカニズムのあいだの相互作用を最悪の形にまで推し進めたのである。しかし、この相互作用はすべての国家の機構に効果的に組み込まれているものでもある」。[*76]

生権力は「住民全体に、生きていくために必要だという名目で相互に殺し合うよう仕向ける」。[*77] この意味で「虐殺は生に不可欠になる」。しかしだからといって、「延命のための死活問題」の決定的要因として人種を導入せねばならないものだろうか？　世界市場獲得を掲げる帝国主義戦争（ここでは交戦国はただの「政治的」敵に過ぎず、総力戦によって制約が失われるまでそれが長いあいだ続いた）を妨害しかねない、この階級戦争（本源的蓄積以降、われわれは人種戦争を階級戦争の一つとして捉える）の、めまいのするような存在感から目を逸らそうとしているだけではないのか。かれらが「生物学的敵」になるのはいくつかの条件下においてのみであり、とくにナチスドイツではこれらの条件は（ちぐはぐではあるが、植民地化も手伝って）「生権力」と共通していないではなかったが、しかし「生権力」だけに見られる活動につねに依存していたというわけではない。

数年後、フーコーは自身の「パラドクス」理論を批判することになる。というのも、第二次世界大戦を登場の場とする史上最大の「殺戮」は、その登場人物のすべてにおいて、「社会保障の巨大計画」の実行と同時進行だったからである（フーコーはベヴァリッジプランつまりイギリスの「社会保障」を参照している）。また、「巨大な破壊機械」は「個人の生の保護を目的とする制度」と共存している。「生産様式」かつ「破壊様式」であるのが資本主義の「本質」であるのだが、フーコーはこの二重の次元が二〇世紀に入ってから、しかもつねに福祉国家を出発点に出現した、という見方しかとらない。「この一致を次のような一つのスローガンにまとめることもできよう。それなら殺されてしまいなさい、われわれは長く快適な人生をお約束します。生命保険は死の命令とセットなのだ」。[*78] フーコーが死の政治という概念を「生政治の裏面」として導入したのはこのことがあったからである。生権力の対象たる住民は、「国家が自身の

---

*75　Michel Foucault, « *Il faut défendre la société* », *op. cit.*, p. 231-232［フーコー『社会は防衛しなければならない』、二三二頁］（引用はすべて一九七六年三月一七日の講義より）。
*76　*Ibid.*, p. 232［前掲書、二五八頁］。
*77　Michel Foucault, *La Volonté de savoir*, *op. cit.*, p. 180［フーコー『知への意志』一七三頁］。
*78　Michel Foucault, « La technologie politique des individus » (1982), in *Dits et écrits*, t. II, op. cit., n° 364, p. 1634［フーコー「個人の政治テクノロジー」『思考集成』、第一〇巻三五六頁］。

利益のために監視している対象に過ぎず、もちろんのことながら、国家は必要があればそれを虐殺することもできる」[*79]。

フーコーの概念は、こうした西洋史の恐るべきシークエンスを前に回答を避けているように思われる。なぜなら、「パラドクス」がひとたび取り除かれてしまえば、人種主義には説明と言えるほどのものが残っていないからである。それはまるで、何もかもが極端にまで癒着が進んだナチズムがもたらした生政治に固有の殺す権利であるかのようだ。それゆえに、フーコーが『生政治の誕生』でオルドリベラリズムを分析する際にナチズムに立ち戻りつつ、それを「保護経済、扶助経済、計画経済、ケインズ経済が、当時の実地の経済行政とがっちり結びついて一体をなす経済システムの組織化」[*80]に関連づけたことはことのほか興味深い。ここから、これまで手短に指摘した、三つのニューディール（ルーズヴェルト、ヒトラー、ムッソリーニ）に特有の横のつながりが生じてくる。フーコーはそこに、第三帝国に対抗したイギリスの総動員も付け加えて、オルドリベラリズム批判を補強している。「イギリスの労働主義はドイツ型のナチズムへと通じていくことになる。ベヴァリッジプランとはゲーリングプランつまり一九三六年の四カ年計画に導いていくことになるものなのである」[*81]。だがそうだとすれば、かれ自身もそう認めている通り「極端な解決策としてのナチズムは一般史、あるいは少なくとも資本主義の過去の歴史の分析モデルとしては役に立たない」のである[*82]。

5…戦争機械と殺す権利の一般化

総力戦と、総力戦に統合されつつもそれを解体しかねないものでもあるヨーロッパ内戦は、資本の戦争機械と、資本主義に対抗して動員された革命的戦争機械とのあいだの残虐な闘争によって刻印されている。この無慈悲な戦いにおいて、エリート、産業・金融資本家は次第に権力を担う民主リベラル諸政党からいっさいの資金を引き揚げていき、第一次世界大戦後には「ボルシェヴィズム」の危険――ドイツでは一九一八年のストと社会民主党からのスパルタクス団の分離のあと高まっていった――に議会制民主主義が無力であることを確認すると、かれらの多くがファシズムを選ぶようになる。かれらはこうして、ファシスト的戦争機械の飛躍を助けることになるのだが、政治危機（ロシア革命）と一九二九年に頂点に達する経済危機という二重の挑戦に自由主義《リベラル》的民主主義よりもましな対応ができそうに思えたとはいえ、この種の機械にはやはり自律化し資本の利益とは矛盾する目標を追求するという危険があった。したがって、ヨーロッパ内戦という枠組み内で、規律訓練型／安全保障型（ないし生政治的）技術の変容と、資本が仕向けた世界レベルでの階級闘争の戦略目標に応対する「殺す権利」の一般化とを分析せねばなるまい。フーコーにとって、生政治は逆に戦略諸力にその「パラドクス」を押しつける内的論理によって動かされているものだったようである。

こうした諸問題を解きほぐす試みとして、われわれはドゥルーズが『千のプラトー』執筆時に並行して行なった講義の一つで設定した資本、戦争、ファシズムの関係を再構築してみようと思う。かれはそこで、クラウゼヴィッツの概念を大規模に用いている。

リベラル派の臆見とは逆に、ドゥルーズにとってファシズムの「本質」は資本主義の本質と無縁ではない。両者のあいだには、資本家への抑圧や「貢献」の道具としての関係だけでなく、むしろ無制限性を伴う二重の共謀関係がある。これこそ、生権力の規律訓練が一般化した理由、そして「殺す権利」の系譜学を追求すべき場である。後者は事実、資本が戦争を支配したことの、直接かつ無媒介な帰結である。資本による戦争機械の領有化は、生産の動力源である無限性が戦争に伝播し、「殺す権利」の制限をすべて廃

★79 *Ibid.*, p. 1645〔前掲書、第一〇巻三七〇頁〕。
★80 Michel Foucault, *Naissance de la biopolitique, op. cit.*, p. 113 (leçon du 7 février 1979)〔フーコー『生政治の誕生』、一三四頁〕。
★81 *Ibid.*, p. 114〔前掲書、一三六頁〕。
★82 *Ibid.*, p. 113〔前掲書、一三五頁〕。

してしまうことを意味している。

ドゥルーズはこう述べている。

総力戦へと向かう一つの傾向を、資本主義が戦争機械を奪取し、そこに〔……〕基本的な物質的発展〔……〕をもたらした時点から定めることができる。戦争が総力戦に変わるとき、目標〔敵を打倒する〕と目的〔目標の実現を通じて国家が狙っているもの〕は矛盾に陥る傾向にある。目標と目的のあいだに緊張が生じるのだ。というのも、戦争が総力戦に変わると、目標は、つまりクラウゼヴィッツの言葉にならえば敵の打倒にはもはや制約がないからだ。敵はもはや確定できず、奪取すべき要塞や、打ち破るべき敵軍と同じではない。敵はすべての人びとであり、居住環境全体なのである。目標が無制限になると言ってもいい。総力戦とはそういうものである。[*83]

産業化以前の戦争では、目的と目標は一致していた。なぜなら戦争機械は国家の掌中にあったからである。軍事目標は国家の追求する政治目的に従属していた（戦争は政治権力の安定のために別の手段で政治を継続することである）。総力戦とともに、軍事目標（敵の打倒）は無制限になり（住民とその環境を滅ぼす）、国家は政治目的を戦争計画に課すことができない。国家はもはや「政治目的」を追求することができない。なぜなら国家は総力戦の戦争機械の構成要素の一つでしかないからである。したがって、生政治による規律訓練の全体化と「殺す権利」の一般化を説明できるのは「国家の力学」（フーコー）ではない。ファシズムは、生産のための生産の論理を無制限の破壊と無制限の「殺す権利」に読み替え、無制限の目標と制限付きの目的の矛盾を自身で担うことで解消することになる。同時に、この目標達成のために戦争機械も構築される。しかし、これによって別の問題も生じる。ファシストの戦争機械は、国家に対して自律性を持つがゆえに、資本が生産様式だけでなく「破壊」様式でもあるにもかかわらず、資本に対しても自律性を持つ危険がある。資本の破壊様式とは、「経済」危機の際に不変資本および可変資本の「一部」を破壊することであり、また「政治的」危機の際に人口の「一部」を物理的に破壊することである。フーコーが証明したように、「虐殺」とは資本主義の歴史を通じて、住民の一部に対して何らかの制限内で行なわれ、植民地から次第に本土へと移転された統治様式なのである。

ドゥルーズは、ハンナ・アーレントのテーゼに賛同したが、しかしかれがそれを適用するのは、かれが全体主義と区別するファシズムに向けてである――全体主義は一九五一年のアーレント大著の核心にあるが、アーレントの全体主義についてドゥルーズは不出来な概念と見なしていた[*84]。「ファシズムを根本的に規定するのは国家装置ではなく、運動すること以外にゴールを持たない運動の始動、つまりは無制限の目的である。運動以外のゴールを持たないがゆえに、自身を加速すること以外のゴールを持たない運動、それはまさに絶対的破壊の運動である」[*85]。ファシズムに対するこの診断は「ヒトラーないしその副官たちのテクスト」と合致する。「このテクストで、かれらは行き先も目標もない運動について述べている。行き先も目標もない運動、それは純粋な破壊運動であり、総力戦の運動である。それゆえわたしはこの時点できちんと言うのだが、国家装置に対する戦争機械のある種の自立性のようなものがあり、そうであるがゆえに、ファシズムは国家装置ではないのだ」[*86]。

殺す権利の一般化と強化は、ナチスの戦争機械が自立した際の「運動のための運動」と「純粋破壊」の

★83　Gilles Deleuze, « Appareils d'État et machines de guerre », année universitaire 1979-1980, séance 13 (URL : www.youtube.com/watch?v=kgWaov-IUrA).

★84　われわれの言う意味でドゥルーズ的な読解と非常に近い、アーレントの「全体主義」概念の批判的な見通しとしては以下を参照。cf. Roberto Esposito, « Totalitarisme ou biopolitique », *Tumultes*, 1/2006, n° 26.

★85　Gilles Deleuze, « Appareils d'État et machines de guerre », séance 13. Cf. Hannah Arendt, *Le Système totalitaire*, Paris, Seuil, 1972, p. 72［アーレント『全体主義』、四〇頁］、「かれらの支配の理想は一国家によっても、単なる暴力によっても実現されえなかった。それを可能にしたのはつねに運動し続ける運動のみである。つまり、諸個人の生活のあらゆる面を恒常的に支配することである」。

★86　Gilles Deleuze, « Appareils d'État et machines de guerre », séance 13.

無制限性に由来する。しかし、ナチズムは戦争を全面的に実行することによって、生産のための生産をよりいっそう無制限なものとしつつ、同時に純然たる破壊主義のなかの合理的狂気の経済を最終的に安定させていた、ということにほかならない。こうしてナチズムは、もはや破壊のためでしかない国家装置のシミュラークルを道連れに死んだのである。フーコーもまた、ナチズムという特殊事例において「制限なしの」戦争の力学をとりあげているが、しかし「制限なし」とは、「法」（主権に由来する）というより殺す権力によって生産と戦争に無限性を導入した資本の「法則」であることを無視し、「制限なし」の戦争の出自を国家の生権力に割り当てているところを見ると、かれはその出自を誤認しているように思われる。ファシズムのなかから漏出して、その漏出のダイヤグラムを構成するのはこの運動である。フーコーの語る「戦争の人種主義」も、これと同じ力によって解き放たれる。つまり、国家が自身の政治的保守主義を乗り越えて、ナチスによって人種という名と象徴によって行なわれたものと同じほど急進的な人減らしに足を踏み入れることができるものだろうか、ということだ。『社会は防衛しなければならない』の最終講義で次のように議論を進める際、フーコーはこの問題を中心に据えていたようにわれわれには思われる。

> 戦争がはっきりと政治目的として――それも単に、結局はいくばくかの富を得るという目的だけでなく、ある意味で政治的プロセス全体の最終的・決定的局面として――掲げられたということは、政治は戦争に帰着せねばならない、そして戦争は全体を仕上げることになる最終的・決定的段階でなければならない、ということである。したがって、ナチス体制の目標は他の人種の破壊だけではない。他の人種の破壊はそのプロジェクトの一面ではあるが、もう一つの面は、自身の人種を死という絶対的・普遍的危険にさらすことであった。死の危険、全面的破壊にさらされること、それは基本的なナチスへの服従義務のなかに、そして重要な政治目標のなかに組み込まれた原則の一つである。住民全体が死にさらされるようなところまで到達せねばならない。住民全体が死にさらされることによってのみ、絶滅させられるか完全に隷従させられるかする人種を前に自らを優越人種として具体的に構成

し、決定的に再生させることができるのである。[*87]

ドゥルーズの分析はフーコーのそれと似ていると見る者もいるかもしれないが、しかし一つの深淵が両者を分かつ。というのは、ドゥルーズにとっては戦争機械、そして戦争機械が国家を自らの目標に服従させる傾向こそが、ナチズム、そしてナチスによる規律訓練的でもあれば自殺的でもある生権力の再編を説明するものだったからである。資本が戦争に伝導する無限の運動を考慮することなしに、そのことを説明するのは不可能であり、その最も「純粋」なくわだては、戦争を「すべての者が死にさらされる状態」のなかで絶対的破壊の流れへと変容させることになる。規律訓練と「殺す権利」としての生権力は、その戦略の構成要素に過ぎない。この戦略を作動させるのはファシストの戦争機械であり、それは無制限の運動と、それをあまりに絶対的すぎるがゆえにいかなる政治的目的によっても、政治そのものによっても（逆転させたクラウゼヴィッツの公式も含め）戦争に組み込むことが不可能な敵を無制限に破壊して運動を全体化することに突き動かされていた。戦争機械と国家の本質的な違いの核心にあるものが、「ファシズム」という一般名称のもとに、ナチズムの全理解の糸口となる。

いわゆる全体主義的体制と呼ばれるものにおいては、しばしば軍人が権力を握っているが、しかしそれは機械状の戦争体制ではまったくない。逆に、それは最小国家という意味での全体主義的体制なのである。しかし、ファシスト国家においては事態はまったく異なり、ファシストが軍人ではないのも偶然ではない。参謀本部が権力を握っているとき、全体主義的国家を作り出すことはできる。しかしファシスト体制となると、それは確実ではない。ファシスト体制はあまりにもねじれた観念で、そ

＊87　Michel Foucault, *« Il faut défendre la société »*, *op. cit.*, p. 231-232［フーコー『社会は防衛しなければならない』、二五八頁］。

れは軍隊式ではない。ドイツ参謀本部はもちろん権力を欲したが、しかしヒトラーに先を越されたのであり〔……〕だからファシズムがドイツ参謀本部から発現したとは言えない。まったく別のものから出てきたのである。これが国家から自立した戦争機械である。ファシスト国家、それは自殺的国家だ、というヴィリリオの非常によいアイディアもここから生まれている。もちろん、他人も殺すだろうが、自分自身の死も考えるということだ。死を讃えるというファシスト的テーマとはそういうものだが、自分の死を他者の死の総仕上げとして考えるのだ。どんなファシズムにもそれが見いだせる。しかし、全体主義はそんなものではない。はるかにプチブル的であり、はるかに保守的なのだ。[*88]

フーコーのように生政治的・規律訓練的技術と「産業化」ないし「経済」を関連づけることは、ドゥルーズが提案したように、それらを資本の「法則」や戦争機械（本質的に国家とは区別される）と関連づけることとはまったく別である。第一次世界大戦後の人種主義の発展が、生権力の技術をもとに一気に進められたとか、自立したということはない。[*89]もとになったのはナチスの世界戦争機械である。それが国家に対しても資本に対しても自立しつつ、最終解決において総力戦の敵の絶滅を無制限に行なうよう仕向けたのである。

ここに、生権力をファシスト的な生と死の共存へと導いていく「とてつもない事態」が生じたとすれば、その「事態」なるものは、国家の歴史のある種の連続的な変化のなかでその事態に固有の合理性や諸装置に従属したのではなく、むしろ「戦略的諸関係」（統治者／被統治者の関係やそれらを管理運営する権力の技術からは区別されねばならない）[*90]の偶然性や階級闘争の非連続性、そして資本主義と社会主義の死闘の不確かな行方などに従属しているのだ。野党労働党の党首ランズベリーが、チャーチルのアクティング・アウトの一カ月のちに、ムッソリーニの「ローマの天才」を手本にこう公言することになったことは思い返しておくべきだろう。[*91]「わたしにはどうしたって二つの方法〔失業対策〕しか理解できない。そしてそれはすでにムッソリーニが定義している。公共工事か補助金だ〔……〕。わたしが独裁者ならムッソリーニのようにしたことだろう」[*92]。一九三〇年代初頭、アメリカ、ファシストのイタリア、そしてドイツに共通したこうした生政治的手法は、それぞれの経済を指揮する非常に異なった政治的・軍事的戦略のために、その後は根本から分岐していくことになる。しかし、優位を占めるのはやはり資本、国家、戦争機械の関係である。

　にもかかわらず、それこそが一九七〇年代末のフーコーにはますます見えなくなっていったことだった。経済的搾取のさなかにさえ、規律訓練、安全保障、規範化による住民の統治の布置を描き出す、資本主義の現実についてのフーコーのきわめて豊かな理論的構成は、ヨーロッパ内戦へと通じていった階級の係争の拡がりを考察することには失敗する。マルクス主義はと言えば、住民と人民から階級闘争を抽出し、ボルシェヴィキはと言えば永久革命宣言[*93]としての「プロレタリア独裁」に基づいたボルシェヴィキ的戦争機械構築のために、そこから党の前衛を抽出した。軍事的というより戦争的なこの階級論理に沿った住民の政治化に対抗するため、総力戦がまず社会の軍事化を通じて、ついで福祉を通じて「住民」を再構築

★88　Gilles Deleuze, « Appareils d'État et machines de guerre », séance 13. フーコーの「自殺国家」という主題も『社会は防衛しなければならない』の同じ箇所にある。

★89　Cf. Michel Foucault, « *Il faut défendre la société* », *op. cit.*, p. 230［フーコー『社会は防衛しなければならない』、二五七頁］。「古い伝統よりも、新しいイデオロギーよりも、あるいはほかの何かよりもずっと深いのだろうと思います。近代人種主義の特質、あるいはその特質を作るものは、心性やイデオロギー、権力の嘘とは関係しません。権力の技術、権力のテクノロジーと関係するのです」（強調は引用者）。

★90　晩年のフーコーが導入したこの重要な区別については、この先でそれをわれわれが最新の資本主義を分析する際に詳細に扱うこととする。

★91　一九三三年二月一八日のイギリス反社会主義連盟での演説の際に、チャーチルは演台で宣言した。「ムッソリーニはファシズムによって、社会主義との戦いに取り組む諸国がためらうことなく付き従うべき灯火を掲げたのです」。協調主義的国家はつまり、「情熱をもって統治された国民が選びうる道」となったのである。

★92　チャーチルの発言は以下からの引用である。Luciano Canfora, *La Démocratie, op. cit.*, p. 286.

★93　『フランスの階級闘争』でのマルクスの表現による。

し、その内部で「ナショナリスト」人民の潜勢力を動員することになる。こうした人民に対してはいつでも「住民共同体に対する敵対的要素が持つ破壊的効果に人種という解毒剤を」[*94] 投与することができる。

　この点について、マルクスはフーコーよりもつねに筋が通っている。とくにフーコーが、「資本主義社会の内部そのものにおける闘争、敵との闘争、敵の排除といった問題」[*95] を放棄しない社会主義を嘆きつつ、クラウゼヴィッツの定式の逆転を辿るその道程の終点として、社会的人種主義を強調するに至ったときに、それがあてはまる。いずれにしろ、こうした住民本位の問題の立て方はわれわれのものであり続ける。その戦略はもはや最も狭義のマルクス主義的な意味での階級に属するものではないが、「住民」（というカテゴリー）から政治的戦略の現実の諸条件を抽出することは、今なお重要な課題である。

6…戦争と福祉

　生権力技術の一般化が住民の生を保護し保障することを第一目標とする一方で、住民を死にさらすとすれば、フーコーの指摘する「生と死の共存」という「パラドクス」の応用、説明、解決のポイントは、福祉の生政治技術と戦争の技術の、今なお構成的と呼ばねばならない関係のなかにある。

「戦争国家から福祉国家へ」あるいは「戦争国家はいかにして福祉国家になりしか」[*96]。このことは、福祉の母型が総力戦の戦争福祉であり、そして総力戦は、二つの概念を別の手段による戦争の継続としての福祉のなかで密接不可分に結び合わせる、という意味においてのみ理解されるべきことである。それが第一次世界大戦の重要性である。「ニューディールで何が斬新なのか？」という質問に対する答えは、平時に新‐戦時経済を構築する試みに目を向けさせる。それはマーク＝エレン・アイズナーが書いている通りである。「ニューディールを理解する最善の方法は、それをより長い歴史、少なくともアメリカの第一次世界大戦参戦から始まる歴史のなかに位置づけることである」[*97]。

　ヨーロッパの巨大な内戦を掩蔽《えんぺい》するかたちとなった世界大戦は、生権力の深刻な変化を決定づけたが、そのことはフーコーの著作に影響されたフランソワ・エヴァルドの福祉国家分析ではきわめて部分的にしか把握されていない。というのは、もし「福祉国家が生権力の夢を実現する」[*98]のなら、現代の福祉はひとえに経済的なものと社会的なものの狭間において、生産活動に内在する「リスク」すべて（労災、失業、疾病、退職等々）に備える企業の「保障的」論理を社会全体に拡大する安全保障への権利からしか生まれないということにはならないからである。現代の福祉もまた総力戦のためであり、何よりまず住民と産業プロレタリアを戦争協力に駆りだしたことに対する補償という意味での福祉であった。グレゴワール・シャマユーはこう評する。「社会国家は一部は世界戦争の産物であり、砲火の犠牲者のために獲得された代価、戦争に駆り出された兵役の代償だった。軍の収支決算に記載されるべき『コスト』は、『政策決定者』にとっては暗黙のうちにこの種の支出を基準に計算されるものである」[*99]。フランスでは、一九四五年一〇月四日の法令および「一九四六年五月二二日」法を考えてもいいだろう。それらは社会保障の一般化に関するもので、「労働者とその家族を、収入能力を減少ないし消滅させる可能性のあるあらゆる性格のリスクから保護する。同様に出産手当および家族手当もカバーする」。バーバラ・エーレンライクは、一

＊94　Ludendorff, *La Guerre totale*, *op. cit.*, p. 69〔ルーデンドルフ『総力戦』、九四頁〕。
＊95　Michel Foucault, « *Il faut défendre la société* », *op. cit.*, p. 232-233〔フーコー『社会は防衛しなければならない』、二六〇頁〕。
＊96　この二つの表現はそれぞれ以下を典拠とする。Marc Allen Eisner, *From Warfare State to Welfare State: World War I, Compensatory State-Building, and the Limits of the Modern Order*, University Park, Pennsylvania State University Press, 2000 ; Barbara Ehrenreich, « The Fog of (Robot) War », URL : www.tomdispatch.com/blog/175415.
＊97　Marc Allen Eisner, *op. cit.*, p. 299-300.
＊98　François Ewald, *L'État-providence*, Paris, Grasset, 1986, p. 374.
＊99　Grégoire Chamayou, *Théorie du drone*, Paris, La Fabrique, 2013, p. 266〔グレゴワール・シャマユー『ドローンの哲学——遠隔テクノロジーと「無人化」する戦争』渡名喜庸哲訳、明石書店、二〇一八、二二二頁〕。

九三五年に公布された社会保障法がニューディールの一部をなしているアメリカの状況をもとに同じ結論に辿り着いている。「現代の『福祉国家』は〔……〕大部分が戦争の産物である。つまり、兵士とその家族を宥めようという政府の努力の産物である。たとえばアメリカでは、内戦が家族および子どもに対する社会援助の前身である『寡婦年金』設立につながった」[*100]。ここに、最初の廃疾年金は独立戦争の兵士に支給され、最初の老齢年金も同様に内戦後に登場し、最初の「社会福祉システム」に家族も包含していたことを付け加えてもいいかもしれない[*101]。第一次世界大戦以前も、軍人年金のシステムは労働者（「中流」労働者階級）にとっての最初の年金制度として機能していたことが確認できる[*102]。その遠い起源は内戦に遡る「租税国家」の構成が、第一次世界大戦の財政をまかなうために正式に構築される以前から、戦争の連鎖のあとに生じていたのには理由がある[*103]。

　福祉はまた、資本の戦争のための兵士の物質的・主体的生産の基本的条件である。出生が死亡を埋め合わせ、徴兵適齢者は戦闘に適している必要があるからだ。それに続くのが、新たな生の経済であり、それは最初に労働力構成を管理していた力関係よりも原則的には好ましい力関係のもとに、市民の死の権利と結びつけられる。国家は今や住民の「質」を住民の「量」に結びつけなくてはならない。そのために、何らかの「手当」に値する国家奉仕ないし社会労働としての出産に対する（奨励）政策を通じて、女性をそこに参加させ始めたのであり、これが生命を与え維持する母親を、祖国防衛のために死の危険を冒す兵士と同等なものにする。「軍事面で人間の生命が有用だったことが、変化の発端である。一国家が戦争を遂行する、ないし別の戦争を睨んでその備えをする際〔……〕戦場で死ぬ兵隊の穴埋めも考えなくてはならない」[*104]。性のあいだの「平等」も「差異」も（「差異のなかの平等」も）認められていないことは言うまでもない。それでもやはり、資本とその軍と戦争機械の戦略内における、およそ平和的とは言いがたい「共存」のパラドクシカルな論理を、生政治の（男性的）論理のなかだけに追求すべきではない。それは資本とその軍そして戦争機械の絡み合った戦略のなかにこそ追求すべきなのである。

第一次世界大戦中、公衆衛生の専門家たちは徴兵適齢者の三分の一が身体不適のために兵役を免除されたことにショックを受けた。かれらはあまりにも虚弱・軟弱であるか、あるいは職場での事故で重傷を負っていた。〔……〕社会的な正義と公正の観念、でなければ労働者蜂起への懸念は、二〇世紀の社会国家〔福祉国家〕の発展において間違いなく大きな役割を演じたが、まったく実用的な軍事的動機もあった。すなわち、若者が役に立つ兵士になれるようにするには、健康で栄養状態良好、そしてそれなりに教育を受けている必要があったのである。*105

内戦の「リスク計算」によって、労働者の闘争を工場での労働安全および工場外での生活権に置き換えた福祉国家の系譜学が間違いなくあったにせよ、住民全体に福祉の「普及」を押しつける役割は、戦争労働における社会の総動員が担うことになる。では「その住民はどこから来たのか」とキャロル・ペイトマンはフェミニストからのフーコー批判を引き継いで問題提起をする。ここでは生活の女性兵士としての母を巡っての、ルーズヴェルトやベヴァリッジ批判が根拠になる。しかし、彼女はまた、いかにして福祉が

---

*100 Barbara Ehrenreich, *art. cité.*
*101 Megan J. McClintock, « Civil War Pensions and the Reconstructions of Union Families », *Journal of American History*, n° 83, septembre 1996, p. 466.
*102 Charles Anderson, *Industrial Insurance in the United States*, Chicago, University of Chicago Press, 1909, p. 277.
*103 Cf. Elliot Brownlee, *Federal Taxation in America: A Short History*, Cambridge, Cambridge University Press, 2004, p. 2:「一九一六年にアメリカが参戦の準備に入るまで、所得税は暗中模索の試みに過ぎなかった」。
*104 Sara Josephine Baker, *Fighting for Life*, New York, Macmillan, 1939, p. 165. サラ・ジョセフィン・ベイカーはニューヨーク市の児童衛生課の責任者に任命されている。これは児童の健康を専門に扱う最初の部局だった。
*105 Barbara Ehrenreich, *art. cité.*

動員のために不在になった一家の大黒柱の夫の置き換えを目指したのかを解説している（動員兵士の妻のための手当に関する法＝別居手当）。それはその代理人に転移された兵士の給与であり（私人としての妻）――それは完全な「市民」としての女性を社会的に承認する代わりに行なわれたことだが、完全な市民という意味での女性は、第二次世界大戦直後に公布された諸々の社会保護法のなかにかならずしも登場するわけではない。[*106] 一九四二年のベヴァリッジ報告では、家族手当法の哲学が説明されているが、これは同時に福祉国家イギリスとしての最初の法案であり、一九四六年には国民保険法となる法案の最初のものであった。これについて、このリベラルなケインズ主義者はこう説明している。「既婚女性の大部分は大事な仕事を実行しているのであり、たとえそれが無報酬だとしても、それなしにはその夫たちは働けないであろうし、また国家も存在できない」。[*107] イギリスの婦人参政権論者たちは、一九一四年に『ラ・フランセーズ』にも掲載された決め台詞「戦争が続く限り、敵の妻もまた敵である」[*108]を唱えたのだが、その振り出しに戻ったわけだ。フランスでも事態はさして変わるまい。フランス女性参政権協会の会長、マルグリット・ド・ウィット＝シュランベルジェは一九一六年、祖国のために子どもを差し出すことを拒んだ女性は「脱走兵」と見なされると明言した（四年後彼女は『祖国の母か、祖国の裏切り者か』と題した小冊子を出版することになる）。とにかく、母性型フェミニズムが戦争時代の戦略に対応していたことは否定できないだろう。[*109] 女性就労率の最も高い国において、その戦略は、必然的に戦争省の監督下にある女性労働委員会の執る措置や、加速度的に福祉国家化する戦争国家の枠内での「社会的フェミニズム」の発展に見合った工場での組合闘争と合致したものでなくてはならなかったのである。

アメリカでは、大戦中の全国戦時労働委員会の創立がニューディールの全国労働関係法（「ワーグナー法」）の先駆けとなり、組合の（とくにアメリカ労働総連盟の）戦争協力への参加を活発化した。[*110] 組合の数は一九一六年から一九一九年にかけて二倍近くになり、労働者の平均年収は同じ期間に七六五ドルから一二七二ドルへと改善した。最低賃金と男女平等賃金、八時間労働には、「健康状態のよい、それなりに快適な暮らしを送っている労働者とその家族の生計」を保証しようという意志が感じられる――ただし組合のストライキをコントロールし（完全雇用の環境下ではストは急増するからだ）、スト権を制限し、戦略産業への労働者の徴用と引き換えにだが。戦争が終わると、ずいぶんと不利になった交渉にあたるアメリカ労働総連盟は、テイラー化の利潤分配と、大いに「労働の兵士」のためになったと思われる科学的マネージメントを支持することになる。アメリカ労働総連盟は、労働者管理のスローガン「ボルシェヴィキのイデオロギーは無定見で赤色」[*111]に対して「企業内組合」との連携策を展開した。そこで提案されたのが「利潤分配、株式賞与、団体保険、退職年金、社宅、ヘルスケア」[*112]（福祉資本主義）である。ある組合活動家はこう漏らすことになる。「ムッソリーニがイタリアで行なったファシスト組合主義とそっくりではないだろうか？　ということは、これはアメリカで産業・政治的独裁が始まったことを告げていないだろうか？[*113]」。

★106 Carole Pateman, « Equality, Difference, Subordination: The Politics of Motherhood and Women's Citizenship », in G. Bock, S. James (dir.), *Beyond Equality and Difference. Citizenship, Feminist Politics and Female Subjectivity*, Londres et New York, Routledge, 1992.

★107 *Ibid.*, p. 22. ベヴァリッジは家族手当キャンペーンがフェミニズムによって毒されることをつねづねこぼしていた（「フェミニズムの染み」）。

★108 Cité par Gisela Bock, *Women in European History*, Oxford, Blackwell, 2002, p. 144.

★109 このことは、大戦中のモード・ロイデンの発言を完璧に説明してくれる。「国家は子どもを欲しています。そして国家に子どもを与えることは危険であると同時に名誉ある奉仕です。母は兵士のように危険を背負い、金銭では埋め合わせられない献身の証しを立てるのです。ですが結果として、母親も兵士も『経済的に依存した』状況に置かれることがあってはなりません」（cité par Carole Pateman, *op. cit.*, p. 26）。

★110 労働組合もまた、国防会議、食品局、燃料局、緊急建設委員会等々を含む戦争の運営部局の集合に加わっている。

★111 米国労働総同盟議長のサミュエル・ゴンパーズは労働組合リーダーによる「全米」委員会を組織する動機としてそのように説明している（*The Taylor*, April 8, 1919）。

★112 Cf. Marc E. Eisner, *op. cit.*, p. 177 (chap. 5 : « From Warfare Crisis to Welfare Capitalism »).

プロレタリアの集団的共謀に基づく総力戦によって、協調組合主義的な福祉国家において軍人給与やそのほかの兵士（および退役兵）を支える社会基金に充てられる予算は、はっきりとした政治的役割を果たすようになった。それは今なお起こりうる（動員ないし動員解除された）徴兵適齢者が合流しかねない武装抗命や社会的異議申し立てに対する予防である。というのも、内戦はつねに待ち構えており、暴動は二〇世紀前半の諸革命で決定的な役割を演じることになるからである。バーバラ・エーレンライクはさらにこう指摘している。「一七世紀のヨーロッパに大衆軍が導入されて以来、ほとんどの政府は、兵士の低賃金と栄養悪化――兵士に供給する側の階級においても同様――こそが、軍隊が将校の命令する方向とは逆に刃を向ける危険を生むのだと理解していた」[*114]。

もちろん、より特殊なのはアメリカ型福祉の組織化の方であり――考えつく限り最も極端な組織化（「究極の組織化」）――、そのもとになるのは第一次世界大戦の全体化のモデルにおける「労働」統合と「労働」協力である。このモデル化については、ほかの誰でもなく戦時産業委員会の元委員長（一九一七年～一九一八年）にしてルーズヴェルトの側近、バーナード・バルークが一九三三年五月に行なった講演で明確に述べている。「おそらく戦時産業委員会の組織と手法のなかに、危機を乗り越える案内人を見つけることができるだろう」。労働に関しては、その権利はすでに全国産業復興法（ＮＩＲＡ）の第七節で明確化されてはいたが[*115]、組合側もただちに結論を導き出す。

新しい制度構成では、組合はかつてのように戦闘的な労働者組織としてではなく、ひとえに中央政府の保護のもとに労働者のリーダーが認めた合意を下部組織の数百万の組合員たちが遵守するために必要なメカニズム、という名目で生き残ることになるはずだ。〔……〕この進化のなかに、一般調停を義務的に設定する試みの諸前提を見つけることは難しくはない。そのメカニズムはすでに展開している。労働力は養われ、飼い慣らされねばならない。爪は折り牙は丸めるよう十分に気を配りつつ、居心地のよい檻を与えてやるべきである[*116]。

「産業の民主化」は、まず労働者に対して行使される新しい規律訓練型産業統治法と[117]読み解かれるべきである。というのも、当初は「規律訓練する」ことが重要なビジネスにとって、大企業に役立つ、より強制性を薄めた協調的自己統治の形式が急速に必要になっていくからであり、それは結局のところ反トラストというよりは補償的な国家の統治機関にさらに色濃く反映されることになる。マーク＝エレン・アイズナーはこう結論する。「ＮＲＡ〔全国復興法〕は補償的国家建設についての実験であり、政府指導下の自己調整システム設置の試みでもあったが、明らかに戦時産業委員会をモデルに作ったシステムだった」[118]。第二のニューディールの強い「ケインズ主義的」プログラムは一九三八年に正式に採択されるが、その登場は平時に戦争プログラムを実施した痛手を補うにはあまりに遅かった。この問題の解決は第二次世界大戦に委ねられることになる。英語で言うとto provide the engine for economic recoveryとなるのだが、要するに、「経済再生のエンジンに点火する」、ということだ。第一次大戦（戦争状態）のあいだに作られ、ニューディール（福祉）のあいだも継続された省庁による行政が立法から権限委譲されたことが、「ビジネス界と

＊113 A. J. Muste, « Collective Bargaining – New Style », *Nation*, 9 mai 1928, cité par Marc E. Eisner, *op. cit.*, p. 176. マスティーはブルックウッド労働学校の校長であった。

＊114 Barbara Ehrenreich, *art. cité*.

＊115 「おのれの選択に従って集団交渉を組織し参加する権利は……」法の全文は以下を参照。www.ssa.gov/history/ pdf/fdrbill.pdf.

＊116 Herbert Rabinowitz, « Amend Section 7-a! », *Nation*, 27 décembre 1933 (cité par Marc Allen Eisner, *op. cit.*, p. 334).

＊117 En reprenant le titre de l'ouvrage de Rexford Tugwell, *The Industrial Discipline and the Governmental Arts*, New York, Colombia University Press, 1932. これはタグウェルがルーズヴェルト政権に参加する前に書かれたもので、とくに最終章はＮＲＡに強く影響されている。

＊118 Marc Allen Eisner, *op. cit.*, p. 320.

『名ばかりの役人』に支配された組織への極端な権限譲渡[119]」を利することになったことは言うまでもない。もはや「ドクター・ニューディール」ではなく「ドクター・戦勝」なるもの、ついで生産コスト抑制より賃金コントロールに配慮するビジネスマンに支配された戦時産業委員会なるもの、さらには福祉国家の社会的再分配の目的の思い切った再定義といった、ルーズヴェルト流の保護のもとで、「完全雇用」が達成されることになる。戦争末期、一九四四年のニューディールの実質的な延長を提案するのは「復員兵援護法」だけであり、それが利することになるのはそれゆえ、唯一「退役軍人」であり、かれらは退役軍人管理局の指導下にあった。そのことが、その「一〇〇％アメリカ主義」を通じて、福祉国家を戦時と平時の区別を抹消することを第一の特徴とする国民安全保障国家へと変貌させるのに貢献する。世界中でアメリカの経済・政治・軍事的利益を保護すること（パックス・アメリカーナ）によって、国家安全保障は社会の統治と、研究開発（R＆D[120]）へと転換する産業計画指令の原則となった。いわゆる産業界の自己統治はこうして、（宇宙産業と電子産業を優遇する）[121]ペンタゴンとその「契約統治」によって大規模にコントロールされることになる。「軍事化とは統治化である」とハロルド・ラズウェルは「軍事国家」（ないし「要塞国家」）を論じた一九四一年の論文で主張する。かれはそこで、現在の時点で技術が兵士と管理者を結びつけるテクノロジーの鎖によって、今後現われるだろうものは、かつてのそれよりずいぶんと「硬直的」でなくなっているだろう、と論じている。[122]

資本からだけではなく、戦争、軍隊、国家と資本が構成する関係からも経済的サイクルの構成を考えることによって、われわれは戦後の福祉が経済的政治的に果たした役割を理解するための新たな仮説を主張することができる。

総力戦には、ヨーロッパのすべての国が関係する巨大な共謀関係が必要であった。「六〇〇〇万のヨーロッパ人が動員された。社会的生活の全体が軍事的要求に従属することになる[123]」。一九一四年から一九一五年のあいだに、ヨーロッパ社会は完全に軍国化された。それゆえ、第二次世界大戦後のアメリカの福祉資本主義計画は、新しい全体化作戦として理解しなくてはならない。それが目指すのは、米国史上最大の（一九四六年に四六〇〇万人が参加した）ストライキから始まった新しい経済的サイクルのなかに、西洋社会全体の巨大な軍事化を組み込むことであった。

規模はまったく異なるが、よく似た状況を本書の冒頭で触れた僭主キュプセロスに見ることができる。かれは重装歩兵の戦争機械を捕獲し国家の力に変質させるために、軍を経済的サイクルのなかに統合し、兵士を「賃労働者」にすることによって軍の「領土化」を行なう。経済的サイクルの構築はもはや兵士に土地を配分することではなく、購買力（賃金、手当、年金）と社会的諸権利（福祉）を軍事化された住民（産業プロレタリアと軍事プロレタリア）に配分することでなされた。これは、組合によるスト権の厳格な管理（一九四七年のタフト－ハートリー法*124）と引き替えに、あるいは金持ちへの課税より貧者への課税を重くすることで（租税国家の構築と近代化としての大衆課税）、あるいは（とくにドイツで）債務を帳消しにすることで、あるいは軍産複合体と巨大ビジネスの財源を拡大することで行なわれたのである。一

---

*119 *Ibid.*, p. 357.「名ばかりの役人」とは、国家、準国家、場合によっては民間の機構で働き年に一ドルという象徴的給与を受け取る百万長者（今日《こんにち》なら億万長者）のことである。

*120 一九五四年〜一九六四年にかけて、軍は連邦予算の研究開発分野の七〇％以上をコントロールしていた。予算そのものも一貫して拡大していたが、それは租税国家が軍産複合体の要求に対応したからである。

*121 Cf. Gregory Hooks, *Forging the Military-Industrial Complex. World War II's Battle of the Potomac*, Urbana et Chicago, University of Illinois Press, 1991, chap. 7.

*122 Harold D. Lasswell, « The Garrison State », *American Journal of Sociology*, vol. 46, n° 4, January 1941, p. 466, p. 458.「軍事化とは統治化である」という表現は、一〇年後に発表された以下の論文にある。« Does the Garrison State Threaten Civil Rights? », *Annals of the American Academy*, n° 275, mai 1951, p. 111.

*123 Thomas Hippler, *op. cit.*, p. 98.

*124 ワーグナー法の制限的修正案の全体が問題である。非組合員の雇用を可能にするオープンショップが認可されると、組合は単なる賃金交渉と労働契約遵守に役割が縮小される。工場の「政治化」はいかなるものであっても違法である（組合代表は共産党員でないことを証明しなければならなかった）。

九五〇年代の「完全雇用」は、かつてアメリカ経済が創造的破壊を通じて「史上最大の資本拡張」を経験するよう導いた、この世界内戦の総力戦によって生み出された、脱領土化の再領土化の産物である。福祉が福祉を生み出した戦争の変形だとするなら、それは戦争こそが福祉の今も現役の母型であり続け、国家の社会的再資本化として福祉を強制しているからであって、福祉が「第二次世界大戦のあいだに採用された国家構築モデルと、それに伴う経済的プロセスの変化によって勢いづけられた[*125]」軍産複合体の生権力に吸収されるのはそのあとのことである。

マーシャルプランは（ファシスト的、革命的、帝国主義的）戦争機械の再領有化であり、その目標は一方では新しい蓄積体制、他方では、覇権主義的な軍事力であると同時に、世界の「巨大債権者」でもあるメイドインアメリカの新しい戦争機械の構築である。

7……戦争のケインズ主義

ケインズ以前に『一般理論』を発見していたことをジョーン・ロビンソンによって認められたポーランドのユダヤ系マルクス主義経済学者ミハウ・カレツキは、われわれの関心にとってきわめて重要な二つの論文を書いている。一本目は一九三五年にナチスドイツの経済政策について論じたもの、二本目は一九四三年に資本の「政治的サイクル」について論じたものだ[*126]。両者をあわせると、生政治的・規律訓練型技術が資本家とその戦争機械が戦略的利害へ従属していくのを説明することを通して、栄光の三〇年への移行を説得力をもって解明することができる。

カレツキの著作は、もう一人のユダヤ系ポーランド人、ローザ・ルクセンブルクと彼女による「剰余価値実現の特権的手段[*127]」という戦争の概念化の系譜に連なるもので、カレツキはこの概念化を冷戦期の基本的な政治経済的要素として機能させることになる[*128]。

「完全雇用の政治的諸側面」（一九四三年）でかれは、「大資本」が、消費と雇用を支えることによって経済を回復させることを目標とした公債によってまかなわれる公的支出政策を嫌悪する理由を列挙している。両大戦間期、ニューディールのアメリカから人民戦線のフランスまでどの資本主義国でも、経営者側がこうしたケインズ的政策を極度に忌避していることがはっきりした。顕著な例外はナチスドイツである。しかし、その論文の末尾でカレツキはこう書いている。「完全雇用に賛同する進歩派勢力の戦いは、同時にファシズムの再来を予防する最善の手段である」。

資本家からの反対は、公的支出が主に第二次世界大戦準備のための武器生産に回されたときだけは沈静化することになる。そのときまで、大資本の多くは、自らの自律性を損ない、また消費と雇用に向けた支出が賃労働者側に有利な力関係をもたらしかねないとして、国家介入を妨害していた。このように表明された敵意は経済的なものとは言えない。なぜなら、完全雇用体制では「自由放任」体制よりも利潤は向上すると思われるからである。敵意は完全に政治的なものだ——資本蓄積の「政治的サイクル」という驚くべき記述もここから生まれる。なぜ驚くべきかと言えば、その記述が戦略的観点に支配されているからだ。カレツキは経済主義的でない経済学者というまれな一例である。

かれは、この現象を説明する三つの理由の連鎖を強調する。第一に、「大量消費」に融資することは、たとえそれが企業家の活動をいっさい妨げないどころかむしろ刺激するにしても、「額に汗して日々の糧

★125 Gregory Hooks, *op. cit.*, p. 38-39. 軍事支出は一九四〇年の連邦予算の三六%、その一年後には七〇%を占めていたが、一九四二年〜一九四五年に至ると九〇%以上に上昇した。

★126 Michal Kalecki, « Stimulating the Business Upswing in Nazi Germany » (1935) et « Political Aspects of Full Employment » (1943), in *The Last Phase in the Transformation of Capitalism*, New York et Londres, Monthly Review Press Classics, 2009.

★127 Cf. Rosa Luxemburg, L'Accumulation du capital, *op. cit.*, chap. 32 : « Le militarisme comme province de l'accumulation »［ローザ・ルクセンブルグ『資本蓄積論』、下巻1］。

★128 Cf. Michal Kalecki, « The Economic Situation in the United States as Compared with the Pre-War Period » (1956), in *The Last Phase in the Transformation of Capitalism*, *op. cit.*

を」得よと命じる資本の論理を根本から浸食する。第二に、完全雇用下では、解雇はもはや労働者の運命を握る資本家の一存による規律訓練の手段として機能しないだろう。そして周知のように、労働者が「頑固」になると、実業家たちはかれらに「いい教訓を与える」義務がある。第三に、「資本家にとって、工場の規律訓練と政治の安定は利益より重要である。階級の本能が、完全雇用は『健全』ではないとかれらにささやく。なぜなら、失業は資本主義的組織化の中心要素であり続けねばならないからだ」[*129]。こうしたわけで、カレツキは資本主義システムが完全雇用という民主主義的政策を「現行システムの枠内での合理的な実験によって」（ケインズからルーズヴェルト宛一九三三年一二月付書簡の言葉より）長期的に採用する力があるかどうかということについては明確に悲観的であった。実際、最初に完全雇用に対する反論をことごとくはね除けて大資本向けのある種のモデルを作ったのはナチスドイツである。消費への融資は、軍備に対する公的支出――それまで、平時においてはまちまちだった――の集中化を口実に回避される。そしてこのことが、消費の増大を価格の高騰で抑制しつつ産業生産を飛躍させることになる。工場の規律訓練と政治の安定はと言えば、新しいファシズム体制によって完全に保障されていたが（一連の介入は労働組合の解散から強制収容所まで多岐にわたる）、国家装置は大資本とナチ党の新しい同盟の直接管理下にあった[*130]。作動していたのはまさに、新しい権力技術（政治的圧力が失業という経済的圧力に取って代わる）によって国家を服従させるナチスの新型戦争機械なのである。

ナチス体制は厳密な意味で（未完成ではあったが）「戦争のケインズ主義」を最初に成功裏に実践したのである。再軍備は完全雇用を達成し戦争以外の「出口」を持たないサイクルを刺激するために、政治的かつ経済的に中心的な役割を演じた。軍事‐産業的ケインズ主義は、第二次ニューディール（一九三七年〜一九三八年）で「全体」規模でそれを再始動させることによって再編成され、アメリカが参戦することになる一九四〇年にはケインズ本人によって『戦費調達論』[*131]で理論化されたが、冷戦期を通じてそれは廃棄されるどころかむしろ大規模に有効利用されるようになる（エヴゲーニイ・ヴァルガのようなスターリン主義と結びついた何人かの経済学者の側から見た一九三〇年代のドイツも、明示的に参照されている）。

しかし実際には、再軍備政策はすでに、一九〇七年の金融危機後の世界経済を脅かした不況からの脱出を可能にしていたのである。この金融危機の発端はすでに、アメリカ金融システムの「自由放任」が度を越していたことによるものである。再軍備による経済回復はまっすぐ第一次世界大戦に通じていたのである。

ナチスドイツは、恒常的な軍備経済（一九四五年まで成長を続けた経済であり、これはフランツ・ノイマンとともに、前代未聞の独占化・カルテル化・寡頭体制《オリガーキー》化のために国家社会主義国家の融資を受けた正真正銘の（化学産業に基礎を置く）「産業革命」として理解せねばならない）[132]を実行する一方で、並行して、労働者の権利をほとんどゼロまで引き下げつつ[133]、世界のどの国にもないほど福祉を発展させた。それは何よりも、国内向けのプロパガンダのための最高の武器だった。[134]「第二次世界大戦中、帝国は家族扶助に対し、当時としては相当な額である二七五億帝国ライヒを支出している。ドイツの家族に支給された諸

*129 Michal Kalecki, «Political Aspects of Full Employment» (1943), *art. cité*, p. 78. カレツキはこの最初の問題提起のあと、同じ問題を扱う三つの論文「完全雇用の三つの道」（一九四四）、「民間投資刺激による完全雇用？」（一九四五）、「移行期間後の完全雇用維持　英米比較研究」（一九四五）を続けて書いている。

*130 Michal Kalecki, « Stimulating the Business Upswing in Nazi Germany » (1935), in *The Last Phase in the Transformation of Capitalism*, *op. cit.* 国家社会主義を論じたフランツ・ノイマンの大著（第一版は一九四二年）に驚くほど類似した考察が含まれている。cf. Franz Neumann, *Behemoth. The Structure and Regime of National-Socialism, 1933-1944*, Chicago, Irvan R. Dee Publisher, 2009, p. 359［フランツ・ノイマン『ビヒモス――ナチズムの構造と実際』（岡本友孝、小野英祐、加藤栄一訳、みすず書房、一九六三）、三七九頁］。

*131 強制貯金、配給、価格および賃金統制がプログラムされていた。

*132 Franz Neumann, *op. cit.*, p. 277-292［ノイマン『ビヒモス』、二九二～三〇二頁］。ノイマンはそれが厳密に資本主義の論理に服従することを強調している（第二部第四章「指令経済」）。

*133 *Ibid.*, p. 337［ノイマン『ビヒモス』、三五四頁］。「労働者にはいっさい権利がない」。この箇所以降の、資本主義を特徴づけるとされる「自由労働市場」の現実についての議論全体を参照。この労働者の権利の不在は、収入が賃金に一般化され、一九三二年から一九三八年のあいだの収入の増加は、いかにそれが莫大であれ生産増加量（とくに労働時間）の半分にしか相当しない理由を説明する（*Ibid.*, p. 434-436［三七〇～二頁］）。

手当は戦前の収入の平均七二・八％に昇るが、これはアメリカ兵の家族（三七・六％）、イギリス兵の家族（三八・一％）の二倍である」。「人口学的政策措置」と名付けられた予算項目は一九三九年から一九四一年に倍増することになる。一九四一年、「年金は平均一五％上昇した」。高等教育は無償であり、医療アクセスも同様だった。ここで、一九四五年四月にドイツにやってきたイギリス人将校の非常に驚くべき逸話を引用してもいいだろう。かれはこう記している。「人びとは破壊に影響されていない。顔色も血色もよく、元気もあれば身なりもむしろよい。国外からの収入や世界各地での略奪で得た数百万の帝国ライヒによって端々まで維持された経済システムは、ここでその成果を示していた」[*135]。

さらに、ナチスの総力戦の資本主義の持つ自殺的な非持続性についても強調し、もはや幽霊のような女性と荷を負う黒いシルエットが彷徨《さまよ》うだけの、ほとんどのドイツ諸都市の荒廃ぶりと対比してしかるべきだろう。しかし一九四六年八月付のヴィクター・ゴランツによるイギリス占領区のルポルタージュは[*136]、われらが将校の記述とは合致しない。フランツ・ノイマンの主張によれば西洋民主主義もその共犯となったゲルマン化、アーリア化としての「本源的蓄積」という極端な形態を強いられたヨーロッパ全土の破壊が、ここにはっきりと反映されている（ただしその共犯関係は、チャーチルの一九四二年二月の説明によれば「敵国の民間人住民、とくに民間労働者の士気をくじくため」国中を絨毯爆撃で破壊するまでの話であった）。それが、現状の自由主義的《リベラル》民主主義をドイツ人がもはや信じようとはしない理由である。「抑圧された大衆の良心的政治行動」、「国家社会主義と同程度に有効」だが自由を踏みにじるものではない政治理論、そして全住民に福祉を提供できるであろう「統合ヨーロッパの潜在力」を同時に訴えているはずなのに、ノイマンの『ビヒモス』の結尾は心の底からひとを不安にさせずにはおかない[*137]。戦争は大量消費の基本条件であったし、またそうあり続けるだろうと、われわれがわかっているからでもある。そして、この大量消費に寄与してきたのが、自発的動員を行なった住民たちのための帝国の発展プログラム（ナチ国土計画）である。

このことは「経験によれば、ファシズムは軍需産業によって大規模に失業を減少させようとするための不可欠のシステムではないことが証明されている」という、カレツキの一九六〇年代初頭の主張とまったく矛盾しない。

★134 これもフランツ・ノイマンの指摘による。「社会保障は唯一、真実を根拠にしたスローガンだったが、おそらくこのプロパガンダ機械の唯一の強力な武器であった」(*op. cit.*, p. 432〔前掲書、三六八頁〕)。

★135 Götz Aly, *Comment Hitler a acheté les Allemands*, Paris, Flammarion, 2005, p. 60, 305〔ゲッツ・アリー『ヒトラーの国民国家――強奪・人種戦争・国民的社会主義』(芝健介訳、岩波書店、二〇一二)、三四九頁〕。

★136 Victor Gollancz, *In the Darkest Germany: A Record of a Visit*, Hinsdale, Henry Regnery Co., 1947.

★137 Franz Neumann, *op. cit.*, p. 475-476〔ノイマン『ビヒモス』、四〇五〜七頁〕。

第10章

冷戦の戦略ゲーム

Les jeux de stratégie de la Guerre froide

何が起こってもショーは続く。そしてアメリカがそれを仕切らねばならない。

作者不詳

冷戦はしばしば「軍備競争」と定義される。まるでそれが、資本主義の発展においてこの時期この期間に限定されたものだったかのようだ。これに対し、軍事ケインズ主義は手を変え品を変えつつも、一貫して資本主義の飛躍の持続的条件だった、と異を唱える者もあるかもしれない。言葉を換えれば、「およそ戦争なるもの」は直接経済的な戦略機能を果たすものであって、冷戦はそこに社会コントロールの機能を付け加えることによって、そうした面をより明確にしたに過ぎない、ということだ。

ミハウ・カレツキは、戦前戦後のアメリカの経済情勢の長期的研究をもとに「経済の軍事化」はケインズ主義の「有効需要」の重要な構成要素であると主張する。[*1] ローザ・ルクセンブルクの教えによれば、軍事投資は生産力の発展とそれを吸収する市場の能力の格差問題を調整することによって剰余価値の実体化という矛盾を解消する最も有効な手段であった。再軍備は戦争によって政治的にこの矛盾をコントロールして解消することを可能にする。実のところ資本主義の黄金時代を通じて、軍事投資とは、戦後の産業的蓄積の爆発的増加を、生産性の増大[*2]に応じて大量消費つまり労働者と住民の生活水準向上に変換することがないように仕向けるものであった。軍事投資は逆に、生産性の拡大をコントロールし、それを巨大ビジネスの「取り分」に還元することを可能にしただけなのである。カレツキの主張によれば、「完全雇用」は軍と戦争産業の賃労働者の巨大雇用のおかげで達成されたのである。冷戦か実戦かにかかわらず、「戦争」なしに完全雇用はない。ケインズはこの点について、マルクス主義者カレツキの分析を追認し、マーシャルプランの軍事的基盤もそこに付け加えた（さらに一般的に「対外経済援助」もである。基地とその召集兵も無縁ではない）。「ケインズ主義」とそれを支える社会の「自由主義的《リベラル》」な軍事化は、こうしてドイツと日本という、第二次世界大戦の二つの（公式には「脱軍備化された」）敗戦国にも応用されたが、その目的も結果も同じである。この包括的な視点によれば、冷戦期を通じて、国民所得の増大は何よりまず軍事支出の増大のおかげであり、他方で利潤の再分配は軍需産業の全方位的な強化に有利に働いた。つまり栄光の三〇年という大きな物語は、戦争の年代記の一コマなのである。というのも、冷戦の「軍事化」こそ、「科学研究」の発展とコントロールの主要なベクトルだったことも考え合わせるべきだからである。ここまで見てきたように、ビッグ・サイエンスは軍事と産業の結合線である。それらは、冷戦期に統合されたグローバル資本主義の「人間‐機械」システム全体に対する操作的な研究複合体を構成する。冷戦の産物たる「一般的知性」は、コミュニケーション・科学・テクノロジーの総体的発展の成果ではなく、統合し統合される資本主義の脳としてそれを形成する巨額の軍事投資の成果なのだ。

ジョヴァンニ・アリギは、マルクス主義とマルクス自身に対して、戦争の「経済的」「技術的」役割を無視したと非難し、軍備競争からさらに一般的な結論を引き出している。確かに、その最も尖鋭的な変種（オペライズモ）まで含め、マルクス主義の歴史では終始一貫して、資本主義理解を損なう「経済主義的」および「技術論的」な二重の限界が再生産されている。ほかの経済に対し「資本主義的生産が競争で優位に立つ」とマルクスは主張したが、かれがよく引用されるショッキングな定式を書き記すことになったのはそのためである。すなわち「商品の価格の安さは、〔ブルジョアジーが〕万里の長城を破壊し尽くす大砲に値する」。ただしアリギの反論によれば、「中国の場合、東洋を西洋に従属させる際に重要だったのは、低価格商品の比喩である大砲よりも軍事力であった」。そしてこう結論づける。「資本主義と産業主義の関

★1　Cf. Michal Kalecki, « The Economic Situation in the United States as Compared with the Pre-War Period » (1956) ; « The Fascism of Our Times » (1964) ; « Vietnam and U.S. Big Business » (1967), in *The Last Phase of the Transformation of Capitalism*, *op. cit.*

★2　一九三七年から一九五五年で六〇％近くに上る。

係にのみ集中するために、マルクスはこの二つの現象が軍事主義と維持している密接な関係にまったく注意を払わずに終わった」[*3]。

軍備競争はその初めから、資本の発展の性格を規定している。アリギは言う。「『軍事ケインズ主義』とは、軍事支出をする国家の国民収入の増大に繋がり、またそれによって税収を増し、軍事支出の新たな段階に融資する能力を増加させる軍事支出政策のことを指すが、これは金融資本や超国籍企業同様、二〇世紀になってから生まれたというわけではない」[*4]。イタリアの都市国家はすでに、小規模ながら戦時ケインズ主義に類するものを実践していた。

戦時ケインズ主義は同時に、ウェストファリア条約以降のヨーロッパ列強の勢力均衡の仕組みの基礎でもあった（「ヨーロッパの均衡」分析においてシュミットはこの点を理解できていない）。軍事競争に駆り立てられた諸国は、ヨーロッパ以外の世界との勢力差を広げることによって、つねにその事業の収益と戦争技術を向上するよう強いられていた。このようにそれは、軍事力の蓄積のために不可欠の条件であった植民地での蓄積を理解するための重要なキーポイントなのである。資本主義と軍国主義はほかの経済を犠牲にして互いに強化しあう。「国家間の競争によって勢いづいた、資本主義、産業主義、軍国主義のシナジー効果は、ヨーロッパ出身の民衆にとっては、富裕化と勢力獲得の好循環をもたらし、それ以外の大部分の民衆にとっては相関的に、貧困化と隷従の悪循環をもたらした」[*5]。

つまりアリギには、その普及によって「生産」と交易に支配を張り巡らせることになる技術革新の源として戦争を理解する根拠があった。戦争こそ、工場よりも先に巨大な技術機械を大規模に使用する最初の社会機構ではなかろうか？　軍隊もまた一七世紀初頭から、兵士の動作、行軍の動作、武器の装塡と使用の動作を標準化する（フーコーはここを見逃さなかった）「科学的管理運営」を導入する最初の組織ではあるまいか？　シュンペーターにはお気に召さないだろうが、「創造的破壊」は企業によるイノベーションだけが動かしているのではなく、まずは戦争が動かしており、その帰結はいっそう劇的である。技術的・科学的イノベーションは、社会機械に、そしてその最たるものとしての戦争機械に依存する。

それは機械類の「自律的」論理に従って開花するが、その選択、実施、完成そして生産と消費への大規模適用がなされたのは、多くの点で戦争機械のおかげである。二度の総力戦そして冷戦下で新たな方法で続行されることになるものについて、われわれは分析したが、それは産業革命に関するアリギの所見の意義を裏づける。「ナポレオン戦争当時、軍事的要求はイギリス経済に決定的影響を与えた。蒸気機関や、鉄道、装甲艦といった歴史的発明が完成したのはこの戦争のダイナミズムただそれだけのおかげである。この意味で、設備財産業など、最も重要な諸部門で実現した産業革命は、かなりのところヨーロッパの軍備競争の産物である」[*6]。

二〇世紀全体を特徴づける軍備競争は、生産様式のなかに不可逆的に産業戦争を組み込み、そしてそれ以降、この生産様式もまた不可逆的に「破壊様式」として現われることが明らかになる。「産業」戦争はいかなる意味でも、経済発展のなかの流血を伴ったただの一挿話ではない[*7]。産業的であるがゆえに、戦争は最も首尾一貫した資本主義的生産様式の沈殿物であり帰結なのである。この意味で冷戦は、リベラル－ケインズ主義の究極のかたちで、戦争の資本への組み込みを継続・強化する一方であった。「新しいシステムでは、世界の軍事能力は米ソに「二極化」されたが、しかし軍備競争は継続し、それをリードしたの

＊3　Giovanni Arrighi, *Adam Smith à Pékin*, *op. cit.*, p. 114-115［アリギ『北京のアダム・スミス』、一一六頁］。

＊4　*Ibid.*, p. 337［前掲書、三七四～五頁］。

＊5　*Ibid.*, p. 134［前掲書、一四〇頁］。アリギはこの推論全体の論拠をアダム・スミスに見ている。

＊6　*Ibid.*, p. 339［前掲書、三七八頁］。

＊7　これは戦時のルーズヴェルト政権が維持していた見方である。フィリップ・ワイリーは一九四〇年代のベストセラー、"Generation of Vipers" で次のようにことのほか辛辣な要約をしている。「生きるための戦いにあえて身を投じなければ、自分はコーヒーメーカーを、自動車を、合成屋根を、使い捨てオムツを使う生活を続けられなくなるのだ、と納得して初めて、多くの人びとは戦うことを選んだのだった」（Philip Wylie, *Generation of Vipers*, éd. augmentée, New York, Rinehart, 1955, p. 236）。

は今度はもはや勢力均衡ではなく、恐怖均衡であった」[*8]。人類を破壊する原子爆弾の力は広島で終わったわけではなく、広島は冷戦における技術的な〝大躍進《ブレイクスルー》〟となり、一九六〇年代には米ソの主要都市を狙う数百の長距離核ミサイルが配備されるに至る。一九七二年に締結された戦略兵器制限交渉SALTの条約は、二極の競争を終わらせるどころか、まだ「存在していなかったために条約で触れられていないほかの兵器に」[*9]向かわせただけだった。冷戦の存在原理は、別にソ連の破綻と両立しないわけではなく、その破綻は世界の軍産学のリソースのアメリカへの集約に花を添えたに過ぎない。

冷戦の歴史は隅から隅まで両大戦に勝利した超大国によって書かれたアメリカ史である。完全雇用、および社会全体のロジスティクスの軍事化（軍事的包摂）により生産性と大量消費を増大させた戦争経済の技術革新によって飽和したアメリカ合衆国は、総力戦の社会化および資本化から生まれたグローバルな新秩序において、債権国としての態度を明確化する。それは、きわめて脱領土化された帝国主義の形態を取るがゆえに古典的な帝国主義の解体を加速させる、という意味で「反帝国主義」としか評しようがない[*10]。ここに見られるのはもはや領土的とは言えない拡大の脱領土化、および新植民地主義的な脱植民地化や経済援助の地政学を支える戦争の脱領土化だが、そのどちらもパックス・アメリカーナの市場を世界中で保護するために剰余資本を投資することに依存している。しかし冷戦は「ソビエト帝国主義」と「共産主義的奴隷制」に対抗する国家間戦争の脱領土化というだけではない。自国であろうが外国であろうが、アメリカ的生活をおくる住民全体を内部植民地化する新しい生政治体制なのであって、これをどうあっても資本の戦争機械の中枢に決定的に組み込まねばならない。キッシンジャーの言葉を借りてまとめよう。「グローバリゼーションという言葉は実のところ、アメリカが演じる支配的役割の別名に過ぎない」。

それゆえに、「階級闘争」の歴史的運命が演じられることになるのはアメリカだったのである。第二次産業戦争の「完全雇用」によって経済的にも政治的にも強化された労働者階級は、しかしながら労働者主体が新しい政治的原理主義と出会うところで敗北を喫することになる。その原理主義はロシア革命が担っていた共産主義という観念そのものを攻撃することで、経済戦争のゲームの規則を刷新したのである。一九四六年の大ストライキのあいだ、デトロイトで存在感を示したマルクスやレーニンではあるが、戦後早々の最初の冷戦における勝利というこの結末を妨げることはできなかった。しかし、「階級」の政治勢力の弔鐘を鳴らすことになったのは、一九六八年という数字を世界的なものにした一九五〇年代末以来アメリカで展開されていた闘争サイクルであった。しかし、経営側による一般的知性の制度化に対する、国内の植民地化された人びと、黒人、女性、「企業システム」に保障されないプロレタリア、学生などによる新しい主体性の闘争は、労資交渉のもとや、大量消費が発展しているときでも見いだされる。中心的矛盾も一般的媒介もないこの闘争は、新しい反資本主義的戦争機械の現実的条件を探るための最初の闘争だった。その現行の様相は明らかに、もはや一九六〇年代を通じて起こっていた「運動」と「組織」の対立によっては規定されていない。*11

1…冷戦のサイバネティクス

冷戦は、サイバネティクスによるコミュニケーションとコントロールというサイボーグ時代への突入を刻印するだけではなく、それ自体がサイボーグの手法なのである。それは産業的・科学的に組織された総

*8 Giovanni Arrighi, *Adam Smith à Pékin*, *op. cit.*, p. 344［アリギ『北京のアダム・スミス』、三八四頁］。
*9 William McNeill, cité par Giovanni Arrighi, *Ibid.*
*10 Cf. Giovanni Arrighi, *The Long Twentieth Century. Money, Power and the Origins of our Times*, *op. cit.*, p. 71［アリギ『長い20世紀』、一二六頁］。「イギリスのヘゲモニーに特有の力学を『帝国主義』と形容するなら、アメリカ合衆国のヘゲモニーの指導原則は『反帝国主義』と形容せねばならない」。
*11 たとえば以下を参照。Frances Fox Piven, Richard A. Cloward, *Poor People's Movements. Why They Succeed, How They Fail*, New York, Vintage Book, 1979. 著者たちはこの著作で、福祉権運動に加わった活動家として、一九六〇年代を通じて、さらにそれ以降においても「組織化」と「運動」が対立したことの影響の大きさを辿り直している。

力戦で、その「情報」すべてのフィードバックによって生じた資本の戦争機械の一大変革が冷戦のグレーゾーンのなかに取り込まれたという意味においてであり、こうしてそれは（非）平和経済の発展モデルにもなった。対空砲の発射操作およびその自動化の研究は、フィードバック（と自動制御機構）というアイディアに、そしてついには原爆製造に欠かせないコンピューター（デジタル）シミュレーションにまで行き着くことになるが、サイバネティクス思想は戦争からのみ生まれたわけではない。戦争は、ヴァーチャルリアリティによる地球レベルでの戦争の管理運営のために、あらゆる手段を通じてその思想を拡大させるのであって、それは最適化計算（正しい米語で言えば「to get numbers out（数字を出す）」）に沿って社会全体を恒久的に動員・モデル化することにも役に立つ。これはSFでも何でもない。[12] なぜならオートメーション化された工場は、核戦争の勝利のための最善の戦略を「計算」するコンピューターと並んで、サイバネティクスのシナリオのもう一つの実体だからである。戦争遂行機械と生産機械のあいだの構成的な関係こそ、サイバネティクスに、統治機械および資本主義的人間統治策という、最も現代的な意味を与えるものだ（サイバネティクスはギリシャ語のkubernêtikê［キベルネテス＝船の舵を取る者］から作られた語である）。それは戦争を管理運用するにあたって、（公衆衛生、都市開発、家庭空間の組織化等々に至るまでの）社会全体の産業を管理運用するのと同じように指令を下すが、ここでは「技術者が作り上げた諸科学」とマネージメント技術「に由来する新しい手段によってその力学を理解しコントロールすることが想定されている」（それらはここでは、最広義のロジスティクスを意味する。というのも、技術とロジスティクス、ハードウェアとマネージメントに「実質的」な違いがもはや存在しないからである）。[13] 資本の戦争機械はこの組織化の科学と操作的研究の原動力であり、これらは「純粋」数学（基礎づけのための）とハードサイエンス（共同利用するしかない巨大な設備を伴うビッグ・サイエンスの誕生）そしてエンジニアリングと社会科学（「行動科学」と認知心理学の影響下にある行動主義）といったもののハイブリッドを生み出すことによって学問領域の区分を消滅させる方向に向かう。獲得されたばかりの応用諸科学のあいだの争いに後押しされた[14] 複合工学は、今や数学、論理学そしてコンピューターを基礎として構築された多形的な道具の発明を通じて自然（科学）と社会（科学）のあいだに地歩を占める。[*15] 様式化され、高度に形式化されたそのアプローチには、「オペレーションズリサーチ、一般システム理論、線形・非線形的プログラミング、シークエンス分析、意志決定の数学、ゲーム理論、数学的最適化理論、コストベネフィット分析」といった名が冠されている。[*16] そのあとを最初の学際性（論理学者、数学者、統計学者、物理学者、化学者、工学者、経済学者、社会学者、人類学者、生物学者、生理学者、遺伝学者、心理学者、ゲーム理論家、そして軍事領域に直接由来するオペレーションズリサーチ）が引き継ぐ。これは米軍のお気に入りになり、そこから資金援助を受けることになる（当然にも「アメリカにおける冷戦の制度的試金石[*17]」と見なされている

★12　ノーバート・ウィーナーの警告を想起する向きもあるかもしれない。「〔サイバネティクスの〕諸概念のロマンティックな名前とSF的な雰囲気が気に入ったと言うなら、警戒した方がよい」（Norbert Wiener, « Automatization », *Collected Works*, vol. IV, Cambridge et Londres, MIT Press, 1985, p. 683）。

★13　Dominique Pestre, « Le nouvel univers des sciences et des techniques : une proposition générale », in A. Dahan et D. Pestre (dir.), *Les Sciences pour la guerre (1940-1960)*, Paris, Éditions de l'EHESS, 2004.

★14　Cf. Vannevar Bush, *Modern Arms and Free Men. A Discussion on the Role of Science in Preserving Democracy*, New York, Simon and Schuster, 1949, p. 27［ヴァネヴァー・ブッシュ『最新兵器と自由人』（千葉雄次郎訳、朝日新聞社、一九五〇）三八頁］。「第二次世界大戦は〔……〕応用化学の戦争だった」。ヴァネヴァー・ブッシュは戦時中、科学研究開発局の局長であった。この組織はアメリカの「科学者階級」および最高の権威を持つ諸大学（MIT、プリンストン、コロンビアほか）の研究室を軍に統合することなくその契約下に置くものであった。それによりこれらの研究室は比類なき発展を見る。

★15　Cf. Warren Weaver, « Science and Complexity », *American Scientist*, vol. 36, 1947. ウォーレン・ウィーバーは数学者、サイエンス・マネージャであり、国防研究委員会（NDRC）の一部局として応用数学パネル（AMP）が一九四二年に創設されて以来その委員長であった。かれはランド研究所の創設にも密接に関係している。ランドRANDは「研究と開発 Research ANd Development」の頭文字から作られた名である。この戦後初のシンクタンクはアメリカ空軍によって創設された。ジョン・フォン・ノイマンが中心的役割を果たしている。

★16　Dominique Pestre, *art. cité*, p. 30.

ランド研究所のようなシンクタンク、サマー研究インスティテュート、大学）。米軍は契約している大企業とは、その発展（イノベーション経済学）を方向づけするかたちでつねに連携を保っている。したがってそれは企業的学際性であり、ここで研究者は直接には軍の機関から助成金を受けつつも[*18]、「プロジェクトを巧みにリードするために、工学者、財政学者、政府関係者のネットワーク」[*19]を編成することになる。社会全体にも横断的統治の新しい様式が生じるが、そこでは、科学の生産物と工場内の生産物の科学を「コミュニケート」させるのは市民‐消費者を作り出すためであり、その手続き原則は、管理の最適化（不確定要因を考慮した開放システムの調整による）および「情報」流通領域の拡大についてのそれと同じである。したがって「サイバネティクス」を、コンピューターから情報提供される「万物の理論」（アンディ・ピカリング）の形而上学として押しつける資本の〝一般的知性〟を構成するこの二重のレベルにおいては、冷戦はソビエトという敵についての包括的な認識論のなかで、シミュレーションに基づいた地球規模での実験を引き起こすだけではない。それは総力戦継続のための、あたう限り最も集約的な合理的戦略なのであり、この戦略は「国内総生産」を軍民両領域で共有すること、そしていかなる〝自由放任〟とも両立不可能なことから決定される。要するに、冷戦は住民のサイバネティクスによって作動するアメリカにとっての社会管理のグローバル化計画なのである。

つまり、この「国内生産」、つまり世界に影響を及ぼすその能力を示すこの「国内」という言葉は、軍事・産業・技術・金融の各次元で圧倒的なレベルで戦争に勝利した強国の内部を指すのであって、それはヨーロッパの支配と帝国主義の古典的な拡張形態の終わりを意味しているのである。戦前の世界は崩壊した。社会的熱狂の極にあったヨーロッパに大きなダメージを与えた脱植民地化の波（「所有権とは協力関係である」）が、アメリカの力のグローバルな役割の新しいかたちにも刺激を与えたのは、この力が自国では、動員解除と経済再転換という問題を抱えて、戦争の「完全雇用」から生じた労働者の力と向きあわねばならなかったからである。「黒人」と「マイノリティー」問題の発生（国内の脱植民地化に伴う人種戦争）、そして工場で大きな存在感を持った女性たちを社会のどこに位置づけるかという「問題」（国内経済に飛び火しかねない賃金平等を目指す性の戦争）[20]と軌を一にしたストライキの増加によって、〝戦争〟を反共的な〝福祉〟に転換するという問題が先鋭に突きつけられる。死の科学と産業に動員された「破壊力」から、アメリカ式生活（富と権力の好循環を回す大量消費の〝福祉〟‐世界）の「生産力」への再転換の操作を行なうには、総力戦の経験によって軍事化・社会化された住民から、経済人間としてのエゴの最大化をシステムにとって最適な消費者‐生産者間の接点にまで導く個人主義的労働者へ、という主体性の転換が福祉に組み込まれる必要があろう。社会的生産、そして労働者自身の再生産のための労働という問題は、資本の戦争機械のサイバネティクス的新戦略の中核に組み込まれることになる。そのため前例のないほどに「核家族」と「女性の条件」に力を注がねばならないことになった。だからそれがリチャード・ニクソンとニキータ・フルシチョフのあいだで一九五九年に交わされたかの有名な「台所論争◆」の主題となったのも、それなりの理由があるのだ。舞台はモスクワ、国際見本市である。アメリカ館は完璧な家具備え付けの六室からなるモデルハウスで、そこを仕切るのはとくに「女らしい」主婦だと想定されてい

＊17　Robert Leonard, « Théorie des jeux et psychologie sociale à la RAND », in *Les Sciences pour la guerre*, *op. cit.*, p. 85. ランド研究所が冷戦期の組織結合および管理の母型となったことについては以下を参照。Alex Abella, *Soldiers of Reason. The RAND Corporation and the Rise of American Empire*, Boston et New York, Mariner Books, 2009［アレックス・アベラ『ランド——世界を支配した研究所』（牧野洋訳、文藝春秋、二〇一一）］。

＊18　アメリカ海軍研究局（ONR）は戦後すぐにアメリカ合衆国の研究予算における最重要機関となった。

＊19　Fred Turner, *From Counterculture to Cyberculture. Stewart Brant, the Whole Earth Network, and the Rise of Digital Utopianism*, Chicago et Londres, Chicago University Press, 2006, p. 19.

＊20　「女性たちはこれまで求めてきた以上のものを求めている」とセルマ・ジェームズは書いている。Selma James, « A Woman's Place » (1952), in *Sex, Race and Class. A Selection of Writings (1952-2011)*, Oakland, PM Press, 2012.

◆**台所論争**　一九五九年、モスクワの公園でアメリカ博覧会が催されたとき、モデルハウスの台所の前でニクソンとフルシチョフが行なった論争。

た。ミサイル戦争（「ミサイルギャップ」）は、ニクソン流のレトリックが大々的に打ち出した商品の「ジェンダー化」戦争（「日用品ギャップ」）に裏打ちされる。「われわれにとって、多様性、選ぶ権利〔……〕こそ最も大事です。わが国では、一人の公務員が上から選んだたった一つだけの決定など存在しない。〔……〕数多くのさまざまな工場があり、数多くのさまざまな種類の洗濯機がありますから、したがって主婦には選択肢があります。〔……〕競争がミサイルのパワーよりもむしろ洗濯機の性能をよくすることに資する方がいいのではないでしょうか？*21」。したがって「合理的選択」理論は消費にかかわるのだが、消費とはもはや平和と繁栄の未来のフロンティアではなく、冷たい戦争／平和の国内における戦線に家電製品によって白線で引かれ描かれた今現在の要塞線なのである。

　コミュニケーションの重要性は、「典型的なアメリカ人」――ハーヴァードの哲学教授ラルフ＝バートン・ペリーの一九四九年のベストセラーのタイトルである――というこのプロジェクトを、夫婦を出発点にした「集団的個人主義」という「自発性の集合体」（同じことの二つの表現だが）を強化する試みとして「売り込む」必要があったことに由来する。この個人主義の本当の姿は「科学的人道主義」から生まれるが、これは自由のソーシャル・エンジニアリング（この二年前に出版され、簡潔に『科学と自由』と題され成功を収めたライマン・ブライスンのアカデミックな著作による）*22と同義である。ソ連を相手に戦時ケインズ主義を堅持することを可能にした軍備競争を通じて、〝福祉〟はコミュニケーション戦争に再構築され、それが今度は「国家的大義の道具、『軍産複合体』の構成要素*23」として知性を措定することに貢献する。その力もまた、洗濯機の品質によって評価されるわけだ。

　人的資本の発展の源泉は、科学を終わりなきフロンティア（ヴァネヴァー・ブッシュの一九四五年のレポートのタイトルにしてマニフェストでもある『科学――終わりなきフロンティア』による）に見立てる軍‐産‐科学‐大学複合体へと軍民のリソースを統合することにある。アイゼンハワー将軍は一九四六年の覚書ですぐにそれを取り入れることになる。

> 軍事力だけでは戦争に勝つことはできなかっただろう。われわれが知性において敵に優り、そして敵を圧倒することを可能にした技術と武器を提供したのは科学者とビジネスマンである。〔……〕この統合図式は平時に用いられる類似例にも転用されねばならない。それは軍が科学と産業の進歩に対応することを可能にするだけでなく、国家安全保障に関するわれわれの計画作成に、国防に資するすべての民間リソースを吸収することになろう。この試みの成功はもっぱら国民全体の協力精神にかかっている。しかしながら、軍は国防の主要責任機関の一つである以上、民間の関心と軍の関心の結びつきを強化するイニシアティブをとる必要がある。科学、技術、そしてマネージメントが先の戦争の際よりもさらに大きな貢献をもたらすよう、綿密な政策と政府のリーダーシップを軍が調整せねばならない。*24

軍‐民そして民‐軍による恒常的なテクノロジー戦争は、政府的というより「エキスパート代理的」（「エキスパート代理国家」はブライアン・バロの概念による）というべき国家の指揮下にある公共福祉のソフトウェアに社会のマネージメント経営の新技術を統合する、包括的・システム工学的なアプローチをもっぱら利することになった。

＊21 *New York Times*, 25 juillet 1959 (nous soulignons) ; cité et commenté par Elaine Tyler May, *Homeward Bound: American Families in the Cold War Era*, New York, Basic Books, 2008 (1988), p. 20 sq.

＊22 Cf. Fred Turner, *The Democratic Surround. Multimedia and American Liberalism from World War II to the Psychedelic Sixties*, Chicago et Londres, University of Chicago Press, 2013, p. 157-159.

＊23 Clark Kerr, *The Uses of University*, Cambridge, Harvard University Press, 1963, p. 124［C・カー『大学の効用』（茅誠司監訳、東京大学出版会、一九六九）、一四六頁］。

＊24 Général Dwight D. Eisenhower, *Memorandum for Directors and Chiefs of War Department, General and Special Staff Divisions and Bureaus and the Commanding Generals of the Major Commands* (1946). *Subject: Scientific and Technological Resources as Military Assets*.

「社会的原子の核分裂[*25]」を通してC3I（〝コマンド〟、〝コントロール〟、〝コミュニケーション〟そして〝インフォメーション〟）という合理性に指示を出す冷戦のシステム工学の妙技は、ある極端な状況としての「平和でも全面的な戦争でもない奇妙なグレーゾーン[*26]」によって作り出されたものである。その状況下では、すべての社会的隷従の形態がシステムへの機械的な隷従に直接左右されるようになるが、他方でこのシステムは、すべての実現モデルの公理化のなかに、当然それらのモデルを無限なものとする純粋に関数的な関係に従って内在していることを明示する。ドゥルーズとガタリに倣ってこう言ってもよい。公理系は「それが横断する諸領域において同じ数だけ、実現モデルなるものを発見する[*27]」という意味で内在的なものである、と。それゆえ、われわれの考えるところでは、冷戦の特徴である公理化への意志と「まず非常時に展開され、延長・拡大・形式化・理論化はその次に行なうべき、数多くのはるかに実利的な実践[*28]」とのあいだに「緊張関係」はない。ここでは逆に、冷戦期の研究室で行なわれた学際的実践（冷たい学際性）の公理的原動力が見て取れる。資本の戦争機械はこうして冷戦期に、新しい資本主義の内在的公理系を展開することができるようになる。それが「人間‐機械システム」であり、これが「言語活動、知覚、欲望、運動等々に影響し、ミクロな動的編成を経由する規範化・モジュール化・モデル化・情報化といったプロセス[*29]」における従属化を担う一般隷従システムとして君臨することになる。冷戦はこの意味で、まず何より主体化の戦争なのであり、まさしく正真正銘の「行動革命」と呼ばれるものをもたらしたのである。それは前例のない国家的介入――社会的なものの総体のなかで国家をネットワーク化することによって国家自身を脱領土化し、メディア化し公理化する国家の脱領土化――と同義であろうし、またこれによって、国外の敵の認識論から国内の敵の存在論への「フィードバック」において戦争と平和が同一になる。そしてそのことで、冷戦の包括的命題の想像的領域は拡大される。

かくして、「テレビのシチュエーションコメディは、ホワイトハウスの地下で日々完成度を高める一連の作戦ルーム（シチュエーションルーム）が建設された時代に、アメリカの家庭に投入されたのである。シチュエーションは冷戦の合理性と関連する登場したてのアメリカの行動諸科学にルーツを持っていた[*30]」。

もう一つのルーツはそのエキスパートの大流行である。おかげで「封じ込め」というたった一つの用語のもとに、中産階級の心理学（情動を「抑制する」、そして家庭を「安定させる」つまり「家庭の封じ込め作戦」）とソビエト勢力の「抑止」戦略が通じ合うことになる。[*31] シチュエーションのその後の成り行きは、オペレーションズリサーチ（OR）界の黒幕、「サイボーグの権威」、「領域横断的研究ネットワークの創設者」でもあるウォーレン・ウィーバーの予見の通りに行き着いた。すなわち「近代戦では軍民の区別は〔……〕無視できる〔……〕。たとえば、戦争と平和の区別も打ち棄てられることさえあるかもしれない[*32]」。

2…冷戦のモンタージュ

「アメリカの問題はひとことで表現できる。外にロシア、内に労働者[*33]」とチャールズ・アーウィン・ウィ

★25 タルコット・パーソンズの表現による。

★26 Lettre de W. D. Hamilton à Georges Price, 21 mars 1968.

★27 Gilles Deleuze, Félix Guattari, *Mille plateaux, op. cit.*, p. 567〔ドゥルーズ、ガタリ『千のプラトー』、下巻二一〇頁〕。

★28 Cf. Amy Dahan, « Axiomatiser, modéliser, calculer : les mathématiques, instrument universel et polymorphe d'action », in *Les Sciences pour la guerre, op. cit.*, p. 51.

★29 Gilles Deleuze, Félix Guattari, *Mille plateaux, op. cit.*, p. 572-573〔ドゥルーズ、ガタリ『千のプラトー』、下巻二一七〜八頁〕。

★30 Judy L. Klein, Rebecca Lemov, Michael D. Gordin, Lorraine Daston, Paul Erickson, Thomas Sturm, *Quand la Raison faillit perdre l'esprit. La rationalité mise à l'épreuve de la Guerre froide*, Bruxelles, Zones sensibles, 2015, p. 148.

★31 Cf. Elaine Tyler May, *op. cit.*, chap. 1.

★32 Warren Weaver, cité par Philip Mirowski, *Economics Become a Cyborg Science*, Cambridge, Cambridge University Press, 2002, p. 210, et p. 169 sq., sur « Warren Weaver, Grandmaster Cyborg ».

ルソンがのたまわったのは一九四六年のことだ。もと戦時生産局次長にして、このとき陸軍省戦後調査委員、のちの朝鮮戦争当時の国防動員本部長官となるウィルソンは*[34]、この名言を述べた際はゼネラル・エレクトリック社の社長だった。その完全に戦略的な簡潔さは、間違いなくこれを口にし、また自分が何を語っているのか明らかに知り尽くしているこの人物の多様な資質の賜物である。この言表の主《ぬし》が軍産の複合体であると指摘するために「ゼネラル・エレクトリック*[35]〔エレクトリック将軍〕」とあえて言っておきたくなるほどだ。この人物は冷戦の世界の内と外の二つの戦線で対称戦争の宣戦布告をする気でいっぱいなのだから。軍の高度に戦略的な部門における科学的産業研究のリーディングカンパニーの一つが担った冷戦の経済は、そのすべてをひっくるめて「外にロシア、内に労働者」という状況にあわせて再定義されることを求めているのだ。そしてもう一つ、ポストサイバネティクス的であると同時にポストコミュニズム的でもある展望に従って「軍事力というよりドルで*[36]」第三世界のポストコロニアル的変化にまでその力を及ぼすことになる「世界にとってのニューディール」を考慮すれば、冷戦の役割は「現在の視点から見れば〔……〕まったくもって二次的」である、という考えを分かち合わない方が難しいように思われる。

しかし、アメリカの力の確立とこのマネージメント革命（オーウェルはそれを自身が一九四五年につくった表現である「冷戦」と関連づけている）とが織りなす新たな諸形態のなかで、一方と他方をそこまで分離することが可能なのだろうか？　宣伝文句では次のようになっている。「大規模な戦争の終わりは『平和ではない平和』の無制限の延長と引き換えに実現されるだろう、ということがますます確からしく思えてくる〔……〕。それは、搾取された階級および人民から反抗する能力をいっさい奪いつつ、軍事面では爆弾の所有者を平等にすることで果たされる」。ここには内外の二重の抑止力があり、その区分連結が「時代」を構成する「紛争」管理のグローバルな新様式としての冷戦を支配する。冷戦はそこでは共外延ではなく、自律性を獲得しつつある内戦のグローバリゼーション（というのも搾取される階級といっさいの権力を奪われようとしている人民は世界各地で反乱するからだ）となり、そして「互いにけっして核爆弾を使用しないことを暗黙の協定とする*[37]」ことで生まれた前代未聞の軍事安全保障の形式によるその「マネージメント」を構成するのだ。このエコロジスト的悟性こそ、「過激化」をコントロールする役割を担う。その過激性にはもはや（クラウゼヴィッツ流の政治的意味における）限度がないが、他方で帝国規模そして地球規模のゲームのグラウンドは確定されており、対決と新型の住民統治の発明（［オーウェルの］『一九八四年』*38）とをその傾向としている。分析の明晰さは（ヴィリリオにはどこか非常にオーウェルに似たところがないだろうか）、ソビエト最初の原子爆弾がテストされたのは一九四九年、つまりオーウェルの論文発表の四年後、〝封じ込め〟という「トルーマン・ドクトリン」が冷戦という表現を流行させるに至る二年後だったことを、ほとんど忘れさせてしまいかねないほどだ。そのことは、ソビエトの危険の切迫性と実態を相対化するのに役立った（手早く言えば、アメリカの経済‐軍事的ヘゲモニーは間違いなく、広島の「メッセージ」を理解し戦後は防衛的な立場を取ったスターリンを後押しすることになった）。少

＊33　Cf. David F. Noble, *Forces of Production. A Social History of Industrial Automation*, Oxford et New York, Oxford University Press, 1984, p. 3.

＊34　これにより、かれは連邦政府の経済政策を全面的に掌握することになる。

＊35　「電気のチャーリー」はゼネラル・エレクトリックの副社長として、すぐさま戦争局の二人の高官をリクルートした。かれの後を継いでゼネラル・エレクトリックのトップになるラルフ・コーディナーとレミュエル・ボールウェアである。ゼネラル・エレクトリックの最も高名な出版物は『ゼネラル・エレクトリック・フォーラム』あるいは『季刊防衛』と題されており、そのサブタイトルには「国防と自由世界推進のために」とある。

＊36　Michael Hardt, Antonio Negri, *Empire*, Paris, Exils, 2000, p. 299 sq.［アントニオ・ネグリ、マイケル・ハート『帝国――グローバル化の世界秩序とマルチチュードの可能性』（水嶋一憲ほか訳、以文社、二〇〇三）、三一五頁以下］。

＊37　George Orwell, « You and the Atomic Bomb », *Tribune*, 19 octobre 1945.

＊38　一九四八年に出版された『一九八四年』（一九四八年を「ひっくり返した」数字である）は、きわめて赤裸々にアメリカ主義と社会主義を重ね合わせており、そのことがこの著作を米ソ両国を同時に批判する特権的な事例とすることになる。

なくとも一九四七年三月の議会演説でトルーマン大統領が展開した言葉の要点に従えばそうなる。「アメリカの人びとは、武器を持った少数派や外国の圧力によって強いられようとしている隷従に抵抗する自由な人びとを支持するものでなければならぬと確信しております」。ここでは区別（「武器を持った少数派や外国の圧力」「直接間接の攻撃」等々）をつけることが、まさしく包括的総合の役割を演じている。だがその総合はこれらの項目に限定されず、むしろ冷戦の戦略の無制限的性格を、総合的なものであり全体主義的なものでもある転移を通じて敵を変化させ（再）生産する原理として予告し明言している。ここで俎上にのせられているのは、新しいファシズムとしての共産主義というテーゼである。トルーマンは言う。「自由な人びとに直接間接の攻撃を通じて押しつけられる全体主義的体制は、国際平和の基盤を侵食し、ゆえに合衆国の安全保障をも侵食する」[39]。熱いヒトラーと冷たいスターリンというわけだ。

「冷戦」と題されその年に出版された一連の論文で、ウォルター・リップマンは抑止政策にまったく別の意味を与えようとしている。かれはまず、「共産主義革命」と「マルクス主義イデオロギー」ばかりを参照して戦後の「ソビエト政府」の偽りの拡張主義的行動を説明することに驚いてみせる。ソビエト政府がヤルタ協定の精神を遵守しているのは、そもそもこの協定が赤軍の立場と日独の敗戦への赤軍の貢献の大きさに基づいているからだ。「カール・マルクスのイデオロギーではなく、赤軍の並外れた力こそが、ロシア政府の国境拡大を可能にしている」。そしてかれが見るところによると、その拡大の向きは本質的には「ツァーリ」の影響圏の回復と一九一七年〜一九二一年の領土喪失の「補償」に限定されている[40]。ソビエト連邦はつまるところ、ほかの大陸の強国が行なうように振る舞っているのであり、一方でアメリカ合衆国が展開した戦略はオーソドックスなものとはかけ離れていたため（「戦略的奇形」）、真の平和へと至る外交ルートはその前から浸食されているかのように思われる。ここから、より古典的な力の均衡（バランス・オブ・パワー）に戻すべく「高名なアメリカの広告屋」[41]が提案した解決案が生まれたのである。それは、ソビエト連邦内に東側諸国を統合しないというスターリンの約束を遵守させるためにヨーロッパ以外のすべての軍隊をヨーロッパ外に撤退させるという方向に、「アメリカの力の論理とレトリック」を方向づけし直すことだった。端的に言えば、リップマンが強調したのは、「外にロシアがいる」という問題だけを考えることによるアメリカの冷戦戦略のずれである。一九四三年のコミンテルンの解体、一九四四年にアメリカ共産党が解散したこと（メンバーが戦争遂行の努力を支えるためにストライキ容認派から反ストライキ派に転向したのちのことである）[*42]、ギリシャとユーゴスラビアの共産党員へ君主制を維持するようスターリンが圧力をかけたこと、あるいはイギリスの共産党員が戦争直後に連立内閣解消に抗議したこと。事ここに至れば、スターリンが（エリック・ホブズボームの表現を借りれば）「世界革命に決定的な別れを告げた[*43]」ことをもはや無視することはできないだろう。

アメリカだけで共有されていた戦争のレトリックや、そこで用いられていた黙示録的なトーンにもかかわらず、冷戦の第一の特徴は、このイギリスの歴史家がなお指摘するように、逆説的にも世界戦争の差し迫った危険が客観的には存在しないこと、そして〝おおよそ〟一九四三年〜一九四五年に確定した境界線に従ったある種の「力の均衡」を双方が承認したその速さによって規定される。核兵器使用の危険を冒してでも朝鮮戦争の中国領土への拡大を狙ったマッカーサー元帥をトルーマンが解任した年である一九五一

★39 « President Harry S. Truman's Adress before a Joint Session of Congress », 12 mars 1947 (URL : trumanlibrary.org/publicpapers/index.php?pid=2189&st=&st1=).

★40 Cf. Walter Lippmann, *The Cold War. A Study in U. S. Foreign Policy*, New York et Londres, Harper & Brothers, 1947. ジョージ・ケナンの送った有名な「モスクワ電報」が証明の論拠となりえたかもしれない。アメリカ外交の責任者はクレムリンの「不安感」と「ロシアのナショナリズム」の重要性を強調していた。

★41 一九三八年八月二八日〜三〇日にパリで開催されたウォルター・リップマン・コロックにおけるレオン・ルジエ［ルイ・ルジエ？］の開幕講演による。このコロックはしばしば「ネオリベラリズム」（この語はルジエが用いているが、異論の余地がないわけではない）の原光景として紹介されている。

★42 アメリカ共産党党首のアール・ブラウダーはこう述べた。「共産主義は二〇世紀のアメリカ主義である」。

★43 Eric Hobsbawm, *Ages of Extremes. The Short Twentieth Century (1914-1991)*, Londres, Abacus, 1994, p. 168［エリック・ホブズボーム『二〇世紀の歴史――両極端の時代』（大井由紀訳、筑摩書房、二〇一八）、上巻三四三頁］。社会主義による世界革命は国家独立のために放棄された。

年から、東ベルリンの労働者蜂起の鎮圧（ソビエト連邦がアメリカに九カ月遅れて水素爆弾を手にした一九五三年のことである）、ともにソビエト軍の戦車に潰されたハンガリー（一九五六年）とチェコ（一九六八年）の動乱を経て、一九七〇年代に至るまで、二つの超大国間の冷戦は次第に、「陣営を選ぶ」（「世界二大陣営」の二極主義）よう強いられた人びとを襲う核への恐怖の均衡（まったく相対的な[44]）によって維持される、冷たい平和[45]へと向かっていった。もちろんここで、ソビエトが「チトー主義」を排除したこと、あるいは東側諸国での「下からの民主主義」の類いをことごとく抑圧した際の相互利益を想起するかもしれない[46]。しかし冷戦の戦略を、「古典的な」力の均衡の政治－軍事的形態を回復するだけに飽き足らず、グローバリゼーションへと向かう経済－世界の再組織化という迂回路を通じて同盟国にアメリカのヘゲモニーを押しつける方法として考えることもできよう。戦略的に封鎖されればソビエト連邦は自壊するはずだ、という「幽霊政策」が破綻したのち、最先端のハイテク軍備競争（水爆、戦略空軍）では「大量報復」戦略が指向される（一九五三年～一九六〇年）。これは通常手段による限定攻撃の可能性がなくなったという想定のもと、第一次冷戦で最も白熱した地域へアメリカが新植民地主義的な遠征軍を送る際のリスクを限定することを企図するものである。「アジアに恒常的に関与する地上軍を置くことだけがよい戦略ではない。なぜなら、そのことでわれわれは戦略的留保を奪われてしまうからである〔……〕。恒常的安全保障を確保するために必要なスタミナを得るためには、変化を進めることが不可欠である」[47]。ソビエトによる再領土化と、アメリカによる脱領土化。アメリカ政府は「恒常的」なかたちで、アジアへ向かう「国家主義的」な、つまりもっぱら地政学的な関心（とその構成要素）と、ヨーロッパを指向するグローバルな「国際主義的」野心とのあいだに身を置いて、冷戦の論理を（純然たる）戦略的な基盤の上に設定しようとする。アメリカ政府はこの「決定」を堅持し続けることはできなかったとはいえ、方向性は十分に示されている。すなわち、新帝国主義の地政学を担うのは、力を駆使したマネージメントである、ということだ。

本来の〝封じ込め〟ドクトリンが依拠するこの「防衛」の一節の「恒常的安全保障」のところで、冷たい戦争／平和がもたらしたパラダイムの変化に気づかされる。つまり、人びとにとって存在論的絶対性を持った戦争の戦略的脅威をたてに、平和ではない平和を無限に拡大することである。民間人全体にとってこの脅威は、存在論的にあまりにも絶対的（全面破壊、万人の死）であるがゆえに、それに後押しされる恒常的戦争経済は、（ゲームの進行係の西側では）社会生活全体の再プログラミング作業と同義になる。ポール・ヴィリリオが「内部植民地化」[*48]と形容したのはこのことであり、アメリカ資本主義の支配は当初、国外でのソビエトの脅威のグローバル化よりは国内、つまり「資本の国際システム」の中心で、一九四五年八月の動員解除の激動のあおりで労働闘争と人種戦争が激増したことに脅かされていた、という歴史のシークエンスのなかで、このことをコントロールという問題に対する強迫観念と関連づける必要がある。[*49]

3…冷戦期のデトロイト

一九四六年は軍需産業から（女性の多くが排除された[*50]）平和と幸福のための産業への最初の転換、およ

---

*44　*Ibid.*, p. 226-228［前掲書、上巻四五九頁］（「一九七〇年代まで、冷戦を冷たい平和として扱うというこの暗黙の協定はうまく維持されていた」）。冷たい平和という語は一九五〇年代から用いられている。

*45　ソビエトの核武装がアメリカ領土にとって技術的に確実な脅威となりえたのは一九六〇年代なかばからである。

*46　一九七六年にカストリアディスが書いているように「レーガンとブレジネフがハンガリーについて合意したことにほとんど疑念の余地は」ない（Cornelius Castoriadis, « La source hongroise », *Libre*, n° 1, 1977）。

*47　ジョン・フォスター・ダラス国務長官の外交問題評議会（一九五四年一月一二日）の演説より。強調は引用者。

*48　Paul Virilio, Sylvère Lotringer, *Pure War*, nouvelle éd. augmentée, Los Angeles, Semiotext(e), 2008, p. 68.

*49　動員解除を加速したのは暴動の脅威だった。動員解除された一〇〇〇万の兵士は、すなわち一九四五年当時のアメリカの労働力の二〇％に相当する。

び価格統制政策の廃止の年である（トルーマン政権による）。労働闘争はすでに「戦時ニューディール」のあいだに、かつてないほど懸念すべきかたちで、ストライキ、山猫スト（八〇〇万以上のアメリカ人が参加した）そして人種暴動（デトロイト、ハーレム、ボルティモア、ロサンゼルス、セントルイス等々）の発生件数の顕著な増大を誇っていた。デトロイトにおけるマルクスの存在の大きさを見抜いたのはマリオ・トロンティ一人ではないが、かれのあげる数字を取りあげてみよう。一九四六年、四九八五件のストが四六〇万の労働者、つまり労働力の一六・五%を動員しており[51]、組合に属している労働力は一五〇〇万以上を数える。この現象は「国外においてソビエトの影響力の高まりが懸念されるのと同じように、財界にとって懸念すべきもの」と人びとは語り（そして読み）始めるようになる。雑誌『ライフ』のタイトルはこうなる。「アメリカの一大問題――労働[52]」。皆はひとしくこう考えるようになる。すなわち、これはアメリカ史上最も深刻な産業危機だ（大恐慌はまた別の領域である）、日欧にも押し寄せた一九四六年のストの波は資本主義史上最大のものだ、と。経営者雑誌の経済欄担当者は、「破局的な内戦[53]」の気運の高まりに言及する。その前年には、シュンペーターが「資本主義社会の没落」を、そして資本主義が戦後の深刻な逼迫に対応できないことを予想している。ゼネラル・エレクトリックが最初の全国スト（「貴社の歴史上初めて、国内の工場すべてがスト運動により閉鎖されます」）を経験したのはこうした状況下である。三カ月のストと占拠、集団ミーティングや直接間接に関係する地域団体すべての支持による多くの連帯ストのピケののち、事態は運動を引き起こした賃金問題について経営側の降伏で幕を閉じた。政府レベルの支援を受けた反撃は、組合とその「共産主義」指導部（下院非米活動委員会で証人喚問されることになる[54]）との容赦ない闘争と、「自由企業」の利益擁護に向けた団交システムの「進化」に重点を置くことになる。まず前者の面は一九四七年に可決されたばかりのタフト－ハートリー法[55]が煽りたて、ゼネラル・エレクトリックはその可決のために上院に世論キャンペーンを兼ねた効果的なロビー活動を行なっていた。職場における規律訓練も再実施された。きわめて効果的な「ジョブマーケティング」（ボールウェアイズム[56]）が併用されるが、中心は新しい工作機械の設置と野心に満ちた長期的なオートメーション計画であった（ノーバート・ウィーナーは一九四九年にゼネラル・エレクトリックからアプローチを受けたがその招待を断っている）。オートメーションは、それ自体で資本の流動性と労働者の牙城の外への脱中心化を主導するものではあるが（労働コストのコントロールと組合の力の弱体化のために、フォードとゼネラルモーターズが実行した戦略に従って）、さらに正確に言えばゼネラル・エレクトリックで特権化されたのは「数字の指令」（N／Cつまり数字的管理システム）である。「レコード－プレイバック」と呼ばれるプロ

★50 二〇〇万以上の女性労働者が一九四五年から一九四七年にかけて家庭に入った。同期間に、工場やオフィスないし商業施設に雇用された女性は戦時に比較して二五％以上の賃金低下を被ることになった。

★51 Mario Tronti, *Ouvriers et capital*, Paris, Christian Bourgois Éditeur, 1977 (1re éd., 1966), p. 348. 労働統計局では一九四六年に一億一六〇〇万日相当のストライキがあったことを記録している。デトロイト市は自動車の世界資本つまり戦後の筆頭産業そして「軍産複合体」の生地の一つを象徴している。戦時中のデトロイトは「民主主義の武器庫」と形容されていた。

★52 Les magazines *Time* (pour la précédente citation) et *Life* sont cités par David F. Noble, *op. cit.*, p. 22, p. 27.

★53 Whiting Williams, « The Public is Fed Up with the Union Mess », *Factory Management and Maintenance*, vol. 104, janvier 1946.

★54 「電気工」の労働組合――全米電気機械無線労働組合（UE）――はアメリカ合衆国最強の共産主義指導部を擁していた。下院非米活動委員会についての分析でロナルド・W・シャッツが述べたように、「当時標的となった人がいたとすれば、それは間違いなくUEのリーダーたちである」(cf. Ronald W. Schwartz ［Ronald W. Schatz］ *The Electrical Workers. A History of Labor at General Electric and Westinghouse (1923-60)*, Urbana et Chicago, University of Illinois Press, 1983, p. 175 sq.)。

★55 すでに見てきたように、タフト－ハートリー法はその「反共」条項に加え、組合加入を義務づけるクローズドショップ・システムを終わらせた。また「国益」部門については八〇日以前にストライキを予告するよう求められた。

★56 レミュエル・ボールウェアの名前から作られた語。労働者の忠誠を勝ちえて組合（が労働者を吸収する前に）の影響と戦う方法。絹の手袋（「会社側の絹の手袋」）をはめた剛腕（「選ぶか辞めるか」）。このボールウェアイズムについてはこの先で改めて論じる。

グラム化の技術に比べれば、使いこなす際のコスト、複雑さ、難易度が増すとはいえ、最高度に組織化された最良の熟練労働者の手から工作機械の管轄を取りあげて、生産工程の権限／管理をマネージメント側に取り戻せる利点がある。「なぜそれをコントロールすることを断念せねばならないことがあろう?」[*57]というわけだ。工作機械の研究活動にはかならず資金提供し、「第二次産業革命」のオートメーション化された工場（コンピューター統合型自動化工場）を倦むことなく宣伝する、それがほかでもないアメリカ空軍である。空軍はゼネラル・エレクトリックとの契約をフルに利用して、デジタル化の道を推し進めるよう圧力を掛けた。社会革命から労働者管理下の福祉国家や「完全雇用」の条件を生み出しかねない階級闘争に直面させられた状況では[*58]、階級闘争を一挙に飼い慣らし（タフト－ハートリー法）、労働を自由化し（雇用法[*59]）、かつ戦争国家の（白人）復員兵を巻き込みかねない危険にも対応する[*60]、その唯一可能な回答として、技術－マネージメント的生産管理が、「ゼネラル・エレクトリック」の反共十字軍が自由世界と自由企業の名のもとに目指す最初の目的となった。

一九四六年が、ストの増加は「正式な戦争終結宣言を妨げる」[*61]とするトルーマン大統領の声明で幕を閉じたのは、この先の冷戦の仕事が、国内の敵を撃破し（自国内の戦争）、アメリカ経済の活力を物質的にも戦略的にもきわめて利益の多いヴァーチャルリアリティの戦争（潜在的非常事態という恒常状態）へとつなげることだったからである。戦時ケインズ主義の最も古典的な図式でも、こうした戦争は「地域紛争」を舞台に発展し蓄財することを禁じてはいないことも一役買った。「朝鮮戦争はわれわれを救った」と、冷戦の設計者の一人は告白することになる。かれは軍事支出の三〇〇%の増加（年あたり五〇〇億ドルに達する）を提案し（そして獲得した）。かれが標的にしていたのは、間違いなく「景気後退」のリスクと同時に孤立化の危険であった。それはブレトン・ウッズ協定（一九四四年）、国連とユネスコ（一九四五年）、マーシャルプラン（一九四七年）そして北大西洋条約機構（一九四九年）に支えられたアメリカのリーダーシップの飛躍を破綻させかねないからだ。トルーマン大統領は一九四七年三月一二日の宣言でこう説明した。「われわれのリーダーシップが揺らげば、世界の平和を危険にさらしかねないが、確実なのはわが国の福祉が危険にさらされることだ」。イギリスが（「テロ活動」とされているものと戦っている）「反共」勢力への支援を撤収したあとのギリシャおよびトルコ政権への財政援助の供与を議会に対し正当化するために、これが投資案件であることを――そして投資への回帰であることを――トルーマンが強調したときの口実も、同じようにアメリカ流の福祉だった。「アメリカ合衆国は三四一〇億ドルを第二次世界大戦勝利のために費やした。これこそ、自由と世界平和のための投資である〔……〕。この投資を確実なものにし、無駄ではなかったと確信したいとわれわれが望むのは当然のことである[*62]」。

新世界秩序の軍事‐安全保障および金融の諸制度が「はさみの二枚の刃のように補完的[*63]」になると、このはさみは「独立そして富裕国との平等を願う貧困国[*64]」によって支持された平和への普遍的願望によって統合された世界というルーズヴェルト的なビジョンと、あっという間に縁を切る。脱植民地化と発展とい

★57　Cf. David F. Noble, *op. cit.*, chap. 7, en part. p. 155-167, 190-192.

★58　実際、企業の帳簿の開示というアメリカ労働者の要求が、労働者の権力以外の何を意味しているというのだろうか。トロンティはそれを次のように定式化している。「状況のなかでマルクスを読む」。

★59　一九四五年の完全雇用法草案では、「有用で十分な報酬を得られる常勤かつフルタイムの雇用」の権利が提示されており、この草案が一九四六年の雇用法になる。ここでは、「働くことを望む者がすべて雇用の提供を得られる、自由企業からなる制度のもとで〔……〕企業を促進する政府の責任」から成り立っていることが明確に述べられている。一九四五年法の実質を空洞化させようとする上院の共和党からの圧力を批判するある民主党上院議員が述べるように、「つまるところ、職のない者が職探しをする権利があるということだ」。

★60　だが労働者関係の数字は、ここでは十分に雄弁だ。一九四〇年から一九四五年にかけて、労災件数は一一〇〇万、うち死者は八万八〇〇〇人を数える。

★61　一九四六年一二月一二日の談話。

★62　トルーマン大統領、一九四七年三月一二日の声明。

★63　一九四五年にルーズヴェルト政権下の財務大臣を務めたヘンリー・モーゲンソーの談話による。

★64　以下の著作でのルーズヴェルト・ドクトリンの要約より。Giovanni Arrighi, *Adam Smith à Pékin, op. cit.*, p. 320［アリギ『北京のアダム・スミス』、三五三～四頁］。

う理想に突き動かされた国連は、世界政府という理念の具体的な制度化としての新しい国際的権利を主張するのみならず、その加盟国すべてに対して、アメリカ的政治理念全体の超国家的化身として臨んだのであった。その政治理念はかつてルーズヴェルトが第一次「ニューディール」において、市民の平和と国際平和のための戦争への参加を国民に予告したかの有名な一九四一年の「四つの自由演説」の際に、世界に向けて再定義した理念である。[*65] 世界の統治はこうして、ソビエトに対抗することによってではなく、ニューディールを拡大することによってイギリス的帝国主義・植民地主義のモデルを根本的に乗り越えることで統合されるのである（「一つの世界」[*66]）。ここでニューディールは、まずアメリカ人に社会保障をもたらし、しかるのち世界人民にとっての政治的・商業的安全保障の実質的な保証人となる。「ロシアやその他の貧困国への援助は、アメリカにおける社会扶助プログラムと同等の効果を持つはずであった――つまり、混乱に打ち勝ち暴力革命へ転落することを防ぐために必要な安全保障を諸国にもたらすはずであった。同時に、革新された世界市場では、こうした国々に対する複雑多様な需要がある。こうして一般システムに統合されれば、これらの国々は、戦時中のアメリカ労働組合と同様に責任感を持つはずだ」[*67]。それが正確に現状を反映していなかったこと（あるいは戦時中は民主党と協調していたとはいえ、組合は「責任ある者」を演じることに大きな困難を感じていたこと）、一九四六年のトルーマンの目にはもはやまったく不正確に見えたこと、それがルーズヴェルトの改良主義的なグローバリゼーションをトルーマンの「自由世界」政策へ変貌させる無視できない要因だったことはじつにはっきりしている。「自由世界」では、共産主義は「テロリズム」の世界的形態と同一視されるが、それは戦争と平和、戦争と政治、国内と国外、内部植民地化と脱植民地化（ないし新植民地化のコントロール）等々のあいだの曖昧さという冷戦の重要な原動力を冷戦戦略のなかによりしっかりと取り込むためであった。ジョヴァンニ・アリギの検証によれば、世界的内戦がアメリカの新帝国主義の安全保障のためのグローバル戦争へと変貌したことで、国内政治、つまり階級・人種・性の戦争が前面に押し出されてくることになる。この検証に従えば、ルーズヴェルトの世界のためのニューディールのような「あまりにも現実離れした計画を実施するために必要な財源を承認するには、議会とビジネス界は国家の対外政策のコストと財政的なベネフィットの計算においてあまりにも『合理的』すぎた[*68]」。

最初に異議を発したのは、差別的な諸法（ジム・クロウ法）の最良の行政官であり、同時に議会ではルーズヴェルト大統領を支持せざるを得ない立場にいた、南部（ブラックベルト）選出の民主党上院議員だった[*69]。次の一つの質問は、かれの唱えた異議をみごとに要約している。それは、一九四三年の一年だけで、四五以上のアメリカ諸都市での人種主義的／人種暴動の増大があったこと（うち一つはデトロイトで、ルーズヴェルトは部隊派遣を迫られた[*70]）、そして戦後にすぐそれがくり返されたこと[*71]に刺激されて発せられた質問であった。「アメリカ南部とアフリカの黒人住民は『恐怖を感じずに生活する自由』に値するも

---

*65　ルーズヴェルトの「四つの自由」演説は（真珠湾攻撃以前に）国内外における戦時ニューディールの原則と緊急性を訴えたもので、演説全体の中心となるキーフレーズを念頭に置いている。「遠い未来のビジョンが問題ではない。われわれの時代、われわれの世代で実現可能な世界にとっての明確な基盤が問題なのである」。

*66　マイケル・ハワードの主張によれば、戦時中は「多くのリベラル派アメリカ人にとって、新世界秩序を施行するうえで真に障害となるのはイギリスだった。イギリスには帝国的嗜好を持つ経済圏があり、スターリング通貨圏、パワーポリティクスにおけるマキャベリ的手腕、幾百万の有色人種を軛に繋ぐ植民地帝国があった（Michael Howard, *War and the Liberal Conscience*, London, Temple Smith, 1978, p. 118［マイケル・ハワード『戦争と知識人——ルネッサンスから現代へ』（奥村房夫ほか共訳、原書房、一九八二）、一七九頁］。

*67　Franz Schurmann, *The Logic of World Power: An Inquiry into the Origins, Currents, and Contradictions of World Politics*, New York, Pantheon Books, 1974, p. 67.

*68　Giovanni Arrighi, *Adam Smith à Pékin*, *op. cit.*, p. 322［アリギ『北京のアダム・スミス』、三五六頁］。あわせて『長い20世紀』（*op. cit.*, p. 286［四二六頁］）も参照。

*69　一九三九年のテクストで、C・L・R・ジェームズはすでに福祉政策、さらには民主党の黒人政策を「詐欺」と形容していた。かれは盛んにこうくり返している。「南部諸州の政府をコントロールしているのは民主党、フランクリン・ルーズヴェルトの党である」。

*70　デトロイトの暴動直後に書かれたC・L・R・ジェームズの以下の論文を参照。« Le pogrome racial et les Nègres » (1943), in *Sur la question noire aux États-Unis (1935-1967)*, Paris, Syllepse, 2012.

のだろうか？」[72]。一九四四年～一九四五年に出版された論争書、たとえばW・E・B・デュボイス（『色と民主主義』）、ウォルター・ホワイト（『風立ちぬ』）そしてレイフォード・W・ローガン（『黒人の欲するもの』）のどれもが、「人種の不平等」の国際的性格、つまり帝国主義的かつ植民地主義的な特徴を強調し、それがもたらす内外の政策課題がもっぱら「南部的」とは言えないと主張している。確かにそこには、アメリカが人種によってアイデンティティを構築すること、ヨーロッパの植民地支配に対する二重の非承認が含意されている。アフリカ系アメリカ人の論拠を不幸にも追認したことで、国連憲章は非差別原則（分裂したアメリカ代表団の一方が賛成投票した）と国家主権の尊重を結びつけることになるが、それは植民地主義そのものを批判することを禁じ、（「合衆国」の管轄する）アメリカの国内政策に対しては事実上、国際的合法性と連邦裁判権の適用を留保するものだった[73]。事実いつものことながら、人種差別が領土全域で行なわれるためには「南部」の諸法が必要とされるなどということはなかった（とくに雇用と住宅については。そしてそれこそが戦時中に組合加入した黒人労働者の闘争の対象であった）。逆に、北部で獲得された労働組合の勝利を南部の繊維産業にも拡大すべく、産業別労働組合会議（CIO）によって一九四六年に開始されたオペレーション・ディクシーを失敗させたのも「ジム・クロウ」だった。「自由世界」における共産主義の「奴隷制」に対する闘争（トルーマンの演説では「自由対奴隷制」）の実態は、プロパガンダの様相を強めるが、それは「鉄のカーテン」はカラーラインで南北に分裂した国家にも当てはまるという周知の状況を前にしているからである。一九四七年一〇月に作成された同会議議長による公民権についての最終報告では、公民権を巡る「違反」はアメリカが世界でリーダーシップをとる「深刻な妨げ」だということが、すべての論証の基礎にされている。トルーマンの議論をふたたび取りあげれば、（アジアや近東の）脱植民地化が加速しつつある世界に対するアメリカの支配は、アメリカの道徳的ポジションを弱体化させ共産勢力に武器を渡すことのないよう、自国における人種戦争は資本の民主主義によって「修正」[74]すべき「最後の不完全さ」である、と再コード化を公然と求めている。しかし、そのコストがどれほどであろうとも、また自由主義的《リベラル》・反共的立場からの公民権の擁護という原則そのもの（アフリカ系アメリカ人のリーダーの多くがそれを採用することになる）[75]の弱体化の危険を冒すことになろうとも、アフリカに局限されていくヨーロッパ（とその衛星国）の植民地支配という南北の対立軸は、東西の対立軸によって統合せねばならない。そこにおけるアメリカの経済的利害のかかわりが深まるほどに、なおさら「時期尚早の独立」の危険が怖れられたのである。朝鮮戦争によって、アメリカ政府の及び腰で完全に戦略的な人種改良主義が終わりを告げることになるのもそのためである[76]——それ以前に、米軍内の人種差別を禁止していたため（一九四八年七月[77]）、米軍の再動員は世界人権宣言の自由の理念の名のもとで行なわねばならないことになった。それはこの語の最もアメリカ風の意味で、「自由主義的《リベラル》な」キュプセロスの表象である。これと時を同じくして、マーシャルプランに参加するのと引き換えに、組合のほとんどが反

＊71　戦時中の「ヘイト・ストライキ」とそれが引き起こした人種戦争ののち、クー・クラックス・クランの組織する「白い死神」が横行した。その標的となったのは南部諸州の黒人帰還兵だった。

＊72　Thomas Borstelmann, *The Cold War and the Color Line. American Race Relations in the Global Arena*, Cambridge et Londres, Harvard University Press, 2001, p. 29.「恐怖を感じずに生活する自由」は表現、宗教、そして「窮乏なく生活する自由」と並んで「ルーズヴェルトの」四つ目の偉大な自由であった。

＊73　国際連合の創立会議に参加したのはアフリカ系アメリカ人の組織だけだった。アフリカ問題協議会（ＣＡＡ）の代表団はこの機を捉えて、国連総会に国民国家から唯一の代表を出席させることは、被植民地の人民ないしその国家によって差別された民族集団を排除することになると強調した。

＊74　一九四八年二月二日の公民権についての演説で「われわれの民主主義の実践において最後に残った不完全性を修正せねばならない」とトルーマンは明言した。トルーマンは公民権問題を担当する委員会の長としてゼネラル・エレクトリック社社長、チャールズ・Ｅ・ワトソン［ウィルソン］以上の適任者はいないと考えていた。

＊75　全米有色人種地位向上委員会（ＮＡＡＣＰ）事務局長のウォルター・ホワイトも含まれる。この件については先に触れた。デュボイスはこの結果、一九四八年にＮＡＡＣＰを辞職することになる。

＊76　たとえばトルーマンは連邦政府による反リンチ法提案への署名を拒否している。

＊77　「軍隊内処遇機会均等大統領委員会」。このプロセスは一九五〇年代まで続けられた。軍は差別によって分割された社会の統合の実験場となったのである。

共へ転向し、市民的・国際主義的なアジェンダを廃棄することになる。[78] 南部とくにアラバマでは、マーシャルプランが実施されて一年後には、産業別労働組合会議がクー・クラックス・クランに近い構成員の助けを借りて最も急進的な組合支部を屈服させる役回りを演じた。したがって問題は、もはや人種差別ではなく黒人の異議申し立て運動なのであり、それが「国家安全保障」にとっての脅威となるのである。[79]

アメリカの人種問題が世界でどう受け止められるかをモデル化しようという執拗なメディアの努力にもかかわらず（ヴォイス・オブ・アメリカのプログラムには「文化問題、心理的戦争、プロパガンダ」があった）、二極的な表象が打破されるのは、とにかく一九五〇年代半ば以降（モンゴメリー・バス・ボイコット事件は一九五五年）、公民権運動の勢力と急進性が増してからのことになる。非同盟運動の誕生（一九五五年のバンドン会議）および反植民地の新しい波（ガーナ、アルジェリア、コンゴ。ギニア）と軌を一にして、公民権運動はまずは南部、そして全土の下層階級という切り口から階級戦争を続けることで、労働闘争を引き継いだ。[80] 一九六〇年のニューヨークの国連総会で、カストロはマルコムXと対「白人権力」同盟を結び、第三世界全体を黒人系アメリカ人の蜂起と等置する。ストークリー・カーマイケルが学生非暴力協力委員会（SNCC）[81] の名において、引きも切らぬ暴動の波を説明して「アメリカ合衆国では、黒人は社会全般で植民地関係に置かれている」と宣言したのはその数年後のことである。ストークリーはここで、マーチン・ルーサー・キングに倣って、フランツ・ファノン（奇妙なことにフーコーはけっしてファノンを引用しない）の投げかけた国内植民地化という大きなテーマを取りあげ、それをブラックパワーという方向へと向かわせる。ベビーブーム世代の全体、とくに学生運動にとって、国内植民地化という問題は、人種主義を再歴史化・再政治化する主要な手段だった。これまで「システム」がそのことを考慮したのは「警察」的観点からの管理の範囲に過ぎず、それ以上のことと言えば「人間資本」の個人的競争力の分析のついでに考慮するか、そのあとは「コストベネフィット」という観点から純経済的にアプローチされる程度だった。[82] このコストベネフィット的観点からの政治改革（および選挙改革）が急務になったことで、ケネディ－ジョンソン時代の反貧困プログラム（「偉大な社会」）が作成されたが、それは貧者との戦争の[*83]最も危険な帰結にのみ取り組むことになる。黒人系アメリカ人コミュニティの「道徳的欠陥」とされるものに根ざす、ありふれた人種主義を育んだゲットー化のメカニズムには手をつけないまま、その延命の条件は改善されるが（児童扶養世帯扶助制度〔AFDC〕）、他方で活動家による「直接行動」を骨抜きにし、活動家のアメリカ帝国主義支配の（生）政治的経済批判を妨害し、活動家たちは社会扶助の地域分配機械（圧倒的多数が黒人である貧者の社会的「参加」を獲得することを企図する「コミュニティ・アクション」）のなかに「統合」される。戦争直後、アフリカ系アメリカ人の代弁者たちは、自由企業の十字軍と近似した「飼い慣らされた」漸進主義的言説を優先して、資本主義批判を諦めざるを得なかったのではないだろうか？　というのも、一九四〇年代の反植民地主義の趨勢（デュボイス、ロブソン、ハントン等々）に打ち勝った冷戦とマッカーシズムに従わねばならなかったからだ。このことはまた、一九六〇年代に特徴的な反植民地主義の国際的復活が、福祉から放逐された者たちとアメリカ式生活に抑圧され

＊78　一九四七年の産業別労働組合会議での演説で、マーシャル国務長官は救済プランへの支持と組合の「転覆的」分子の排除を明確に結びつけている。これは一九四九年の反共パージによって実現されることになる。反植民地主義は冷戦の「対外政策」と同調する場合にのみ許容された。

＊79　ジョージ・ケナンは、たとえば一九五二年に人種問題を「国家安全保障」に明確に組み込んでいる。

＊80　一九六〇年には、デトロイトの黒人人口の四一％が無職だったが、福祉の恩恵に与っている者はまだほとんどいなかった。福祉の制限的適用はとくに、意のままに酷使できる下層階級の「予備軍」を維持することを狙っていたのである。

＊81　Cité par Thomas Borstelmann, *op. cit.*, p. 205. Voir le discours d'hommage à Stokely Carmichael prononcé par C.L.R. James en 1967 en Grande Bretagne (où l'activiste a été interdit de séjour), cf. « Black Power », in C. L. R. James, *Sur la question noire aux États-Unis*, *op. cit.*

＊82　Gary Becker, *The Economics of Discrimination*, Chicago, University of Chicago Press, 1957［ブラッドリー・R・シラー『貧困と差別の経済学』（松井範惇訳、ピアソン桐原、二〇一〇）］。

＊83　「偉大な社会」と関連する諸対策の大部分を動機づけたのは、一九六〇年代初頭に作られた「青少年の不良行為」とギャングに対する戦いのプログラムである。

た者たちすべてが表舞台へ「回帰」する（福祉権運動）ことと軌を一にすることの理由を説明する。スタンリー・キューブリックの映画、『博士の異常な愛情』を考えたらいいだろう。この映画は、国内のコンセンサスの最も性別化された面を攻撃することで、冷戦期の白人男性の現実原則を脱線させるのである。

冷戦期の海峡に架橋することを試みることで要約しよう。冷戦の「主体」は、その軍事‐金融的構成において資本の戦争機械と一体化したグローバル化された資本主義にほかならない。まさにそれこそが、戦後に通貨と軍事力の管理によってアメリカ支配の最も重要な二つの道具を生み出し、「アメリカの人びとをびびらせる」（朝鮮介入の真の目的についてのトルーマンの側近の発言である）ことから始まった資本主義の黄金時代と呼ばれるものの幕を開けたのである。この企図は新たな（階級的）調整手順、さらには福祉の管理ならびに分割（人種と性による）の新たな手順と不可分の「市民社会の体系的かつ断固たる再構築」[*84]を意図していた。「世界にとってのニューディール」の代わりに、冷戦によるその〝封じ込め〟こそが、軍産複合体がこのさき文字通り「軍事‐生命的」[*85]と言うべき核による生政治体制を決定する。

自国（「反植民地主義の国内問題化」）と国外（「黒人はアメリカ人である」）において、冷戦のなかに人種戦争を封印することを通じて――そして国内の脱植民地化のあらゆる側面が探究される舞台となった市民蜂起を引き起こすベトナム戦争（「国内と国外の両面における戦争」）における決定的な失敗を通じて、このことが二重の意味で確認される。その数年前、ケネディ政権当時に、五万人の女性が白人中産階級の再生産のコンセンサスを打ち砕くべく米国会議事堂の前を行進した。平和のための女性ストライキである。このとき攻撃されたのは「一家の温かい父親でもある冷戦の粗野な兵士」[*86]であった。

冷戦の最初の攻撃により分断された反戦という未来図と家庭の規律訓練の拒否を結び直そうとするこの女性たちの改良主義的な立場は、ベティ・フリードマンのベストセラー、『新しい女性の創造』（一九六三年）に通じている。この著作は、家庭内労働の運命を乗り越えるべく、「名付けられていない問題」に「キャリア」という名を与えている。しかし、主婦の状況の欺瞞を解くこの改良主義は[*87]、瞬く間にその最も暗い側面において階級戦争のフェミニスト的再領有化と対立することになった。社会扶助を受給する母親の動員はきわめて重要性であって、それはフェミニストの積極行動主義が発展して、一九六〇年代なかばから黒人解放運動およびその経済戦線での闘争と交錯したという事実を確認させてくれる[*88]。実際「公民権運動に影響されていたアフリカ系アメリカ人の衝動におされて、女性たちは国家に対し、子育てという労働の対価として賃金を支払うことを要求したのである[*89]」。「女性たちは家庭外で働いていないときでさえ、死活的に重要な生産者である」とマリアローザ・ダラ・コスタとセルマ・ジェームズは一九七二年のマニ

＊84 Paul N. Edwards, « Construire le monde clos : l'ordinateur, la bombe et le discours politique de la guerre froide », in *Les Sciences pour la guerre*, *op. cit.*, p. 224.

＊85 Cf. Michael Hardt, Antonio Negri, *Multitude*, Paris, La Découverte, 2004, p. 60〔アントニオ・ネグリ、マイケル・ハート『マルチチュード――「帝国」時代の戦争と民主主義』（幾島幸子訳、日本放送出版協会、二〇〇五）、上巻八八頁〕。しかし、冷戦はハートとネグリにとって、「存在論的」な意味で「生産的」になるにはあまりに「静的」かつ「弁証法的」であった。

＊86 Elaine Tyler May, *op. cit.*, p. 208. 一九六一年一一月一日の女性行進について論じられている。女性組織による平和運動への動員がアメリカ政府に取り込まれたこと（そして戦闘的活動家と反抗的グループが抑圧されたこと）については以下を参照。cf. Helen Laville, *Cold War Women. The International Activities of American Women's Organization*, Manchester, Manchester University Press, 2002.

＊87 フーバーは一九五六年の全米カトリック女性評議会での演説で「キャリア女性」に向けて話すという体裁をとり、こう説明している。「わたくしは『キャリア』のある女性にお話しします。なぜならわたくしの考えでは、家庭を築き子を育てること以上に重要なキャリアなどないからです」（cité par Elaine Tyler May, *op. cit.*, p. 132）。なお演説のタイトルは「犯罪と共産主義」であった。

＊88 Cf. Frances Fox Piven, Richard A. Cloward, *Poor People's Movements. Why They Succeed, How They Fail*, *op. cit.*, chap. 5. 第五章は一九六四年から一九六八年の暴動を多元決定した経済的要素に対する公民権運動の歴史家たちの「近視眼」について論じるところから始まっている。

＊89 Silvia Federici, *Point zéro : propagation de la révolution. Travail ménager, reproduction sociale, combat féministe*, Donnemarie-Dontilly, Éditions iXe, p. 16.

フェストで説明した。「女性たちの生産する商品はほかのどの商品とも違い、資本主義に特有のものである。すなわち、生きた人間――つまり『労働者そのもの』（マルクス）である」。そして、労働者を消費者として条件づけすることで、家族の社会的生産や女性の社会的権力がさらに強化される。[*90] 冷戦の家庭哲学をこのように完全に転倒させることで、「社会工場」というテーマは奇妙に脱線してしまうが、それは社会的再生産という問題をシステムの中核に組み込まなければ社会的諸関係は実質的に生産諸関係に変化することができないからであり、「家事労働に賃金を」運動のようなフェミニスト組織が中心的に標的にしたのもそのことだった。工場内とくに工場外での「最も先進的な」階級闘争（「最先端の労働者階級の闘争」）に身を投じることで階級そのものの意味を再定義する黒人闘争に影響された階級戦争運動とその戦略のアメリカ的起源を強調するセルマ・ジェームズの主張は、ここでとくに興味深い。つまり、マリアローザ・ダラ・コスタとのマニフェストの共同署名と、一九七二年の夏のパドヴァでの家事賃金の国際キャンペーンのスタートに気をよくしたからといって、あまりに安易にイタリア・アウトノミアのフェミニスト版に運動を同化させることは避けたのである。[*91]

4…アメリカ式生活の裏側

アメリカ式生活は、民主主義〝対〟全体主義の同義語として、トルーマン大統領の冷戦布告の中心に置かれているが、この言葉は新たな紛争の歴史‐世界的争点を物語っている。「世界の歴史の今現在の時点では、ほとんどすべての国家は互いに相容れないどちらかの生活様式を選択せねばならない」。[*92] この「生活」が、ヴォイス・オブ・アメリカのプロパガンダ戦争にとって大事な「共産主義」の文化的〝封じ込め〟を超えて、軍産民主主義の群衆心理学の社会工学を組み込む新形態の統治における主体性の戦争にかかわっていなければ、この発言はかなり凡庸なものであっただろう（そして総力戦の単なる継続から生じたものであっただろう）。自国でも国外でも心理社会工学は、軍‐産‐科学‐大学複合体の絶えざる技術革命と市場に統合される消費による管理経済のベクトルとなる。これらはいずれも資本の政治的民主主義の保証となる。つまりこれこそがいわゆる「大衆の」民主主義（あるいは人民の民主主義）[*93]とは必然的に対立する「人民の資本主義」[*94]なるものの「安全保障かつ挑戦」であり、これが「人民の資本主義」として登場しえたのは、冷戦の最初の産物がひとえに資本主義の人民という産物だったからである。トルーマン大統領は、「帝国主義的」かつ「全体主義的」共産主義を標的にしながら、一九五〇年四月、朝鮮戦争前夜にこう宣言することができた。「何にもまして、人心獲得の闘争が重要である」[*95]。しかし、かれの演説

＊90　Selma James, *The Power of Women and the Subversion of the Community* (1972), repris dans *Sex, Race and Class, op. cit.*, p. 50-51.

＊91　セルマ・ジェームズが再版の際に次の箇所で強調した違いを参照のこと。*The Power of Women and the Subversion of the Community, op. cit.*, p. 43 sq. われわれはこの指摘によって、アメリカでの運動とイタリアでの運動の出会いの政治的な重要性を説明しようという努力について謹んで感謝を捧げたいと思う（ヨーロッパの「先進的」階級闘争については異論の余地はない）。

＊92　トルーマンの一九四七年三月一二日の声明。

＊93　この用語自体が「ウォールストリートの資本家」たちの後押しする「ブルジョア民主主義」へ人民を迂回させ回帰させるために喧伝されたのだった。アメリカ側では、ロシア人に「誘拐された」人民という語を取り戻さねばならないと説明されている。合衆国憲法の冒頭（「われわれ人民は」）にあり、リンカーンが確固たるものにした民主主義の定義の中心（「人民の、人民による、人民のための政府」）にあるこの語は、確かにとくにアメリカ的な語である。以下を参照。T.S. Repplier, 27 octobre 1955, cité par Laura A. Belmonte, *op. cit.*, p. 131.

＊94　「人民の資本主義」は、一九五五年から一九五六年に国際博覧会を模して行なわれた「真実キャンペーン」でアイゼンハワー大統領の顧問テオドール・S・レプリアが付けたタイトルである。開催されたのは南アメリカおよびセイロンである。Cf. Laura A. Belmonte, *Selling the American Way. U.S. Propaganda and the Cold War*, Philadelphie, University of Pennsylvania Press, 2008, p. 131-135.「安全保障かつ挑戦」という引用は『コリアーズ』誌の特集 « "People's Capitalism" – This IS America » より。人民資本主義というテーマ（と表現）はフルシチョフとの台所論争でのニクソンの発言の中心であった。

の最も興味深い部分は、自国の組合に対し、国外に向けてアメリカでの賃労働の実態を証言するよう呼びかける瞬間である。「われわれの労働組合はヨーロッパ、ラテンアメリカその他の労働者との連絡にすでに十分に働いてくれている。われわれアメリカの組合員の口から語られた自由なアメリカの労働者の物語は、他国の労働者に拡がる共産主義のプロパガンダに対し、政府責任者のなしうるどんな言説よりもすぐれた武器となる」。しかし、労働組合が人民の資本主義の最良のエージェントになりうるには、そして「労働」が自国ではもはや問題にならないようにするには、デトロイトのマルクスを追放する必要があった。それは原則的にはゼネラルモーターズがデトロイト条約に署名したことで達成された。これは賃金交渉を生産性向上と関連づけることで、生産品と大量消費とのあいだにフォード主義的な関係を結んだものである。組合はこれによって、賃金（生活コスト指数に応じて調整される）と利益の配分を問題視することをいっさい断念した。「生産性」は同時に「階級と集団のあいだの摩擦を和らげる不可欠の潤滑油」となったとは、一九四七年に経済開発委員会の長の口から発せられた言葉である。[*96] ゆえに『フォーチュン』誌は、「政治権力と『剰余価値』としての利潤とによって決定される賃金理論をいっさい船から投げ捨てる」ものとして、この協定を祝福する十分な理由を持ちえていたのである。組合はまた、経営側が職場を排他的に管理すること（マネージメント・コントロール）を受け入れ、企業が福祉を分担すること（年金負担、疾病保険）を引き換えにした。福祉はかくして、民営化を加速させる道（民間福祉計画）を進んだのだが、それが労働市場の不均衡を増大させないわけがない[*97]。同じ時期に、組合加入者や労働活動家の権限は組合の全国執行部に委譲され、そこだけが企業のトップマネージメントと交渉する唯一の権限を持つことになった。交渉はしばしば、スト権非行使の契約義務のもとに締結された（ゼネラルモーターズの場合五年間）。協調的な生産主義においては、最も「保証された」労働者階級の客観的利益は経営側の方策と一致しがちで（現実的労働組合主義[*98]）、組合は補償国家の余技で行なわれるだけの再分配的側面さえ失って「商業化」したケインズ主義に流され、「安全保障」という決まり文句をくり返す。そこに閉じ込められてしまえば、社会平和（労働者平和）こそ国内外での組合化のモデルであることが明確になる。実際、デトロイト条約を（〝穏健な〟）社会関係のモデルとして、そして社会革命に脅かされたヨーロッパの紛糾した緊縮策をアメリカ式の消費（による管理）社会へと移行させる様式として、輸出に回して「売る」のがマーシャルプランの役割となった。端的に言えば、大量消費を社会調整の原則として繰り広げる国境を越えた資本蓄積の展開に「再構築」を委ねる新しいグローバル秩序では、「ゼネラルモーターズにとってよいものはこの先、世界にとってもよいものである」というわけだ。*99

生産過程がひとたび生産性のコントロール下に置かれると、日常生活の植民地化としての消費による「近代化」こそが、「完全雇用」によるインフレ的な社会的圧力を、世界のアメリカ化における（需要計画策定による）生産と商品流通の加速の方向に導くものと見なされるようになる。「世界のニューディール」はしたがって、冷戦期の〝封じ込め〟拡大政策の主体となった「生活」の商品化・民営化のなかに包含されることになる。この政策の最良のエージェントとなったのが、タフト－ハートリー法が役割を果た

＊95　Harry S. Truman, « Address on Foreign Policy at a Luncheon of the American Society of Newpapers Editors », 20 avril 1950.

＊96　Cité par Charles S. Maier, *In Search of Stability: Explorations in Historical Political Economy*, Cambridge, Cambridge University Press, 1987, p. 65.

＊97　Nelson Lichtenstein, « From Corporatism to Collective Bargaining: Organized Labor and the Eclipse of Social Democracy in the Postwar Era », in S. Fraser, G. Gerstle (dir.), *The Rise and Fall of the New Deal Order (1930-1980)*, Princeton, Princeton University Press, 1989, p. 140-145.

＊98　二つの労働組合の合併の一年後の一九五六年、ＡＦＬ－ＣＩＯ〔米国労働総同盟産別会議〕議長はこう宣言した。「最終的な分析によれば、わたしが掲げてきたものと全米製造業者協会が掲げてきたものとのあいだに大きな違いはない」（cité par Frances Fox Piven, Richard A. Cloward, *op. cit.*, p. 157）。

＊99　Leo Panitch, Sam Gindin, *The Making of Global Capitalism. The Political Economy of American Empire*, Londres et New York, Verso, 2013, p. 84〔レオ・パニッチ、サム・ギンディン『グローバル資本主義の形成と現在——いかにアメリカは、世界的覇権を構築してきたか』（芳賀健一、沖公祐訳、作品社、二〇一八）、一二五頁〕。

したあとの組合（とくにＡＦＬ－ＣＩＯ）であった。[*100] このために、冷戦は「心理学的戦争」になり、その近代性は、階級（闘争）の概念を主体性（の戦争）から奪うことを可能にする反共主義と等しくなる。アメリカ的価値観のもとにあり、冷戦期の主要資料の一つが「ソビエトの勢いを消滅させるイデオロギー以上に死活的な」[*101] ものと想定している「個人の重要性」は、「企業間の自由な競争、自由な組合活動そして国家介入の制限」を「社会から次第に階級が消滅しつつあるという事実[*102]〔社会の無階級化の進展〕」に結びつけるプロパガンダの福祉という表現に、イデオロギー的に変換されることになる。この誇張表現によれば、階級なき社会は国家ではなく民衆に奉仕する経済という傾向を持つようになり、民衆は自由労働組合の「戦闘的かつ責任ある」力に支えられて、資本主義の恩恵を領有化する。「民主主義において、資本主義はその力を否定的に、つまり大衆を抑えるなり搾取するなりするために行使するのではなく、生産を発展させ、新しいアイディアと新しい富を創造するために行使する」[*103]。先述の、資本の共産主義はここで、自動車という「資本主義市場の最重要産物」（ドゥボール）によって労働領域、家庭生活、余暇空間、工場、郊外住宅の街をつなぐ自動車運転のような様相を呈する（「すべてはつながる」とはジャック・タチの『ぼくの伯父さん』のライトモチーフである）[*104]。商業センターだけが中心の高速道路網のなかに放り込まれた自動車は、もはや単にフォード主義的な社会－工場の代表的製品ではない（一九五〇年のアメリカでは六五〇〇万単位以上が生産された――つまり世界生産の四分の三である）。それは消費社会の乗り物であり、消費社会の機械的精神の修得のための、そして商業的様式での社会化の訓練のための乗り物でもある。というのも、消費というこの特別に私的な価値こそ、技術革新（それはまた「軍産複合体」の研究発展プログラムの民生転用でもある）に囲まれた家庭空間をティラー主義化し、その住まいを民営化・金融化することで、日常を植民地化するものだからである。実際、いかにして自宅を所有せずに、つまり「安心〔そして〕すなわちアイデンティティを与える役割」[*105] という経済の役割を増大させるこの生活投資をすることなく、〝わが家〟にいると感じることができるだろうか。

国内資本主義の経済全体を、資本主義的民主主義の情動的中核（夫婦、結婚、子ども、家族生活を中心とする）として押しつけることで、「ミスター＆ミセス・アメリカ[106]」の抵当信用が消費信用と企業福祉を引き継ぐ。「民主主義は家庭から始まる」「家庭はあなたが作るもの」「家庭生活からコミュニティ建設へ[107]」等々。「わたしはあの夢を買うつもり[108]」という歌でも、核家族はソビエトの核の脅威に関連する不安（「赤の標的はあなたの家」「シェルターでハネムーンを[109]」等々）に対する避難所になると同時に、経済の金融化を家庭で引き継ぐ。民間保険市場、抵当信用・消費信用市場に大規模に投資していた投資銀行は、実体経済ならびに万人のための福祉の発展において自らの「必須の」役割を証明していたのだ。

★100　一九五六年の論文「戦前期と比較した米国の経済状況」においてカレツキは労働組合を「軍備－帝国主義の配置の根幹にある」と考察している（in *The Last Phase of the Transformation of Capitalism*, *op. cit.*, p. 96）。

★101　NSC-68. トルーマン政権国家安全保障会議報告第六八号（一九五〇年四月一四日、最終承認は一九五〇年九月三〇日）。ポール・H・ニッツェの手になるこのレポートは、ランド研究所の地理戦略的反共産主義の特徴を示している。

★102　*United States Information Agency Basic Guidance and Planning Paper* n° 11, « The American Economy », 16 juillet 1959, cité par Laura A. Belmonte, *op. cit.*, p. 120.

★103　United States Information Agency (USIA), *American Labor Unions: Their Role in the Free World*, cité par Laura A. Belmonte, *op. cit.*, p. 124（強調は引用者）。

★104　クリスティン・ロスの次のすばらしい分析を参照。Kristin Ross, *Rouler plus vite, laver plus blanc. Modernisation de la France et décolonisation au tournant des années 1960* (1995), Paris, Flammarion, 2006.

★105　*Ibid.*, p. 146-147.

★106　国務省の *Air Bulletin*（一九四七年九月一二日）が米国海外情報局の活動で常用される項目として使われることになる。

★107　米国海外情報局作成・配布の公報のタイトルのいくつかである。

★108　ミュージカル映画 *Sing Your Way Home* からの一九四五年九月のヒット曲。

★109　核シェルターが二人きりにしてくれる一四日間のハネムーンが、『ライフ』誌（一九五九年八月一〇日）のルポルタージュのテーマだった。

「万人の」という言葉は、ここで言う福祉が内戦の福祉であること、つまり差別のシステムを絶えず再生産すること、そして公理を増大させることによって、それをフェア・ディール政策と法‐政治的手段という一連の流れのなかで管理・制限しようとすることでしか公理系の原動力たる多数派システムを生産できない福祉である、という事実と端的に矛盾する。「これによって、階級の廃棄という言説を掲げてはいるが、人種の境界線ではっきり分断された社会が生まれる*[110]」が、それは「貧困との戦争」でも根絶しきれないだろう貧者との戦争と密接に結合している。リンドン・ジョンソンによる布告後すぐにそれは「凍結」されることになり、ついでニクソン政権でそれがもたらした逆効果のゆえにバッシングされた。「福祉（welfare）ではなく勤労福祉（workfare）を」ということだ。経済機会法（一九六四年）に体現された「アメリカの公正」の原則そのものが、結果の平等をいっさい犠牲にして機会の平等を推進するものではなかったか、ということだ*[111]。このアメリカの波打ち際から、ある長い歴史が始まり、今に至るまで続いているのだ。

　というのも、人種差別は古くから、雇用差別と住宅差別をセットにするからである。それがあまりに先鋭に行なわれたために、一九四六年には、それがデトロイトで正真正銘の「時限爆弾」になっていることにひとは気づいていた。この爆弾にさらに火薬を足すことになるのは、国内の大規模移民（南部の黒人が産業化された北部へ）と戦後の都市開発である。その原則は貧困の連鎖的反応で、そのために黒人たちが住宅を持つことはますます難しく、金のかかることになり、黒人の家のある地域はますますゲットー化が進んでいく。そうした生活条件のおかげで、あらゆる統合政策にくさびを打ち込むことになる。ワーグナー・スティーガル住宅法（一九四九年にトルーマンが復活させた）から一〇年以上遅れて、社会住宅のニューディールが、最優先課題として最貧困層黒人の立ち退き（都市化新計画）や押し込め（経済的地位に応じて拡大していく同心円状の都市開発の原則に従って市街地中心部への）の方法を強化したことが、人種の〝封じ込め〟に大きく貢献する。シカゴ学派の作成したこのモデルを後押ししたのは、住宅所有に対する公的扶助が特別扱いされたことであった。それは一方で階級の基準が人種の基準を裏付けたということでもあり（熟練労働者および黒人プチブル向けの黒人移住地区）[*112]、他方では所有者－消費者の人種的分離に基づく白人－労働者－「中産階級」的な市民権を得る社会的条件になった。後者を促進したのは不動産市場の関係者全員である。「これは所有権を守るためのあなた個人の戦いです」と、あるパンフレットでは説明されている。ここでは「プライバシー権」と「住宅開放運動」および社会の共産主義的国営化の狡猾な形式を連想させる連邦法に対抗する地域動員とが混じり合っているのである[*113]。黒人移住者は侵入という軍事用語で記述され（「ニグロの侵入」）、それに対抗して所有者集会と町内会は、郊外住宅地を共同体・家族にかかわる「戦場」に見立ててまぎれもない「レジスタンス」戦略を実行することになる。地域の「一体感」（国内戦線）の防衛に最初に動員されることになるのは白人労働者階級の女性たちで、それは彼女たちが担う家庭生活の「平穏」と人種的要因とを結びつけてしてしまう[*114]。人種的・性的境界のコントロールは、この主体性の戦争に基づいて設定されるが、「自分自身を封じ込めるための家」（エレイン・タイラー・メイによる表現）という意味をここでは持っている家庭を、労働界の大きな変革のなかに統合することによって初めて、この戦争は内と外の境界線の上に新しい家庭のモデルを設定することができる。

＊110 Elaine Tyler May, *op. cit.*, p. 11.
＊111 Cf. Ira Katznelson, « Was the Great Society a Lost Opportunity? », in *The Rise and Fall of the New Deal Order, op. cit.*, p. 202-203.
＊112 Cf. Thomas J. Sugrue, *The Origins of the Urban Crisis. Race and Inequality in Postwar Detroit*, Princeton et Woodstock, Princeton University Press, 2014, chap. 7〔トマス・J・スグルー『アメリカの都市危機と「アンダークラス」──自動車都市デトロイトの戦後史』（川島正樹訳、明石書店、二〇〇二）、第七章〕。
＊113 *Ibid.*, p. 226-227〔前掲書、三四三頁〕。一九六四年実施の調査では、アメリカ合衆国の八九％の北部住民と九六％の南部住民が、当人が望むのでない限り、所有者が黒人へ財産を売却することを法的に制限すべきではないと考えている。
＊114 *Ibid.*, p. 250 sq.〔前掲書、三七八頁以降〕。

というのも、工場のいっさいの協調主義的な価値の「ジェンダー化された」民営化が、人種排除と性的差別の空間的論理のなかで階級闘争概念に取って代わる国民の主体性を家庭で管理することを求めるからである。[*115] このことはまた、アメリカが、社会－工場という範例的イメージを郊外社会の「モデル家庭」に置き換えるこの運動の前衛であったことを説明する。そこでは、黒人と女性に対する分離的差別の論理（ベティ・フリードマンは「郊外住宅地の快適な収容所」と指摘している）は、資本主義的近代化の「生産的消費」および再生産的消費と一体化してしまう。

一九五四年、最高裁が公立学校での人種分離を違憲とする判決が出たこの年に、ロナルド・レーガンは、ゼネラル・エレクトリック・シアターというテレビ番組（土曜の晩に最も人気のあった全国放送）の司会者そしてグループ工場でのボールウェアイズム親善大使という、かれにとって初めての大きな仕事を手にする。[*116] 大統領に選出されたのちも、レーガンはレミュエル・ボールウェアがかれの本当の指導係であったことを婉曲に認めつつ、ゼネラル・エレクトリックとの日々を「政治学の博士課程」と形容することになる。ボールウェアは広告業界と市場研究の出身で、おそらくアメリカのビジネスというよりアメリカの階級意識を変えることになった男である。それはかれが、アメリカ労働者の階級意識をビジネスに参加させたことによってである。アメリカのビジネスをかれは（このままの順序で）「投資家、消費者、被雇用者、供給者、家族サポート、近所ないしは〝遠くの市民〟」と再定義した。一九四九年六月一一日、ハーヴァード・ビジネス・スクールでの一般聴衆向けの演説でかれは、自分の「ジョブマーケティング」の顚末を披露している。共産主義、ファシズム、ナチズムもそのヴァリエーションに過ぎない「社会主義者」連中の危険という決まり文句を取りあげたあと、話題はかれが次のような言葉で話しかけるビジネスマンの聴衆に絞られていく。

本当に自由な人びとは、仕事や創造、競争、貯金、関心や利益の意欲をそそられる場でなければ、物質的にも精神的にもきちんと生きていくことはできません。しかし、ひとを仕事に駆り立てる力とされるものもなければなりません。それを働きたいという願望を与える刺激としましょう。〔……〕マネージメントはきちんとした経済理解と、そこから生まれるよい大衆行動を奨励するために何ができるでしょうか？　われわれはごく単純に、社会主義のよい代替案となるものを学び、教え、実践せねばなりません。〔……〕われわれはしたがって、市民の多数が経済的現実〔強調は引用者による〕を理解するように、おのれの役割を演じ行動することになります。ですから大胆にいきましょう。この愛国的な仕事でわれわれのような人間に期待されるリーダーシップをとり、そしてそれを発展させ続けましょう。*117

こうした「経済的現実」の教えは、大（小）企業の数百万の従業員向けの、多くの経済教育プログラムに材料を提供してくれるだろう（「ビジネスシステムはいかに機能するか」「われらの手の内に」等々）。全米製造業者協会とアメリカ経済協会が直接運営し、参加者と監修者（全員が経営者）を先行的に育成

*115　アメリカでの女性の活動に関する米国海外情報局の冊子は、（男女の）賃金格差を家庭生活の特別な重要性を理由に正当化しようとしている。女性は「キャリア第一指向のプラン」のもとに教育を受けようと計画してはおらず、労働市場に入るのも「一時的なかたち」である。さらに、家庭内生活のマネージメント（主婦は「家庭のよきマネージャー」つまり無賃金女性労働者とは正反対とされている）は激務であると紹介されている。

*116　以下では厖大な資料が紹介されている。Thomas E. Ewans, *The Education of Ronald Reagan. The General Electric Years*, New York, Colombia University Press, 2006. エレイン・タイラー・メイによれば、ゼネラル・エレクトリック・シアターでのレーガンには、ニクソンが台所論争で称揚した「家庭モデル」の原型が見られるという（Elaine Tyler May, *op. cit.*, p. 215）。

*117　Lemuel Boulware, « Salvation Is Not Free », Harvard University, 11 juin 1949, reproduit dans Thomas E. Ewans, *op. cit.*

するのに貢献する数多くの大学が引き継ぐ企業精神の販売政策が、「参加」をキーワードとする資本主義的主体化のグローバルな企図の背後に透けて見える。ここで意図されている参加は、まず労働者と従業員（企業利益分配によって報酬を受け取ることになる）の参加であるはずだが、それは工場の壁のなかだけの話でもなければ、厳密に経済だけの枠内にとどまるものでもない。実際それは「人間関係」マネージメント理論の中核をなすものなのだ。それは、個々の労働者・従業員を「個人」かつ「複合した社会組織のなかで他の社会的存在と関係する社会的存在」として再定義し、そういう存在として企業内での賃金や権限について労働者にかかる圧力を緩和しつつ、生産性を向上させるために動員されねばならない、とする。一九五〇年代初頭の、「第二次産業革命」――「産業における人間関係」――と形容されるものの争点はつまるところ、福祉資本主義のなかで再生産から消費への転換を刺激し導くことのできる社会調整の生政治的諸配置（「企業・家庭の一体化」）を通して、規律訓練路線に経済権力部門という上着を着せることで、階級意識を「企業意識」に入れ替えることである。それぞれの企業に特有の社会的特典制度は、単に福祉国家と競合し、そこから政治的実態と階級の歴史を抜き去るだけではない。それは職場・家族そして居住地域（主婦狙いの文化活動、子どもや若者向けのスポーツグラウンド、保育園等々）の新しい関係を伴う「企業の余暇活動」という新しい産業を生むことで、社会全体に拡がるのである。隣接するすべての集団や共同体（市町村、重要な経済教育プログラムが組まれる学校、教会、団体やクラブ）に投資することで、家族の家庭的／情動的経済を工場内に統合し、家族の「領分」全体に企業を浮かび上がらせるのである。その目的は一つである。すなわち「自由企業の原則を現実的かつ活力あふれる美点として売り込む」「ビジネスストーリーを大衆に喧伝する」[*118]。これは「共産主義の」脅威に対する個人の自由の保護をアメリカビジネスの防衛に委ねさせるという〝ストーリー展開〟としての冷戦である。そしてこの防衛が、「自由の帝国」（トーマス・ジェファーソンの表現による）にとっての究極の保証として打ちたてられるのである。

「ジョブマーケティング」と「愛国者の仕事」はこうして、冷戦のマネージメントとしての相貌の持つマクロとミクロが融合する政治的輪郭を、冷戦が敗者の階級戦争を共産主義の奴隷制に対抗する資本主義民衆による文明の戦争へと移行させたという大きな結果から描くことを可能にしてくれるだろう。[*119] ここでいう文明は、総力戦の資本主義の再生産を担う消費の力として機能し、人間の社会化および個人化への万人の「参加」から生じたもの以外の資本の改良主義をいっさい禁じることになる。それがアメリカに、無際限の使命を持つ軍産一体となった安全保障という起業家的な権力を与えたのである。

5…冷戦ビジネス

やはりデトロイトに淵源を持つアメリカのネオリベラリズムの輝ける伝説（「ハイエク・プロジェクト」[*120]）に反し、アメリカ資本は、総力戦経済とそれと結びついたロジスティクスのとてつもない取り組みを調整する連邦機関の増加に支えられた大規模かつ集中的な再転換プロジェクトに乗り出していた。（ロジスティクス戦争のおかげでアメリカのＧＩは「快適な兵士」と言われることになる）。経済の全面的軍事化はロジスティクス革命（コンテナの発明）に依存しているが、それを必然化したのはガソリン燃料

＊118　クリーブランド産業協会の一九四六年付の資料による。Elizabeth A. Fones-Wolf, *Selling Free Enterprise. The Business Assault on Labor and Liberalism (1945-1960)*, Urbana et Chicago, 1994, p. 160-161.

＊119　ついでながら、奴隷制は民主制に対する絶対的アンチテーゼかもしれないが、それはつまり「人民民主主義」から拒否された人民‐デモスの存在そのもののことではないか、と気づかれた向きもあるかもしれない。民主主義という名が実態に見合わないゆえに、人びとは民主主義がいかにして自らを解放するのか理解することが困難になる。それが二つの「超大国」という問題を作り出したのだった。

＊120　事実、一九四五年四月二三日にデトロイトで行なわれた『隷属への道』出版講演会のあと、ハイエクはヴォルカー財団の理事長であるハロルド・ルーノウと会っており、ルーノウはシカゴ経済学派と一九四七年にスイスで設立されたモンペルラン協会という、アメリカでのネオリベラリズムを立ち上げた二つの団体を引き合わせ、気前よく資金援助している。

（石油、オイル、潤滑油）の戦争機械であり、それはまた戦争の生産主義の地理経済学に支えられた資本のロジスティクスに機械化をもたらした。そして戦後それはマーシャルプランを通じて、生産・流通・分配の統合地政学として展開されることになる（「ビジネスの全プロセス」が物資と情報のフローの経済になる）。これを引き継ぐことになるのが前例のない「平時の」再軍備であり、またヨーロッパ経済統合であって、それは「平時にはけっして見られたことのない最大の国際的プロパガンダ作戦」（マーシャルプランについてのデイヴィッド・エルウッドの評）の大成功と見ることができる。この作戦はアメリカの影響のもとに、領土管理ではなく自らの管理下にある市場の調整と統合軍司令部（NATO）によって機能する帝国主義の出口として迅速に実行される。[121] ヨーロッパにおいては、冷戦期最大の援助計画を「社会的・財政的分野」へと方向づける通貨改革（一九四八年六月）のあと、〝ハイエク対ケインズ〟が盛んに演じられた新しいドイツがその（政治‐軍事的かつロジスティクス的な）「基地」となる。国際決済銀行顧問（のちの国際通貨基金の理事）ヤコブソンは、一九四八年以降、ヨーロッパ生産性本部の援助で、政治勢力の関係は逆転しつつあったヨーロッパで「ネオリベラリズムは地歩を固めつつある」[122]ことを確認することができた。[123] 生産性本部では、超国籍化しつつあるアメリカの巨大産業グループ（生産と流通の多国籍ネットワーク）の支援により、物質的・社会的テクノロジー（統計が支援する経済的コントロールの技術として計量経済学の推奨が考えられていた）[124]、企業経営と経営科学を結合的に転用することが企てられていた。その組織化の様式は、すべてのユニットの垂直統合とその（生産から消費に至る）取引費用の内部化（速度の経済）によってアメリカの蓄積サイクルを動かす新種の資本主義的企業のルーツとなる。それが、冷戦という無制限に続く戦争経済がもたらした経済の新‐軍事化と戦争の民営化を一気に進めることになる。これこそが「長期的な力」の鍵だった。「民間ビジネスが冷戦ビジネスを経営せねばならない」ということだ。[125] 新しい「科学」に自分の名を冠せずには歴史を書くことができない勝者の言葉で語ればこうなる。ロジスティクスのビジネスな[126]しには、つまり消費（によって管理される）集約的な社会の軍事化のビジネスなしには、ビジネスのロジスティクスはありえない。[127]

したがって冷戦は、さまざまな意味でジャスト・イン・タイム（JIT）の（コストベネフィット）計算問題なのである。その最も一般的な公式において、内戦は社会に拡がるすべての内戦（貧者との戦争の

★121 Cf. Fred L. Block, *The Origins of International Economic Disorder: Study of United States International Monetary Policy from World War II to the Present*, University of California Press, 1977, p. 104：「米欧の強力な軍事統合のために〔……〕ヨーロッパは経済地域としてアメリカに門戸を閉ざすことができなかった」。

★122 Cité par Leo Panitch, Sam Gindin, *op. cit.*, p. 97-98.

★123 マーシャルプランはアメリカ合衆国における生産性の「任務」と欧州経済協力機構（OECE）の組織するヨーロッパでのアメリカ人「エキスパート」の介入を計画していた。OECEは一九四八年四月一六日にマーシャルプランの条件として設立された。同じ年、フランスでは計画庁内にワーキンググループが組織されている。その長となったのはジャン・フーラスティエであった。「フランスでの生産性プログラム」を確立したのはかれである。一九五三年、かれは生産性庁を発足させる。この機関が、「マーシャルプランの弁証法」（ジョヴァンニ・アリギ）の制度的総合を果たすのである。アメリカからの技術支援は、「生産性の向上」および「消費者、労働者、経営者間に生産と生産性の向上をもたらす均衡の取れた利益配分という観点から適切な組織編成を確立する」ことに取り組む企業を対象に年あたり三〇〇〇万ドルを貸与ないし担保付貸与するものだった（強調は引用者）。こうした援助により、「自由企業の経済を刺激するプロジェクトへの融資」が可能になる。最初の経営学校の創立は、一九五六年から将来の教授をアメリカの大学へ一年間の養成期間で送り出すことになる欧州生産性本部によってサポートされることになる。Cf. Luc Boltanski, « America, America... Le plan Marshall et l'importation du "manage- ment" », *Actes de la recherche en sciences sociales*, n° 38, mai 1981.

★124 計量経済学は、一九四〇年代から統計研究グループ（SRG）で関係が深かったオペレーションズリサーチとともに展開した。所属先はウォーレン・ウィーバーの設置した応用数学パネル（AMP）である。フィリップ・ミロウスキーによれば、そこで学んだシカゴ学派はオペレーションズリサーチの経済におけるフィードバック以上のものではない。

★125 「長期戦に備えた強さ」とは、一九五二年四月の防衛動員局のレポートのタイトルである。

★126 （新しい）規律訓練は一九六〇年代のアメリカで花開いた。

★127 Voir Deborah Cowen, *The Deadly Life of Logistics. Mapping Violence in Global Trade*, Minneapolis et Londres, University of Minnesota Press, 2014.

実測図に結びつけられた階級・人種・性の戦争）を総力戦の集約的な社会化によって社会的にコンテナ化することであったことが明確になる。それはあらゆる新たな方法を通じて再生産・拡大され、資本の戦争機械はそれを主体性の戦争のなかに据え付ける。国内で冷戦のベクトルとしてのアメリカ式生活の消費を教え込んだ結果生じた、このとてつもない記号化作戦（シニフィアン、非シニフィアンそして象徴による）は、社会的再生産という問題が「中心を占めること」の最善の証拠である。それはもはや「生産における労働分業」（および単なる階級戦争）ではなく、社会全体に拡大する「労働による社会分割」を中心としており、そこには福祉の資本主義の構成要素のすべてが包含されている。そしてまさにここで、つまりもはや工場とは縁のない主体性の戦争の戦線（労働運動は組合の共謀により「階級として」敗北する）[*128]において、これを住民全体の統治に適用しようとして破綻が生じることになる。というのも、どこかしこにもひびが入っているからだ。一九六〇年代の「衝突」は、そのコンテナをすべて沈めることで冷戦の大小の物語を攻撃したのだった。核家族、結婚とセクシュアリティ、主婦、子どもの教育、消費、貯金とクレジット、中産階級、「人間的要素」とその「モチベーション」、企業文化、工場やオフィスの規律、組合、反共と現実の社会主義、社会戦争の法的／憲法的解決、人種主義、ベトナムでの帝国主義戦争とあらゆるかたちの植民地化、等々。冷戦の実体経済は内部植民地化というそのグローバルな原則を揺るがし、その基盤をふらつかせる。ボブ・ディランの自由賛歌『風に吹かれて』（一九六三年）と一九六八年春のコロンビア大学の学生の賛歌「革命を今求める」を分かつのはほんの数年だ。ピーター・ブルックの『マラー／サド』の最終シーンから流れてくる、シャラントン病院の収容者の蜂起の歌が、一九三〇年代のアメリカの偉大な革命的戯曲での労働者のストの歌『左翼を待ちながら』に取って代わる。新左翼はもはや「人生にチャンスを与える」ことを期待しない——あるいはそれ以外を期待している。あるのは反帝国主義、反軍国主義、反人種主義、フェミニズム、同性愛者の闘争、エコロジーそしてアングラを「総合する」ことのできる日常生活の政治的批判だけである。その共通のアクセルである「戦争を自国に」をさまざまに変化させたかたちで共有したのが、大学の「大草原の力」であり、追放された若いプロレタリアであり、ゲットーの黒人であった。

「六八」は戦時中に生まれ冷戦期に教育を受けた世代にとっての世界革命を表わす数字となる。シルヴィア・フェデリーチはその大義のもとに、「再生産」問題を扱う論文集の序章にこう書いた。

三〇年のあいだに、七〇〇〇万人以上の人間を殺した二度の世界的な紛争が起きたのち、家族生活という幻想も、国家のための労働者と兵士をさらに生産するという目的のために人生を犠牲にするという未来図も、もはやわれわれに夢を見させることはなくなった。実際、戦争が女性に与えた独立――アメリカではリベット打ちのロージーというシンボルイメージによって象徴化されている――にも増して、われわれがそのただ中において生まれ落ちた殺戮の記憶こそが、戦後のとくにヨーロッパにおいて、われわれと再生産の関係を決定したのだ。[*129]

「家事労働に賃金を」で知られるマルクス主義フェミニストたちは、第二次世界大戦による破壊を世代ギャップの理由として、つまり「やはり家族と家事労働を批判していた先輩のフェミニストたちとは違い、改良主義的立場を取る[*130]」ことができない第一の理由として挙げている。このことが半世紀にわたる総力戦によって培われた解放の未来図を宙づりにするために、冷戦――国内・国外における――の布置をアメリカにおいてジャスト・イン・タイムで生み出すことになったということ、そして生み出すことができたもののの正体を見定めるよう強いる。ベビーブーム世代は、アメリカ式生活におけるスーパーマーケットのす

* 128 米電気・無線・機械労働組合と反共産主義を競って分裂した国際電気労働組合（IUE）によって一九六〇年に組織されたゼネラル・エレクトリック社の第二次全国ストライキ（一九四六年のそれが第一次）は惨めな失敗に終わった。
* 129 Silvia Federici, *Point zéro, op. cit.*, p. 14.
* 130 *Ibid.*

べての販売条件に異議を唱えるまでに至る。

反撃は素早かった。ニクソンは「マイノリティー」に対抗して、白人の保証された労働者階級の多くがそう自認している「忘れられたアメリカ人」という「サイレント・マジョリティ」に訴えかけることで、大統領選挙に勝利する。多くの産業都市やかつての民主党の牙城（財政危機下のニューヨークも含む）で勝利を収めた反ニューディール（「ホワイト・バックラッシュ」）のポピュリズムに後押しされた資本主義イニシアティブの復活により、（賃上げ圧力を伴う）危機と依然戦いを続ける市民戦争／内戦への応答としてふたたび通貨が利用されることになる。国際的にもシナリオは同じように危機的だ。ベトナムのおかげで第三世界は、これまでほどには冷戦の共同統治支配勢力との交渉を持たずとも自立を獲得するようになり、またヨーロッパにおいても同様に冷戦の地歩は失われていく。金ドル兌換の放棄とそれに伴う資本運動の規制緩和策は、こうして魔法の公式「一ドル＝一ドル」を押しつけてくる。通貨世界の完璧なるトートロジーであるこの公式は、（固定為替レートから解放された）市場をアメリカ、アメリカの超国家的管理のもとでグローバルな経済金融化へと投げ込む力を持つ。歴史的に見てネオリベラリズムと関係しているのはこのことである。レーガンはアメリカを世界一の債務国に仕立てあげることができるようになる。それによって天文学的な資金が供給され、かくして冷戦の最後のエスカレートを引き起こす（戦略防衛構想により宇宙まで舞台とする）。ソビエト連邦はそれに追随できない。ゲームセットである。

第11章

クラウゼヴィッツと六八年の思想

Clausewitz
et la pensée 68

第二次世界大戦が終わり、戦時と平時の境界が消えたあとも、革命運動はレーニンによる理論化や実践に従ったまま、「戦争と資本」の新たな関係を理解しようとしていた。一九六〇年代を通じて続いたこの闘争のサイクルを天下りの思考の文法に当てはめてしまったために、革命側の仮説は、「冷たい内戦」[*1]と呼びうるもので世界全土を連携させた「六八年」という出来事に見合ったレベルで戦争を考えることに失敗することになった。

戦争とその資本との関係を問いなおすことは、革命側の誰にとっても必須の訓練だった。さて、レーニンから毛沢東、毛沢東からヴォー・グエン・ザップ将軍とベトナム戦争に至るまで、戦争との戦略・戦術的関係についてはクラウゼヴィッツの著作を外すことはできない。

一九一五年春、レーニンは、「最高の軍事史家の一人」と見なしていたプロイセン軍幕僚長の大著『戦争論』を読み、丹念にノートをとっている。カール・シュミットは若干の誇張も交えつつ、そのノートを「世界史および思想の歴史において最も壮大な資料の一つ」[*2]と見なしていた。

レーニンはクラウゼヴィッツの有名な「公式」にマルクス理論の確証を見いだしていた。「マルクス主義との比較」と、かれは手持ちの版の余白に書き込んでいる。マルクスとエンゲルスは「すべての戦争を列強政治の延長」と見なしていなかっただろうか？　さらに、階級闘争は戦争の真の原動力になるはずだったのではあるまいか。ゆえに「政治」は、クラウゼヴィッツ（そして第二インターナショナルの社会的裏切り者と呼ばれることになる人びと）が考えていたような、社会全体の利益（一般利益）を代表する国家の政策に還元することはできない。しかし、「帝国主義戦争」の内部で革命が醸成されていけば、この戦争の役割と展開もそれに応じて、クラウゼヴィッツが描いたような枠組みのなかで継続されることもありうる。マルクスとクラウゼヴィッツの総合は「民族自決」についての小冊子類にも現われている。「帝国主義の時代にあってさえ、多寡を問わず民衆が自由のために戦うとき、戦争は国家的なものになる」[*3]。

レーニンにとって最も重要だったのは、「民衆と階級のあいだに歴史的に形成された政治的諸関係」が戦争によって途絶えないこと、別の手段によって続行、継続されることだった。したがって一九一四年の戦争は間違いなく帝国主義戦争であるが、労働者階級がリードする「非正規戦争」は、「小戦争」（パルチザン戦争、ゲリラ）や、ある種のレジスタンスである「防衛手段」といったクラウゼヴィッツ理論の手法で行なわれる蜂起運動によって延長し、激化させることができる。権力奪取に至るまで（そしてその後の内戦の時期も）、クラウゼヴィッツが欠かさず参照されていることが見てとれる。

毛沢東の「軍事関係」著作、とくに「マルクス＝レーニン主義」にとって戦争問題の古典となった『持久戦について』では、クラウゼヴィッツを参照した議論の展開が数多く見られる。しかし、毛沢東が参照するのはレーニンのパンフレットであって、直接『戦争論』を引用したことは一度もない。「戦争と政治」と題された章は「戦争は政治の延長」という公式について論じる第六三項から始まる。この公式は第六四項で完成する。「戦争とは別の手段による政治の単なる延長である」。ごく最近、毛が読書ノートを付けていた手帳が出版されて初めて、一九三八年にこの論考を読み、それをテーマに共産党の高級幹部が参加するセミナーを開いてさえいたことが、確信を持って証明できるようになった[*4]。とはいえ、かれはレーニンのクラウゼヴィッツ解釈が核心を突いていると見なしており、その解釈を、政治活動と軍事活動を絶対に区別しない、より戦闘的な方向に引きつけている。戦争は厳密に政治に従属する（「一時たりと戦争と政

＊1　Cf. André Fontaine, *La Guerre civile froide*, Paris, Fayard, 1969.

＊2　Carl Schmitt, *Théorie du partisan*, *op. cit.*, p. 257［シュミット『パルチザンの理論』、一〇九頁］。

＊3　レイモン・アロンが以下で提示した要約による。Raymond Aron, *Penser la guerre, Clausewitz*, t. II : *L'âge planétaire*, Paris, Gallimard, 1976, p. 75［レイモン・アロン『戦争を考える――クラウゼヴィッツと現代の戦略』（佐藤毅夫、中村五雄訳、政治広報センター、一九七八）、一〇〇頁］。

＊4　Cf. T. Derbent, Clausewitz, « Mao et le maoïsme », 2013 (URL : www.agota.be/t.derbent/articles/MaoClaus.pdf).

治を分けることはできない」）、政治は「正戦」と「非正戦」の区別を可能にする「階級」の革命的政治によって客体化される。毛沢東主義の最高原則は、（本質的に国家および民衆の）防衛のための攻撃を優先する攻撃／防衛の弁証法に基づいて、「敵対勢力の殲滅」という戦術的成功を収めることにある。

ヴォー・グエン・ザップ将軍は回顧録のなかで、ハノイの戦いとディエン・ビエン・フーの戦いのあいだの時期に、かれの妻と私設秘書がクラウゼヴィッツの論考から幾節かを読み上げてくれたことを語っている。

それを聞きながら、わたしはクラウゼヴィッツが目の前に座って今起きている出来事を論じているような印象をしばしば持った〔……〕。とくに、「民衆の武装」と題された章が好きだった。〔……〕かれの理論はわれわれの祖先が説いていたことと符合していた。武装も数も優る敵に対するには、自分なりのやり方をとることだ。どこにでも入り込み、自給し、素早く移動できる小部隊を用いた「小戦争」について論じている軍人の著者もいた〔……〕。われわれがとりあえずやっていたことはどれも、どこかしら「小戦争」に似てはいなかっただろうか？[*5]

フランス植民地と合衆国の戦争機械に対するベトナムの勝利（一九五四年と一九七五年）に力づけられた一九六〇～一九七〇年代の革命運動は、民族独立闘争（「ＦＬＮ〔民族解放戦線〕」は勝利する」）も「人民戦争」の革命的政治（人民戦争はこう告げる。「人民戦争は不敗である」）に含めるとして、ソビエトならびに中国の革命の経験知識をくり返しただけである。ゆえに、戦争はいまだ、最初は国家間内戦としての「帝国主義戦争」（レーニン）に適用され、その後揚子江の流れを針路にした（毛沢東の思想＝「帝国主義は張り子の虎である」）階級の弁証法に読み替えられたクラウゼヴィッツの思惟の枠内に収まっている。

それゆえ一九七〇年代においては、戦争について新たな問題提起を始めたのは「職業革命家」ではない。「危機」の言説は花盛りで（熱核兵器の時代においては「真理の時は戦争ではなく危機のなかにある」）、それと対立しているのは「一般化されたクラウゼヴィッツ的戦略[*6]」を毛沢東的にくり返す「持久戦」の言説だけのように思われたが、戦争を資本との構成的関係において理解するやり方にラディカルな切断をもたらしたのは、一方ではフーコー、他方ではドゥルーズとガタリである。これは当時の批判的思考の非常にユニークな例であるが、かれらはクラウゼヴィッツとの対決をくり返し、かの有名な公式を逆転させようとしていた。戦争は（戦争の最終目的を確定する）政治の延長ではない。政治は逆に、戦争によって構成される集合体の戦略的な要素であり様相である。六八年の思想が抱いた野心は、この公式の逆転を単なる言葉の入れ替えで済ませないというプロジェクトのなかにはっきりと現われている。クラウゼヴィッツの公式「戦争は別の手段による政治の延長である／に過ぎない」が想定しているような「戦争」と「政治」の概念の根本的な批判を作り上げなくてはならないのだ。

フーコーはおのれの系譜学的観点に沿って、マルクスが本源的蓄積と呼んだものの戦略的再構築のなかにこの逆転の理由を確立しようと試み、そして「総力戦」と呼ばれる戦争の時代におずおずと足を踏み入れる。それは、二〇世紀における戦争と資本の関係、とくに第二次世界大戦後の戦争と資本の関係に正面から挑むドゥルーズとガタリとは正反対である。

1…権力と戦争の区別および可逆性

つまり六八年の思想は、クラウゼヴィッツの国家中心的な視点を根本的にくつがえすこの公式の逆転について、二つの異なった、しかし補完的なバージョンを生み出したことになる。フーコーは、権力問題のまったく新しい問題設定からこの公式に取り組み、他方でドゥルーズとガタリは資本運動の本質分析から

⋆5 Cité par T. Derbent, *Giap et Clausewitz*, Bruxelles, Aden, 2006, p. 47.
⋆6 Cf. André Glucksmann, *Le Discours de la guerre*, Paris, UGE, 1974, p. 389［アンドレ・グリュックスマン『戦争論』（岩津洋二訳、雄渾社、一九七五）、下巻一八七頁］（「毛沢東思想を巡って」）。

逆転を実行する。

クラウゼヴィッツとの対決を最も先へ進めたのはおそらくフーコーだろう。しかし、かれはこの逆転を最も疑った人間でもあり、それゆえこの逆転のバージョンを、しばしばそれぞれが矛盾するようなかたちで増やしていく。一九七一年から、確かに大きな不在時期はあったものの、戦争はかれの著作のなかで、力の入れ方の違いはあれふたたび体系的に扱われるようになり、それはかれが亡くなるまで続いた。一九八四年の最後の講義で、この哲学者はキュニコス派の戦闘的・戦士的パレーシア――「戦う哲学」――に対して『真の勇気』というタイトルを付けている。しかし、フーコーの批判はほとんど不変である。一九七二年（『処罰社会』）から一九七六年（『社会は防衛しなければならない』）にかけて、ミシェル・フーコーは権力関係の母型を戦争をもとに作ろうと「試みた」のかもしれないが、その後は「統治」による権力の行使を優先させたことで、このプロジェクトは決定的に「放棄される」ことになる。

一九七一年から一九七六年にかけて、フーコーはクラウゼヴィッツの公式の逆転を問題設定し、権力関係が実際に理解可能になる条件としての「内戦」の実態を再構成した。政治を戦争の延長であると考えていた時期のかれが打ち込んでいた権力問題の刷新はこうして、「戦争のなかでも最も非難されたもの、〔……〕内戦」を出発点として着手された。それが権力の全戦略の母型であり、それゆえにまた、すべての反権力闘争の母型でもある。

クラウゼヴィッツの公式を逆転することは、戦争についての三つの古典的概念から距離をとることをも意味する。「ホッブズでも、クラウゼヴィッツでも、階級闘争でもなく」と、一九七二年の書簡でフーコーは記している。[*7] 実際の戦争を問題にしたことはけっしてないホッブズとは違い、[*8] 権力は内戦後に登場するのでもなければ、紛争のあとにその沈静化として現われるわけでもない。逆に、内戦は権力の解体の産物でもない。内戦は資本主義の「恒常的状態」である。したがって内戦は自然状態へ投影された「万人の万人に対する闘争」で激化した個人主義についてのホッブズ的フィクションとも関係がない。反対に、問題になるのはつねに中身を備えた集合的実体同士の対決であり、「富者対貧者、持てる者対持たぬ者、雇用者対プロレタリアの戦争」[*9]を理解することである。構成的能力、沈静化能力を持つ媒介の介入（社会体創設原理としての主権）を必要とする原子的解体のモーメントとはまったく異なり、内戦は新しい集合体とその制度が構築されるプロセスそのものである。内戦が時間的に限定された構成的権力の表現にとどまるものではないのは、それがつねに作動しているからである。分裂、紛争、内戦、均衡が権力を構築・脱構築し、それらが「内部において権力の諸要素が作動し、再活性化し、分離する母型」[*10]を形成する。

　絶対君主制とリベラリズムは、内戦の存在を否定して、法的主体そして／あるいは経済的主体を肯定する義務を負う点で一致する。「内戦は存在しないと断言することは、権力行使の最初の公理の一つである」[*11]とフーコーは言う。政治経済学は何にもましてこの否定のための「学」であり、二重の否定、つまり戦争の否定と主権の否定を求める。経済的利害と個人的エゴイズムが、戦争への情熱に置き換わり、他方で見えざる手による自動的調整が主権を無益で余計なものにする。かくしてリベラルのイデオロギーでは、資本主義は戦争も国家も必要としない。

　フーコー的な内戦を、クラウゼヴィッツの国家間戦争のなかに位置づけることはできないだろう。というのも、フーコー的な内戦は純粋な主権行為かつヨーロッパ諸国間の均衡の手段としての戦争には還元できないからである。それは権力のミクロ物理学と人口のマクロ物理学の客体でもあり主体でもある。「権力の日常的行使は内戦と見なされなくてはならない。権力行使とは、何らかのかたちで内戦を遂行し、見つかる

★7　Citée par Daniel Defert, « Chronologie », in Michel Foucault, *Dits et écrits*, t. I, *op. cit.*, p. 57.

★8　「万人の万人に対する戦争」によって「他人の役と交換可能な演し物の舞台に立つ、つまり時間的に無制限な関係としての恐怖と関係するのであり、実際に戦争になるわけではない」とフーコーは一九七六年のコレージュ・ド・フランス講義で説明している。Cf. Michel Foucault, « *Il faut défendre la société* », *op. cit.*, p. 79-80［フーコー『社会は防衛しなければならない』、九二頁］。

★9　Michel Foucault, *La Société punitive*, *op. cit.*, p. 23［フーコー『処罰社会』、三二頁］。

★10　*Ibid.*, p. 33［前掲書、四四頁］。

★11　*Ibid.*, p. 14［前掲書、一八頁］。

限りの手段や、戦術のすべてを操ることであり、それらのつながりは内戦という観点から分析可能なはずである」[*12]。クラウゼヴィッツの視点は国家の視点であるが（かれの論考がつねにヘーゲル化可能なのはそのためである）、フーコーがクラウゼヴィッツの公式を逆転させることで追求しようとしていたのは、この視点に対する根本的な批判である。国家は権力関係の起源でもなければ媒介者でもない。国家を回避し、それを戦略と戦術に置き換えることで権力関係を脱制度化して機能不全に陥らせることが、フーコーの方法論を構成している[*13]。

それは二期に分けて行なわれることになる。フーコーは、「人びとの権利」というヨーロッパの伝統のなかに源流を、そして「国家の戦争、国家の理性」のなかに歴史的枠組みを求めるという、クラウゼヴィッツの概念化の歴史的限界を強調するところからスタートする。クラウゼヴィッツがかれの公式（「戦争とは別の手段によって継続された政治のことである」）を述べるとき、「かれは、ただ一七世紀の初めに新しい外交理性、新しい政治理性ができあがったことで、ウェストファリア条約のころに獲得された変化を確認しているだけだった」とフーコーは言う[*14]。クラウゼヴィッツはつまり、かれなりのやり方で、封建時代に猛威を振るったさまざまな戦争機械（「私戦」）を、国家が軍で中央集権化と職業化という手段を通じて接収・捕獲したことを概念化したのだった。国家は戦争を国営化する。そして国家の権能を高めるために、ヨーロッパ諸国の主導で成立した国際法に規制された枠内で、戦争を国境の外へと向かわせる。「ここでもまた、このクラウゼヴィッツの原則が〔……〕根拠を持っていたことがわかる。それは軍の制度化という明確な制度的根拠である」。つまり「コストのかかる大規模で複雑な常備軍が平和システムの内部に存在していた」ということである[*15]。しかし、諸国家による組織と権力の法的構造が支配する平和の内部、つまり「戦争が実践的に中央集権化されるとともに国境で押し戻されて国家の限界にはね返される」という平和のなかで、ひとは沈黙の戦争のうなりを耳にする。この戦争を「まさにこの変化の瞬間（あるいはその直後）」に対象とするのは、「ここまで当たり前のように主張されてきた哲学‐法的言説とはまったく異なった」言説であり、「まさにこの瞬間に登場した、〔社会についての〕歴史‐政治的言説とは〔……〕、すべての権力制度間の関係全体の撤去不可能な基礎として理解された恒常的関係としての戦争についての言説なのである」。[*16] したがって、政治権力は自らが終止符を打った戦争終結時から始まるのではなく、戦争こそが諸制度や政治秩序の原動力であり、力関係の分析装置に（ふたたび）なるべきものなのである。クラウゼヴィッツの公式の逆転という問題が引き起こした逆転はここから生じる。つまり、問題はもはや戦争を政治に従属させるクラウゼヴィッツの原則をひっくり返すことではなく、クラウゼヴィッツ自身が国家を利するためにひっくり返した原則を理解することなのである。[*17]

一九七〇年代なかばのフーコーが、多くの面でマルクス主義に「奇妙なほど近い」にせよ、かれはマルクス主義の戦略的弱点を指摘することも忘れてはいない。[*18] 階級闘争概念について、マルクス主義者は闘争よりも階級を強調する。そのことは、マルクス主義が社会階級の社会学ないし「生産と労働の」経済主義へと引き寄せられかねない宿命的な傾向を持つことを説明してくれる。ゆえに、階級闘争はいかなるかた

★12 *Ibid.*, p. 33〔前掲書、四四頁〕。

★13 このときのフーコーの説明はここでの話題にとっても非常に興味深い。「軍を例にしよう。軍の規律訓練は軍の国家化に依拠している。権力の構造が別の権力制度の介入によって変容した、と説明される。外部のない循環。ではこの国家〔ではなく〕非定着的な傾向の住民の問題と〔関連づけられた？〕規律訓練、商業ネットワークの重要性、技術革新、共同体経営の〔判読不能の数語〕モデル、これらは協力・依存・交流関係を結び、それは軍の規律訓練の「系譜学」を構成している。創造したというのではない。経緯だ」。Michel Foucault, *Sécurité, territoire, population*, *op. cit.*, p. 123, note〔フーコー『安全・領土・人口』、一四九頁〕。

★14 *Ibid.*, p. 309〔前掲書、三七三頁〕。

★15 *Ibid.*, p. 313〔前掲書、三七八頁〕。

★16 Michel Foucault, « *Il faut défendre la société* », *op. cit.*, p. 42 (leçon du 21 janvier 1976)〔フーコー『社会は防衛しなければならない』、五一頁〕（強調は引用者）。「社会」についての最初の言説は『生政治の誕生』でそれを完全に覆い隠してしまう「市民社会」についてのリベラルな言説と逆のことを語っている、ということは指摘しておいてよかったかもしれない。

★17 *Ibid.*, p. 41〔前掲書、五〇頁〕。

ちでもフーコー的な内戦の別名ではない。フーコー的な内戦とは、資本／労働の関係だけには還元されえない「遍在する内戦」である。それは社会全体にかかわるのであり、数多くの「主体」や領域や知を含意している。まず、矛盾よりは全体化を特徴とする一つの論理の終着点で、「普遍的主体性、融和した真理、すべての特殊性が秩序立てられた法という、歴史を通じた」弁証法的構成に還元される類いのものではない、という意味でまずもって「主体性の戦争」である。「思うに、ヘーゲル弁証法とそれに追随するすべては、社会戦争の証明であり、宣言であり、実践でもあるような歴史‐政治的言説を哲学と法によって権威主義的に植民地化し、沈静化させるものとして理解されねばならない[19]」とフーコーは結論づける。社会戦争を、それを沈静化する階級闘争へと還元することが不可能であることが、戦争としての政治権力の分析を条件づける。

フーコーの説を追っていくと、一九七七年～一九七八年の講義（『安全・領土・人口』）には、この哲学者の思想に大きな移行が見られる。それを、統治に力点を置いたために戦争仮説を放棄した、と形容できよう。かれが「今やりたいと思っていること」、そしてその年度に行なわれていた講義のタイトルを「『統治』の歴史」に方向修正させることになるもの[20]、それらはこの移行から着手され、そして一九七八年～一九七九年のコレージュ・ド・フランス講義『生政治の誕生』が完成し、決定的に具体化されたのだった。この事実の証拠として、フーコーの死の二年前に刊行されたテクスト「主体と権力」（一九八二年）を援用することができる。フーコーの著作の道程全体を辿り直したこの論文は、かれの理論‐政治学の遺作と見なしてよい。この論文には、権力の「一般母型」の根本的な変化を論じているという解釈以外の余地を残さないように思われる主張が含まれている。「権力行使とは〝行動を指示する〟こと、そして蓋然性を調整することである。権力とは根底的に二人の敵同士の対決の次元から生じる、ないし一方が他方に約束することから生じるというよりは、むしろ〝統治〟の次元から生じる[21]」。行為に対する行為、「他者の行動領域」の構造化、といった有名な統治についての定義は、（対決という）戦争モデルあるいは（国家主権を参照する）法的モデルから権力関係を考えることを拒否することに繋がっている。

事実、フーコーはこのテクストで初めて、権力と戦争の区別を明確にしている。このことは、『知への意志』（一九七六年刊行）においても権力の戦略的分析の結論部からうかがうことができ（「権力とは〔……〕任意の状況下の複雑な戦略的状況に対して与えられた名である」）、この側面からクラウゼヴィッツの公式を逆転させて「政治は別の手段によって継続された戦争である」と述べるべきか、という問いが復活している。かれはこう答える。「おそらく、戦争と政治の隔たりをつねに保とうとするなら、こうした力関係の多様さは『戦争』というかたちに、あるいは『政治』というかたちにコード化されうる——部分的にであってけっして全体的にではないが——という方向に議論を進めるべきである。この二つは、このような不均衡で異質混交的、不安定で緊張した力関係を統合するための二つの異なった戦略なのである（しかし、あっという間に互いが入れ代わるのだが）」[22]。つまり、一九七二年〜一九七六年の講義で依然として錯綜していたものについて語るために、改めて辿ることになるのがこの道筋なのであり、今やか

★18 次の文献でのエティエンヌ・バリバールの定式による。« Foucault et Marx. L'enjeu du nominalisme », in *Michel Foucault philosophe. Rencontre internationale (Paris, 9, 10, 11 janvier 1988)*, Paris, Seuil, 1989, p. 68. バリバールは申し分のない指摘をしている。「『規律訓練』、『ミクロ権力』は〔……〕経済的搾取の別の側面であり、同時に法‐政治的な階級支配の別の側面でもある。つまり、生産過程の分析でマルクスが経済と政治、社会と国家のあいだを連結させた「短絡路」のあるまさにその場所に入り込んだのである（そしてこの分析ゆえにわれわれはマルクスの『実践』が一貫したものと認めることができる）。

★19 Michel Foucault, « *Il faut défendre la société* », *op. cit.*, p. 50〔フーコー『社会は防衛しなければならない』、六〇～一頁〕。

★20 Cf. Michel Foucault, *Sécurité, territoire, population*, *op. cit.*, p. 111〔フーコー『安全・領土・人口』、一三二頁〕。

★21 Michel Foucault, « Le sujet et le pouvoir », *Dits et écrits*, t. II, *op. cit.*, p. 1056〔フーコー「主体と権力」、『ミシェル・フーコー思考集成』第九巻所収、二五頁〕。

★22 Michel Foucault, *La Volonté de savoir*, *op. cit.*, p. 123〔フーコー『知への意志』、一二二頁〕（強調は引用者）。

れはそれを権力関係（規律訓練、安全保障、統治の関係）と戦略的対決との本質的違いであると考えている。フーコー批判の多くが無視しているが、一九八二年の論文の最終節はまさに「権力関係と戦略関係」と題されている。どうすれば「権力関係のなかで作動しているメカニズムを『戦略』という観点から解読する」ことができるようになるのかを示すための、三つの異なった戦略の定義を提案してからすぐに、フーコーはこう断言する。「しかし、最も重要な点は、明らかに権力関係と対立戦略のあいだの関係である」。このあとフーコーはこれを取りあげはしないが、われわれにはこの数頁の記述で行なわれている区別は最重要なものに思われる。ここに、戦争と権力は区別されはするものの、連続的かつ可逆的な関係にあることが示されているのである。権力関係は統治者／被統治者型であり、パートナー間の関係を示している。それに対して、戦略的対決は敵と対立する。「対立関係には終わりがあり、最後の瞬間がある（敵対する両者の一方が勝つ）が、それは一方が十分に恒常的に、かつ確信をもって他者の行為を操作することができる安定したメカニズムが、単なる敵対的反応の作用に取って代わるときである[*23]」。

権力関係の固定は戦略的対決の目的でもあり、同時にその対決を中断させることでもある。なぜなら、敵対者同士の戦略的関係は、統治者／被統治者型の関係に置き換わってしまうからだ。リベラル派は、自由と権力の動きのなかで必然的に諸個人に対して課されるアダム・スミスの見えざる手というモデルに則って、権力の布置が自動的に機能することを夢見ている。しかし、この「自動性」は何よりまず戦争の、そして別の手段による戦争の継続の結果であり、それゆえ、戦争はつねに、規律訓練関係、統治関係、そして主権関係の下でくすぶっているのである。ひとたび被統治者の行動への指示が、ある種の連続性、予見性、そして合理性を持つことが権力の布置によって保証されるようになっても、被統治者を敵へと変貌させる逆転プロセスが生じる可能性はつねにある。というのも、権力から逃れる不服従なしには、そして権力の拘束をものともせず、新たに「内戦」の可能性を生む闘争なくしては、権力は存在しないからである。フーコーはこう強調する。「そのかわり、ある権力関係にとって、闘争戦略もまた境界となる」、つまり戦争に向かう境界線になる。（規律訓練型、安全保障型、統治型等々の）権力の行使は次のことを想定している。(1)権力が行使される相手が自由であること。(2)その相手が「最後まで行為の主体として」つまり闘争・抵抗・不服従の主体として「認められ支持されていること」。一方で自由を、そして他方で主体性を「服従させようとするあらゆるかたちの権力関係の拡張」があるが、「それはただ権力行使の手前まで到達することしかできない。したがって権力行使が行なわれるのは、相手を完全な無力化へ追い込むある種の行動(敵への「勝利」が権力行使に取って代わる)としてか、あるいは統治されている者たちが豹変し敵へ変貌する場合か、そのどちらかである。つまるところ、あらゆる対決戦略は権力関係になることを夢見る。そしてあらゆる権力関係は、自らの展開の道を進んでいるときも、前線で抵抗にぶち当たっているときも、勝利の戦略たろうとする」。

おそらく、次のことを把握しておくことが最も重要であろう。つまり、権力と戦争、権力関係と戦略関係を連続的継起と考えるべきではない、ということだ。連続的に逆転しまた共存する諸関係と考えるべきなのである。「確かに、権力関係と闘争戦術のあいだには相互の呼びかけ、無限の連鎖、そして絶えざる逆転がある」。なぜなら「権力関係はその都度、敵対者同士の対決になりうるし、また敵対関係はその都度、一つの社会のなかで権力メカニズムを作動させる」からだ[*24]。

さて、今日《こんにち》「権力関係の新経済」——カントの問い「啓蒙とは何か」を「今何が起きているか」に読み替えたテクストでフーコーが強調した表現——に関心を持つ者は、現代の金融資本主義とも無縁ではない「不安定性」を規定しているのは可逆性であることを確認すべきであろう。「危機」とは「成長」のあとに続くのではなく、両者は共存している。平和は戦争のあとに続くのではなく、両者は同時に現前している。経済は戦争に置き換わるのではなく、戦争を行なう別の手段を制度化する。「危機」に限りはなく、戦争は戦争によって安全保障される権力装置を取り込むことによってしか休止できない。

★23 Michel Foucault, « Le sujet et le pouvoir », in *Dits et écrits*, t. II, *op. cit.*, p. 1061〔フーコー「主体と権力」、三〇〜一頁〕。
★24 *Ibid.*〔前掲書、三一頁〕(強調は引用者)。

もはや、公式の逆転（別の手段による戦争の継続としての政治）は結局のところ問題ではない。問題なのは資本主義のすべての運動と結びつく、戦争のなかに政治を織り込み、政治のなかに戦争を織り込む入れ子関係の方なのである。政治はもはやクラウゼヴィッツのように国家の政治ではなく、金融化された経済の政治なのである。そして政治は、その持ち場を変え、階級・人種・性の戦争を、さらにはそれ以外のすべての戦争にグローバルな「環境」を提供するエコロジー戦争を、今起こっている破壊戦争に一体化させるという、戦争の多様体のなかに複雑に組み込まれている。

端的に言って、その現実の実践、（フーコーの言い方に倣えば）「具体的実践」において、統治は戦争に置き換わるものではない。統治は戦争と権力の可逆性を組織し、支配し、管理するものである。[25]統治は戦争の統治のことであり、ここを外してしまえば、戦争のあらゆる「振る舞い」を除外するために性急に作られた新しい概念は、不可避的に強力かつきわめて新自由主義《ネオリベラル》的な「統治」概念に親和的なものになる。

しかし、フーコーの〝統治研究〟の大部分が示しているこの不幸な傾向には、資料集成のなかできちんと表題――『生政治の誕生』――と日付――一九七八年～一九七九年――が付されている、ということは認識しておかねばならない。実際、そこでは市場は新自由主義《ネオリベラル》的ユートピア（フーコーはハイエクのユートピアと述べ、はっきりくり返している）の流れに沿って内戦を否定する立場を取り戻している。「〔そのユートピアの〕内部には、差異のシステムの最適化があり、プロセスは揺れ動いてもフィールド自体は手付かずであり、諸個人にとってもマイノリティーの実践にとっても寛容の精神が働く、ということになる〔……〕」。そして最終的に、諸個人の内的隷従とは異なったタイプの環境的なものの介入が行なわれることになる[26]」。フーコーはドゥルーズとガタリをハイエクの企てのなかに移植しようというのだろうか？「ヌーヴォー・フィロゾーフ[27]」とのエピソードやネオリベラリズム分析において多様性や差異といった言葉遣いが出現していることなどを見れば、奇妙なことだがその答えは肯定にならざるを得ないだろう。しかし、それだけにいっそう「主体と権力」は興味深い。この論考は、『社会は防衛しなければならない』の最初の部分で見られた、六八年以降の闘争を特徴づける最も極左的な血脈（権力‐知の影響に対抗する「横断性」等々）を一九八二年の時点で受け継ぎ、そこに理論的な出口をもたらすために、諸戦略の対立を通じた権力関係の分析を行なっているのである。

2…ドゥルーズとガタリの戦争機械

ドゥルーズとガタリによるクラウゼヴィッツの公式の逆転は、世界史と世界経済という枠組みに位置づけられる。かれらの追求した戦略は、国家に対する根本的な批判を行ないながらも、その領土性（ヨーロッパの国民国家のなかに遍在する内戦）に逆説的にも囚われたままだったフーコーの分析とは非常に異なっている。ドゥルーズとガタリはまったく独創的な理論を、「戦争機械」から戦争と国家を切り離すことによって作りあげていった。

戦争機械は、国家という同一化装置および主権形態とはその起源も、論理も、目的も同じではない。国家による領土捕獲に対し、おのれの「外側の経験」[*28]や「外部形態」に結びついたノマドの発明としての戦争機械は、戦争を目的としていない。戦争機械は戦争によって定義されるのではないが、国家に対する戦争だけは別である。というのは、この場合戦争（「分散的」「多形的」「向心的」）は国家の形成物をその内

★25　戦争の全面化（総力戦）を資本化する冷たい戦争／平和は、戦争と権力の「余すところない」絶対的可逆性の戦略が基礎づけられた瞬間と見なしうる。

★26　Michel Foucault, *Naissance de la biopolitique*, *op. cit.*, p. 265 (leçon du 21 mars 1979)［フーコー『生政治の誕生』、三一九頁］。ハイエクの定式化した自由主義《リベラリズム》のユートピアについては一九七九年三月一四日の講義を参照（p. 224-225［二六九頁］）。

★27　Cf. Michel Foucault, « La grande colère des faits » (sur André Glucksman, *Les Maitres penseurs*, Paris, Grasset, 1977), in *Dits et écrits*, t. II, n° 204［ミシェル・フーコー「事実のおおいなる怒り」、『ミシェル・フーコー思考集成』第六巻所収］。

★28　『外の思考』（一九六六）でのフーコーの表現。

側から追い出すためのものだからであり、つまり戦争機械はつねに、おのれが「周縁部やコントロールの行き届かない地帯」[*29]で衝突する帝国主義や国家の形成物と戦争を通じて相互作用していたからである。

　国家は、自らの主権を安定させるために官僚主義と警察を必要としているが、戦争をおのれの「王権的」機能のうちに数えいれていない。国家はノマドの戦争機械を領有化するよう強いられているのだが、それは軍の制度化を通じて戦争機械を何かまったく違うものに変容させて逆にノマドに差し向けるためであり、この機能つまり軍事制度は、もっぱらこの制度化と結びついている。国家による戦争機械の捕獲こそが、戦争機械を独占する国家の政治的目的に戦争を従属させることによって、戦争を戦争機械の目的に変えるのである。この国家がクラウゼヴィッツの国家である。

　国家による戦争機械の制度化は、フーコーが規律訓練技術の最重要の源泉の一つとして詳細に記した規律訓練化と職業化をもたらした。社会領域全体において、軍の力によって領土化ないし定住させられた労働力を用いて生産的身体に対する規律訓練を担当する行政機関としての軍の重要性の核心はここにある。しかし、国家による戦争機械の捕獲と制度化／職業化のプロセスは、およそ直線的なところがない。軍事制度は緊張関係と恒常的な可逆性に貫かれた社会的現実である。戦争機械の捕獲は一挙に起きることはけっしてなく、外部に起源を持つ社会体（軍事プロレタリア）としてつねに国家装置を逃れる可能性がある。「戦争機械の捕獲」の非線形的なプロセスは戦争、資本、国家の関係を歴史化するために非常に有効である。というのは、ナチスにおいては、国家と戦争機械の離接的関係が包括的なものになることが終わりなき戦争という目的の自律化（および存在律化）をもたらす党という形態で国家が戦争機械に従属する可能性の条件となるが、国家と戦争機械の離接的関係が排他的なものに戻ってしまえば、（レーニン主義的）党という形態の外部にある革命勢力が戦争機械を領有化する可能性が生じるからだ。「ゲリラ、マイノリティーの戦争、人民による革命的戦争〔……〕は、同時に何か別のものを作り出すという条件においてしか戦争を遂行することができない」[*30]。もう少し説明が必要ならこうなる。別の何かを同時に行なうということは、現実の戦争を無視するとかおろそかにするという意味ではまったくない。むしろ逆にそれを別のかたちで行なうことでそれに対抗し、打破し、勝利するやり方を集団的に創造することを意味している。なぜなら「すべての創造は戦争機械を通して行なわれる」[*31]からである。

『千のプラトー』執筆と同時期に行なわれた一九七九年〜一九八〇年の講義で、ジル・ドゥルーズは、クラウゼヴィッツの公式の逆転という問題を厳密に条件づける資本の力学をもとに、戦争機械の本質とその変容を分析することを企てた。この哲学者は、戦争が産業戦争になると、同じ一つの運動が資本と戦争を活気づけることを証明しようとする。資本の矛盾と戦争の矛盾はこうして、相互浸透し始める。この証明は、マルクスとクラウゼヴィッツの驚くべき関係を出発点に展開される。この展開のさまざまな契機は『千のプラトー』に再録されることはない。ゆえに、ここでその論理を再構築することには意義がある。

ドゥルーズは、『資本論』第三巻の「利潤率の傾向的低下」を論じた章に戻り——これはすでに『アンチ・オイディプス』で行なわれたことがあった——資本の諸限界という問題を取りあげ直すところから始める。テーゼが確認される。資本は多くの限界を持つが、それは内在的なものである。内在的限界とは、資本は外部にあるものとしての限界に突きあたるのではなく、限界が外からやってくるわけでもない、自らが限界を絶えず生産・再生産するのだということを意味している。資本の発展にあわせて、不変資本部分（生産手段、原料等々に投資される）は可変資本部分（労働力に投資される）に比して急速に増大し、このことは「利潤率の傾向的低下」をもたらす（剰余価値は労働力の活動に依存しているからである）。重要なのは限界＝極限値（数学的、微分的な意味で）で、それはどこまで近づいてもつねに「無限

★29 ピエール・クラストルの「進化論的」テーゼについての批判的議論については以下を参照。Cf. Gilles Deleuze, Félix Guattari, *Mille plateaux, op. cit.*, p. 441-446 et p. 535-536［ドゥルーズ、ガタリ『千のプラトー』、下巻一六五頁］。「全体すなわち国家というわけではないのは、国家はつねにどこにでも存在するからである」。

★30 *Ibid.*, p. 527［前掲書、下巻一五〇頁］。

★31 *Ibid.*, p. 280［前掲書、中巻一四〇頁］。

に小さい」量によって分かたれている。端的に言えば、資本が限界に近づくのは限界を後退させるためである。

資本主義によって設定され、そして終点もなく遠ざけられる限界へ近づくこの運動は、根底的に矛盾している。資本は無制限の蓄積（「生産のための生産」）として規定されるが、同時にこの終点なきプロセスは利潤と私的所有のためのもの（「資本のための生産」）でなくてはならず、したがってこの無制限の運動は自分を制限つきの運動に変える一つの制約に属していることになる。資本のこの二つの運動を分離することはできない。なぜなら、資本自身が生産のための生産の脱領土化と、その私的所有と利潤への再領土化を発動させるからである。この二重の運動が周期的な「危機」の起源である。無制限の運動をその利潤への領土化から切り離そうという希望のもとに、無制限の運動を加速させようというあらゆる試みは失敗する運命にある（これは加速主義者から提案される間違った「革命的」解決である）。この矛盾をどう説明すべきか。この矛盾を解決しうる資本主義の力学は存在するのだろうか。

ドゥルーズがクラウゼヴィッツの名を出すのはまさにこの瞬間である。これにより、戦争と資本を結ぶ関係を確立できるとともに、資本が戦争機械を領有化したためにクラウゼヴィッツの理論が追い込まれた歴史的行き詰まりを明確にすることもできるようになる。ドゥルーズは、クラウゼヴィッツの戦争理論の諸概念に戻る必要を感じたのは「偶然によって」なのかどうかを自問するそぶりをみせている。

「まったく別の目的つまり戦争問題のために必要だったターミノロジーをもう一度取りあげよう〔……〕。資本とまったく同様、戦争も資本と最も深い結びつきがあるようだが〔……〕戦争には目的と目標がある。そしてこの二つは同じものではない」[*32]。クラウゼヴィッツは「政治目的（Zweck）」と「軍事目標（Ziel）」を区別した、とドゥルーズは喚起する[*33]。戦争の軍事目標は敵の打破ないし殲滅と定義される。戦争の政治目的はまったく異なる。なぜなら、それは国家が戦争に突入する際に自らが望む結末（周知のように「ヨーロッパのバランス」の再均衡化をもたらすこと）を構成するものだからである。ドゥルーズはここで、クラウゼヴィッツがフランス革命とナポレオン戦争に先立つ状況も描いていることに注意を促している。[*34]「このとき、戦争機械は国家に捕捉され、そして戦争機械に見合った軍事目標は、戦争を起こす国家の政治目的に見合った政治目的に従属させられることになる。戦争が総力戦へと向かう時代には、何が起きたのであろうか」。

一九世紀末から、資本はもはや、自らの発展のための必要に応じて国家形態と戦争機械に頼るだけにとどまらず、国家も戦争も構成要素として取り込んだ資本自身の戦争機械を構築することと不可分の捕獲プロセスを企図することになる。このプロセスは戦争の歴史において根本的な切断となる第一次世界大戦とともに、資本が無限を、つまり蓄積の特徴である無制限な運動を戦争に伝えていくのに応じて加速していき、かくして軍事目標と国家の目的のあいだの「ある種の矛盾」が引き起こされることになる。

資本主義が戦争機械で武装し、それを根本から物質的に発展させようという傾向の原因は、総力戦に帰することができる〔……〕。戦争が全面化に向かうと、目標と目的はある種の矛盾に陥ることになる。目標と目的のあいだには緊張関係がある。戦争が全面化すると、目標、つまりクラウゼヴィッツの術語に従えば敵の打破だが、それはもはや限界を知らない。敵はもはや奪取すべき要塞や打ち破るべき敵軍に限られない。人民全体、住民全体が敵になるのである。目標が無制限になること、それが

---

*32　これ以降の引用は一九七九年～一九八〇年度の二回の講義（第一二回、第一三回）からの抜粋である（« Deleuze : Appareils d'État et machines de guerre », URL : www.youtube.com/watch?v=kgWaov-IUrA）。

*33　この前の箇所（cf. 9.5）でドゥルーズは、政治「目的（Zweck）」と軍事「目標（Ziel）」の対立というクラウゼヴィッツの二つの用語についての（われわれの用いた）現行の潮流とは一線を画している。一般的な（「カント的」ではない）ドイツ語では、Ziel は « cible（標的）»、Zweck は « but（目的）» に相当することは説明しておこう。

*34　ナポレオンがヨーロッパの国家間均衡に大混乱をもたらしたことが戦争技術に革命を引き起こさないわけがないことが想起されよう。

総力戦だと言ってもいい。

軍事目標が無制限になると、それはもはや国家の政治目的に従属しなくなり、自律化傾向を示し始める。戦争機械はもはや国家の管理下にはなくなり、それによって国家がナチスとファシストの戦争機械として具現化されるという矛盾が生じることになる。そしてこうした戦争機械が、戦争の無制限の運動をとことん推し進めることになる。「資本の発展のなかに、ひとは制限のある政治目的と総力戦の無制限の目標のあいだに矛盾が生じる可能性を再発見することになる」。資本の目的（資本のために生産すること）には制限があるが、資本の目標（生産のために生産すること）は無制限である。ゆえに、制限付きの目的と無制限の目標が矛盾に陥ることは避けがたい。この矛盾についての説明は、マルクスが利潤率の傾向的低下についての章で示している。「資本主義においては、無制限の目標と制限付きの目的、生産のための生産と資本のための生産とのあいだの矛盾が、典型的に資本主義的なプロセスのおかげで解決される、ということをわれわれに教えてくれるマルクスのテクストのすばらしさの一端がこれである。このプロセスは、マルクスが『資本の周期的不況と新しい資本の創造』という定式に要約したものだ」。このメカニズムによって、資本は矛盾を拡大しつつ前に押し出すと同時に、この矛盾を絶えず解消していくのである。

戦争は制限付きの目的と無制限と化した目標のあいだの矛盾を同様のやり方で解消するが、資本同様かならず拡大による解消である。両大戦のあいだ（ファシズム期）、戦争機械が資本の手から逃れかねない事態を招いたのち、戦争機械はもはや戦争ではなく「平和」を自らの目標とする。ナチスは戦争機械を国家に対して自律性を持ったものに変えたが、「しかしナチスにとって、この戦争機械が実際に戦争で機能することが必要だったのである〔……〕。言い換えれば、ナチスはどこかしら古い公式、つまり戦争は戦争機械の物質化である、という考えを保持していたのだ。今日《こんにち》では事態は異なる、とは言いたくない。戦争機械は戦争を追求しているし、ひとはいつでもそれを目にしている。しかし、何かが変わった。相変わらず戦争は必要だが、しかし同じやり方ではない。つまり、次のような状況に向かっているのだ。〔……〕現代の戦争機械は、最終的には実戦において物質化される必要さえもはやない。なぜなら、戦争機械自体が物質化された戦争だからである。言い換えれば、戦争機械は戦争を目的とする必要さえもはやないということだ。なぜなら、戦争機械は恐怖の平和のなかに自らの目的を見いだすからである。戦争機械はその全面的な性格にふさわしい究極的な対象を獲得したのだ。つまり平和である」。

「平和」は、矛盾を拡大したかたちのもとに移動させて矛盾を解消する。だがこの拡大形式とは何か？それは戦争領域を平和にまで拡大することにほかならない。資本主義の全歴史と外延／内包を共にする戦争全体を管理し組織化した国家の戦争機械は、「戦争一般」をカール・シュミットとエルンスト・ユンガーが一九四〇年代以降に（かれらは第三帝国の敗戦を知っている）、そしてハンナ・アーレントとカール・シュミットが一九六〇年代初頭から、「世界内戦」あるいは「グローバル内戦[*35]」と呼ぶことになるものに変容させることなしには、資本の戦争機械になりえない。政治目的がそのまま経済的であり、経済目標がそのまま政治的な戦争がここに登場したのである。

「核抑止による不安な平和」およびヴィリリオが行なった分析から始まった「全面平和」は、今日《こんにち》では曖昧なことがわかっている。実際、全面平和の戦争機械が資本主義的グローバリゼーションの絶対的な無制限性以外の何ものでもないとすれば、戦争と平和は見分けが付かないものになったという命題は、クラウゼヴィッツによる戦争と平和の対立構図とそれを均衡させるヨーロッパという枠組みに今なお従属していることになる。（クラウゼヴィッツが和平調印はかならずしも紛争の終わりを意味しないことを認識していたにせよ、かれに倣えば「何にせよ、いついかなるときも、平和によって目的は達成され、戦争問題は終結したと見なさねばならないのだ[*36]」）。公式の逆転はむしろ戦争と政治、戦争と経済、戦争と〝福祉〟の

★35　Carl Schmitt, « Changement de structure du droit international » (1943) ; Ernst Jünger, *La Paix* (1945)［ユンガー「平和」］、Hannah Arendt, *Essai sur la révolution* (1961)［アーレント『革命について』］、Carl Schmitt, *Théorie du partisan* (1963)［シュミット『パルチザンの理論』］。

★36　Carl Von Clausewitz, *De la guerre*, I, 2［クラウゼヴィッツ『戦争論』、第一巻第二章］。

連続性を地球レベルで社会環境全体を動員し、それを現在起きている全面的内戦に従属させている戦争と、諸々の戦争を構成している多様性のなかで確立するものでなければならない。国家が本源的蓄積をきっかけとして領有化し、軍と行政組織で蓄積した戦争機械の様式のどれもが、戦後に直接資本によってリードされ、そのために一九六八年の爆発を導くことになり、この「グローバルな内戦」をもたらしているのである。

したがって平和は「総力戦の無制限な物質的プロセスを技術的に解放する」[37]こと（抑制なき軍備競争、軍産学複合体）に限定されるのではなく、世界秩序への統合政策をも担っている。つまり、労働戦争、福祉戦争、国内の植民地化戦争と国外の新植民地化戦争等々にかかわっているということである。平和は、資本の戦争機械が「民政機能を最大限奪取する」[38]ための手段となる。それゆえ、戦争は「消滅する」のである。しかし、戦争の消滅は、「軍産金融複合体」[39]の連続体による「戦争の領域拡大」あらばこそである。

クラウゼヴィッツの公式の逆転は「この時点になって出現する」とドゥルーズとガタリは主張する（奇妙なことに、先に引用したフーコーの表現とまったく同じ表現を用いている）。それはもっぱら、権力と政治国家という視点、そしてもはや戦争機械を領有化するのではなく、国家自身がもはやその技術的部品でしかない戦争機械を再構成する諸国家からの視点でのみ語られている。[40]なぜなら、「搾取された者たち」の視点から見れば、公式の逆転はかれらを定義し隷従させる「歴史的‐超越論的な二重語」（フーコー）を通じて、つねにすでに起こってしまっていることだからである。

フーコーそしてドゥルーズ／ガタリが行なった公式の二重の逆転は、新しい政治局面の始まりを画す情勢変化を背景に登場している。ここでは、資本の戦争機械はその「創造性」によって、余すところなく時代を支配している。戦争と権力の新理論は現実の政治的実験に立ち向かうことも、そこから養分を得ることもできなかった、ということでもある。なぜなら、一九七〇年代末から一九八〇年代初頭にかけて六八年以降の過激化は消耗し（「地面をはう五月」）、風化し、最後にはボルシェヴィキの一〇月革命を中心とした二〇世紀前半の諸革命によってコード化された内戦様式を反復するという暗礁に乗り上げたからである。蜂起運動の挫折ののち、「冬の年代」が始まり、いまだそこから抜け出せていない。すばらしい直観、そしてその直観の色を帯びた「知の蜂起」の跳躍は全面的に失墜し、時代の政治的空白のなかへと転落していくことになった。

こうした内破（社会の内破、サイレント・マジョリティの影等々）のあと、生産主義の鉄の掟を支える例外なき破壊主義によってすべての限界を操る資本のイニシアティブは強化される一方である。六八年の思想運動との対決に勝利したネオリベラリズムの戦争機械は勝利に勝利を重ねている。こうした勝利には、戦争、内戦、階級・人種・性・主体性の戦争といったものの記憶の消去がつきものであり、勝利者はそこから支配を引き出す。ネオリベラリズムの消しゴムである。ヴァルター・ベンヤミンは、記憶や戦争や内戦の実態の再活性化は「敗者たち」からしか起こりえないことをわれわれに喚起している。六八年の奇妙な革命の「敗者たち」が、戦争の変容と敵に押しつけられた社会戦争について理解し、語り、対抗行動をとることができないこと、それは批判理論の脆弱さを示しており、また戦争を分断することも、新しい戦争機械との創造的対決を増殖させることもできないまま、革命的な政治戦争が消滅していく原因の一つとなっている。

六八年の思想は、六八年に一段落した世界的な不安定化に対し、資本がグローバルな応答として再始動した内戦のレベルに対応する戦略的知を生み出すことがほとんどできていないことが明らかになった。必要とあればその証拠はこうだ。ミクロ政治からマクロ政治へと移行して（そもそもそれさえしばしば忘れ

★37 Gilles Deleuze, Félix Guattari, *Mille plateaux, op. cit.*, p. 583［ドゥルーズ、ガタリ『千のプラトー』、下巻二三三頁］。
★38 *Ibid.*, p. 584［前掲書、下巻三五九頁］。
★39 *Ibid.*, p. 582［前掲書、下巻二三一〜二頁］。
★40 *Ibid.*, p. 583［前掲書、下巻二三四頁］。

られているのだが）、マクロ政治を変革することを主張するだけでは十分ではなく、その両方がそこで展開されている多様な戦争のなかに包含されねばならない、ということだ。そうでなくてはミクロ政治もマクロ政治も沈んでいき、そこで展開されている闘争もまた、ひとがあまりいない「マイナーへの生成」としてその一貫性を失っていくだろう。「ひとが逃れたいものを逃れさせてやること」とドゥルーズとガタリは語っているが、それはスキゾと革命家の違いを示しているのである。

第12章

資本のフラクタル戦争

Les guerres fractales du Capital

国家は富を得るのと同じやり方で戦争を起こす。

アーサー・K・セブロウスキー中将、ジョン・ガルストカ、一九九八

二〇一五年一一月一三日の凶行◆に続いて、フランス共和国大統領は非常事態宣言を発令、すぐさま議会もそれを可決した。しかし、そこから生じる公的自由の制限や、行政優先による行政・立法・司法の分立停止によって「行政権力」に付与された「非常権限」をどう正確に理解すべきだろうか？「例外状態」というルートを利用し、ジョルジョ・アガンベンがそうしたように、そこで維持されている法との関係を問いなおすことは[*1]、われわれには（法という）木を隠すなら（権力という）森のなかというような、いくらか不毛な（そして漠然とスコラ的な）行ないに思われる。実際、恒常的非常事態がもはや統治行為――「例外的状況」に照らして憲法の枠内にない「全権」法が行使される時を宣言する――ではなく、統治を構成する原則であるときに、恒常的非常事態について考えなくてはならないのは、いまだに法との関係そして法への還元（「危機」の法）あるいは新たな司法秩序創設のための法の停止といった限定的レベルにおいてなのだろうか？　非常事態が、その法的形態を発展させ、「一定期間、非常事態に訴えることなく、また公的自由の行使を危うくすることなく例外手段を執る」[*2]ことを可能にする中間状態を制度化することができる（そしてそうすべき）ということに異論はないだろう。しかし、非常事態をこうして憲法秩序内に連れ戻せば、まったく別のものが見えてくる、とわれわれには思われる。つまり、全権の時間はそれ自体として問いただすべき権力に満ちた空間に場所を譲る、ということだ。「法的空白」はおそらく法にとっては思考不可能であるが（アガンベンはそう強調する）[*3]権力の実践にとってはそうではない。そしてフーコーの教えに従えばそれは、法を回避し、権力と国家がとる法的－政治的主権形態の外

部へ出ることを止めないだろう。

ゆえに「第一次世界大戦からほとんど切れ目なく、ファシズムと国家社会主義を通じて今日《こんにち》まで」[*4]作動しているのは、例外状態というよりは資本の戦争機械の確立であり、非常事態はその布置の一つでしかないのではあるまいか。第一次世界大戦、すなわち最初の総力戦から、国家と戦争は資本主義機械の構成要素となり、この機械は国家と戦争の機能や関係を根本的に変化させてしまう。労働の科学的組織化の諸モデル、戦争の組織化と指揮の軍事モデルは、権力のリベラルな分立を再構築しつつ、国家の政治的機能の奥底にまで浸透する。逆に、政治はもはや国家の政治ではなく資本の政治になり、それが戦争の組織化、指揮、目的を支配する。

新しい資本の戦争機械は民政権力と軍事権力の区別、戦争と政治の区別を不可能にする錯綜関係を含んでいる。国家に関しては、立法と司法を犠牲にして次第に行政権が重要視されるようになる権力分立の再

◆**二〇一五年一一月一三日の凶行**　死者一三〇名、負傷者三〇〇名以上を生んだパリ同時多発テロ事件。

＊1　Cf. Giorgio Agamben, *État d'exception (Homo sacer, II, 1)*, Paris, Seuil, 2003, p. 42-43［ジョルジョ・アガンベン『例外状態』（上村忠男、中村勝己訳、未來社、二〇〇七）、五〇頁］。「例外状態の特質が法システムの（全面的ないし部分的）停止だとするなら、どうすればそのような停止を合法的秩序に包含できるのか〔……〕逆に例外状態が法の外部ないし法に反する事実としての状況に過ぎないとするなら、どうして法システムがまさに死命を制せられる状況に関することに空白を抱えていることがありうるのか」。さらに続きにはこうある。「〔例外状態の〕理論の重要任務は例外状態の法的、ないし非法的な性質を明らかにするにとどまらず、むしろ法と例外状態の関係の意味、場所、様相を定義することにある」（p. 88［一〇四頁］）。

＊2　二〇一五年一一月一六日のヴェルサイユでの国会両院合同会議に集まった議会を前に、フランス共和国大統領の発した声明から。「軽度の」非常事態とでも呼びうる事態はこうして、二〇〇一年にジョージ・W・ブッシュの制定したアメリカのパトリオット法に似たその性格上、長期間にわたって制度化されうるものとなった。この軽減なるものは、即自的には虚構であり「対自的」には法的虚構である。

＊3　Giorgio Agamben, *op. cit.*, p. 87.［アガンベン『例外状態』、一〇三頁］。

＊4　*Ibid.*, p. 145［前掲書、一七五頁］。

構築、そして行政・統治機能の深刻な変貌があげられる。それは例外状態の散発的な介入よりはるかに効果的な法、政令、命令をほぼ毎日作成することで表現される。例外状態とは、資本主義によるコントロールという圧力のもとで、第一次世界大戦によって／おいて規定された経済－世界の新次元において、「政府」が通貨と戦争という資本の二つの戦略的流れ《フロー》に効果的に介入するために必要な条件を構成する行政権の強化の表現の一つに過ぎないのである。

金融通貨の流れ《フロー》と戦争の流れ《フロー》が要求する介入の迅速性と決定の有効性が、行政権が司法権・立法権の大部分を吸収するために組織化と指令の二重モデルを採用する新しい物質的構成を規定する。一つは軍モデルであり、もう一つは科学的労働組織化モデルである。それゆえ、政府は「軍産複合体」に隣接する「政－軍」権力として構築される。

資本はまず戦争を「産業戦争」へと変貌させることから始まって、ついで「住民のなかでの戦争」に変貌させることで戦争を領有化する。われわれは後者に集中していこうと思うが、これは紛争の新しい条件（「異なった種類の紛争における別種の敵」）に適応できなかったにもかかわらず、二〇世紀を通じて永続することになる（少なくとも部分的には。冷戦の「軍備競争」がその部分にあたる）「産業戦争」への「アンチテーゼ」として戦略家－理論家たちが定義したものだ。こうした新しい条件と「新しい脅威」が、市場－世界の国内化／国外化（人的資本のグローバリゼーション、グローバルな組み立てライン）と結びついた世界的な新しい労働力構成に適合した管理と統治の布置として、「住民のなかの戦争」を規定する。

新しいパラダイムには、政治を戦争へ統合することが含まれているが、その統合のかたちは非常に特殊で、ふたたびフーコーの言葉を借りれば住民の統治形態とでも定義できるかもしれない。しかし、それには二重の条件がある。(1)フーコーの批判が提起していたものとは反対に、戦争は権力関係から放逐されてはいない。まったく逆に、それらを形づくっているのである。(2)戦争の統治形態は「住民一般」に対してではなく、その分裂に「対して」そして分裂に「よって」行使されるのである。戦争は階級・性・人種・住民の主体性の分裂を生産し拡大再生産することを目標としている。ゆえに「住民のなかでの戦争」

というパラダイムは、権力の軍事化／集約化の新形態という観点から見れば、資本の生産性を保証する諸々の住民のなかでの諸々の戦争の概念化と組織化を表現していることになる。さらに言えば、諸々の住民に対する諸々の戦争の多様性は、「住民のなかでの戦争」という言葉のなかで見なかったことにされているこの「なかでの」という言葉に表わされている。その最初の理論化は――冷戦によって隠された反植民地闘争および革命戦争というフランス的文脈で言えば――「社会領域での戦争」として構想されていた。この言葉をタイトルにした論文で、ジャン・ネモ将軍はこう説明している。「領土全体における戦闘拠点」が登場することになるのだが、それは「戦線は、国境よりはむしろ、等高線を描きながら世論を分断する水平面によって決定されているからである」。住民のなかでの戦争もまた、あらゆるレベル＝等高線で準備される必要がある。最も見えにくいレベルにおいてもその必要があるのは「人は人の群れのなかで活動しているから」[*5]である。

　権力集中のプロセスの到達点が実現されたのはネオリベラリズムにおいてであり、「政府」とその行政機関は金融資本の戦略を行政執行する。国家と戦争が金融に絶対服従するプロセスは、ブレトン・ウッズ協定以来従わされていた政治‐経済的な調停／規制をすべてスキップできるようになった金融が、その支配を強化したことに由来する。（金ドル兌換停止と、ただ市場の力のみに反応する「変動為替」体制の採用を特徴とする、一九七一年〜一九七三年に起きた一連の出来事である）。実際の行政権力は人民の意志や国民、国家に由来するものではない。金融機関が自己の利益のために段階的に再構成したものに由来するのである。フーコーの警告を忘れないようにしよう。ネオリベラリズムは「監視、活動、恒常的介入を旗印に」[*6]掲げているのであって、ネオリベラリズムはそれを強い国家にとっての道具に変える方向にねじ曲げる必要があるのだ（フィリップ・ミロウスキーが「二重真理ドクトリン」と呼んだもの）。同様に、

＊5　Général Jean Nemo, « La guerre dans le milieu social », *Revue de Défense nationale*, mai 1956.
＊6　Michel Foucault, *Naissance de la biopolitique*, *op. cit.*, p. 137［フーコー『生政治の誕生』、一六四頁］。

戦争が資本の目標に完全服従することが、二〇世紀末には決定的になる。それは国家間戦争が消滅したあと、住民のなかでの戦争の――つまり諸々の戦争の――排他的でも包含的でもあるパラダイムが入れ替わるように登場し、同時に経済－金融的オペレーションと、もはや「周縁部」に限定されない新種の軍事作戦とのあいだに、ヴァーチャル－リアル連続体が生み出される。

われわれは、異なってはいるが補完的なこの二つのプロセスを分析し、交差させてみるつもりである。このプロセスの論理は例外状態にではなく、資本の戦争機械の組織化に属するものであり、われわれはそれを資本の統治の「組織革命」と理解する。

1…「政－軍」布置としての行政権

フランスを中心にして、行政権とその行政諸組織の行為を分析していくことにしよう。一般的なプロセスがそうであるように、それを支えているのは、国家の自律性と偉大さ、共和国と国民の価値観の再建に対するじつにフランス的な幻想であり、それは第五共和制において頂点に達している。しかしどこでもそうであるように、国民国家の主権喪失と、経済および金融政策に対する全面的な服従、行政権の単なる引き立て役に回った議会とその「国民の代表」の縮小、分裂した住民に対し行政機関が仕掛ける戦争としての統治、これらはじつは一九七〇年以前のメカニズムに属している。この変化の発端を理解するには、第一次世界大戦およびそこに登場しつつあった資本による国家と戦争の領有化戦略にまで話を戻さねばならない。

法的－政治的枠組みを通じてでは、資本の戦争機械がその組織・命令・政府や国家行政の意志決定の諸様式を再構成するやり方を把握できない。実際、そのモデルは企業（テイラー主義）と戦争の新しいマネージメントの指令の連結である。企業・軍・政府が横並びで進化したことだけが、以下のように要約されるプロセスを説明できる。すなわち、産業戦争は軍事領域における文民権力の役割を保証する。戦争が終わると、この軍民のハイブリッド経験は政府権限の役割を考え作動させるやり方に「回帰」する。

われわれは長い時間をかけて、産業戦争ないし総力戦の本質を分析してきた。ここで、ニコラ・ルスリエの最近の著作の助けを借りて、この管理運営についていくつかの指摘を連結させれば十分だろう。それは単に軍の「作戦指揮」にだけではなく、まず何よりも「経済・金融・コミュニケーション・住民管理といった次元すべてにおける戦争指揮」にかかわる。「軍の指令ではなく政府こそが、最大限に国家と住民を動員する力を持つのである」。それは「軍の戦争」である以上に「政府の戦争」である。なぜなら、動員すべきリソースについての知識と管理は民政の権力に属するものだからである。「これより先の戦争は一国の分遣隊の派遣というより、住民・労働・産業・世論による『深さの戦争』である」。産業戦争は、敵対関係が終結しても終わることのない行政権の再構築なしにはうまくいかない。「行政権は、戦時の国家を指揮する術を習うことで、政治権力の本質と諸機能の定義のなかに軍人を『復活』させる道を開く」。戦争指揮が行政権を取り込み組織するやり方へと回帰することで、「政治－軍事的――あるいは政－軍－産業的――な国家の行政権」[*7]を考え組織するやり方への道が開かれる。

戦争指揮は規律訓練技術と安全保障技術を統合する。人間を組織し管理するためのヒエラルキーを持つ規律訓練型のモデルと、予見不可能な出来事（「戦時の混沌」とクラウゼヴィッツは言った）に続いて戦争を管理する際の安全保障型モデルである。ゆえに、産業マネージメントのモデルを結合させる必要がある。なぜなら、戦争は巨大な「労働過程」（ユンガー）を構成するからであり、そのロジスティクスは社会全体にかかわってくる。それには安全保障介入のモデルが用いられるが、こちらは産業計画とは違い、戦争とは「行動」、リスク、予見不可能、ゆえにいつでも適応準備が整っていることを示す創意あふれる攻撃／応答戦略が必要となることを計算に入れねばならないものである（戦争とはまさしく「行動につい

★7　Nicolas Roussellier, *La Force de gouverner. Le pouvoir exécutif en France, XIXe-XXIe siècles*, Paris, Gallimard, 2015, p. 346-348.

ての行動」「相互行動」であり、それゆえその計画はつねに不確実になる)。

敵対関係の終結により、緊急措置が再構築されることになり、経済‐金融的な性格を帯びることになる。総力戦時の政府同様、通貨管理には決定を迅速かつ有効に行なう集中化された諸権力がとくに必要となる。資本主義の歴史の黎明期と同様に、われわれはまったく同じ脱領土化の流れを、資本発展の新しい局面を構成する力として見いだす。その一方は軍と戦争であり、他方は通貨と信用である。

戦争が終わっても、立法・司法を犠牲にした行政への権力集中のプロセスが逆転されることはなかった。逆にそれは、経済圧力(とくに金融)のもとに加速した。そのことが、すべての国家機関を横断する論争に新たな要素を導入する。

政府機構の再組織化は、軍の組織化のおかげで再構築の起点となる新しいモデルを手にした。テイラー主義によって導入された科学的労働組織化がそれである。マルクスが指摘していた軍組織と生産組織の均質性が、資本の戦略の新たな転回点でその都度確認される。政府と行政組織は資本主義企業を規制する法と規則に服従せねばならない。「政府を一つの機械と考えれば、以降政府はおのれの『収益』を保障せねばならない。収益こそ生産の筆頭要件であるとされ、政府はその『生産のテンポ』を保障せねばならない〔……〕」。そしてアレクサンドル・ミルランが開戦直後に述べたように、『政府は産業の計画・様式に基づいて組織化されることがふさわしい』。〔……〕政府は法律・政令・規則の工場になるのだ」[*8]。

金融と戦争の支配下で、行政権は「法律製造工場」と化したが、その機構を説明するために、カール・シュミットはワイマール共和国時代に流行した、「機動化された立法府」や「立法機械の機動化向上」といった表現を改めて取りあげている。第一次世界大戦は「立法手続きを絶えず加速し簡略化し、法文の発生をますます省略し、法学の役割をいっそう制限し続ける」[*9]ことに貢献した、とかれは説明する。

戦争は、議会が許さない効率性が必要という理由で行政権を特別扱いすることによって、権力分立に変化を強要する。他方で経済危機、とくに金融危機は、すなわち議会の検証以前に法を政令に置き換えてしまうように政府を誘導するイニシアティブとリアクションの迅速さをもたらす。「しかし、単なる政令と化したこの法の『機動化』でもなお、立法の簡略化・加速化プロセスのピークというわけではなかった。新たな加速化は、市場、経済統制、オフィス、団体やその他の特別任務とともに現われた」。政令のあとは行政命令が来るだろうし、それは集中化と議会代表制の空洞化の次の段階をみごとに表現することになる。「政令が『機動化された法』なら、行政命令は機動化された政令と考えてもよいだろう」[*10]。シュミットは近代国家はいろいろな理由で巨大工場と化している、という考えをウェーバーと共有している。

第一次世界大戦が世界的と言えるのは、同じ効果を各地にもたらしたからでもある。より迅速かつ効率的な政治行為の方法が必要なことは、この紛争に関与したすべての国々で感じられていた。イタリアでは、「巨大銀行家と事業家が願い望んだ」戦時の国家介入によって、立法権は蚊帳の外に置かれ、行政権への集中と資本の戦争機械の強化が行なわれた。国家が戦争経済へ介入を広げていくと、国家と金融の関係はより密接になる。金融は「議会のコントロールから抜け出すことになる政府装置の直接的な即時コントロール」を確保し、「民主主義諸制度の無力化が全面化する。政治体制の根本的変化の必要性が芽生え始める」[*11]。ファシズムによって民主主義的自由が解消されるずっと前から国民の代表を空洞化させていたのは、行政と政治というルートだった。

政府と行政の「機動化された」行為に必要な組織化のモデルを提供したのはテイラー主義だった。あいかわらずひとはそれを、アダム・スミスお気に入りのピン工場の生産方法の延長・洗練化のように理解しているだろう。だがテイラー主義は新しい指令の様式である。「テイラー主義の真に衝撃的な点はつまり技術ではなく権力の組織化なのだ[*12]」。

★8 *Ibid.*, p. 414.
★9 Carl Schmitt, « La situation de la science juridique européenne » (1950), in *Machiavel-Clausewitz*, Paris, Krisis, 2007, p. 185.
★10 *Ibid.*, p. 189.
★11 Pietro Grifone, *Il capitale finanziario in Italia*, Rome, Einaudi, 1971, p. 24.

政治的な論戦・争いの対象はもはや専制政治か共和制かという選択肢ではない。選択肢の対象になるのも、選択肢を奪ってしまうのも「統治行為の科学的分析」である。このプロセスは、いかなる憲法領域にもまして技術の語法に深く組み込まれる。なぜなら、マネージメントが可能にするのはまさに、今なおシュミットとアガンベンの言う例外状態にとどまっている法的-政治的枠組みを回避することだからである。「もし『統治改革』がこのように技術の庇護のもとにあるとすれば、その改革は同時に労働の『科学的マネージメント』の新しい理論の影響を受けるからでもある[13]」。

フランスでは、テイラー（仏訳は一九〇七年）とフェイヨルの二重の影響下で議論が行なわれることになる。フェイヨルにとっては、問題は労働組織化を科学的なものにすることよりも、むしろ監督・マネージメント活動であり、プログラム化、組織化、指令、調整、コントロールといったさまざまな機能はそこに分類される。産業工場は、行政機能と指令の強化を必要とする成長段階に入ったと、率直に説明されている。これらの機能は別個に、生産・商品化・会計管理といった古典的な機能のもとで計画されるが、そのために「とくに企業内で用いられている技術すべてを調整・システム化する役割を担う[14]」〝マネージャー〟という新しいタイプの人員が生み出される。『産業および一般管理』、それがこの鉱山技師が成功を勝ちえた著作のタイトルである。その主な利点は工場マネージメントの諸原則を別種の組織にも拡大したことにあった。とくに国家の行政にである。この当時、「かれのモデルはまぎれもなく国家行政という枠組みにも、政治的統治の組織化にさえも適用可能なものとして紹介された[15]」。

ポール・ヴィリリオは、「技術-論理」という表現のもとに、軍、工場、そしてその〝マネージャー〟のあいだの強い関係を確立したことで知られている。かれは「軍事階級」を軍の士官にのみ限定しなかった。その定義はより広く、あらゆるタイプの〝マネージャー〟が含まれている。「いわゆる『テクノクラート』は端的に軍事階級である。それはどんな領域でも、効率性基準でしか合理性を考えない者のことだ。その裏にある惨憺たる世界は、かれらには思いもつかない。かれらにとってそれは問題ではないのだ[16]」。

新しいテクノクラート「階級」は官民問わずさまざまな機関で、企業の方法論に従って横断的に仕事をするが、これが官僚主義化を促進する結果を招く。というのも、広く見られる偏見とは裏腹に、官僚主義化は国家行政の特徴ではなく、何よりまず、とくにアメリカの大企業とそのマネージメントの「産物」だったからである。「科学的なマネージャーは労働組織を隅々まで修正するために招聘される。それは、新政府が行政権の構想を隅々まで再検討するに至るのと同様である」[*17]。政府から始まったマネージメント革命は、ついで行政全体にまで拡大することになる。ネオリベラリズムが、福祉の布置全体を金融化された企業の収益性と運用規則（「説明責任」）に従属させつつ展開するのが、この技術‐論理である。それはこうして国家の形態と機能を再定義するのに貢献するが、同時に新しい官僚主義化を増大させることにもなる。そのことを告発することで新しいセクターを民営化することが可能になるだろうが、それは「支出を増大させ、事業インフラの横領を増やすだけ」のものである[*18]。

この行政改革は「戦争技術を復活させることを皮切りに〔……〕統治技術を再建するにまで至った」[*19]一人の将軍、ド・ゴールによってフランス第五共和制憲法にはっきりと書き込まれることになる。軍制改革は「政治事案全体の改革として現われる」[*20]。

★12 Nicolas Rousselier, *op. cit.*, p. 414. ノーブルの壮大なテーゼも目にすることができる。
★13 *Ibid.*, p. 413.
★14 *Ibid.*, p. 414.
★15 *Ibid.*, p. 415.
★16 Paul Virilio, *Pure War*, *op. cit.*, p. 34〔ヴィリリオ『純粋戦争』、二九頁〕。
★17 Nicolas Rousselier, *op. cit.*, p. 415.
★18 Philip Mirowski, « Postface: Defining Neoliberalism », in P. Mirowski et D. Plehwe (dir.), *The Road From Mont-Pèlerin*, *op. cit.*, p. 449, n. 31.
★19 Nicolas Rousselier, *op. cit.*, p. 402. ド・ゴール本人による言い換えのようにも読めるが、かれの「共和国的なもの」への欲求については知られていない（ド・ゴール、第四共和政の敢然たる敵）。

第一次世界大戦（ド・ゴールは大尉として参加している）が軍参謀本部の決定権とその戦場での実行との分離による指令系統の危機を引き起こしたのだとすると、「憲法政策においては立法権と行政権との分離が（同様に）問題となる」[*21]。

統治改革により、決定権の新しい承認プロセスが規定される。ここで、それがどういう点で（シュミット的な意味で）「法的な意味に限定された形式的要素」[*22]でもなければ（シュミットとアガンベンが再度取りあげた意味で）法の構成的次元としての（恒常的かつ「流動的」と化した）例外状態というこの「空虚な空間」でもないのかが判断できる[*23]。

ワイマール共和国で「機動化された立法」となった政令を、ド・ゴールは自由フランスの時代に改めて採用した。行政権は立法権によって厳密に制約されるのではなく、それと距離を置く。「議会は『正式見解の一致』を提示するが、決定プロセスには参加しない」[*24]。政治は共和国の伝統が願ったように、議会を媒介にして「人民に対して」語るのではなく、国家に対して語るべきものとなる。資本の戦争機械に対してのみ語るという現在への移行は、こうして十分に下準備された。

イタリアのように、大統領制をとらない政治システムにおいても事態は同様で、第二次世界大戦後、政令は憲法原理を回避する政府がとくに好んだ手段となった。同時代の他の民主国家同様、イタリア共和国はもはや「議会制」ではなく、ルスリエの言葉によれば「行政的民主主義」なのである。

第五共和制は、権力集中を最も大々的に推し進めた憲法システムの一つを代表してはいるが、国民国家と国民主権の歴史のなかにとどまっていることにかわりはない。しかし、行政権が明らかに国家の制約を乗り越えつつ、金融化の単なる、しかしきわめて重要な歯車となる権力の新しいモデルが組織されることになる、一九七〇年代以降のリベラル派の反革命はもはやその限りではない。それは、「立法機械の機動化」を加速させ、議会を協議と認知の役割に還元するだけにとどまりはしない。資本の戦争機械を構築するに至るのである。これこそ、ネオリベラリズムの構築主義の鍵であり、それがフーコーの分析した単なる「市場経済と自由放任政策とのあいだの関係解消」を超えて、その構築を計画するのである[*25]。

2…資本の戦争機械の実現

実際の行政権は、もはや国家装置ではなく、金融資本に支配されたその連結構成の一つとして諸国家を包含する超国家的機構の集合になる。金融のフローはこの集合によって「自由放任」されるのに、この「影の」政府は人びとをカテゴリーに分けて、雇用、給与、公的支出、退職年齢や年金額、税率等々を規定する。国家の行政権は、グローバル化した指令センターの指示と決定を実施するにとどまる。古典的な「主権」形態を失った国民国家は（自らが非常に積極的に管理し〝マネージ〟する）債務の経済‐世界の再領土化へと縮小される。アメリカ政府だけは例外であることは言うまでもない。この政府は（古典的な意味での）国民国家ではなく、グローバル資本主義の防衛と拡大の名のもとに「国家利益」を再定義した帝国である。というのもこの政府は、大部分を自らが創設した超国家的諸機関による支配を通じて債務の経済‐世界の公理系を統治しているからである。

金融資本の戦争機械の構成要素としての戦争と行政権の新しい性質、そして新しい混合機能（行政執行的戦争？）への最初のアプローチを提供してくれるのは、一九九九年に出版された中国空軍の二人の大佐、喬良と王湘穂の『超限戦』と題された本である。冷戦後、そして米中のライバル関係の再燃という状況下で、かれらは金融活動の効果を「流血を伴う戦争」になぞらえることもできる「流血を伴わない戦争」と

★20 *Ibid.*, p. 391.
★21 Nicolas Roussellier, *op. cit.*, p. 404.
★22 Carl Schmitt, *Théologie politique*, 2, 19［C・シュミット『政治神学』（田中浩、原田武雄訳、未來社、一九七一）］。cité par G. Agamben, *État d'exception*, *op. cit.*, p. 60［アガンベン『例外状態』、六九頁］。
★23 Giorgio Agamben, *Ibid.*, p. 102［前掲書、一二〇頁］。
★24 Nicolas Roussellier, *op. cit.*, p. 398.
★25 Michel Foucault, *Naissance de la biopolitique*, *op. cit.*, p. 137［フーコー『生政治の誕生』、一六四頁］。

見なすに至る。ゆえに金融は非正規戦争の戦略に統合されることになり、これにより「人民戦争」や「テクノロジー戦争」だけでアメリカ支配に対抗することも断念される。その後に行なわれたインタビューで、喬良は「貿易戦争、金融戦争等々」も含まれるべき「非軍事作戦」の重要性を強調し、外交的配慮もしながら、同書の意図を主要テーゼに絞り込んでいる。

かれらは次のように認めている。今日《こんにち》、「国家の」安全保障を脅かす諸要因は敵国の一国家としての軍事力というよりは「資源の領有、市場の獲得、資本のコントロール、貿易制裁といった経済要因[*26]」である。抗しがたいパラダイム変化によって、新たな「非軍事的武器」の与えるダメージは「軍事的武器」がもたらすそれと同程度に恐るべきものになりうる、と認めるべき時がきたのだ。著者たちは金融についてとくに力説しているが、それは一国のレベルさらには地球レベルで不安を生み出す最も有効な手段が金融だからである。「国家安全保障の指数低落という観点から見れば、この数ヵ月で数回一〇％もの平価切り下げを行ない、ほとんど経済破綻に瀕したタイとインドネシアの状況は、軍事攻撃と経済封鎖の直撃に苦しめられたイラクのそれになぞらえられる。両者のあいだにほとんど違いがないことは憂慮すべきことだ[*27]」。それはまた、ギリシャと超国家的金融機構の紛争を「戦争」「植民地戦争」「占領」「植民地委任」等々の言葉で再定義することが単なるメタファーではない理由でもある。

暴力の制限手段が多様化するにつれ、国家は暴力とその行使の独占を失った。それは経済的・外交的・社会的・文化的等々といったものになったのである。それゆえ、戦争の効果は多様な布置を通じて追求・実現しうるものになる。そのなかでも、金融の暴力は間違いなく最も効果的である。なぜなら、その諸効果は社会全体を不安定化し、同時にその効果もまた細分化されるからである。同様に、戦争遂行の手法もまた軍事的なものだけの問題ではなくなった。「戦争が武器と軍事問題という領域から生じ、政治家・科学者・銀行家の問題にさえなったことは明らかである。戦争は流血事態とは限らず、その遂行手段も軍事的なものだけではない。経済、とくに金融経済は軍事手段に成り代わり、『流血を伴う戦争』を起こす可能性がある[*28]」。（数年後、ルパート・スミス将軍はこの状況を回避すべく配慮することになる。しかし、統治と戦争が新たに一体化したことが、経済的・政治的・軍事的・人道的介入の可逆性をもたらしたと証言している。「〔戦争の〕新しいパラダイムでは、〔……〕近代的軍事作戦はとりわけ実践的には国家活動として管理されねばならない[*29]」」。

正確に言えば、二人の著者が関心を持っているのは金融戦略の機能の仕方であり、それはかれらが「金融テロリズム」と呼んではばからないものをそこに組み入れるためである。二人の中国人将校は現代の超国家的行政権の本質と、戦争の新たな実態の理解にとってきわめて有用な資本の戦争機械のモデルを構築するに至る。実際かれらは、経済-世界の統治は「さまざまなレベル・機構間でいささかの断線も起きない巧妙なネットワーク」と化したと説明している。「統治モデルは『国家＋超国家＋多国籍＋非政府〔レベル〕』を結び合わせる[*30]」。一九九七年のアジア危機の例では、まずタイを襲い、ついで東南アジア諸国全体に波及し、これらの国々に「構造改革」という運命をもたらすことになる投資攻撃を参照すれば、その行為者リストを詳述することが可能だ。アメリカ合衆国、つまりその遍在的金融制度（連邦準備制度）の「代表」たりうる唯一の国家、そしてＩＭＦと世界銀行（超国家的機構）、（民間・多国籍）投資ファンド、スタンダード&プアーズ、ムーディーズ等々（非政府系格付け会社）がそれである。現実の行政権は、実現された経済・政治・軍の一体化を代表しており、この一体化によって「戦争の様相と解決、さらには古代以来不変の戦争の軍事的性格さえ[*31]」根本的に変貌させられ、金融戦争という「超戦略的武器」が認めら

⋆26 Qiao Liang, Wang Xiangsui, *La Guerre hors limites* (1999), Paris, Payot & Rivages, 2006, p. 168〔喬良、王湘穂『超限戦——二一世紀の「新しい戦争」』（劉琦訳、共同通信社、二〇〇一）〕。

⋆27 *Ibid*., p. 170〔前掲書〕。

⋆28 *Ibid*., p. 299〔前掲書〕。

⋆29 Rupert Smith, *L'Utilité de la force. L'art de la guerre aujourd'hui*, Paris, Economica, 2007, p. 281〔ルパート・スミス『ルパート・スミス軍事力の効用——新時代「戦争論」』（佐藤友紀訳、原書房、二〇一四）、四〇四頁〕。

⋆30 Qiao Liang, Wang Xiangsui, *op. cit*., p. 257〔『超限戦』〕。

れることになる。そこから生じる戦争機械は、その定義からして調整機関ではなく新しい内戦のプログラム化と執行の権力であり、何人かの軍人（サー・ルパート・スミスもその一人である）がそれを「住民のなかでの戦争」と分析することになる。ギリシャの債務危機の際には、この新しいタイプの行政権と戦争機械が「非軍事的」バージョンで作動するのが目撃されたのである。ヨーロッパの諸機構、IMFや欧州中央銀行は、民衆にも国家にも応答する必要はなく、ただ今日《こんにち》の住民に対する内戦の主な媒介者である超国家的な金融機構に対してのみおのれがくだした決断の暴力性と恣意性について責任を持つことになる。

二〇世紀を通じて、司法権と立法権が行政権に従属していく過程は拡大する一方であり、今や新たな超国家的行政権に国家権力のすべてが服従している。さらに喬良と王湘穂に倣えば、資本主義のグローバリゼーションの結果は「狭義の戦場の空間を縮小しつつ、世界全体が広義の戦場に〔変貌した……〕」。武器はさらに近代化され、手段はさらに洗練された。流血が少々減っただけで、暴力性にはまったく変わりがない」[*32]。戦争・経済・政治の連続体を構築した戦争領域の拡大によって、水平戦略（権力と決定の中心が多様化し拡散する）と垂直戦略（こうした権力と決定の中心が集中化され、「株主利益の最大化」の論理に厳密に従属する）が結合させられるのである。

この新しい戦争論を閉じる前に、二つほど考察を進めよう。まず、われわれの当初の仮説の検証というかたちで行なう。本源的蓄積以来作用している資本の脱領土化の力を定義する際にわれわれが用いた二つのフローつまり通貨と戦争は、今現在の資本主義のグローバル化において完全に重なり合う。金融は、「流血を伴う戦争」と同様に破壊的な効果をもたらす「流血を伴わない戦争」を操るための非軍事的な武器となった。戦争はもはや流血の手段によって続行される政治ではない。資本の政治は、その戦争機械が利用可能にしたあらゆる手段を通じて継続される戦争である。ついで、「危機」の女王たる金融危機である。古典的な経済サイクルでは、これを端緒として生産危機と商業危機が始まるのだが、この危機と「戦争」との同一性が確固たるものとなる。戦争はこうして、自らに包摂される「危機」を引き継ぐのである。

マルクスのサイクルでは、生産力の絶対的発展を後押しする「生産のための生産」と、「資本のための生産」つまり利潤と私的所有のための生産とのあいだの矛盾が、戦争をそのはけ口としかねない暴力的な危機を引き起こす。現今の状況では、危機は発展と区別されず、危機は戦争とも区別されない。まとめよう。危機は戦争の発展と区別されない。そうであるがゆえに、戦争概念の現象学はもはや国家間戦争にではなく、資本の発達と一体をなし、経済的・人道的・エコロジー的等々の諸政策ともはや区別されない、超国家間戦争の新形態に準拠するものでなくてはならない。

この、「非軍事的な手段を用いる流血を伴わない戦争」としての金融という定義は、われわれには、金融を「新たな規約」として包含する異色の経済理論よりもはるかに現実的で政治的にも有効であるように思われる。古式ゆかしい「契約」の新しい身代わりとしての規約ではなく、経済・政治・戦争がグローバル資本主義の強化という同じプロジェクトに厳格に組み込まれる一つの戦略である。であれば、フーコーが確立した（行政的）政府の行為と統治の諸布置という区別に立ち戻ることなしに、この二種類の制度間の関係という問題を切り捨てることはできないだろう。アメリカの行政は、完全雇用の政治的影響を抑制することを意図する新しい権力布置を創案することによって、マネタリズムの「反インフレ主義」という岩盤に穴を穿つことから始まるが、そのように自認する（フィリップ・ミロウスキーの表現に倣えば「新自由主義《ネオリベラル》的思考集団」）新自由主義《ネオリベラル》的な統治の諸様式は、サッチャーやレーガン、またかれら以前にも、ただちに経済の脱国営化／民営化／規制緩和に乗り出したピノチェトのファシスト政府といった「政府」によって維持され、展開され、支配的立場に据えられる。*33 こうした「政府の」干渉がなければ、「人的資本」の社会的危機に対し、金融の爆発的増強に支配された（戦争と内戦の）統治の新しい形式をとることで政治的－規律訓練的に対応するという、実効性のある資本主義的反革命もなかったろう。

★31 *Ibid.*［前掲書］。
★32 *Ibid.*, p. 298［前掲書］。

現代の金融資本の戦争機械は国家の「植民地化」を追求し、企業ばかりでなく行政をも形づくることで、国家を自らの働きに適合させる。同時に、「統治」の諸技術の大部分を作り、コントロールし、強要する場としての「政府」は、急速にこの行政の植民地化のまぎれもないエージェントと化した。

現代の行政のマネージメントのモデルは経済に見いだされるが、しかし両大戦間とは違い、それはもはや産業資本主義の科学的な労働組織化によるのではなく、金融によって直接形成される。その点は企業も同様で、その他のすべての経済主体（労働者、消費者、公的サービスの利用者、納税者等々）を犠牲にして、株主にとっての価値を最大化するために、その組織運営が再構築される。

国家改革の強力な武器となる予算組織法（ＬＯＬＦ）は、金融化にあわせて国家の予算および会計規則を根本的に変化させるプロセスを始動させる。金融化はこうして最終的に、国家諸制度に残る民主主義の痕跡をすべて消し去るに至った。「代表制民主主義の危機」と偽善的に呼ばれているものは、第一次世界大戦に端を発する行政権の集中プロセスと同じ系譜に属し、同じ工程表に従っている。実際、総力戦の定言命法を皮切りに、国民の代表、そして人民の代表者たちによる「民主的討論」は次第に隅に追いやられ、金融行政権の時代には、もはやテレビ中継されるシーンを演じる以外の役割を持たない。

普通選挙の一般化は、選ばれた議会を「機動化された」行政権を承認するだけの機関に還元しようとするプロセスを通じた議会の無力化と軌を一にする、ということをここで強調しておかねばならない。ジャック・ランシエールはこの民主－リベラリズム的なシステムを、少数者支配《オリガーキー》原則（人びとは経済、金融等々の勢力の代表者にその権力を委任する）と民主主義原則（選挙権の行使にのみ縮小された万人の権力による）の妥協として描きだしている。ニコラ・ルスリエもまったく同じように適切だと思われる民主主義の定義を提案している。というのも、その定義は民主主義の最も現実的な働きに対応しているように思われるからである。すなわち「行政的民主主義」――われわれはそれを、資本の戦争機械の制度的分節化と理解する。だが「行政的民主主義」は、依然として国家の近代化政策を表明しているだけにとどまっていて、実際には自らがすっかり服従しているグローバリゼーションの新たな戦争諸制度によって完全に乗り越えられていることにかわりはない。それはフランスではオランド風ソース◆のレシピである。

3…住民のなかでの戦争

要するに資本の戦争機械は、その政策（金融分野と政治分野の統治）を戦争指揮のなかに二つの異なったやり方で持ち込んだのだ。産業戦争と「住民のなかでの戦争」である。

国家ではなく資本が担う諸戦略へと戦争を統合するプロセスによって、戦争の性格と機能が変わる。それは中国の戦略家たちが一九九七年の「アジア金融危機」の分析で主張した、経済と戦争の区別の不可能性というテーゼであった。新しいターニングポイントは、二一世紀初頭の紛争でアメリカの軍事的なスーパーパワーが失敗した理由についての考察を進めるなかで生じることになる。中国士官の展開した戦争の作動のシステム工学的見解は、「住民のなかでの戦争」という至上命題にその場を譲り、この戦争は主体性の戦争の意義を認めることで、戦争の新しい性格を把握させてくれるはずだ。これはひとえに、正規の戦争形態となった「非正規戦争」のための「人的要因の本質的役割」（英語ではhuman terrain）の問題であり[*34]、住民の分裂／住民のなかでの分裂という戦争の問題である。「分離惹起」と名付けられたその最初のモデル化はグレゴリー・ベイトソンによる。ベイトソンが非常に熱心に参加していた植民地状況を

*33　一九五六年以来シカゴ大学と連携しているカトリック大学経済学部のメンバーにより一九七三年に作られたエルラドリジョ計画の基盤がこれである。このプランが掲げるのはフリードマン流の発想によるショック療法であり、それが本格的に実施された一九七五年以来、IMFはこのプランを積極的に支持した。一九八〇年のチリ憲法はハイエクの自由憲法にその表題に至るまで影響されており、自由企業と市場を保証する強い国家の必要性に塗り直されている。Cf. Karin Fisher, « The Influence of Neoliberals in Chile before, during and after Pinochet », in *The Road From Mont-Pèlerin, op. cit.*

◆**オランド風ソース**　当時のフランソワ・オランド大統領流の政策。オランダのソースを模したフランスの高級ソースとして知られる「オランデーズ・ソース」とかけている。

背景に発展し、ポストコロニアル時代の「帝国の拒否」によって流行し、都市のゲリラおよびとくに住民対象の作戦が飛躍的に増加したことで加速したこの「分離惹起」は、「住民保護」のかたちを借りて軍事行動のドクトリンの見直しを強く求めつつ、内外の戦線全域で対反乱作戦の領域を拡大する。戦略状況は、「定常的紛争の時代」であることが再認識される状況であり、「安定化作戦」を重要視してシステマティックな植民地化の企図を強化しつつ、超国家的警察活動としての本源的蓄積戦争を継続する。同様にこの意味で、資本の戦争機械はこのプロセス全体の超歴史的真理を解き放つ。それは、「治安」作戦のすべてをそのまま住民のなかでの「鎮圧」戦争として軍事化することによってしか、自らを「国際法」で権威づけすることができないリベラルな帝国主義と一体化した資本のプロセスである。

冷戦の終わりは、同時に二〇世紀の大部分を支配した「産業戦争」を消滅させ、その「アンチテーゼ」として提起された新しいパラダイムによって代替させた。それを定義したのは二人の将軍である。一人は武勲赫々たるイギリス人、サー・ルパート・スミスであり、[*35] もう一人はフランス人で、「住民のなかでの戦争」を代表するヴァンサン・デポルトである。[*36]

産業戦争を可能にする諸条件は、史上初めて軍の戦略的縮小にメリットをうながした原子爆弾によって事実上無力化させられていた。しかしそれでも、グローバリゼーションの社会‐経済的諸条件下での新しい紛争様式に対して産業戦争が無力であるという決定的な証拠を得るには、ベルリンの壁崩壊後のアメリカ主導の新植民地戦争の失敗を待たねばならなかった。

米軍のさまざまな再構築——すなわちRMA（軍事における革命）、作戦の全領域全範囲でイノベーションを重要視する変化。全知omniscient、遍在omniprésent、全能omnipotentのO^3（「オーキューブ」と発音される）というコンセプトのもとに実施される情報支配とネットワーク中心戦争（「ネットワーク中心」のデジタル戦争）——は、技術的優位が戦略的優位に自動的に変換されるという幻想をアメリカに与えたが、そのどれもが「産業戦争」とそのマネージメントのデジタル化（ウォルマート・モデル）[*37] のパラダイスをもとに着想されていた。それは一九四五年以来用いられていたアメリカのドクトリンのデジタル対応であり、ヘンリー・キッシンジャーはそれを完璧に要約している。「テクノロジーがわれわれのマネージメント的競争力に加わったことで、われわれは国際システムの再モデル化を行ない『新興国』に変化をもたらす力を得た」*38。即時性を特徴とするサイバー戦線での時間との闘いに勝利するために甘受した組織改変は、ベトナムの「問題」を移し替えただけで、ポスト共産主義／ポスト植民地主義の資本主義的グローバリゼーションが生み出した新たな「敵」に対しても無力なことを露呈することになる。敵たちはそこに持ちこたえているためにそこに居るのであり、戦争はかれらが持ちこたえていること自体に立脚している。アフガニスタン（二〇〇一年）とイラク（二〇〇三年）では、大規模な反応作戦（「調整された」第一次湾岸戦争モデルに沿ったもの）により「勝利」は安易に、あまりに安易に手に入り、「インテリジェント」な破壊的武力（アメリカのスーパーパワーのマニフェストとしての産業戦争の究極段階）が

---

*34 Cf. Vincent Desportes, *Le Piège américain. Pourquoi les États-Unis peuvent perdre les guerres d'aujourd'hui*, Paris, Economica, 2011, p. 259.

*35 サー・ルパート・スミスはアジア・アフリカ、また第一次湾岸戦争、ボスニア・ヘルツェゴビナ、北アイルランド等々でさまざまな立場で作戦指揮を執り、欧州連合軍の副司令官（一九九八〜二〇〇一）という立場でそのキャリアを終えている。二〇〇六年以降は国際赤十字委員会（CICR）の国際評議員である。

*36 「住民のなかでの戦争」は二〇〇七年に仏陸軍運用方針センター出版のFT－01マニュアル（『戦勝から平和構築へ』）の中核に置かれている。このマニュアルはデポルト将軍の指揮のもとに執筆された。

*37 ノア・シャハトマンの提案する、非常に説得力のあるネットワーク中心戦争の設計の再構築を参照。Noah Shachtman, « How Technology Almost Lost the War : In Iraq, the Critical Networks Are Social – Not Electronic », *Wired*, vol. 15, n° 12, 2007 :「もしこの企業〔ウォルマート〕が全員を繋ぎより効率的になるのであれば、米軍も同じことができる〔……〕情報ネットワークと情報の効率的なフローのおかげで、アメリカの戦争機械はノコギリからメスへ進化したのである」。ウォルマート・モデルは以下でも強調されている。Arthur K. Cebrowski et John J. Gartska, « Network-centric Warfare: Its Origin and Future » (janvier 1998, URL : www.kinection.com/ncoic/ncw_origin_future.pdf).

*38 Henry Kissinger, *American Foreign Policy*, New York, W. W. Norton, 1974, p. 57.

大規模に行使されたが、それでも敵対関係に終止符は打たれず、逆にその継続と変異を招いたのであった。つまるところ、米軍は「流血」の極みの混乱と内戦に陥った国土の破滅を残してこの地を去ることになる。しかし、早くも一九九七年にはウィリアムソン・マレーのような公認の歴史家が、『ナショナル・インタレスト』誌に「クラウゼヴィッツ退場、コンピューター入場」という誤解の余地ないタイトルを掲げた告発論文を執筆している。かれはこの二年後、外交政策調査研究所刊行の『オービス』誌で改めて皮肉を述べている。

とくに空軍に起きているように思われるのは、この種の機械主義的・科学的・分析的なアプローチの復活だが、それはベトナムでの失敗にじつに役立ったものだ〔……〕。二年前、ある高位の将官が国防大学の学生に向かってこう述べたことがある。「戦場のデジタル化はクラウゼヴィッツの終わりを意味する」。言い換えれば、コンピューターと現代的コミュニケーションのテクノロジーは明日の戦場から混沌と軋轢を消し去るということだ。少なくとも米軍にとっては[*39]」。

米軍の超近代主義の行き詰まりを発端に、技術－金融のグローバリゼーションの地政学的帰結とももはや無縁ではいられない作戦区域において従来型とはかけ離れた敵を相手とする戦争の新たな戦略条件を巡る議論が起こった（「敵はわれわれ以上に〔ネットワークに〕接続している」）[*40]。さて、「住民のなかでの戦争」という新しいパラダイムが語るのは、軍民の錯綜状態、そしてそれを、構成要素のどれもがあらゆる種類とあらゆる形態の戦争にほかならない連続体に自らの政治的統治を押しつけるグローバリゼーションの資本主義機械へと統合することである。ただしそのうちの一つ、従来型の敵を相手に交わされるハイテク戦闘からなる戦争は、この連続体から除外される。デヴィット・ペトレイアス将軍お気に入りで、「かれの」対反乱作戦マニュアル（二〇〇六年末刊行）執筆に密接にかかわったジョン・ナーグルはこう説明している。「ネットワーク戦争の真の問題は、それがわれわれにとって破壊の助けになっているだけだ、という点にある。さて、二一世紀においては、それはわれわれの試みの取るに足らない一部でしかない。それはわたしが抱えているわけではない問題——どこかの従来型の敵と戦うこと——を解決してくれるとはいえ、わたしにはっきりと課された問題を解決するにはほんのわずかの助けにしかならない。すなわち、テクノロジーによってスーパーパワーを手に入れた諸個人を前にして、社会をどう構築するのか、という問題だ」[*41]。ネットワーク中心戦争を支える情報技術（IT）を諦めることはまったく問題外だ、ということは、いくら強調してもしすぎることはない（「機械状系統流」である以上当然、それは不可逆だ）。「地上戦以外」[*42]という神話とはむしろ手を切り、社会的フィードバック・ループを住民のなかでの終わりなき戦争の局地戦様式へ統合し、適応させ、再領土化して飼い慣らすことが大事である。このような「軍事における革命」との切断こそが、最速で戦争を終結させるという主張である。ふたたびアメリカの軍事的‐革命的ビジネス用語を使えば、高速連続性の成果はこう表現される。戦争を終わらせること——「ネットワーク戦争が目指しているのはそれだ」[*43]。

　軍は例外状態という法的‐政治的な術策などほとんど気にも留めないが、高度なネオリベラリズムの時

＊39　Cité in Vincent Desportes, *Le Piège américain, op. cit.*, p. 137. 以下の論文はオンラインでも読める。Williamson Murrey, « Clausewitz Out, Computer In. Military Culture and Technological Hubris » (URL : www.clausewitz.com/readings/Clause%26Computers.htm).

＊40　イラク作戦のスーパーバイザーを務めたアメリカ中央軍の事後検証より（rapporté par Noah Shachtman, art. cité）。

＊41　Cité par Noah Shachtman, *loc. cit.* 強調は引用者。

＊42　こうした条件下では、現場での力の非対称性が目の前にあるため、アメリカの戦争機械は易々と「真の」競争を強いられたビジネス時間を乗り越え加速させられるようになる。「ビジネス界では（製品の）締め出しに数年要することも多いが、軍事領域ならば数週間、つまりずっと早くそれを達成できる」（Arthur K. Cebrowski, John J. Gartska, art. cité 強調は引用者）。

＊43　*Ibid.*

代に世界の安全保障を維持するために戦争を再考する客観的な必要に迫られているかれらは、大学人（哲学者、政治学者、社会学者、経済学者）以上に巧みに資本のイニシアティブの本質を定義しているのではあるまいか。[*44]

産業戦争を住民のなかでの戦争に置き換えることは、資本の戦略的必然である。大規模なグローバリゼーションが国民国家上で領土化されていく限りにおいては、戦争も国家間の帝国主義戦争の形式を採らざるを得なくなっていった。現代のグローバリゼーションにおいて、蓄積のスペースは超国家的である。紛争への派兵と継続の様式は、その結果国家というよりもグローバル化された、そしてその論理に従属させるべき住民との関係で再定義されることになろう。というのも、「住民のなかでの戦争」とは、「テロリストと反乱者」だけを対象としているわけではないからである。複数形にして、諸々の住民に対する諸々の戦争とすると、この戦争はグローバル化された労働力に対するコントロール、標準化、規律訓練化の大きな武器である。ゆえに、イラクの米軍が痛みとともに再発見した警句「金は武器なり」は一般化されねばならない。ネオリベラリズムとともに、資本理性は例によっていつも通り、アメリカの議員たちのスローガン「グローバルに考え、ローカルに行動する」をわがものとしたのである。（ATTACもこれをスローガンとするが、同じような成功を収めたとは言いがたい）。

「われわれは戦場ではなく住民のなかで戦っている」[*45]とルパート・スミス将軍は断固として主張した。住民のなかでの戦争は、それゆえ非対称戦争とは区別されねばならないだろう。非対称という言い方は、あまりに従来通りに一般的・汎用的な戦争の定義に囚われているのである。

どんな住民がどこで暮らしていようと、住民が戦場となるというのは新しい現実である。これ以降、どこにでも軍の投入が展開される。市民の前で、市民に対して、市民を守るために。市民は標的、征服対象、敵対勢力でありうる。この戦争を「非対称」と呼ぶにとどまっているようでは、実のところ単にパラダイム変化を拒んでいることにしかならない。いつの時代も戦争の「技術」は敵に対する非対称性を実現することから成り立っていたのだ。[*46]

産業戦争は「無‐制限」であり、破壊は無制約であるが、新しいパラダイムでは、介入が無‐制限である、ということになる。その介入は、住民のなかでの、そして住民に対する、グローバルな鎮圧システムの性格を帯びた「安定化作戦」という名目で行なわれる。このシステムでは、もはや戦争に「勝利」はありえない。「住民中心の対反乱作戦」は、無限の鎮圧と同義である。

敵は外国というより、住民の内部に生まれ再生産される「察知できない敵」「未知の敵」「何らかの敵」である。この新しい、細分化し、点在化し、分散した（つまりマイナーな）敵の定義は、一九六八年以降の軍事文献に登場する。冷戦期においては、名指しされた敵はソ連であり共産主義だった。ベルリンの壁崩壊のはるか前、党という形態に対する異議申し立てと、新しい政治勢力、新しい組織化（「セグメント化された」「多中心的」「網状の」）[*47]、闘争戦略、「分離」の台頭によって、「何らかの敵」が参照されるようになる。この語は、核の安全保障についての文献で登場していた語を改めて取りあげたものである。住民とは、この明確に特定できない敵が好きなときに出現しうる土壌である。「敵は養ってもらうために集団としての住民を必要とする。敵は寄生虫のように、運搬、暖房、照明、収入、情報などをその宿主に依存する。ロシア人たちは一九九四年〜一九九五年にグロズヌイを攻撃し掃討する以前からそれを理解してい

★44　「伝統的な戦闘とはひどく関係が薄いが、しかし世界の安全保障維持の死活を握るあらゆる任務の遂行をわれわれの部隊に頼っているというのが今日《こんにち》の現状だ」(in Noah Shachtman, art. cité)。

★45　Rupert Smith, *op. cit.*, p. 259〔ルパート・スミス『軍事力の効用』、三七一頁〕。

★46　*Ibid.*, p. 4〔前掲書、二四頁〕。

★47　英米圏の文献では当初SPR、ついでSPIN (segmented, polycentric, integrated network) と表記される。

た。かれらはチェチェン人との決定的な戦闘に勝利すべく、住民を移転させたのである[*48]」。

　ヴァンサン・デポルト将軍は、現代の戦争を「蓋然戦」と呼び、そこから同じ結論に辿り着いている。国家が主導する産業戦争とは違い、蓋然戦には「前線」がなく、「蓋然的な敵」とけっして切りわけられない住民と重なっている。「蓋然戦は諸々の社会の『あいだ』で起こるのではなく、社会の『なかで』起こる〔……〕。住民が『後背』であった様式――本質的に軍事エリアである前線の反対側にある――から転じて、今や軍は住民のなかで、そして住民を参照して行動する。軍は住民のなかでの戦争という時代に入ったのである[*49]」。

「蓋然戦」という表現は、戦争機械が平和を万人にとっての戦争の一形態に変えてしまったがゆえに、いわゆる戦争を目的としない戦争機械の作動を完璧に物語っている。戦争（もはやクラウゼヴィッツ的な意味ではない）は戦争機械にとって手段の一つである。戦争機械の統一性と目的性は国民国家の政策によってではなく、債権／債務を戦略の軸とする資本の政治によって与えられるのである。戦争機械は諸々の戦争――限定的に、そしてたいてい間接的に行なわれるとはいえ、国家間戦争もそこに含まれる――を生産し続けるが、その諸々の戦争は、その真の「標的」に従属している。その標的とは「人間社会、その統治・社会契約・諸制度であって、もはやどこそこの地方や川や国境ではない。それはもはや征服し防衛すべきラインや領域から生じるものではない。投入された軍が維持すべき唯一の戦線は住民という戦線である[*50]」。

　第二次世界大戦中に日欧の都市がひどい爆撃を受け、つまりは殲滅されたとき、住民は新たな（刷新された）意味で軍事目標となった。しかし、それは敵国の住民の話であった。新しいパラダイムでは、多岐にわたる性格の非常に異なった作戦行動の「唯一の作戦区域」である「住民のなかで両陣営が戦う[*51]」。この作戦行動で重要視されるのは「コミュニケーション」（区別された住民の支持を勝ち取るため）と「下位レベル」である。「ゆえに作戦は非常にマイナーで、その連携だけがグローバルな効果を可能にする。作戦はローカルでたいていの場合は戦術的に切り分けられているが、それは新たな敵の持つ構造のために、かつて戦争の典型例で確立された体系的効果などありえなくなったからである[*52]」。

こうした将軍たちにとって、住民という概念は、政治経済学でそうであるような、そしてフーコー自身もなおそこに従っているような、全体化して汎用的にものを見る視点ではない。その概念は、マルクスの「住民」批判——住民が具体性を持つのは階級、利害、そして闘争のなかにおいてだけである——をも意図せず統合している、とさえ言えるかもしれない。というのも、戦争の新しいパラダイムでは、住民は「一枚岩ではなく、家族、部族、国民、人種、宗教、イデオロギー、国家、職業、資格、交渉や多様な利害関心」に基づいた諸実体によって構成されているからである。住民の本質は「おのずから」経済的なわけではない。というのも、意見や利害関係の多様性が、「市民社会」の政治的方向とは違う方向に「統一性」を見いだし集約される可能性があるからだ。新しいパラダイムに属する住民が、フーコー的な権力関係の諸条件を体現していたとしても、それは戦争に代わる何かとしてではなく、いつでも内戦に参戦可能なものとしてである。そのことをひとは「変質したゲリラ」と呼び始めるようになっている。住民は実際、「つねに反乱する」可能性があり、この行為によって住民は「自由」な存在とされるのである。住民は「『〜からの自由』と『〜する自由』とのあいだに分類されうるものを求めている。恐怖や飢え、寒さや不確実性からの自由を求めている。繁栄する自由・行動する自由も求めている」。この教訓はもちろん植民地的であり、それに密接に関連する内部植民地化の長い歴史——それがグローバルな危機を引き起こすに至るまで——と符合する。

軍事戦略家たちは、住民のなかで生活し、身を隠し、増殖する敵には、自由のみならず活動やひらめき、

★48 Rupert Smith, *op. cit.*, p. 269［ルパート・スミス『軍事力の効用』、三八五頁］。第二次チェチェン戦争がテロとの戦いとして遂行されたことが想起される。
★49 Vincent Desportes, *La Guerre probable*, *op. cit.*, p. 58.
★50 *Ibid.*
★51 Rupert Smith, *op. cit.*, p. 267［ルパート・スミス『軍事力の効用』、三八二頁］。
★52 Vincent Desportes, *Le Piège américain*, *op. cit.*, p. 140-141.

創造性があることを認識している。というのも、「かれらが創造的な意志を持ちそれを行使していることを尊重するのを拒むのは〔……〕敗戦への第一歩だからである」[*53]。ここからも、住民のなかでの戦争は、六八年以降に、そして六八年に結晶化した六〇年代のすべての闘争（反植民地主義、反人種主義、労働者、フェミニスト、エコロジストの闘争）から姿をあらわしたグローバル化した内戦の力学を、後追いで概念化したものであることが検証される。それは性・人種・階級・主体性の戦争、つまり本源的蓄積以来の資本主義権力の骨組みとなる諸戦争の展開を参照している。戦争の展開にはかならずついて回るこうした蓄積戦争は、二度の総力戦とフォーディズムによって構成された生産と支配の大規模な社会化を通じた変化によって再構成される。六八年以降、われわれは軍人たちが「現実的で過酷、そして恒常的な紛争の時代」[*54]と呼ぶものへと足を踏み入れた。それ自体が新しいということではないが、しかしそれがとっている新しい形態のなかにいるかれらにとっても、われわれにとっても、それは新しいものである。

多様な要因に貫かれているからこそ、住民は均質な塊ではないということは、「栄光の三〇年」における労働者階級に対するネオリベラリズム側の反 - 革命の攻撃によって確認される。この攻撃は正確に、反革命が次のようなラインに沿って仕掛けた分割から始まった。すなわち、人種（国家の人種主義の再活性化）、性（貧困と搾取を女性に押しつけること――「第三世界」諸国ではほぼ奴隷制であり、「先進国」および「発展途上」国ではヤミ労働および国外での家事労働、各所での売春である。これは皮肉にも国連の女性解放キャンペーンと符合している）、そして階級（産業資本主義から金融資本主義への対決の場の移動）である。

統治概念のために戦争概念を捨ててしまったがために、フーコーの批判はこれらの戦略的論争によって揺るがされてしまう。この論争で、資本主義の最も現代的な現実は、住民の統治と戦争の統治の完璧な可逆性として確認される。こうした軍人たちの著作に目を通せば、戦争と権力の共存を問題視して両者を区別するフーコーのテクスト『主体と権力』（一九八二年）は議論の余地ない現代性を帯びている。統治とは、「防衛訓練」と、分別不可能なローカルかつグローバルな「安全保障」とがハイブリッド化することでハイブリッドになった戦争に対する統治である。フーコーの統治概念が持つ「安全保障」の次元は新しい戦争の戦略家のもとで普遍的に見られるが、かれら自身は当然のことながら武力行使を断念することができるわけでもない。

敵は「非正規的」なものでしかありえないため、「唯一の介入の仕方は、住民が生活し、その内部に非正規兵が潜む『場所のコントロール』をすること、つまり『環境をコントロールする』ために介入すること」である。フーコーが描いた、安全保障技術によって経済人をコントロールし、介入する様式（一時的かつ事件対応型）は、資本のグローバリゼーションによる非正規的で発見不可能な敵に対するコントロールと介入の技術と同質である。ここで念頭に置くべきなのは、「横断的な混沌たる脅威」およびその「グレーゾーン」（資本主義はそこに不安定階級を押し込める）の存在であり、それはフランスでは一九七〇年代以来つねに告発されてきたものだ。

軍の行動は標的の同定と破壊よりも、領土とくに都市のコントロールによって成り立っている。というのも、都市は住民の居場所と環境であり、そしてグローバル化された貧困を構成するからである。新しいパラダイムでは、都市が田舎から戦場の地位を奪うと言っても、それは「市街戦に勝つことではなく、都市において住民のなかでの戦争に勝つことが重要だ」[*55]という意味においてである。

ヴィリリオは、対決の場は都市ではなく、同じ数だけの「下層‐都市」を形成する「〝近郊都市〟」つまり郊外や「共同住宅地」であると主張し、対決の定義に大きな変化をもたらした。古典的な都市は資本家のイニシアティブの発展にも、住民のなかでの戦争の展開にも、もはや応じることができないため、「都市は死なねばならない」とヴィリリオは言い切る（次第に博物館化していく都市の「ジェントリフィケーション」はその完璧な事例である）。未来は都市の終焉、そして際限のない「〝近郊都市〟」の拡大の時代

⋆53 *Ibid.*, p. 266-270.
⋆54 Vincent Desportes, *La Guerre probable*, *op. cit.*, p. 206（強調は引用者）。
⋆55 *Ibid.*, p. 61, 64.

であろう、とかれは説明している。「巨大〝近郊都市〟の発展のために――巨大都市ではなく巨大〝近郊都市〟である――都市の統合に失敗する」[56]。それが、ポスト植民地主義的な内部の敵が「支配する」隔離された住民地帯に対する都市型戦争の介入の場としての都市周縁部の最終段階である。

『死の街』と題された挿絵本で、ジャン＝クリストフ・バイイは「無力化された都市」と題された短いテクストを記している。かれが強調したのは、シソンヌ（エーヌ県）の巨大な軍キャンプに陸軍（第九四歩兵連隊）によって建設された都市型戦闘訓練施設（CENZUB）を撮影したギヨーム・グレフの写真の観察から導き出した二つの証拠と思われるものである。「第一の証拠は、舞台背景の類型そのものが、外国から来た敵以上とまでは言わずとも、同程度に国内の敵（暴動）を描いていたこと、そして描かれた光景は本来の意味での戦争の光景というより鎮圧の光景だったことである。第二に、舞台背景があまりに貧困で、いっさいのスタイルやアクセントが消し去られているせいで、しばしば近郊都市の一断面に間違えかねないほど似ていたことだ」。この「制圧の劇場となる制圧される街」では、たたき売りされる街がたたき売りされる生活と合致するのである[57]。

しかし、統治としての戦争という定義は、主体性の生産の手段や行動のコントロールの手段の実状を欠いたままでは依然として抽象的であろう。「今日《こんにち》、破壊は限界に達した」[58]。それは、破壊を重要視して「非物質的次元」を無視した量的なアプローチの限界である。戦争は「破壊」を目指す以前に、敵の行動、振る舞い、主体性を標的としている。住民の世界が「軍事的かつ合理的」なものではなく、何よりまず「市民的で感情的」なものであることを考えれば、そうするためには「物質領域同様に心理領域にも」投資せねばならない。「大量の戦車を集めて、潜在的な標的を追い詰めることはもはや問題ではない。重要なのは社会領域、心理的な行動を理解することである」[59]。

問題は、社会科学を埋め込むことではない（埋め込み型社会科学はアメリカの人間領域システム（HTS）の失敗を運命づけた）[60]。ずっと以前からそのようになされてはいたが（植民地での人類学の誕生から、大学での研究への軍の直接・間接の資金提供に至るまで）、しかし重要なのは、純軍事的なものより社会的・政治的なものが優位に立っていること、この純軍事的なものは主体性の戦争の次元を自らの布置に積極的に統合すべきものであることを認識しつつ、「グローバル・アプローチ」に従って武力行使を段階化することとなのである。それはおそらくアメリカとしては、「敵を破壊することでわれわれが勝つ、ということにはならない」（国際治安維持部隊指揮官、マクリスタル将軍[*61]）ことを手痛い思いをして学んだことで、武力に有用性を取り戻させることを狙った人間中心的戦争ということなのだろう。ブッシュ政権当時の最後の国防長官にして、オバマ政権でもペンタゴンの実力者としてその役職を続けたロバート・ゲーツはこう説明している。小戦争を指揮するすべを学ばねばならない。そこでは九〇％の行動は非軍事的であり、それは戦闘も説得手段の一つに過ぎないコミュニケーション作戦と同様である。さらにかれは解説を加える。自民族中心的概念は、それが引き起こしかねない技術中心主義とともに非難されて然るべきである（「フルスペクトラム・ドミナンス」ドクトリン[*62]）。国内の戦線でのコミュニケーション戦争は、「増派作戦[*63]」の「民主主義的」欺瞞を助長するこの種の発言の連鎖と無縁ではないことに鑑みて、より現実主義的に次のように立論しよう。アメリカ支配の継続（同じくロバート・ゲーツによれば「優位の持続」）は社

*56 Paul Virilio, *Pure War, op. cit.*, p. 114［ヴィリリオ『純粋戦争』、一四九〜五〇頁］。

*57 Jean-Christophe Bailly, « La ville neutralisée », in Guillaume Greff, *Dead Cities*, Paris, Éditions Kaiserin, 2013, vol. I, non paginé.

*58 Vincent Desportes, *La Guerre probable, op. cit.*, p. 88.

*59 *Ibid.*, p. 93, 65, 62.

*60 Cf. Roberto J. Gonzalez, « The Rise and Fall of the Human Terrain System », *Counterpunch*, 29 juin 2015 (URL : www.counterpunch.org/2015/06/29/the-rise-and-fall-of-the-human-terrain-system).

*61 *ISAF Commander's Counterinsurgency Guidance*, septembre 2009.

*62 Cité in Vincent Desportes, *Le Piège américain, op. cit.*, p. 264-265. そして米軍特有の「正戦」の道徳的・安全保障的ビジョンにおいてその勢いを増し拡大する一方の世界の民族中心主義的着想との断絶の実状についてはまったく懐疑的になるのも無理はない。この着想はオバマ政権、ついでヨーロッパの同盟諸国の外交政策にいっそう共有されている。

会的・文化的戦争を指揮するための「人間領域」研究を包括する別の手段をもまた含むものでなければならない。では、社会中心的ネットワーク戦争と考えてはいけないのか？　さもないと、すでに指摘したように、ここには「一世紀以上前に『*Arab Bulletin*』でT・H・ロレンスが論じた『二七原則』を巧妙に翻案した」ものしか見て取ることはできないのではないか。そしてこの原則自体も、リヨテ（モロッコにおいて）とガリエニ（トンキンないしマダガスカルにおいて）〔リヨテとガリエニはともに将軍の名前〕によって実践された「民族誌」優先と、さして違いはないのだ。[*64]

　軍の行動は、「敵と相手の領域で遭遇せねばならず」、産業戦争で軍が実践していたことの真逆の方法論に則って「最大限にその流動的な現実に『即した』ものでなければならない。「国家間紛争での『上から下へ』という伝統的なアプローチが、『下から上へ』というアプローチに取って代わられる」のは、ほとんどの場合、国家再建あるいは体制や政権の交代には現地から、そして住民から再出発することが重要だからである。[*65] 戦争にも同様に、マクロ政治学とミクロ政治学の二重の次元がある。「昨日まで軍隊行動の本質は破壊と情報であり、まずは目標についての情報のことだったが、これからは重要なのは状況の把握と理解、ミクロな状況とミクロな対象の認識である」。[*66] これによって、「敵のイメージのコントロール」が「状況の全体的コントロール」の前触れであったネットワーク戦争の〝情報戦〟の成り行きを推し測ることができる。[*67] ゆえに、この迅速な支配（迅速な支配の達成とは、「衝撃と畏怖」ドクトリンの副題であり、ブッシュ・ジュニアとドナルド・ラムズフェルト率いるそのネオコン政権のお気に入りであった）を諦め、市民の日常生活のミクロなレベルと戦争とが、プロセスとして完璧に類似したものになるところまで辿り着かねばならないということになる。[*68] しかしここで、マクスウェルの悪魔◆は、相対性理論を唱える物理学者たちがかれに〔この仮説に〕課したパラドクスを再発見するのである。

　フーコーの辿った道程をそのまま進むには、統治という言葉を住民に対する行動と公衆に対する行動として同時に理解する必要がある。というのも、「公衆とは世論という面から捉えた住民のことである〔……〕住民とは、したがって生物学的に種として根を張るところから、公衆としての表層にまで広がっていくことになる」というわけだからである。経済と世論は「政府が操作しなくてはならない現実の二大要素である」とフーコーは結論づける。*69 戦争とは（諸々の）イメージのグローバル戦争なのである。

住民は新たな戦争に巻き込まれるが、それは「メディアのおかげで」グローバルになった公衆も同じである。この「グローバルな公衆」は制約としてもチャンスとしても機能する。「紛争の当事者全員にとって大部分が〔……〕共有」されるメディアは、その利用法がそれを使用する戦争機械に左右される、という単純な理由で武器なのだ。ここでもまた、メディアやテクノロジーに取り憑かれた批判理論が行なって

---

*63 「増派」（文字通りの意味では英語の“insurgency”に対応する「反乱」の意味である）はペトレイアス将軍によってイラクで実行されたアメリカの新戦略のマニフェストのコード名である。かれは数多くのインタビュー（この作戦はきわめてメディア化されたものだった）で住民のなかに「連合軍の兵士」を再配置すること、と説明している。

*64 Cf. Georges-Henri Brisset des Vallons, « La doctrine de contre-insurrection américaine », in G.-H. Brisset des Vallons (dir.), *Faut-il brûler la contre-insurrection ?*, Paris, Choiseul, 2010.

*65 Vincent Desportes, *La Guerre probable*, *op. cit.*, p. 63.

*66 *Ibid.*, p. 135.

*67 Harlan K. Ullman, James P. Wade, *Shock and Awe: Achieving Rapid Dominance*, Washington, National Defense University Press, 1996, p. 83-84, p. XVII, p. XXIV.

*68 ここでは勝手ながら、ブライアン・マスミの命題の意味を逆転させ、そうすることで「衝撃と畏怖」ドクトリンの対流として機能させることを提案したい。cf. Brian Massumi, *Ontopower: Wars, Power and the State of Perception*, Durham et Londres, Duke University Press, 2015, p. 73.

◆**マクスウェルの悪魔**　ジェームズ・クラーク・マクスウェルは、分子の動きを捉えることができる架空の「悪魔」を想定した思考実験を行なった。

◆**相対性理論を唱える……**　架空の存在を想定した仮説は必然的にパラドクスに陥るということ。つまり、ここの文脈で言うと、ミクロとマクロがぴったり一致することはないということ。

*69 Michel Foucault, *Sécurité, territoire, population*, *op. cit.*, p. 77, 278〔フーコー『安全・領土・人口』、三三六頁〕。

いるたように技術の自律ないし自律性を云々することはできない。技術機械は戦争機械に依存する。ベトナム戦争（「最初のテレビ戦争」）に目を付けたマクルーハンは、一九六八年に『グローバル・ヴィレッジにおける戦争と平和』において、「テレビ戦争は軍民という二分法に終止符を打った」と明言していたが、それはまったく正しい。そしてかれはこう説明を続ける。「世論はこれ以降、戦争の各局面に参与する。主要な戦いは以後はアメリカの家庭で繰り広げられるのだ[70]」。その三年前、ハンナ・アーレントは、ベトナム戦争の国防機密計画を大衆に曝露した『国防総省秘密報告書』（ペンタゴン・ペーパー）についての省察』でこう書いている。「グローバルな政治としてのイメージの製造――世界征服ではなく『人心を獲得するための』戦いでの勝利のことだ――は、歴史の目録に記録された厖大な人類の狂気の武器のなかでもまったく新しいものである[71]」。ゆえに、世界的メディアのインパクトが、「増派作戦」（デポルト将軍はそれを「過電圧」と訳している）の際にスケールズ将軍が用いた専門用語で言うところの、文化中心的戦争に完全に統合されているのもさして驚くことではない。今や文化的干渉区域となった作戦区域に「特別メディア部隊」を創設することが推奨される。イギリスも、住民のなかでの戦争に特徴的な、この「テレビ向け」次元を取りこぼすことはなかった。「紛争地帯の市街や平野と同様に世界中のテレビ画面のうえでもわれわれは戦っている[72]」。このイメージのグローバル化を担うのは「情報革命」だという事実は、この革命がサイバー戦争を、社会的かつ軍事的であることがとりわけ不可避なネット戦争へと移行させることに貢献したことを示している。ランド国防研究所の支援と援助による『ネットワークとネット戦争』と題された研究プロジェクトの報告者は次のように要約している。「紛争において『知識』と『ソフトパワー』の利用にかつてないほど重きが置かれている。敵は『情報作戦』と『イメージの管理』を重視することを学んだ――つまり情報統制よりもむしろ衆目を集め、誤誘導することを意図し、社会や軍その他の当事者が自身や敵の認識について抱いている安心感に影響するような、メディアによる方向づけの手法を学んでいる。心理的破綻が物理的破壊と並んで重要な一つの目標となりうる[73]」。おそらく気づかれたことと思うが、アルカイーダ、「超国籍的犯罪ネットワーク」「ギャング、フーリガン、アナーキスト」、サパティスタの反乱に「シアトルの戦い」といったものに雑然と含まれるネットによる対抗戦争においては役割分担が効かなくなる。戦争、警察、諜報といった諸機能の差異を取り払い、メディア‐安全保障集合体へと包括する動きが、新たな戦争の舞台となる。

産業戦争のパラダイムである「平和‐危機‐戦争‐解決」というシークエンスのなかで、軍事行動は決定的な役割を担っていたが、それは今や完全にかたちを変える。住民のなかでの戦争では、「決まったシークエンスはなく、むしろ」これらの契機のあいだの「継続的変化がある」[*74]。われわれの仮説のように、戦争の発展は資本主義の発展を後追いしまた追求するのだとすれば、戦争の古典的シークエンスに生じた混乱は直接的に、「成長‐危機‐不況‐新たな成長」という経済サイクルの古典的シークエンスの混乱をも生じさせるはずである。ゆえに産業戦争と違い、住民のなかでの戦争そして住民に対しての戦争は無‐制限である。アメリカ人たちがアフガニスタンとイラクで学んだように、軍事的勝利は軍事作戦の終結、そして「平和」（この語が飾り立てる現実と同じだけ一時的で不安定な）を意味しない。それが意味するのは住民のなかでの無‐制限の戦争継続である。

産業戦争においては、勝利を得るために「国家と社会は一時停止されている」。「国家の全組織がこの企

---

*70 Marshall McLuhan, Quentin Fiore, *War and Peace in the Global Village*, Touchstone, New York, 1989 (1re éd. 1968), p. 134［マーシャル・マクルーハン、クエンティン・フィオール『地球村の戦争と平和』（広瀬英彦訳、番町書房、一九七二）、一六六頁］。

*71 Hannah Arendt, « *Lying in Politics: Reflections on the Pentagon Papers* », in *Crises of the Republic*, San Diego, Harcourt Brace, 1972, p. 17-18［ハンナ・アーレント『暴力について——共和国の危機』（山田正行訳、みすず書房、二〇〇〇）、一六頁］。

*72 Rupert Smith, *op. cit.*, p. 16［ルパート・スミス『軍事力の効用』、四四頁］。

*73 John Arquilla, David Ronfeldt, *Networks and Netwars, Prepared for the Office of the Secretary Defense*, National Defense Research Institute, Rand, 2001, p. 1-2.

*74 Rupert Smith, *op. cit.*, p. 177［ルパート・スミス『軍事力の効用』、二六三頁］。

図に集中しており、他方で社会と経済はその通常のコースを完全に停止させ、生産性を変化させる〔……〕。通常の生活と活動を取り戻すためにも、戦争はできる限り早く終結しなくてはならない」。総力戦の長期破綻原則とほぼ両立不可能なイギリス的「ノスタルジー」が指摘するこの結論に賛同できないにしても、新たなパラダイムとの違いははっきり理解できる。このパラダイムでは、住民のなかでの戦争作戦は「ほとんど終わることなく継続されるかもしれない。それは過ぎ去る時に属していないようにさえ見える」[*75]。フランスの将軍はかれなりに説明を加えている。「最終的勝利——しかしこの語はこれから先はふさわしいものではない、なぜなら勝利の概念は政治ではなく戦略に属し、われわれの戦う蓋然戦は根本的に政治的だからである——は軍事的結末ではない」[*76]。

産業戦争においては、勝利は数十年程度の平和の支配をもたらすと想定されている。蓋然戦では、数時間、数日、数週間である。公理——敵は戦闘形態を拒否する。系（帰結）——敵は戦闘を受け入れざるを得なくなれば負けであるが、かといって「武器の審判」を認めず、あらゆる方法で戦争を続ける。さて、かれらにとって相手を打ち破るためには勝つ必要はない。どの陣営ももはや相手を打ち破ることのできない戦いで、負けないでいれば十分なのである。したがって、武力を「熟慮の上で」用いて、長期戦（ペンタゴンから二〇〇六年に刊行された「四年毎国防計画見直し」の表題による）として現われる（喧伝されるもので住民を抑制しつつも離反させないようにすることが必要となろう。長期戦はこうして、その五年前にブッシュが始めたテロとのハイブリッド戦争（グローバルなテロとの戦い）[*77]の戦略的真理となった。ハイデガーは一九五一年に、ユンガーが三〇年代に展開したアイディアとはまったく異なった響きを持つ一節を、戦争の形而上学を乗り越えるために必要になるものとして付け加えている。「この長期戦が、その長い期間のあいだにゆっくりと向かっていく先は、昔のような平和ではない。『戦争』という要素がそのようなものとしてはもはやまったく感じ取られないが、『平和』という要素には意味も実体もない、そういう状態へ向かっていくのである」[*78]。

もはや一つの平和には辿り着けない戦争を指揮するやり方についての方法論の変化は、しばしば単なる「警察」機能へと帰着する。しかし軍人を警察官へと還元してしまうと、住民のなかでの権力関係において戦争が持っている構成的な役割を果たし損ねる懸念がある。ここで改めて説明しておく必要があろう。デポルト将軍の言葉に倣えば「蓋然戦」の目的が確かに「政治的」だとしても、かれがそう信じたがったように、たとえば「社会契約」や憲法、国家主権の構築ないし再構築といった「古典的」政治プロジェクトの継続という、クラウゼヴィッツ的な意味での政治ではない。実際にはそれは、もはや当然のこととして平時と戦時の区別をしない論理的な連続性のなかで平和構築、国家建設、平和執行を規定し活動させる、生政治の新たな超国家的状態だからである（それはまた国連の「平和のためのアジェンダ」[*79]（一九九二年）の帰結でもあり、二人の将軍はさまざまな意味でその後継者である）。対反乱戦争はこうして、「人道主義的」に方針を転換する自由を得たのである。政府の正当性と「よき統治」は、軍事介入の動機として強調される以前から長いこと、変わることなく政治的な意味でクラウゼヴィッツ的たらんとする対反乱作戦の最良の論拠と見なされていたことを喚起するまでもあるまい。[*80]ネオリベラリズムの「社会契約」の諸条件のなかでは、構成的役割はむしろ遍在する不安、流布される恐怖、住民の社会‐経済的条件の段階

★75　*Ibid.*, p. 281〔前掲書、三七一頁〕。

★76　Vincent Desportes, *La Guerre probable*, *op. cit.*, p. 77.

★77　二〇一五年一一月の凶行直後ならば、数時間もあればフランス社会党はテロとの「長期戦」の戦略的真理を再発見しメディアに載せられただろう。

★78　Martin Heidegger, « Dépassement de la métaphysique », XXVI, in *Essais et Conférences*, Paris, Gallimard, 1958, p. 108〔マルティン・ハイデッガー『技術への問い』（関口浩訳、平凡社、二〇一三）、一五五頁〕。Cf. Ernst Jünger, *Le Travailleur* [1932], Paris, Christian Bourgois, 1989, § 49〔エルンスト・ユンガー『労働者――支配と形態』（川合全弘訳、月曜社、二〇一三）、第四九節〕。

★79　Cf. Boutros Boutros-Ghali, *An Agenda for Peace: Preventive Diplomacy, Peacemaking, and Peace-Keeping*, New York, United Nations, 1992〔ブトロス・ブトロス・ガーリ『平和への課題――予防外交、平和創造、平和維持』（国際連合広報センター訳、国際連合広報センター、一九九二）〕。

的な劣化を維持管理する方向に向かうように思われる。その結果としてこの役割は、絶えずくり返される治安官僚的なキャンペーンによって維持されるフラクタルな内戦を通じた統治の一般化を担うこととなる。クラウゼヴィッツの「誤解」が生じたのは、戦争の「目的」がもはや国家の目的ではなく資本の目的だったためである。資本はいかなるかたちでも、どこから見ても「一般利益」らしきものと同一にはなりえないのである。

英仏の軍事戦略は、植民地での経験を支えに住民のなかでの戦争の原則を提起したが、このときかれらは明らかに、当時の内戦の第一の標的であった世界の「南側」の住民を念頭に置いていた（一九六五年から一九九九年にかけて七三件。多くは天然資源のコントロールのためである）。しかし、英仏さらにはアメリカにとって、対反乱作戦と小戦争の理論家たちを読み直すことが不可欠になり、それなりにハイブリッド紛争（あるいはハイブリッド戦争）を論じているのだから、かれらも第二次世界大戦が終わったあと、一九七〇年代の加速を承けて、内と外の植民地化はもはや単に地理的に分かれているのではなく、領土全域に亀裂を入れている、ということを知らないわけではない。北側には内部に南側（移民、植民者の国に住む植民地の被支配層の子孫、労働者、失業者、不安定労働者、貧者等々）があり、同様に南側にも内部に北側（ハイテク生産地域、買弁エリートなど富裕化した層の巨大消費地域）がある。それゆえ、戦争は「フラクタル」と定義してもよい。この戦争は、モデルは同じだがそれぞれの現実の様式、規模に則して無制限に（再－）生産される。「栄光の三〇年」の「弱い」改良主義を資本主義エリートたちが捨てたことで、遍在化した内戦、南北（諸国）を縦断するフラクタル内戦への道が開かれる。南北（諸国）で異なるのは、分裂させられた（そして誰かが分裂させた）住民のなかでの戦争の激しさだけであって、相通ずる性格には違いがない。というのも、住民のなかでの、そして住民に対する戦争こそが、ネオリベラリズムの資本主義のグローバルな公理系のなかで、ジェフ・ハーパーがヘゲモニーという観点から定式化したさまざまなレベルを連結させるからである。(1)「中央のグローバル・ヘゲモニーを保持する」。(2)「周縁に対する中央のヘゲモニーを保存する」。(3)「中央および準-周縁部の超国家的エリートがかれら自身の社会をコントロールすることを保証する」[81]。

かつて「第三世界」と呼ばれた国々において、住民のなかでの戦争は、軍事的・非軍事的双方の武器を同時に用いて新植民地主義的グローバリゼーションのハイブリッド戦争を実行する戦争機械によって遂行される。そこで繰り広げられる暴力は流血を伴う戦争とそうでないものの複合体であり、住民を互いに争わせる。そのための手段が以下である。すなわち、外部干渉や連携作戦[82]、体制側ないし支配下にある反体制派、軍閥の首領やあらゆる不正取引の首領への軍事援助、貿易自由化を促進する構造調整プログラム、金融規制緩和、土地の私有と輸出に向けた農業の「合理化」、世銀、国連ないし富裕な贈与者の下請けとしてその食糧援助の運営に働くNGOも忘れてはならない……。隠れた戦争経済としての食糧援助。それは貧困国が輸入食糧に依存するよう仕向けるものでもある。シルヴィア・フェデリーチはこう指摘する。「食糧援助は現代の新植民地主義の戦争機械の、そしてそれが生み出した戦争経済の主要な構成要素となった」。というのも「戦争は単に経済的変化の結果というだけでなく、それを引き起こす手段の一つでもある〔……〕。金融的でも軍事的でもあるこの戦争は、グローバリゼーションに対するアフリカ人民の抵抗を阻むことに成功した。これはすでに中央アメリカで見られたケースと同様で（エルサルバドル、ニ

★80　たとえば、一九九〇年のle Field Manual 100-20（低強度紛争における軍事作戦）を参照。その第一章はクラウゼヴィッツによる戦争の「政治目的」およびその目的が展開される軍の規模を決定する方法についての引用から始まっている（URL : library.enlistment.us/field-manuals/series-3/FM100-20/CHAP1.PDF）。

★81　Jeff Halper, *War Against the People. Israel, the Palestinians and Global Pacification*, Londres, Pluto Press, 2015, p. 16-27.

★82　アフガニスタンおよびイラク侵攻を除いても、アメリカの兵員は（公式には）二〇〇〇年から二〇一四年にかけてシエラレオネ、コートジボワール、ナイジェリア、リベリア、チャド、マリ、ウガンダ、リビア、ソマリア、パキスタン、イエメン、ボスニア、ジョージア、東ティモール、フィリピン、ハイチ等々で展開されている。

カラグア、グアテマラ、パナマ)、こうした国々では一九八〇年代を通じて、アメリカ合衆国による軍事介入が公然と行なわれた」[83]。こうした布置の要諦は、構造調整は別の手段によって継続された戦争である、ということだ。インド、つまり「世界最大の民主主義国」では、IMFによって押しつけられた改革により、貧者、農民、女性に対する同様の戦争が引き起こされ、その結果が「二億五〇〇〇万の借金だらけの農民」と「一日二〇インドルピー以下」で生きのびる「貧困化し〔いっさいの〕所有を失った八億人」を脇目に暮らす三億人の中産階級である。インド軍はこの住民の分裂を巧みに操るために再構築されたが、軍が学ばねばならないのはこの住民たちから身を守ることなのである。「世界最大の軍隊の一つが、最も貧しく飢えた、地上で最も栄養状態の悪い人民から自らを『防衛する』ために軍の介入規則を再定義するのである」[84]。最近そうしたイメージを植え付けられた中産階級向けにイメージマネージメントを行なう「心理的作戦」の重要性とはそういうことである。

北でも南でも、戦争と通貨という二つの脱領土化の流れはどこでも目にする。通貨は株式・外国為替市場のマクロ経済的影響を通じてのみ動くものではない。最も「ミクロ」のレベルつまり住民との直接コンタクトによって動くものでもある。ジル・ドゥルーズは債務という非軍事的武器の使用法についてのおのれの判断を修正せざるを得なかっただろう。かれはそれが富裕国にのみ許されたものと考えており、それゆえに「資本主義が債務を抱えるには貧しすぎる極貧の人びとをつねに人類の四分の三の水準に維持していることは確かだ」[85]と主張していたのである。グラミン銀行とノーベル賞を共同受賞したムハマド・ユヌスによってインドにも導入された「マイクロクレジット」(ないし「マイクロファイナンス」)政策は、貧困との闘い(貧困に対する融資)という名目によって、農民と女性(二つの優先対象層)からの強奪を協調組合化した。「亜大陸の貧民たちがつねに負債を抱えて、村の高利貸し(バニヤ)の容赦ない支配のもとで生きている。しかし、マイクロファイナンスもまたこの領域を『協調組合化した』。インドでは、マイクロファイナンス企業は数百人の自殺に責任がある——アーンドラ・プラデーシュ州では二〇一〇年だけで二〇〇人にのぼる」[86]。このことが、新たなナクサライト・グループの武装農民の抵抗の再発生を呼んでいる。[*87]

住民のなかでの戦争の系譜学は、資本の本源的蓄積に対して「非正規兵」が一九世紀と二〇世紀の革命戦争で行なった小戦争に由来する。実際、その起源は、多くの面で二〇世紀の植民地（ないし元植民地）で続行された「非従来型」戦争の先駆となる、反革命・対反乱作戦の技術に求めるべきである。その基礎となるのは、戦闘員の動かし方だけを対象にする戦術的知識というよりは、民間人住民の日常生活についての知（地理的、人類学的、社会学的）ではあるまいか？[*88] そして反植民地闘争と革命戦争の結合が、対反乱作戦が対応を学ばねばならない最も「現代的」かつ「政治的」なゲリラ形態の核心ではあるまいか？ペトレイアス将軍が、「前世紀の最重要軍事著作」と評した『対反乱作戦——理論と実践』（一九六四年）の著者である、ダヴィド・ガリュラの著作と経歴に捧げた賛辞の意味のいっさいはここにある。毛沢東の中国革命戦争の戦略についての引用から始まるこの著作にペトレイアスが執筆した序文で、ガリュラの最初の著書『アルジェリアの鎮圧 一九五六～一九五八』のもととなったアルジェリアでの経験の重要性が強調されている。周知のように、「アルジェリア戦争」が仏軍にとって一つのモデルであり、仏軍はそれ

＊83 Silvia Federici, « Guerre, globalisation et reproduction » (2000) in *Point zéro, op. cit.*, p. 126, 132. とくにここに収められたモザンビーク分析を参照のこと。

＊84 Arundhati Roy, *Capitalism: A Ghost Story*, Londres, Verso, 2015, p. 8, 13.

＊85 Gilles Deleuze, « Post-scriptum sur les sociétés de contrôle », in *Pourparlers (1972-1990)*, Paris, Minuit, 1990, p. 246［G・ドゥルーズ『記号と事件——1972～1990年の対話』（宮林寛訳、河出書房新社、二〇〇七）、二九八頁］。

＊86 Arundhati Roy, *op. cit.*, p. 27.

＊87 Cf. Arundhati Roy, « Walking with the Comrades », *Outlook*, 29 mars 2010.

＊88 Cf. Laleh Kalili, *Time in the Shadows. Confinement in Counterinsurgencies*, Stanford, Stanford University Press, 2013, p. 196 sq.

を米軍の援助によりラテンアメリカ（とくにチリとアルゼンチン）へ輸出したのであった。

しかし、ベトナムで参戦した先駆者たちとは違い、このモデルは強制的モデル（「心理行動部門」での拷問の全面的な使用とセットにされる）や、増派作戦の司令官お好みのアルジェリア戦争の敵－中心的モデルにのみ依拠したモデルではない。それは（中国、ギリシャ、インドシナでの）内戦に通じた観察者の作ったモデルであり、革命戦争の理論家の著作に通暁した読み手の作ったモデルである。こうした革命理論は、ガリュラが歩兵中隊長として参戦し、大カビリアの一地域で「成功した」鎮圧計画で有効に利用された。「オリジナルな方法論を厳格に適用することによって*89」、かれは「都市防衛配備」（DPU）やトランキエ大佐の「勝利戦略」に還元されないという意味で、紛争の中心は住民である、と設定する。最初に選択された地域で反乱側の「打破ないし殲滅」が達成されれば、次は紛争をある種の宣伝パンフレットとして操作することで、住民に対する政治コントロールを再獲得することが重要になる。必要なのは住民を（ないしはその一部を、それ以外の住民に対し恐怖政治を行なうことで）「味方に付ける」ことよりも、反乱側に勝利することで反乱側には未来がないことを住民に納得させることである。ゆえに武力行使は、領土を覆う規律訓練の最も細かい網の目（「住民コントロール」）を、「経済・社会・文化・医療領域」に投資し、住民に「集団主義」よりも市場経済がより確かな治安と繁栄をもたらすことを示す生政治的プロジェクト（「住民支持の獲得」）と結びつけるこの主体性の戦争の政治－軍事的基準で測られねばならなくなろう*90。「選挙、有権者の完全な自由、投票の必要性」という三つのポイントで「住民向けプロパガンダ」を指導することで「住民のなかに〔対反乱作戦の〕政治装置を（再）構築する」ことが重要になるだろうこの時期においては、この論証はいまだ抜きがたいほどにフーコー的である。このハーヴァード大学国際問題研究所の客員研究員は、その結論で、自らが提案する対反乱作戦の「コンセプト」は、「方向性」においては「単純」だが、実行するには「きわめて困難」であることが明らかであることを隠してはいない。しかれは「革命的状況とはまったく異なった、平和で繁栄した国での背景」としていることを訴える。しかしそのような国とはいったいどの国のことか。アメリカ合衆国である。公衆、とくに貧民が政治に無関心なことが（「絶対に投票に行かないようにしよう」）、深刻な懸念材料になる国だ。[*91]

ペトレイアス将軍は、アメリカの対反乱作戦の新たな思想がガリュラの論考に負っていることを声を大にして強調しているが、当然かれは、アメリカでのマイノリティー（危険な貧民）のコントロール技術をベトナム戦争の教育に役立てることができたことも無視してはいない。マクナマラが「鎮圧警備任務」と定義した戦争で米軍が開発したゲリラ戦術の影響のもと、ワッツの人種暴動（一九六五年）が「エリート部隊」創設（SWATは「特殊武装攻撃部隊」から「特殊武装戦術」へ読み替えられる）というかたちで、米警察の最初の大きな軍事化の波を引き起した。[*92] いみじくも「統合された世界資本主義」と名付けられた（ガタリの定式化による）治安官僚の戦場においては、「高密度」警察作戦は、この作戦が統合される「低密度」戦争と区別がつかなくなる。

一九六〇年代末のアメリカ合衆国で、非常に混乱した政治状況を背景に一気に進んだこの「市民平和」の治安活動の軍事化は、九・一一以降、グローバルな鎮圧を請け負う攻撃的な企業にとって強い魅力があることが明らかになる。それによって、国内および超国家的なまったく別の規模で、対反乱戦争と対テロ戦争を等価とする原則が機能させられることになる。さて、二〇〇二年に締結された法執行官交換プログラムから判断すれば、モデルになったのはイスラエル・モデルである。「養成と発想を研究するために出向くとすればどの国か。当然、西洋世界で最も軍事化された驚嘆すべき警察と治安維持部隊を持つ国、つまりイスラエルではあるまいか？」[*93]。昔ながらのアメリカとイスラエルの軍産複合体の統合が頼るのは、

★89 アルジェリア戦争時、かれの初めての軍事勲章の受賞理由である。

★90 Cf. David Galula, *Contre-insurrection. Théorie et pratique*, Paris, Economica, 2008, chap. 7. 同書はまず一九六四年に英語版がランド研究所の援助により出版されている。

★91 *Ibid.*, p. 190, 201-202.

★92 ロサンゼルス市警察（LAPD）のSWATは一九六九年の大々的にメディア化された介入作戦でブラック・パンサーを相手にその力量を遺憾なく発揮することになる。

都市空間の軍事化の治安原則である。この原則は、恒常化された非常事態というアイディアを用いることで、パレスチナ問題の準軍事的処理を標準化し、それを危険階級の居住エリアへ持ち込むことを可能にしたのである。とはいえ、それは、イラク戦争やそのイスラエル製の鋳型（ハイテク力による平和）の大失敗以上に、イギリスの植民地での実践を「脱領土化された」様式で受け継いでいる、ということは説明しておくべきかもしれない。

　まさに非対称と呼ばれる戦争を人道化するという名目で行なわれているからこそ、領土支配の古典的様式（いわゆるブーツ・オン・ザ・グラウンド）に終止符を打つとされるサイバー戦争の「衝撃と畏怖」戦術に対する「自由主義《リベラル》的」な軍人（ペトレイアス、スミス、デポルト）からの批判が、ここで思い出させてくれることがある。それは住民のなかでの戦争の存在である。これはリベラリズムの歴史そのものと一体化し、政治的干渉としての戦争をクラウゼヴィッツ流に正当化する。[94]というのも、まさに自由主義《リベラル》的という意味で――スペインゲリラの意味ではないことは間違いない！――ペトレイアス将軍はダヴィド・ガリュラを「対反乱作戦のクラウゼヴィッツ」と見なし、社会工学政策の基準にすることができたからである。

　レーニンはまったく逆に、クラウゼヴィッツの公式に弁証法的テーゼを見ていた。革命の時代、ナポレオン軍に対抗するスペイン「ゲリラ」は、このテーゼの真理により「人民戦争」の組織化へと導かれ、階級の敵との絶対的敵対性を明確にしつつ内戦を勝利に導くであろう、というテーゼである。しかし、ヨーロッパ的な革命の危険を曝露しつつ、革命戦争を理論化し、実行したのち「勝利した革命側が遂行した産業戦争のアンチテーゼの展開は、従来通りのパラダイムと融合するまでに至った」[95]。革命側が資本主義の形態、慣例、制度を採用したのは、軍事レベル（ゲリラの正規軍化）にとどまらない。国家、労働組織、産業、技術、科学においても同様である。しかしながら、ここでもデポルト将軍によれば、「第二次世界大戦後、産業戦争のアンチテーゼの厳密な性質はゲリラと革命戦争の組み合わせに固定された」[96]。公然たる敵対国（アメリカ合衆国対ソビエト連邦）は互いにこのレベルでは、産業戦争止まりのものを処理してきただけだったが、冷戦期の副次的な紛争は、新しいパラダイムのいくつかの様相を呈し始めていた。

というのも、資本主義においてはその経済－戦略的機能がつねに重要な役割を演じてきた軍需産業もまた、住民のなかでの戦争という進化に取り込まれるからである。冷戦期の軍産複合体は、社会的差別の都市政策を地域、国家、そしてグローバルレベルの非常事態にまで連結させる連続体によって、戦争をあらゆるジャンルのコントロールへと拡張する、産業－安全保障複合体によって肥え太った。他方でそのソフト・パワーのバージョンは、流動性の文化、そして新しい生活様式へと商慣行を適合させる役割を担いつつ、日常生活のリゾームを覆う警察情報のツリー化の分岐によって、遠隔コミュニケーション生活のコントロールを洗練させる（データマイニング、スマート・インテリジェンス）[*97]。「都市生活の空間とネットワークは軍事的コントロールのテクノロジーによって植民地化され、戦争と秩序維持、内外の領土、戦争と平和の概念はますます区別を失っていくなか、治安、監視、軍事テクノロジー、監獄システム、懲罰システムそして電子ガジェットの気晴らしを包含する産業複合体が力強く成長していることが確認される」[*98]。治安官僚的な鎮圧という永続的戦争が瞬く間に、九・一一以降のアメリカのネオリベラリズムの先端産業

*93 Jeff Halper, *op. cit.*, p. 251. フランスのニコラ・サルコジもまた二〇〇五年の郊外の反乱以降、イスラエルの「ノウハウ」に大いに関心を示した。だがそれは「フランスのゲリラ対抗能力」を高めること、と説明されている。

*94 ラレー・カリーリは正確にこう記している。「逆説的にも、非対称戦争の『人道化』それ自体、さらにその行動に自由主義《リベラル》的な規則を課すことが、政治的介入としての戦争を正当化した〔war-making〕」（*op. cit.*, p. 3）。

*95 Vincent Desportes, *La Guerre probable*, *op. cit.*, p. 166.

*96 *Ibid.*, p. 170.

*97 Cf. Didier Bigot, « Sécurité maximale et prévention ? La matrice du futur antérieur et ses grilles », in B. Cassin (dir.), *Derrière les grilles*, Paris, Mille et une nuits, 2014, p. 136.

*98 Stephen Graham, *Villes sous contrôle. La militarisation de l'espace urbain*, Paris, La Découverte, 2012, p. 51.

になりえたことに驚く者もなかろう。[*99] ちょうどその一一年前、一九九〇年九月一一日、ブッシュ（父）は議会を前に、イラク戦争の開始決定を通告したのだった。

軍事指揮の中心と世界金融の首都を一つの標的として連結・融合させた世界貿易センタービルとペンタゴンに対する攻撃の数日後、ジョン・アキーラとデヴィット・ロンフェルトは急遽、ランド研究所のための研究に後書きを付け加えた。この劇的状況に対し、かれらは奇妙な留保を付け加え（「もし〔アルカイーダが〕鍵となる敵、ないしそのうちの一つであるなら」）、対反乱作戦から対ネット戦争への変化のプロセスの、かれらの考える意味で真の焦点となるものについて語っている。『鈍重なアメリカ官僚主義』が直面しているまぎれもない挑戦に応えることができるとしたら、それはネットワーク創造によってのみであろう。それは軍、警察力〔法執行者〕、諜報員らの既存のチャンネルのすべて〔全チャンネル・ネットワーキング〕を経由するもので、その協力なしには成功はおぼつかない」。かれらの結論はどこかしら来たるべきイラクでの大惨事を予感させるものである。「ネット戦争は本質的にテクノロジーというよりも組織とドクトリンの問題である。現在そして将来のネット戦争の結末は、そのことをきっと立証するだろう」[*100]。

現代の金融資本主義の活動のもとで、戦争はその性質を変えはしたが、そのさまざまな形態を通じて、戦争は依然として、そしてかつてないほど社会関係に影響する活動であり続けている。実際、クラウゼヴィッツの公式の逆転がその決定的なかたちを見いだすのは次のようなときだ。すなわち、戦争が、単純に政治と入れ代わったという域を超え、グローバル化した安全保障型資本主義の新秩序が展開される経済の権力ネットワークすべてを、恐怖、鎮圧、転覆抑止の企てのなかに包含させる資本の政治として、住民のなかでの戦争において多様化していくときである。それでもなお、「政治的・経済的恐怖の市場拡大には限りがない。支配に制限がかかるのはそれに対抗する抵抗があった場合だけである。この安全保障新秩序の施行は、抑圧された者たちがそれを野放しにすることを望む空間でのみ行なわれる」[*101]。

だからこそ、鎮圧について批判的な概念を生み出すことが必要になる。それは、階級闘争についてのフーコーの批判を再始動させることにもなるだろう。マルクス主義は、資本は社会関係だと主張するが、その定義には限界があり、広すぎもすれば狭すぎもする性格付けがなされていて、それゆえ支配と社会的搾取の関係を戦略的対決の全体のなかで結びつけることに失敗する弁証法のなかでおおむね鎮圧されてしまう定義なのである。この戦略的対決は単に「闘争」の問題ではない。それは〝戦争〟の問題であり、またその多様さのために、階級意識概念や、マルクス＝レーニン主義的な国家たらんとする労働運動の試みとの結合からはみ出し、ブルジョアとプロレタリアという二つに絞られた階級からもあふれ出てしまう、諸々の戦争の問題でもあるのだ。国家への生成は「労働者階級によって組織された党」の役割であった。ところが、労働者階級は政府階級になるところまでは至らなかった。そして「レーニンという偉大な切断も、社会主義そのもののなかで国家の資本主義が復活することを妨げはしなかった*102」。それゆえフーコーも正しい。社会主義的統治は存在しないということである。

4…非正統派マルクス主義と戦争

マリオ・トロンティは戦争と資本主義の「有機的」紐帯をマルクスとともに、そしてマルクスを超えて

---

*99 ブッシュ政権はテロとの戦いを「ほぼ完全に利潤目的のベンチャー、躓き始めたアメリカ経済に新しい息吹を吹き込む流行の新産業」（Naomi Klein, *The Shock Doctrine: The Rise of Disaster Capitalism*, New York, Henry Holt, 2007, p. 14［ナオミ・クライン『ショック・ドクトリン——惨事便乗型資本主義の正体を暴く』（幾島幸子、村上由見子訳、岩波書店、二〇一一）、上巻一五頁］）と化すことができた。軍需産業に限定した株価指数（Amex-Defense Index-DFI）は二〇〇一年九月二一日にウォールストリートに導入された。

*100 John Arquilla, David Ronfeldt, *op. cit.*, p. 364, p. 369.

*101 Mathieu Rigouste, *L'Ennemi intérieur. La généalogie coloniale et militaire de l'ordre sécuritaire dans la France contemporaine*, Paris, La Découverte, 2009, p. 303.

*102 Gilles Deleuze, Félix Guattari, *L'Anti-Œdipe*, *op. cit.*, p. 305［ドゥルーズ、ガタリ『アンチ・オイディプス』、下巻八一頁］。

考えた希有な著者の一人だが、かれは一九六八年の運動について、階級闘争を中心に置くことで完成された戦争を政治に再変換するプログラムを中止させることによって、ある意味で政治を洗い落としてしまった、[103] またこれによって「大政治の時代」を決定的に終わらせ、短い二〇世紀への道を開くことになった、と批判している。〝大政治の時代〟とは、一九世紀後半にがっちりと根を張り、「一九一四年から一九四五年までは本当に進行した」が、一九六〇年代にはふたたび閉じてしまう時代のことである。[104]

明確にしておこう。われわれにとって、フォーディズム段階の闘争（オペライズモはこれをもとに労働者の労働に対する敵対性に則して「闘争する階級」を再定義した）で頂点に達した階級闘争の「歴史的偉大さ」を否定することが問題なのではない。重要なことはトロンティが、かれしかその鍵を持っていないヘーゲル主義によって、この階級の「運命」[105]と考えたがっているものの歴史的と言えなくもない挫折とともに、またその挫折のあとでこの階級を考えることである。トロンティは、「六八年」と同時に起こったのはある意味で党‐形態をその真理とする資本／労働関係をもとに政治を理解し政治を行なうことに対する消耗感であり、そしてこの消耗は国民国家という形態をもとに戦争を考え戦争を行ない続けることの不可能性とも無縁ではない、と見なすことに同意しない。労働者の側では、それはすでに戦争について現われた「重要なイニシアティブ」だった。というのも、「ヨーロッパ公法のモデルに沿って『具体化され』、文明化され、戦われた」戦争を政治的に開始することが重要だったからである。トロンティの論証は唐突である。「紛争の調整は、国際政治のレベルでは放棄されたが、不定形の内戦が猛威を振るっていた国内政治の領域では保持されていた[106]〔……〕」。ところで、「大きな調停」へと方針転換した「労働者主体」の戦略（それにしても「熱い秋」の工場における労働闘争の現実とは何とかけ離れていることか[107]）こそが、一方でその歴史的敗北を説明し（世界戦争は「経済の決定的なグローバル化をもたらすことに」貢献し、それによって「資本主義が決定的に勝利した[108]」）、他方で六八年を理解不可能にしてしまうのである。というのも人びとは、前述の「労働者主体」の政治プロジェクトを全力で維持することを望んだからである。六八年は「下からの運動のなかに上から新しい政治を計画し投入すべきだった[109]」ときに、何よりも資本主義の近代化を利する反権威主義的革命を通じて「反政治という毒」を社会の血管に流し込んだ、と非難されることになる。「政治の自律」というテーゼ（一九七〇年代に展開された）は対抗運動を完成させたが、同時に六八年以降、「鉛の時代のフラワー・チルドレン」をこれまで導いてきた道の途中で、政治と戦争の関係もまた不透明になった、と指摘するだけで終わってしまった。論証は「いかなる価値判断も入らない」「事実検証」によるもので、トロンティはそれを非常に重要視している。「語りえないがゆえに書かねばならない真理」であるがゆえにかれは書く。「戦争の時代の終わりとともに政治の退廃が始まった」[*110]。一九七〇〜一九八〇年代、政治の終わりは「深い昏睡状態」に陥っていたが、そのあとポスト共産主義バージョンの歴史の終わりと政治の終わりとして登場するものがその眠りを覚まさせる。「ソビエト連邦の崩壊と、たとえばその後の湾岸戦争が物語るような、唯一の大国のヘゲモニーのもとでの世界の再統一

★103　この点についてマリオ・トロンティは非常に美しく定式化している。「階級闘争は内戦 guerre civile ではなく、文明化された戦争 guerre civilisée である」つまりブルジョアが支配する世界の文明化である（Mario Tronti, *Nous opéraïstes. Le "roman de formation" des années soixante en Italie*, Paris, L'Éclat, 2013, p. 114）。

★104　Mario Tronti, *La Politique au crépuscule*, Paris, L'Éclat, 2000, p. 35-36, p. 53.

★105　Mario Tronti, *Nous opéraïstes*, *op. cit.*, p. 168-169：「労働者階級は宿命的に衰退に向かって当然なのである。なぜなら労働者階級は歴史的な偉業だからである」。

★106　*Ibid.*, p. 113.

★107　トロンティはそれをパラドクスとして説明している。「『労働者と資本』（一九六六）でわたし自身のオペライズモは終わったが、それが現実にはオペライズモの季節の扉を開けた」（かれがオペライズモの「古典的」段階と見なす段階のあとに）。*Ibid.*, p. 152.

★108　Mario Tronti, *La Politique au crépuscule*, *op. cit.*, p. 86.

★109　Mario Tronti, *Nous opéraïstes*, *op. cit.*, p. 75. ついでながら指摘しておけば、トロンティは以下で展開されたテーゼと親和性が高い。Luc Boltanski, Eve Chiapello, *Le Nouvel Esprit du capitalisme*, Gallimard, 1999 [リュック・ボルタンスキー、エヴ・シャペロ『資本主義の新たな精神』（三浦直希ほか訳、ナカニシヤ出版、二〇一三）]。

★110　Mario Tronti, *La Politique au crépuscule*, *op. cit.*, p. 116-117.

は、今後一〇〇年の潜在的平和というシナリオを提供する。二〇世紀は撤回された。一九世紀が回帰する」[*111]。トロンティはここで、「今後一〇〇年の潜在的平和」を、この（反革命の）時代に資本の戦争機械によってリードされたグローバルな鎮圧計画と混同している。それは住民のなかでの戦争という新しいパラダイムであり、これは、資本が世界政治と世界経済を媒介するありとあらゆるものを短絡させることによって資本の歴史全体を再資本化するときに、戦争の波及という公理的力能を手に入れることになる。

デポルト将軍が力説するように、住民のなかでの戦争は「戦争の変質形態ではない。端的に戦争そのものである。後ろを振り返ればいつの時代もたいていそうだ」[*112]。鏡の反対面を見れば、六八年に、そしてそれ以降に炸裂した闘争についても同じことが言える。それは階級闘争の変質したかたちではない。資本主義の歴史全体を彩る闘争・紛争・戦争の新しい様式であり、資本／労働というフォーディズム的階級闘争よりも間違いなく先を行っており、ゆえにトロンティの考えとは裏腹に（かれはそれを「サバルタン」という範疇に依拠させている）、それこそが労働者の反労働闘争の急進性を可能にしたのである。

一九六〇年代のマルクス主義があまりにも「サバルタン」という機能に帰着させすぎたこのレベルで、トロンティは資本主義の歴史とその紛争について十分にグローバルなビジョンを持っていない。アメリカ合衆国に目を向けるときも、フェミニズムをきちんと位置づけようとするときも、歴史の線形的ビジョンを打破しようと努め、敵であり友であるネグリの「加速主義的」傾向を批判するときも[*113]、あるいは組織に対して闘争が優位にあると主張するときも、かれの視点は「ヨーロッパ文明」の内部に閉じ込められたままで、それはフーコーが権力理論の「経済主義」として告発したものに類似している。くり返そう。一九世紀から二〇世紀の革命戦争、反乱運動、サボタージュ、山猫ストは、「労働者階級の中心性」が作られるずっと以前に経済‐世界で起きていた階級・人種・性・主体性の抵抗と戦争という土台の上に成立したのである。

六八年はフォード主義‐テイラー主義‐ケインズ主義的資本主義のなかの／に対抗する「新しい階級」だけを主張したのではない。六八年は内外で、歴史的‐世界的なシークエンス（パリ解放時の大規模スト、非同盟運動、中国革命、ユーゴスラビアの自主管理、一九五六年のハンガリーの労働者蜂起、FLNのネットワーク……）を本源的蓄積の戦争の多様性と連結させたが、これによって同時に、労働者運動の形成と想像力に対して重要な役割を演じた特異的な出来事を反復させている。パリ・コミューンがそれだ。さまざまな戦争経済の冷い全体化と、一八七〇年以降飛躍した植民地の獲得によって「先進化し」そして戦後に決定的な不況に陥ることになる（熱い脱植民地化）、という資本主義の諸条件下で、六八年はコミューンという視点から社会問題を新たに提起する。(1) 政治を生活のなかに移動させふたたび位置づけなおすことなしには「人民のために、人民によって行動する人民[*114]」は存在しない（「上からの」社会主義に対する批判）。(2) 共産主義とは国家機械から生活が脱隷従化することである。この「政府という巨大な寄生虫は、官僚制、警察、常備軍という遍在的な網の目で、ボア蛇よろしく社会体を締め付けている[*115]」（生活の脱国営化）。一つの問い、一つの主張（「服従させるための政治的手段は解放のための政治的手段には役立たない[*116]」）は、共産主義の伝統によってまたたくまに封じられてしまう。それはマルクスとは違い、ヨーロッパと世界が巨大な内戦の時代に突入したために必要となる戦略について、その喫緊の必要性を問題にしようともせず、その帰結を十分に引き出そうともしなかったのである。

クリスティン・ロスはこう述べる。「反乱側はその手に、政府レベル以上に自らの日常生活の、労働、余暇、住宅、性、家族や隣人関係といった具体的問題の物語を握っている[*117]」。革命闘争は「資本と労働の

＊111　*Ibid.*, p. 118（強調は引用者）。
＊112　Vincent Desportes, *La Guerre probable*, *op. cit.*, p. 36.
＊113　Mario Tronti, *Nous opéraistes*, *op. cit.*, p. 155 :「加速によって生まれたのは潜在的にはオルタナティブとなりうるマルチチュードだったかもしれないが、それは即座に自らを消費してしまった」。
＊114　Karl Marx, *La Guerre civile en France*, 1871, Paris, Éditions sociales, 1968, p. 192〔『マルクス＝エンゲルス全集』、第一七巻四九三頁〕。
＊115　*Ibid.*, p. 257〔前掲書、五六一頁〕。
＊116　*Ibid.*〔前掲書〕。マルクスの文では、隷従の／隷従すべき「主体」は「労働者階級」である。

厳格な二分法的対立に」閉じこもるのではなく、内戦そしてそれに伴う新たな国際主義（「われわれは祖国のために世界を必要としている」というエリゼ・ルクリュの有名な言葉がある）という緊急事態においては経済と政治が不可分であることを立証しつつ、力関係としての権力関係全体に力を入れる。

コミューンという「現実態の存在」（マルクス）は、六八年が超歴史的現在として改めて取りあげたものに直接依拠している。解放のプロセスは「今ここで」起こっている。空白も遅延もなく働きかけられている。それゆえ労働や生産の発展、科学技術の加速にはいっさい従属しない。さらにマルクスを引こう。それは「パリ・コミューンは倒れるかもしれないが、しかしそれが企図した社会革命は勝利するだろう。それは至るところで生まれるのだ」[*118]。

レーニンは逆に、「意識的、体系的に準備した者などいなかった」「前代未聞の出来事」に終止符を打った三万人のコミューン参加者の虐殺からコミューンを考えることに固執した。そしてこの虐殺が（第三）共和政とその「民主主義」の設立証明の代わりとなって、「市民的平和」のなかにも戦争があらわにした力の不均衡があることを承認することとなる。一九一一年四月の論文「コミューン追想」において引き出された結論は、マルクス主義全体を、敵対党派と唯一力勝負で対抗できるであろう労働者の党の階級の発展と意識づけへと向かわせて終わる[*119]。このテクストにはこうある。「社会革命が勝利しうるには、少なくとも二つの条件が必要である。高度に発展した生産諸力と、十分な備えのあるプロレタリアである。しかし一八七一年にはこの二つの条件が欠けていた」[*120]。このあと、コミューンの不滅性について注釈することもできようが、しかしここで失われたであろうこと、それはレーニン本人がコミューンの大義と呼び、さらに「労働者の全面的な政治的・経済的解放」によって定義される「社会革命」に関係づけたものである。それはまさに次のことを意味するのではあるまいか。「革命は時空間の分配を担う法的形式の変革ではなく、時空間の性格を完全に変貌させることにある」[*121]。

この急進性を認識しなかったこと。労働者階級（昨日までの「職人、農民、商人等々」とかれらを引き継ぐグレート・マーケットの「小企業家」）の闘争のなかで、そしてそのかたわらで、この急進性を生かさなかったこと。政治思想を主体性の爆発という文化革命に従属させなかったこと。そのために、労働者階級とその党の解体に至るしかなかったのである。この点は何どもくり返し言わなくてはならない。六八年以降の「短い世紀」については全面的に党に責任がある。党は歴史的には、かつてないほど非弁証法的になった紛争の新しい条件が激化したために消滅している。というのも、労働者階級は、六八年直後から資本の仕掛けたグローバル内戦の攻撃により、単に政治的に姿を消したというだけでないからである。ほかでもない「労働者主義」「ヨーロッパ中心主義」的観点を抱えた進歩主義によって消え失せたのである。この進歩主義のために、労働者階級はおのれの戦略を、生産のグローバルな社会化や世界のすべての住民のなかで継続している戦争が作り出した疑似的平和から生まれた闘争の主体的様式の戦略に結合することができなくなったのだ。

このグローバル戦争について、マリオ・トロンティとカール・シュミットは共通のノスタルジーを抱えている。それはこの時代、「長い二〇世紀」に相当する時代へのノスタルジーである。両者の言う「長い二〇世紀」が同じとは言わないが、それは国家がおのれの特異な正当性の印として力を独占し集中化していた時代であり（シュミット）、また階級闘争が、搾取され支配された主体の多様性を、政治を担う唯一

★117 Kristin Ross, *Rimbaud, la Commune de Paris et l'invention de l'histoire spatiale*, Paris, Les Prairies ordinaires, 2013, p. 57.

★118 Karl Marx, *La Guerre civile en France*, *op. cit.*, p. 264〔『マルクス＝エンゲルス全集』、第一七巻五六九頁〕（強調は引用者）。

★119 ここで改めてマリオ・トロンティの表現を取りあげよう。「党は全体を把握するために、そして力勝負を演じるために党となる」（*op. cit.*, p. 56）。

★120 « À la mémoire de la Commune », paru dans *Rabotchaia Gazeta* (*Journal ouvrier*), n° 4-5, 15 avril 1911, in *Œuvres*, t. 17, p. 135-140。この定義は完璧にロシア革命に適用される、ということは記しておこう。この革命は周知のように、同志レーニンが規定した「二つの必要条件」を統合するにほど遠い。

★121 Kristin Ross, *Rimbaud, la Commune de Paris...*, *op. cit.*, p. 67.

の労働者主体へと集中化し独占していた時代である（トロンティ）。しかしそのことは、シュミットとトロンティが次のような考えを共有することを妨げないし、だからこそわれわれはいやでもかれらの著作に目を通さざるを得ないだろう。その考えは、仮に「リベラル思想は当初から国家と政治を暴力の咎で告発していた」*122のだとしても、それは平和がその意味をいっさい失うさらに恐ろしい鎮圧を行なうためである、ということだ。そしてそのなかで唯一残る意味、それが住民のなかでの戦争の継続なのだ。ここでひとは、人文学で学位を持つわれらが二将軍〔デポルトとルパート〕の目に入らない領域に触れることになる。二人の将軍が、つまるところリベラルな平和という仮説との断絶によって規定される蓋然的な絶対的敵の生活と実態の諸条件を語ったからこそ、この〔「住民のなかでの戦争」という〕表現は広く普及したに過ぎない、ということである。マーク・ネオクレウスがこの神話的要素を完璧に要約している。「平和とは市民社会が目指す地点である。国家はこの『自由主義的《リベラル》な平和』を実現するためだけに市民社会のなかに存在し、国際法は国家間の平和を確保するために存在する。この見方によれば、戦争は平和の例外である。この神話はリベラリズムに内在するシステマティックな暴力への関与とそれを平和と名付ける傾向を隠蔽している。言い換えれば、リベラルな平和の暴力を隠蔽しているのである」*123。しかし逆に、今度はトロンティとシュミットから離れて対抗的に言えば、六八年とは、もはや国家（とその従来型の軍）によっても、共産主義の伝統においてコード化されるような意味での階級闘争によっても、集中化もコントロールもできない紛争のグローバリゼーションを示す数字である。この意味で、現代の状況は、「長い二〇世紀」の政治的所産というよりも、継続されてきた本源的蓄積の反弁証法にずっと近いのである。

5…人新世の戦争は（まだ）起こっていない

気候温暖化や、科学者（たち）が人新世《ひとしんせい》という呼び名のもとに言わんとする、世界との関係の決定的変化についてのかれらの仕事の重要な意味をわれわれに伝えるために、ブルーノ・ラトゥールは唐突にこう議論を進める。「ポストモダンの哲学者、人類学者、リベラル派の理論家、政治思想家の誰一人として、あえて人間の影響を河川、洪水、浸食、生化学と同じ次元に位置づけようとはしなかった」[*124]。

われわれのあずかり知らぬまに（ジェームズ・ラブロックのよく使うunknowinglyの訳に相当する有名な言い回し[*125]）「地球系」に布告された戦争というテーゼに反対するものとしていくらでも引っ張り出せそうな数多くの「例外」のなかでも、カール・マルクスという名の古株の共産主義革命家を取りあげてみよう。かれが産業革命を支えたエネルギーを最初に脱自然化した人間（蒸気の下には血と汗が流れている）であることは確かだろう。かれは次のように、資本主義が動員した生産力の新しい性質を描いている。「ブルジョアの産業・商業は、地理学革命が地球の表面を作り出したのと同じやり方で、新世界のこういった物質的条件を作り出している」[*126]。これがジャーナリストらしい単なるメタファーではないことは、資

---

*122 Carl Schmitt, *La Notion de politique*, *op. cit.*, p. 119［シュミット『政治的なものの概念』、九四頁］。

*123 Mark Neocleous, « War as Peace, Peace as Pacification », *Radical Philosophy*, n° 159, janvier-février 2010, p. 9.

*124 Bruno Latour, « L'Anthropocène et la destruction de l'image du globe », in É. Hache (dir.), *De l'univers clos au monde infini*, Paris, Éditions Dehors, 2014, p. 32. この論文は軽微な修正を経て以下に再録された。*Face à Gaïa. Huit conférences sur le nouveau régime climatique*, Paris, Les Empêcheurs de penser en rond/La Découverte, 2015, p. 154-155. ラトゥールはすでに次の著作で気象学の問題を取り上げている。*Enquête sur les modes d'existence* (Paris, La Découverte, 2012).

*125 Cf. James Lovelock, *The Revenge of Gaia*, Londres, Allen Lane, 2006, p. 13［ジェームズ・ラブロック『ガイアの復讐』（竹村健一訳、中央公論新社、二〇〇六）］、「環境を変化させることで、われわれはあずかり知らぬまに地球系に宣戦布告したのである」（cité par Christophe Bonneuil et Jean-Baptiste Fressoz, *L'Événement Anthropocène*, *op. cit.*, p. 92［四九頁］）。この著作で著者たちは、人新世の公式の物語を、科学的にサポートされた「意識づけ」の偉大な寓話として扱うことで、見事に論じ（そして裏付けた）脱構築に取り組んでいる。

*126 Karl Marx, *New York Daily Tribune*, 8 août 1853. マルクスが資本主義に援用した（地理学由来の）（社会的）「形成」という概念が確証しているのはこのことである。

本主義による地球の力の動力への帰属化が、ほかならぬマルクスの特徴である「生産」の存在論のなかに深く根付いている、という事実によって十分に証明されている。ドゥルーズとガタリはそれを非常に効果的に、一石二鳥の公式に要約している。「自然＝産業、自然＝歴史という同一性[*127]」。自然と生産のあいだに区別はなく、人間と自然のあいだにも分裂はない。「人間と自然は対立する二項のようなものではなく、生産者と生産品の唯一にして同一の本質的な現実である〔……〕。自然の人間的本質と人間の自然的本質は、生産や産業としての自然において同一になる」。歴史、そして区別の歴史が、それに続く。先に二人の著者が指摘していたように、「発展した形式的構造において」考察された区別は、「（マルクスが示したように）資本と労働分業のみならず虚偽意識をも前提としている。この虚偽意識は、資本主義的存在が自分ならびにプロセス全体の固着化した諸要素について必然的に抱くものである」。

そうなると、「近代人」の確立した自然と社会の区別、そしてその区別が切り開いた「近代化の戦線」を「近代人」から決定的に剥奪することで人新世がもたらしたとされる根底的な断絶をどう考えればいいのだろうか？　そもそもこの区別に対する批判はマルクスの「生産」概念と無縁ではないからだ。それはドゥルーズとガタリによって、資本主義の代謝機能の耐え難いほどの性格の明確化のなかで改めて取りあげられることになり、そしてその可視化は「創造主としての人間ではなく、あらゆる形態あらゆる種類の深い生によって影響される者としての、星と獣の定めを負った者としての人間[*128]」に関係するであろうことを思えば、人新世は、すでに勃発しわれわれが敗北している戦争、しかもわれわれが戦争として経験することなく生きた戦争において、「人類」の「地質学的力」の水準が明らかになったことを名づけただけではあるまいか？　「戦争として経験することなく生きた戦争」という言い回しは、資本主義的存在の「虚偽意識」の定義でもありうるのではあるまいか？　そして大いなる二分法の近代（自然／文化、主体／客体等々）の脱政治化された「自然」もその定義に帰着させるべきではあるまいか？

科学的論争では、いまだに地質学的新時代に入ったと正式に確定されてはいないし[*129]、その始まりについても決定的な裁断は下っていない。さまざまな年代が提案されているが、そのどれもが人新世の任意の

「局面」に結びつくだろう。

一六一〇年は、地史を動かしている地質権力を通じて単刀直入にわれわれを地史へと導いてくれる可能性のある最初の歴史段階だろう。南極北極の氷山の分析から、科学者たちはこの時期に大気中の二酸化炭素量が異常に低いレベルにあったことを測定することができた。この現象の理由はじつに教訓的である。というのも、それはアメリカ先住民に対しヨーロッパ植民地勢力が行なったジェノサイドの大きさを客観的に数値化しているからである。大陸現地人の人口が五五〇〇万人から六〇〇万人に低下し、地球人口の五分の一が消滅した。世界史で最大の人口学的破局はそれに引き続いて大陸の再森林化を引き起こし、二酸化炭素の貯蔵量を増大させることになり、気象学者はその炭素量値を最低値に設定して、それを基準に恒常的な上昇を計測することができるほどの規模だった。この仮説によれば、人新世は一四九二年、アメリカの先住民にとっての世界の終わりであるこの年から始まることになる。[*130] 人新世は殺新世である。一四九二年〜一六一〇年、ジェノサイドは来たるべき環境破壊に先立ちそれを導く。そしてひとはその環境破壊を、ジェノサイドを基準に計算できるようになる（絶滅による蓄積）。「時間による空間の破壊」（「流通速度」という資本主義哲学を再構成したマルクス主義の定式）は、かれらの時間の破壊を基点に、「自然」――つねにすでに人間と非‐人間の複合体である――の植民地的搾取のために整理された空間によ

★127 Gilles Deleuze, Félix Guattari, *L'Anti-Œdipe*, *op. cit.*, p. 32［ドゥルーズ、ガタリ『アンチ・オイディプス』、上巻五五頁］。

★128 *Ibid.*, p. 9-10［前掲書、上巻二〇頁］。

★129 国際チームによる総説が『サイエンス』誌（二〇一六年一月八日号）に掲載後、ケープタウンでの第三五回国際地理学会（二〇一六年八月二七日〜九月四日）開催以降は実際には片のついた話になってしまった。この二、三年に「層位学の権威たち」が確証するのを待っている段階である。

★130 「アメリカ原住民にとって、世界の終わりはすでに一四九二年に起こっている」。Deborah Danowski et Eduardo Viveiros de Castro, « L'arrêt de monde », in *De l'univers clos au monde infini*, *op. cit.*, p. 319. この前で傍点で強調した表現もかれらからの借用である。

って計測される。というのも、現地人ないしアフリカ人奴隷は（準－植民地的地域に住む有色人種の男性すべて、そして大多数の女性と同様に）社会ではなく自然に帰属する。安価な自然、安価な労働。ここでも『哲学の貧困』のマルクスを引こう。「奴隷制なしには綿花はなく、綿花なしには近代産業もない」。資本のエコロジー世界は、その世界の「産業化」が必然的にもたらす死の環境のなかに「価値法則」を植え付けるのである。[*131]

一七八四年。二つ目の仮説の年は、産業革命の始動そして一八世紀末の蒸気機関の発明と符合する。ジェイムズ・ワットの特許の日付を念頭に置けば、ここで人新世とは熱新世そして農新世であることが明確になる。その時代は、アメリカが炭素燃料の一九世紀（イギリス）からヘゲモニー権能を引き継いだことで延長される。アメリカの権能もまた、石油を介して炭素に依存している。ティモシー・ミッチェルが「炭素民主主義」[*132]と呼んだものがこのとき浮上しつつあった。

さらにほかにも――最大多数が――人新世を一九四五年に始まるものとしている。その理由は、放射能というシグナルであり、それが物語っていることも明瞭だからだ。マンハッタン計画という名のもとに日本に投下された二発の原爆、そしてその直後から続く多数の核実験は、最初期の「爆発的加速」の沈殿物として固定される。しかし、栄光の三〇年、西ヨーロッパの石油化と「原子力の平和利用」の前景化を推進する前に、二度の総力戦の生産的・破壊的加速があった。人新世は軍民共用の死新世なのである。[*133]

これら三つの年は科学者にとっては考えられうる代案だが、一般大衆にとってはそうではない。資本主義の発展の三段階を明確に示せば、人新世の深い本質が示される。人新世とは資本新世である。

ブルーノ・ラトゥールは科学の再政治化（諸科学の社会学による）と「自然」（括弧つきなのは自然という対象に根本的な異論があるからだ）の再政治化という長期的プロジェクトで知られているが、[*134]にもかかわらずかれは人新世についての一冊の著作をものしている（『ガイアを前に』）。この著作では、地質学的新時代への参入が、「人類」にとってのアメリカ征服と同じほど重要だとされているが（それは地表を閉じて地下に人を追いやる）、「資本主義」という言葉はけっして（あるいはほとんど）書かれることがない。異常気象の理由は「近代」「西洋」「人間」に帰せられる。サバルタン研究の主要な研究者でも事態は同様である。たとえば歴史家のデペッシュ・チャクラバティである。かれはマルクスのヨーロッパ中心主義と大陸哲学の歴史主義を『ヨーロッパを辺境化する』[*135]という著書のなかで批判したが、そのあとは資本主義史のいっさいを超越する規模の「地球の地質学的動作主」としての人間を形容詞化した「種」という普遍主義を再発明することによって、人新世という時代の錯乱に妥協して終わる(かれの先進的論文ではこの語が五一回出現するとボヌイユとフレソズが数えている!)[*136]。人類や種と同じほどに無差別な動作主、西洋人ないし近代人と同じほどに汎用的で抽象的なこの動作主によって後景に追いやられてしまうもの、それは特定され位置づけられた搾取・支配・分裂の様相の分析である。それらの様相は勝利と敗北を生んだ戦争の多様性と関係があり、その勝敗がある一部の人間集団が他の人間(および非-人間)集団に対して政治的・技術的な決定を下す基点となるものだ。チャクラバティのような鋭利な歴史家のもとに生物史学のかたちで線形的かつ空虚な時間が、そしてラトゥールのような革新的な哲学者のもとに全体化と「上からのビジョン」が回帰し、それがおそらく、「批判的伝統を受け継いだ構築主義」に対するかれらの

★131 エコロジー世界(world-ecology)というこの概念の反資本主義的な組成については以下を参照。cf. Jason W. Moore, *Capitalism in the Web of Life*, Londres et New York, Verso, 2015. 132.

★132 Timothy Mitchell, *Carbon Democracy. Political Power in the Age of Oil*, Londres et New York, Verso, 2011.

★133 『人新世とは何か』より「死新世」の章を参照のこと。Christophe Bonneuil et Jean-Baptiste Fressoz, *op. cit.*, p. 141-171〔ボヌイユ、フレソズ『人新世とは何か』、一五五〜八四頁〕。

★134 Cf. Bruno Latour, *Politiques de la nature. Comment faire entrer les sciences en démocratie*, Paris, La Découverte, 1999.

★135 Dipesh Chakrabarty, *Provincialiser l'Europe* (2000), Paris, Amsterdam, 2009.

★136 Cf. Dipesh Chakrabarty, « The Climate of History: Four Theses », *Critical Inquiry*, n° 35, hiver 2009 (trad. franç. dans la Revue des Livres, n° 3, 2012) および以下の注釈を参照。Christophe Bonneuil et Jean-Baptiste Fressoz, *op. cit.*, p. 83〔ボヌイユ、フレソズ『人新世とは何か』、九二頁〕。

告発をあまりに急がせ、「共通世界」の構成を唯一の外交官に委ねてしまうことになるのだろう。あるいはそれを、平和の仲裁条件をより巧妙に定義するために、初手から紛争を先鋭化させる「外交的企図」に委ねる、と言ってもいい。*[137]

資本主義批判では、人新世を理解するには限界があることを、チャクラバティは魅力的に説明している。「富裕層と特権層」でさえも、かれらが経済危機の際にみごとにやってのけたようには破局を逃れることはできないだろうから（かれらも地球脱出の「救命ボート」は持っていない）、課された問いは人類、種、人間に対する問いということになる。一九六〇年代の思想においてあんなにも激しく論戦が繰り広げられたヒューマニズムに、こんな風に斬新な意味が付与された。ラトゥールはと言えば、かれの狙う目標は「限界概念に意味を与え直すこと」であり、「意志的・政治的に決定された限界の枠内にわれわれの活動を」*[138]維持することであり、そして「地球が自然でも文化でもなく独特の実存様式であるという、まったく新しい状況」に対処することである。*[139]

資本主義の実際の作動を多少なりとも学べば、「限界」や「破局」という概念が、資本家の耳と人新世を唱える有機的知識人の耳とでは、まるで違った風に響くことを理解することができるだろう。そこから派生する〝独特の〟諸政策は、不幸にも根本的に異種混交的である。最大限に戦略的な意味で用いているという場合でなければ、資本家にとってはいかなる破局も脅しにもならなければ、適切な警告になることもない。それは、いかなる限界も資本家を本当の意味で心配させることがないのと同様である。というのも、破局は資本主義の作動の標準様式であり、限界はその発展の生産手段だからである。破局は全体としての空間にかかわるものであることも、資本家をいささかも混乱させない。資本家はずっと以前から、最も非物質的な凡庸な悪の哲学（ダナ・ハラウェイ）に賛同している。破局はまったく逆に、一方から他方へと価値化を移行させることを可能にする好機なのである（これについては最も標準的なマルクス主義的な分析で十分である）。限界については、資本主義は内在的限界以外の限界を知らない。「資本主義は、宇宙の限界、資源やエネルギーのぎりぎりの限界にぶつかったと信じさせたがっているのかもしれない。しかし、資本主義がぶつかったのは自分自身の限界であり（既存資本の周期的価値減少）、資本主義が押し戻し移動させているのは自分自身の限界だけである（利潤率の高い新産業における新規資本の形成）。石油と原子力の歴史がそれである。そして両方は一度に行なわれる。資本主義がおのれの限界にぶつかるのと、それをさらに遠くに置くために移動させるのは同時である[*140]」。

限界との対決と限界の移動、とドゥルーズとガタリは語る。資本主義は自分自身が生み出したほかのあらゆる限界とともに機能しているのと同様に、エコロジー的限界とともに機能してもいる。（資本主義はさまざまな意味で、「自然」を一つの全体として構築してはいなかったか？）。資本主義は新しい価値化の条件かつ源泉をそこから作りだし、同時に地球のエコロジー的劣化をはぐらかしつつ深刻化させていく。アンドレ・ゴルツはすでに一九七四年に、エコロジー的行き詰まりが不可避になっても（限界との対決）、資本主義は、ほかのすべてについてそうしたように（限界の移動）、住民にどれだけのコストがかかろうと、その拘束を統合する術を知っている、と述べている[*141]。破局はこのエコロジーを新しい価値化に統合する戦略の本質的な要素である。切迫した危険の恐怖や不安、共に犯した失敗への罪悪感を流布させることによって、「開明的な」資本主義は、「変化」と「改革」へと突き進んでいく——まさに債務「危機」に際してそうすることができたように。

★137 Cf. Bruno Latour, « L'universel, il faut le faire » (entretien avec Élie During et Laurent Jeanpierre), *Critique*, n° 786, novembre 2012, p. 955-956.

★138 Bruno Latour, *Face à Gaïa, op. cit.*, p. 368, p. 373.

★139 Bruno Latour, « L'universel, il faut le faire », art. cité, p. 956.

★140 Gilles Deleuze, Félix Guattari, *Mille plateaux, op. cit.*, p. 579［ドゥルーズ、ガタリ『千のプラトー』、下巻二二六〜七頁］。

★141 André Gorz, « Leur écologie et la nôtre », *Le Sauvage*, avril 1974 (texte repris sous le nom de Michel Bosquet, en introduction du recueil *Écologie et politique*, Paris, Galilée, 1975［アンドレ・ゴルツ『エコロジスト宣言』（高橋武智訳、緑風出版、一九八三）］）。

　持続的成長、グリーン・エコノミー、再生可能エネルギーは、優秀な気候変動の分析家の助けでもなければ人新世の舞台に上がりはしなかっただろう外交的な仲介や媒介が増えたことによって、政治的に支持できるものとなった創造的破壊の新体制のために、限界を移動させようとするものである。人新世論者となった科学関係者は、「気候の最適化」のための環境管理の「地球管理者」を交渉を通じて引き受ける。それは「科学が密かに、この四半世紀来、現代のエコロジー的混乱を導いてきた金融・政治・産業・軍事権力と無数の同盟を結ぶ[*142]」よう仕向けることのできる立場にいるものにとっては無視できない利点をも伴う。しかし、資本主義は同時に破壊様式——科学者たちはひたすらそれに参加してばかりだ——であることなしに「生産様式」であることはない、という事実を無視したがる「科学者たち」しかいないわけではない。人新世はその到達点というより、「宇宙記録」や宇宙ドラマである。人新世の哲学者たちはまた、かれらが批判する無限のきわめて資本主義的な性格を前に尻込みしてもおかしくない。かくしてブルーノ・ラトゥールは、ひとえに近代主義的概念だけを攻撃し（ということはわれわれは近代的だったということか？）、そのやり方はきわめて形而上学的で[*143]あり、それゆえ生産に無限を導入する環境社会学的物理学は同時に資本主義の創造的破壊のなかにも無限を導入することになる、という問題はこぼれ落ちてしまう。一四九二年〜一九四五年。限界なき蓄積と限界なき破壊は、きわめてジェノサイド的な次元の回帰効果によって、二〇世紀前半に互いが固い絆でむずばれたことを祝わなかっただろうか[*144]。まさにここに、つまり資本主義の（あるいは「資本主義の最高段階としての帝国主義」の）総力戦のなかに、「われわれの祖先たる黙示録的次元」が結晶化する[*145]。ルイス・マンフォードはこう注釈する。「戦争は無限に破壊的な形態をとる。いっさいの物理的障壁と道徳的制限をものともせず、今日《こんにち》それは度を超えた、この地球上のすべての生命を脅かすジェノサイドへと姿を変えた[*146]」。

　第二次世界大戦後の「破壊様式」としての資本主義のことのほか辛辣なイメージを指摘しておくべきだろうか？　すでに勝った戦争の締めくくりとしての核の黙示録は、逆に生産諸力の「解放的」機能の「存在論」に結びついた黙示録的思想の担い手となる。「破壊」はこれ以降、労働・技術・科学にしっかりと組み込まれ、「生産」の分身となっていく。無からの「創造」、人間のプロメテウス的力能は、「無化する力能」に取って代わられた。それゆえ資本主義は人類の歴史に瞠目すべき新しさを導入することになる。原子爆弾の登場に至るまで、死すべき定めにあるのは個人だけで、種は不死であった。総力戦とともに、「古式ゆかしい定式『すべての人間は死すべき定めである』は意味を失った。というのも原爆が、すべての人間に限らず、『人間全体が殺されうる』可能性をもたらしたからである」[147]。新たに爆弾を使用するか否かにかかわらず、われわれはつねに「この離れることなく連れ添うものの影」に生きている。破局の脅威はつねに目の前にあり、われわれを執行猶予の死の余命の時代に送り込むことになる[148]。ギュンター・アンダースはこう説明する。爆弾は「宗教が、哲学が、帝国が、革命が失敗してきたことに成功した。われわれを一つの人類にすることに本当に成功したのである〔……〕。今や、われわれは事実上、執行猶予中の

★142 Christophe Bonneuil, Pierre de Jouvancourt, « En finir avec l'épopée. Récit, géopouvoir et sujets de l'Anthropocène », in *De l'univers clos au monde infini*, *op. cit.*, p. 94. これはイザベル・スタンジェールがこの二〇年以上科学実践の政治的エコロジーにおいて考え続けてきた問題である。

★143 かれはこう書いている。「解放という問題に意味を見いだすためには、無限から自らを解放する必要がある」(*Face à Gaïa*, *op. cit.*, p. 365)。

★144 大量虐殺のプロセスを始動させたと見なされうるものについては以下を参照。Vahakn N. Dadrian, *German Responsability in the Armenian Genocide*, Watertown, Blue Crane Books, 1996.

★145 Bruno Latour, *Face à Gaïa*, *op. cit.*, p. 465.

★146 Lewis Mumford, *Les Transformations de l'homme*, Paris, Éditions de l'Encyclopédie des Nuisances, 2008, p. 68〔ルイス・マンフォード『変貌する人間』（瀬木慎一訳、美術出版社、一九五七）、六〇頁〕。

★147 Günther Anders, *L'Obsolescence de l'homme*, Paris, Éditions de l'Encyclopédie des Nuisances, 2002, p. 270〔ギュンター・アンダース『第二次産業革命時代における人間の魂』（青木隆嘉訳、法政大学出版局、二〇一六）、上巻二五五頁〕。

★148 『夜の果てへの旅』（一九三二）において、ルイ＝フェルディナン・セリーヌは「執行猶予中の死刑」という表現を用いて第一次世界大戦時の兵士の条件を喚起しているが、かれはさらに心に響く別の定式も用いている。「執行猶予中の被殺者」がそれである。

死者である。われわれがそれを甘んじて受け入れなくともそうでありうるのだ、ということを証明しよう」[149]。一九世紀に「新世界の人間」が惹起した解放の力は、『魔法使いの弟子』のお話のように」悲劇的に反転した。「人類は以降、その規模は今に至るまで計り知れぬ、ほとんど想像さえつかない方法による自己破壊の脅威のもとに生きている」[150]。それゆえに、総力戦は「進歩主義的」な発展の概念との根本的な断絶をもたらしたのである。「限定された目標を持つ、限定された破壊と暴力の領域から、体系的かつ無制限の絶滅へ移行」[151]することで、戦争はその無制約性を技術、労働そして平和を担う冷戦という新たな現実に伝達した。全面平和〔総力－平和〕、ないし「延命という絶対的平和」。それによって、「平和こそが、総力戦の無制約な物質的プロセスを技術的に解放する」[152]。クラウゼヴィッツの公式の逆転はここでは、総力戦のもたらした破壊は状況依存的ではなく存在論的なものだ、ということを意味している――それゆえに、資本主義はもはや弁証法的ではありえない、いや一度たりともそうであったことはないかもしれない。そして爆弾を繁栄と結びつけるという「栄光の三〇年」の改良主義的な幻想はこうして、進歩というこの宇宙の神話が飛び立ちさえしないうちに揺らいでしまった[153]。この「黙示録的」なグローバリゼーション批判は六〇年代の多幸症で失われることになり、それが「エコロジー意識」として戻ってくるのはその後のことである。しかしこの批判意識は不幸にも、反資本主義的性格とまでは言わずとも、資本の総力戦やそこにおける内戦との関係は失ってしまう。

総力戦による急激な破壊と、核エネルギーの原子爆弾への集約化は、ありえないほど不公平な「エコロジー的交換」を繰り広げ、日常的破壊の生産的消費に沿うかたちで資本化を継続していたことは疑いの余地がない（気候温暖化、汚染、森林伐採、「自然」共有財の私有化等々）。その交換は、北側諸国と南側諸国とのあいだだけではない。それぞれの側の各都市とその周縁地域で行なわれていたのである。そこでは、環境問題はおしなべて社会的再生産の問題でもあることが確かめられる。周知のように、エコ・フェミニストの力線は家庭に、そしてとくに「環境人種主義」という多方向に展開する物理的現実に囚われた地域に、環境問題を引き込んだ[154]。人種の環境史と、人種の母型としての類という言葉との複雑な関係について議論してもよいかもしれない。[155] しかし、かつてないほど分裂した「人類」を争わせている紛争の社会的エコロジーの実態については争う余地がない。分裂をもたらしたのは多種多様な利害関係であって、それはガイアの唯一の「歴史化の力」としてはっきり措定すべき資本主義における経済的なものに限られるものではない。[156] ゆえに、人新世の公式の物語の脱構築はさらに進めねばならないだろう。自由世界の核防衛が、あらゆる潜在的な普遍性を介して、より持続可能だとされる地球－人類システムのサイバネティクスによ

★149 Günther Anders, *op. cit.*, p. 343［アンダース『人間の魂』、上巻三二三頁］。

★150 Lewis Mumford, *op. cit.*, p. 155［マンフォード『変貌する人間』、一五九頁］。

★151 *Ibid.*, p. 68［前掲書、六〇頁］。

★152 Gilles Deleuze, Félix Guattari, *Mille plateaux*, *op. cit.*, p. 583［ドゥルーズ、ガタリ『千のプラトー』、下巻二三四頁］。

★153 フランスの栄光の三〇年におけるラディカル・エコロジー批判については以下を参照。C. Pessis, S. Topçu, C. Bonneuil (dir.), *Une autre histoire des « Trente Glorieuses »*, Paris, La Découverte, 2013.

★154 Cf. Giovanni di Chiaro, « Ramener l'écologie à la maison », in *De l'univers clos au monde infini*, *op. cit.* ; Razmig Keucheyan, *La Nature est un champ de bataille*, Paris, Zones, 2014, chap. 1. Voir encore Maria Mies et Vandana Shiva, *Écoféminisme*, Paris, L'Harmattan, 1999.

★155 Elsa Dorlin, *La Matrice de la race. Généalogie sexuelle et coloniale de la nation française*, Paris, La Découverte, 2009.

★156 ラトゥールは資本主義を「超－有機体」（自然、地球そして神と同類の）という観点から説明している。ガブリエル・タルドの経済心理学について論じた著作で、かれはマルクス的な「資本主義」批判を用いずに済む経済と政治についての考えを展開している（cf. Bruno Latour, Vincent Antonin Lépinay, *L'Économie, science des intérêts passionnés. Introduction à l'anthropologie économique de Gabriel Tarde*, Paris, La Découverte, 2008）。いささか軽率に「一九〇二年〔タルドの『経済心理学』出版の年〕、つまりわれわれを一世紀にわたって愚か者に変えた大戦の災厄の一二年前の話だということを忘れないようにしよう」（*op. cit.*, p. 109）と書くラトゥールとレピネとは違い、われわれは一九一四年から一九一七年にかけて、愚かな気風だけでなく世界の変化が起こったことを理解している。そしてこの変化は、人新世を資本新世として読み解くわれわれの読解を支持する遍在化する戦争状態と密接に結びついている。

る新たな統治に置き換わり、そうすることによってこの物語は多くの面で冷戦の大きな物語を歴史的に引き継いだのではあるまいか。このループを追っていくと、もはや残るのは、「世の終わり」を押し戻すために科学ないし地質科学の庇護のもとに動員されるエコ市民として（個人的・集団的）責任の一端を担う、と称する資本主義の新しい精神へ向かう歩みを妨げに来る、気候変動懐疑論者（あるいは気候変動否定論者）だけだろう。[157]

人新世は、「われわれは誰が責任者か知っている」と言いながら、無差別に責任を割り振る普遍主義というだけではない。その最も進歩的なグループによって奇妙にもエコロジーの再政治化の鍵として提起されたのは、結果に対する外交的な義務にいっさいの紛争・闘争・戦争を転嫁させることで、それらを排除する理論でもある。

権力の第一の機能は進行中の内戦の存在を否定することだが、これは危険なほど「ヒステリー化」された自然史の新たな主体へと昇格した全人類に訴えかける人新世によって、完璧に保証されている。最近のラトゥールがガイアとの対話において戦争を突然導入したことは、これを基準に理解しなくてはならない。「新しい自然契約」そして人類と非‐人類の和解のためのコスモポリタン的政策の代弁者を通じて、いかに「共生」するかという問題に対しすぐれた社会学者として自身の回答を持ち出したのち、かれはこう述べる。人新世は「戦争状態」、「諸世界の戦争」、そして「遍在化する戦争状態」に通じる、と。ここでラトゥールは次の事実を認めることから議論を始める。すなわち、自然に対する無制約化された（けっして布告されない）戦争によって「保証された」市民的平和へと近代人を結束させるという、ホッブズ的な戦略の模写によって性急に統一（ないしグローバル化）[158]された人類という観念と戦うための「戦争において、人間は同じ数だけの党派に分割される」[159]。状況が完全に逆にひっくり返って、地球の方が「人間の行為」に反応して人間を地球自身との「新たな戦争状態」に投げ込むだけに、なおさら困難かつ危険である。つまるところ、地球の性格はそうはかわらない。人類を追い出しても、かれらはその悪事とともに駆け足で戻ってくるからである。ラトゥールはこう要約する。「われわれの状況はしたがって、ホッブズの状況と同じであり反対でもある。同じだというのは、平和を追求せねばならないからである。反対だというのは、われわれにできることは自然状態から国家に到達することではなく、自然という国家から戦争状態の認識に到達することだからである」[*160]。

ラトゥールによる戦争の発見に対抗して、フーコーのホッブズ批判を突きつけることはできないだろうか？　つまり、万人の万人に対する戦争を人新世のなかに置き換えることは、「集団」と「人民」のあいだの和平を支配するこの虚構の二乗のことではないのか。そしてかれらはあまりにも「多様で分散している」ために、われわれ一人一人の内部に移動して終わるのである。それは「気候の旧体制」と、われわれの「世界との関係」に真の革命を求める「気候の新体制」との、きわめて総体的な対立以外に、前線もなければ主体的断絶もない戦争のしるしではあるまいか。平和にチャンスを！式の証明の結びではないだろうか。しかし、そうであるならば、それは「人新世の破局の深刻化に最も直接的な責任のある『人類』軍の戦線の代表者の一人を指名する」という不可能な、あるいは役に立たない仕事ではあるまいか。ダノウスキーとヴィヴェイロス・デ・カストロはこう続ける。「つまるところ、地球の大気への温室効果の排出

★157　われわれは、アメリカ合衆国において強力な富豪たちから資金援助された「大企業、森林労働者、農業組合、キリスト教原理主義者、銃器所持擁護論者、反連邦的リバタリアンらのロビー活動からなる多種多様な集合を形成する」気候変動懐疑論者をけっして過小評価するつもりはない（Sandrine Feydel, Christophe Bonneuil, *Prédation*, Paris, La Découverte, 2015, p. 29）。しかし、クロード・アレグレが小スクリーンから消え、人びとがCOP21の「勇気をくれる成功」をあらゆる面から賞賛する現在に最も決定的に思われるのは、気候変動懐疑論者が代表する利害関係であり、またそのかれらとともに諸党派会議（英語ではCOP）とみごとに名付けられたものが構成する利害関係である。両極地の軍事的開発／搾取から巧みに構成された「第三炭素期」（あるいは「非伝統的石油とガスの時代」cf. Michael Klare）と名付けられたものの現実も無視するつもりはない。

★158　Bruno Latour, *Face à Gaïa, op. cit.*, 7e conférence, p. 316.

★159　Voir toute la 4e conférence de *Face à Gaïa*.

★160　*Ibid.*, p. 317.

量の三分の二に責任があるのはわずか九〇の大企業なのである」[*161]。「闘争している領土」の地政学が決定的に反資本主義に舵を切るような応答原則が欠如しているために、問題は二重になる。人類が敵を持ちえないのであれば、ラトゥールの戦争の敵はつまるところ誰か？「人間」と「地球人」である。前者は自然を近代化し所有する主人である。後者は人新世によって再領土化、ないし再地球化されたガイアの被造物である！『ロード・オブ・ザ・リング』シリーズの映画のようなものだ。ラトゥールも婉曲な言い方で認めている。「地史学的フィクション風に言えば、完新世の時代に生きる人間は人新世の地球人と紛争中なのである」[*162]。

ラトゥールの政治プログラムは「戦争なるもの」を布告することである——かれはそれを今や「エコロジー的戦争が布告された状態」[*163]と呼び、そこから「外交」の仕事をして交渉による平和を確立しようとしている。それはつまり、外交的平和に至る戦争という原則である。だがそのプログラムは（「別の手段で」）継続された政治というクラウゼヴィッツの戦争概念に従わざるを得ない。しかし、どうしてこの「コスモポリタン」が、資本主義のなかで資本主義によって継続されている内戦の形式にほかならぬ「グローバリゼーション」という現実の政治に対するクラウゼヴィッツの公式に遅ればせに囚われていないと言えるのか？　資本主義は領土獲得（シュミットの言い回しによる）に「限定」されるものではない。それゆえ、地球によって囚われた人間による領土獲得を拡大したり逆転させたりして、「すべてがひっくり返る」[*164]ように地球人を定義するだけでは十分ではない。ラトゥールは新しい戦争形態を発明したが、それはむしろ理論的に（だから率直に言って宇宙人めいた性格になっているのだが）、こうした問題すべてを解決するために企画された「外交的」構築物とでも言うべきものである。これらの問題は、そのどれもが、かれがいかなる代償を払ってでも回避しようとした反資本主義的観点を担っているが、ではその代償はどれほどのものだったか。「誰が誰を獲得するのかを根本的に逆転させる」操作のコストは、エコロジー戦争の戦場の消滅効果によって計算される。人間の側では、「地政学的紛争の正確な地図を描くことは不可能である」。地球人の側では、かれらの領土の地図はもはや「国境に押し込められた国民国家によって作られる」のではなく「錯綜し、対立し、紛糾し、矛盾し、いかなる調和も体系も『第三者』も、至高の神も先回りして統合することのできないネットワーク」[*165]によって作られる。エコロジー戦争は、階級・人種・性・主体性の戦争の多様性を構成する次元として統合され、そしてその次元によってエコロジーの概念そのものもまた、「エコシステム、機械圏、社会的・個人的な参照世界」[*166]を横断する一般エコロジーという方向に変貌させられることになる、と考えれば、このラトゥールの考えはそれ自体として間違ってはいない。

資本主義とその戦争による分岐の進化論がなければ、人新世の時代に戦争理論を生み出すことは不可能である。もし「エコロジー的」荒廃が、資本家がわれわれに仕掛けた戦争のすべてにおいて資本家が勝利したことの結果であるなら、われわれ敗者もまた、いつの日かこう言えるようになるはずだ。それは自然の終わりであり、エコロジーの再生であった、と。

人間的な、あまりに人間的な資本家たちは一体となって、一九七〇年に指示され、一九七二年に公刊された「開発の諸限界」についてのローマクラブの文書を、資本そのものによって作られた「エコロジー的」諸限界を利潤の新たな源泉へと変化させる至上命題として利用した。この命題はおのれのダイナミズ

---

*161 « L'arrêt de monde », in *De l'univers clos au monde infini*, *op. cit.*, p. 316.

*162 Bruno Latour, *Face à Gaïa*, *op. cit.*, p. 320.

*163 *Ibid.*, p. 321.

*164 *Ibid.*, p. 324：「シュミットも想像できなかったこと、それは領土奪取 Landhname という表現は領土によって奪取されることを意味するようになったことである。このときから、すべてが揺らぎ始める。人類は地球を奪取するものとして定義されるが、地球人は地球によって奪取されるのである」（強調は引用者）。

*165 *Ibid.*, p. 325.

*166 Félix Guattari, *Les trois écologies*, Paris, Galilée, 1989, p. 34［フェリックス・ガタリ『三つのエコロジー』（杉村昌昭訳、平凡社、二〇〇八）、三二頁］。

ムに忠実だったため、それ以降エコロジー的災害を拡大させる一方であった。農新世の最初期における囲い込みに始まる恐ろしく古い歴史に依拠するこの考えは、ネオリベラリズム特有の虚勢とともに立論される。土地、水、空気といった「共有財」の持続性を保証するために、全員が持っていた使用権からそれを取りあげ私有化した、つまり市場の調整するコストベネフィットの論理に従わせた。自然の商品化はきわめて重要な市場であり、調整という市場経済特有の問題や、汚染する権利を交換する市場というアイディア（「炭素市場」）が勝利するのに時間は掛からないだろう。欧州共同体はそれに特化した市場を作っている（欧州連合域内排出量取引制度、ＥＵ ＥＴＳ）。これは世界最大のものだ。

金融は自らを「環境的に」することによって、すぐにこうした新しい領域の価値化に投資し発展させている。アメリカでは金融は、十分昔からある保険取引の先を行って、じつに「グリーン」になり、「キャットボンド」（「巨大災害債券」）、「グリーンボンド」、「天候デリバティブ」、「環境抵当権」等々を発行している。共通点は、介在する代理店を通じて破局のモデル化に集中することで、「新型リスク」を「金融の証券化」（セキュリタイゼーション。このとき、セキュリティは同時に金融証券でもある）[*167]によって保証する点である。今や「モデル化の商品化」について語られるところまで来ている。こうして市場とグリーン証券取引所に投資の共通文化が創られる。それは「自然を資本主義の新しい精神として金融の論理に位置づける。〔……〕新しい多数の金融手段は近年成長を遂げ、『自然資本』やその『サービス』を結実させるに至っている[*168]」。

生体特許取得（生物多様性保存の道具として公に売られている）と生物多様性市場は、グローバリゼーションの最終形態としての資本の地理権力を支えるネオリベラルの生権力の決定的な哲学を生み出している。

カオスの資本化へアップデートされた人新世の自然が商品化・金融化され、それに伴って「エコロジーと戦争がいっそう複雑に錯綜している[*169]」ことに、そしてカオス専門家の武器が躍進していることに、今では驚く者がいるだろうか[*170]。というのも、治安維持のための鎮圧と、「新しい軍事人道主義」もまた、自然災害やそれが増大させる社会リスク管理と同じ速度で普及するからである。それは完全にエコロジー的「危機」の「脅威の増幅」装置へ組み込まれる。二〇〇五年にニュー・オーリンズを襲ったハリケーン「カトリーナ」を思えば十分だろう。この事件は環境人種主義を明らかにするのに役立てられると同時に、州兵の助けによる「ショック戦略」の適用例となり、都市のジェントリフィケーションを加速するのにも役立てられた。[*171]「エコロジー介入部隊」を持つ軍のグリーン・ウォッシング作戦も考慮する必要がある。これは「自然保護」を直接的に軍事化に従属させるものであり、「気候変動と国家安全保障の交点」にあたるところで厳密にプログラム化されている。グ、リ、ー、ン、・、ヘ、ル、メ、ッ、ト、部隊を作って増大する環境戦争をコントロールしよう、というアイディアもここから生じており、最も政治的なポストコロニアル的自然史の構成要素のすべてがここに見いだされる。

しかし、グリーン・ウォッシングは人新世において、軍事複合体の構成的役割をとくに必要としている。資本の無制約の論理に従う戦争を産業化することで生み出されたエコロジー的破壊の巨大なプロセスに加え、戦争経済は、ますますエネルギーを消費する軍隊の維持管理作戦の舞台を超えたところで、「発展」の「前進」の網の目を広げることを止めようとしない。「軍事装置、力の戦争と力の論理は、その後に民政領域をも制する支持しがたい技術的選択を行なったことで、地域環境の変調や地球系の全体に重要な責任を負っている」[*172]。いかに範例的な事例とはいえ、軍から民生への核移転はさらに核の体系全体を脅かす。

★167 Voir Razmig Keucheyan, *op. cit.*, chap. 2.
★168 Sandrine Feydel, Christophe Bonneuil, *op. cit.*, p. 172.
★169 Razmig Keucheyan, *op. cit.*, p. 15.
★170 二〇一二年にフランス下院で発表された「安全保障および防衛に対する気候変動の影響」を論じた議会報告の至るところからにじみ出ているのはこのことである。
★171 *Ibid.*, p. 25-28.
★172 Christophe Bonneuil, Jean-Baptiste Fressoz, *op. cit.*, p. 269［ボヌイユ、フレソズ『人新世とは何か』、三四五頁］。

それに続き、人類を積極的に絶滅させる可能性と、アメリカ製文明化との競争のなかで総力戦の生産力／破壊力全体の社会化・資本化[*173]を実行できるようになる冷戦期の「爆発的加速」の実態とが[*174]、同時に現われる。

人新世は種を統合するというその大きな物語において、単に普遍主義・人道主義というだけでなく、空間的回避という外交－科学的幻想を抱いた「物理主義的」還元主義でもある。しかし、気候変動の脅威が地球の均衡にひびを入れる出来事を引き起こした地史に属するのであれば、この出来事自体は、政治的にグローバルというよりはローカルかつグローバルに政治的であろう。なぜなら、至るところで、交渉によって「危機を脱する」希望が放棄され、自然死しないのは資本主義だけだろうという、チャクラバティがベンヤミンとともに主張したテーゼを逆転するような状況が生まれているからである。

これこそフェリックス・ガタリが、資本主義がその誕生以来保持しているものと搾取しているものとをけっして分離しないようにわれわれに促し、自然＝産業＝歴史という存在論と結びつけている理由である。このことは、近代はいまだその途上であろう「大いなる共有」というテーゼに立ち戻り、そして自然と文化の分割を基礎とする世界の代表として、騙すと同時に騙される道具でもある近代性や近代人を、われわれが再考するよう導く。なぜなら資本主義は、近代という抽象的概念やその分配体制に還元できないものとして立ち現われ、ある「自然主義」の原則（デスコラ）に則って人間を自然の外に存在する唯一の主体として「活性化」することによって、対象を非活性化するように機能するものだからである。「自然」は単なる「人間活動の背景」ではない（とラトゥールは述べるが、その目的は人新世と完新世の違いを明確にするためである）、なぜなら自然は資本の動的編成のなかに捉えられているからである。すこしカール・シュミットをもじってみよう。自然は資本による領土奪取である。資本の最も簡単な定義には、「不変資本」（一次原料、機械等々）と「可変資本」（労働力）が含まれる。つまり、人間と非人間の「ハイブリッド化」が含まれており、これは近代ではなく資本主義による搾取の組織化に依拠している。そこにはいかなる外部もありえない。なぜなら、「自然」は外延的（限界まで行く「領土」の植民地化）

かつ内包的(限界まで行く「素材」の植民地化)に位置づけられているからである。資本の作動スタイルは「近代」の主体と客体、言葉と物、自然と文化ないし社会といった二元論を妨げない。主体/客体、人間/機械、動作主/素材の関係は消えさり、何もかもがそれぞれに「活性化される」がゆえに「生者」と「死者」、主体的と客体的に区分されることもない諸力の出会い(物質の物理的・亜-物理的諸力、人間と亜-人間の「身体と精神の諸力、機械の諸力、記号の力能」等々)と動的編成の場となる包括的な配置にその場を明け渡す。この「生産」のなかにはたくさんの関係、動作主、そして記号があるが、しかし関係は間主体的ではない。動作主は人間ではなく、記号は代理表象ではない。人間という動作主は非人間の動作主と同様に、こうした関係全体を搾取する資本主義的動的編成を構成するフローとネットワークの「結節、連結、分岐」点として機能している。[*175]

ここでは勝手にガタリ/ドゥルーズに語らせてみよう。「主体性の生産なくして人新世への長征も、あるいは端的に人新世そのものも存在しない」。人間の活動は非-人間の活動と区別できないというだけでなく、それ以上に人間は、歴史的かつ根本的に異なった主体性のフォーマット化のプロセスに従属するの

*173 ついでながら指摘しておけば、冷戦は「軍が環境に与えた影響のピーク」となっていた(*Ibid.*, p. 142)。

*174 ボヌイユとフレソズの次の一節に、われわれのテーゼの本質が見いだされる。「五〇年代の急加速は、当然のことながら第二次世界大戦および戦勝に向けてアメリカが費やした努力が人新世の歴史において果たした転換点としての役割を問いなおすよう導くことになった。より厳密な数量的研究は、急加速が戦争のための産業動員、ついで産業能力の過剰を吸収する民間市場の創造の結果であったことを証明できるだろう」(*Ibid.*, p. 168)[ボヌイユ、フレソズ『人新世とは何か』、一八一頁]。

*175 資本主義の実際の動きを抽象化しようとしたために、ラトゥールは近代の理解自体に誤りのある、明らかに問題含みの近代概念に頼ることになったのである。そしてそれがイデオロギー概念を延命させることになった。「近代」は自然と文化の(「認識論的」?)切断の権利を行使した一方で、科学者たちは人間と非人間のハイブリッドを研究所で作り上げ、自らの「自発的イデオロギー」に反駁していた。ドゥルーズとガタリはこの二重のプロセスを完璧に説明している。機械的従属は自然と文化の連続性を作り出し、他方で社会的従属は人間と非人間の非連続性を導入し、対象と区別される「主体」を生み出すのである。

である。本源的蓄積の「人間」、産業資本主義の「人間」、金融資本主義の「人間」は同じであるということはまったくない。かれらの主体性はその都度、生産の要求に応えられるよう特殊なやり方で生産される。人新世という新しい場面でこれほど存在感を見せている人類学者たちが、植民地化された社会の最も微細な「差異」をもわれわれに示すことができているにもかかわらず、どうしてこれほど植民地を開拓した側の「差異」の把握に関心を示さないのか、そのうちわれわれに説明すべきだろう。

　人新世が惹起した議論は、フェリックス・ガタリが一九八九年にまとめた、「自然」「社会体」「主体性」という三つの荒廃に抗して戦争を行なう総合的な政治的エコロジー構築の提案に対して、「一歩進んで二歩下がる」式で応えた完璧な例であるように思われる。ラトゥールの指摘した「遍在化した戦争状態」にこれ以外のどんな意味が与えられようか？

　残りの二つを諦めてこれらの荒廃のうち一つだけ（自然）に集中すると、人新世の統一的・和平的な大きな物語は、その公式バージョンでは、科学の贖罪的機能へのほとんど剝き出しの賛歌である。真の解決は科学、技術革新から、あるいは冷戦期の研究開発R&Dがサイバネティクス的な野心に見合った行き先を見つけたと思わせる地理工学から生まれるだろう、というわけだ。その野心は、「人間－機械システム」に取り込まれるフィードバック・ループというかたちで、ある種の先駆者を利用することもできるだろう。「実際、戦後のサイバネティクスとサイボーグ科学はラトゥールやハラウェイ、デスコラを待たずとも自然／文化の境界線の撤廃を言祝いでいた。なぜなら、それが意図していたのはまさに、人間と非－人間の関係を結ぶシステムの最適化だからである」[*176]。サイバネティクスが冷戦期の資本主義的科学だったのは当然なのであり、それは人新世への入り口にほかならなかったのである。

　最大の危機を迎えた今、すべては状況診断にかかっている。もし責任者が人類、近代人、西洋人であるなら、よい解決を見つけられるのは専門家だけである。それは、現代の新自由主義《ネオリベラル》イデオロギーでしかるべく擁護されている「専門家」政治のエコ近代主義バージョンであり、それはすでに山のように「専門家統治」をまき散らしている。しかし、一般に信じられているように、継続的に人新世の原因と起源になっているものについて最も適切な診断が戦略的なものであるというなら、[*177]「闘争状態の領土」の政治は断固として、現在起きている間違いなく現実的な「エコロジー戦争」に参戦しなくてはならない。そして、その他の多くの戦争やその交差点（階級・人種・性・主体性の戦争）におけるのと同様に、われわれは今、おそらくそれに敗れつつある。

6…戦争機械

金融資本がヘゲモニーを握り、おのれが領有化した戦争と国家をその戦略の直接的な道具にしていることのとき、戦争機械に吹き込まれるのはどのような力とエネルギーなのか。

『資本論』第三巻でマルクスは、信用システムを「自らが産業資本家になることなく、貨幣を資本に転換する」[*178]ことを可能にする制度として定義している。ここで「資本のエージェント」（マルクスが何と言おうと、ある資本はおよそ「虚構」ではなく、「資本一般」が現実的でありうる程度には現実的である）として、資本主義そのものの「発展」の場となるはずの経済と社会に構造的不安定性を招くこの資本家階級が問題となる。産業資本の価値化の様式は、「絶対的」ないし「無条件的」な生産力の発展は利潤と私有財産の論理に従うことと矛盾する、ということによる周期的危機から生じる。しかし、金融資本の衝撃により、危機の間隔がきわめて狭まり、恒常的な不安定状態だけがそこにあることになると、危機という

＊176　Christophe Bonneuil, Jean-Baptiste Fressoz, *op. cit.*, p. 107〔ボヌイユ、フレソズ『人新世とは何か』、一一二頁〕。

＊177　ボヌイユ、フレソズが書くように（*Ibid.*, p. 229〔前掲書、三〇九頁〕）。「人新世への入り口は、無意識的な移行ないし単なる技術革新の結果という以上に、リベラリズムの諸勢力に対する政治的敗北の結果ではなかろうか？」

＊178　Karl Marx, *Le Capital*, Livre troisième, Paris, Éditions sociales, t. I, p. 278〔『マルクス＝エンゲルス全集』、二五巻a、三三三頁〕。

概念そのものがあらゆる構造的意味を失うことになる。「資本主義的生産様式の内在的方法」としての危機の概念そのものが、ここでは奇妙な程に古くさくなるが、それでも事態は変調するからこそ（それなりに？）うまくいくという一般原則の範疇内である。

利潤率低下を糊塗する既存資本の価値減少と新資本の形成（危機）は今では、金融資本家およびその他の「機関投資家」の愛する「競争力[179]」の圧力のもとで、連続的に生じている。機関投資家のカテゴリーに包含されるのは、年金ファンド、蓄財と給与貯蓄による民間年金プランを基本とする集団投資ファンド、保険会社、投資会社、投資ビジネス銀行、あるいはユニバーサル・バンクと称されるようになった銀行の「投資」部門である。それは万人のための金融（有名な「金融民主化」）というよりは「誰か」のために万人を強制的に金融化するものだ。その「誰か」がとくに産業資本の決定的な金融化を推進し、そしてそのシステムを、さらにはシステム－世界全体を作る。「金融」は生産のグローバリゼーションと新しい超国家的労働分業（グローバル生産ネットワーク）を支配し、それらが金融活動と生産活動の境目の消滅に従う一方で「金融界」はいっさいの実効的な調整見通しから逃れてしまう。

大小を問わず、一九七四年～一九七五年（銀行を震源とする最初の金融暴落を特徴とする）と「一九七九年の打撃」（公債市場の自由化、アメリカの金利とドルの高騰、通貨政策における反インフレ的なパラメータ設定）以来相次いでいる金融危機の回数は驚くほどである[180]。それには理由がある。この現象は、資本主義が金融化の三つのDシステムに自らを「全体化」するという資本主義の全面的脱領土化を体現している。三つのDとは、「通貨の規制緩和 déréglementation ないし自由化、国内の金融市場の障壁除去 décloisonnement、そして金融非仲介 désintermédiation、つまりこれまでは銀行に割り当てられていた貸付取引がほかのすべての機関投資家に開放されたこと」である[181]。この三つが、金融市場の「繁栄」の背後で働くモーターであり、一九九七年のアジア危機直後から繰り広げられる「乱高下」を説明するものである（そのおかげで、韓国をアメリカ財務省の直轄下におけるというメリットがあったのではないか）。備忘のために言えば、アジア危機は当時「二一世紀最初の危機[182]」と見なされていたメキシコ金融危機（一九九四年〜一九九五年）のあとであり、「パウエルの金融ドクトリン」を急遽発表することでようやく「抑制」された――その呼称は第一次イラク戦争の立案者〔コリン・パウエル〕の名にちなんだものあり、またチアパス反乱に襲われたある国の銀行に流れ込んだ数千万ドルもこの名に結びついている（「マーシャルプラン以来最大の非軍事的資金投入＊183」）。

この状況下で、資本の三つのDが自己調整可能である、ということは、フーコーまでがそう言っているとはいえ、やはりリベラル派の敬虔なる願望である。グローバルな不安定が、現代資本主義の安全保障型統治の条件である。（公然たる理由に従って）住民を守る代わりに不安と不安定さをかき立てる非常事態の「規格化」と規範性には、いかなる法的‐政治的次元のなかにもその根拠がない。その根拠は構造調整を用いることで機能する資本とその軍事‐金融的戦争機械のなかにある。ついでに指摘しておけば、一九七九年にロバート・マクナマラがこの用語を発している。一九六八年〜一九八一年まで世界銀行総裁であ

＊179　このことを一九八七年から二〇〇六年にかけて連邦準備制度理事会議長を務めたアラン・グリーンスパンが完璧に説明している。「競争が激しくなるにつれ――企業の設備人員の陳腐化が急速になるにつれ――市場関係者がストレスと不安に苛まれるのは遺憾なことである。シリコンバレーの有望な企業の多くは異論の余地なくプログラムされた陳腐化のモデルであるが、それらが二年ごとにその活動を全面的に再創造しなければいけないのである」（*The Age of Turbulence*, New York, Penguin Press, 2007, p. 544〔アラン・グリーンスパン『波乱の時代』（山岡洋一、高遠裕子訳、日本経済新聞出版社、二〇〇七）、下巻三三二頁〕）。

＊180　一九九〇年代だけで七二回の金融危機があった。

＊181　François Chesnais, « Le capital de placement : accumulation, internationalisation, effets économiques et politiques », in *La Finance mondialisée. Racines sociales et politiques, configuration, conséquences*, Paris, La Découverte, 2004, p. 27.

＊182　それぞれはその属する時代から出現する。「インターネット・バブル」は二〇〇〇年に崩壊した。それはグリーンスパンが「新しいテクノロジー市場への支持」を連邦準備制度の新しいお題目に掲げてから二年後のことである。

＊183　Leo Panitch, Sam Gindin, *op. cit.*, p. 253.

ったかれは、一九六一年〜一九六八年まではケネディとジョンソン両政権のもとで、つまりベトナム戦争の時期に国防長官を務めている。

『資本論』第三巻で展開された「利潤率の傾向的低下」を分析したドゥルーズは、資本の価値減少（危機）から新資本の形成への移行期が、革命の力の出現の「可能性」のための条件をなしていることを指摘している。*184 金融資本の運動の性格と、それに影響され本質を共有する加速主義を考えれば、政治的亀裂に伴う主体の発生は、実際にはつねに現前しているある種の出来事性として、つねに可能なことだと（「現実的な」代替案がなかったとしても）見なされるべきだろう。「システム的不安定さ」の原因となる、こうした蓋然的な敵の増殖は、国際レベルでも国内レベルでも社会コントロールの軍事-安全保障型システムの発展にとって不可欠の性格を強化する。不安定さがシステムの飽和とともに恒常的になると、「統治の軍事化」はつねにヴァーチャル-リアルな無数の断絶の可能性を予見し、予期し、予防し、つまりは前もって破壊するという根本的な仕事に対処する。こうした可能性がヴァーチャル-リアルだというのは、それが金融資本の絶対的支配の力学と、（ここでクラウゼヴィッツをふたたび取りあげれば）敵が「抵抗を継続できなくする」ことを目指すその力学の戦争の論理とに組み込まれているからである。このプロセスは無限だ。

金融資本の秩序は批判をすり抜けた脱-秩序であり、それは非常に不安定であると同時に絶対に充足しきらないものであり、「均衡にはほど遠い」変化の続く状態、そしてつねに進化しながら遭遇する限界を片っ端から移動させることによって、つねに新たな価値化の可能性を再-生産している状態である。現代金融資本は均衡をペストのように避けているが、「株主価値」の最大化という観点からは均衡は利益ゼロだからである。均衡は世界的な発展を指示するに過ぎない（これについてのネオリベラリズムの決算は惨憺たるものだ）。

国家と戦争はそれぞれが資本の戦争機械の戦略的構成要素をなすが、それらもまたこの進化に適応せねばならなかった。

第一次世界大戦時から追求されてはいたが、行政権と行政機関に過度の権力を与える権力分立改革は、かくも根本的な不安定さをコントロールするにはいまだ不十分だ。（一方で財政赤字への融資と公債の証券化、他方で中央銀行の独立によって[*185]）国家もそこに服従させられることになる経済‐世界のレベルにおいて、おのれの「行動力」すべてを行使する資本とその金融諸機関によって、行政権のコントロールが直接的に行なわれることになる。それに対して、国民国家の枠では、国家とその行政権は、資本の常軌を逸した運動とは完全に矛盾するように思われる諸対策一式を公布するに至った。それが「金融安定化」諸法であり、そしてヨーロッパでは憲法に組み込むことさえ望まれている厳格な「会計均衡」である。しかし実際には、そこには何の矛盾もない。なぜなら安定と均衡は、国内的・国際的レベルで強化された「監視」下にある一部の住民の予算と支出にしか関係しないからである。それが一九七九年以来国際通貨基金が採用しコード化した「コンディショナリティ」という規則の原理にほかならない。必要とあればプログラムを厳格化する機会を利用することができる友好国政府との交渉がつねに必要であるとしても、最悪の場合、予算緊縮策の唯一の責任をＩＭＦに回すこともできるだろう。つまりＩＭＦは自分の敵をも知っている、ということだ。いずれにせよ、自らが率いた制度がものごとをどう見ていたかを短いフレーズに要約したドミニク・ストロース＝カーンの正しさは認めてやらねばならない。「危機は好機だ」。

戦争もまた、一九九〇年代の産業の金融的再構築が促進した「二重[*186]」プラットフォームに支えられるのを待つまでもなく、あるいは公式に「予防的」（二〇〇一年）とされ、国内外のあらゆる戦線に即応可能

★184 « Gilles Deleuze : Appareils d'État et machines de guerre », séance 12 (URL : www.youtube.com/watch?v=66rWsdRjbhQ).

★185 「中央銀行の独立は、何はさておき国家が社会支出を望む民主主義の圧力に抗して規律を押しつけるために必要な『構造調整』を実施する、ということを示す制度変さらに転じた」(Leo Panitch, Sam Gindin, *op. cit.*, p. 239)。

★186 軍事民生双方に利用される製品のために用いられるテクノロジーはこう表現されている。

になるのを待つまでもなく、時空間的に「制約なしの」発展を伴いながら、蓄積の新しい諸条件に適応していた（レーガンの第二次冷戦はニクソンのキッチン討論を引き継いだものである）。階級権力のあらゆる形態の確立と一体となった資本主義の国内安全保障に関する新自由主義《ネオリベラル》モデルは、その第一の機能は国内向け、つまり賃金と社会支出のコントロールのために事実上の内戦を宣言して住民と住民の分裂に介入するものであった。それが「保守革命」の政治‐軍事的原則である。戦争金利生活者の「ケインズ主義」を十分に堪能できるよう（「スター・ウォーズ」）、資本の構造的不均衡は賃金、所得、雇用そして「求職者」、住民の一部に対する社会保護のシステム（その下位グループは最低限の生存のために福祉に依存している）に働きかけることで「均衡化」されねばならない。つまりは戦争の反ケインズ主義である。一九世紀末および二〇世紀初頭の金融化は、一九二九年の危機によって分断された二度の総力戦とヨーロッパ内戦に道を開いた。一世紀のち、現代の金融化は「最終的近代」（ジャック・ビデの言葉による）における内戦への収斂・局所化へとわれわれを駆り立てている。二〇〇八年の「危機」に端を発して（このあとそのシナリオを説明しよう）、世界中で連続する側面圧力から生じる内戦およびその循環を主体化する時代が始まったのである。

こうした戦争について、われわれは資本の経済的・政治的・主体的条件としての本源的蓄積から分析を進めてきたが、こういった戦争こそが、現代の戦争機械の構成を機能させる基盤となる戦略軸なのである。この戦争の展開および解決に関するいくつかのシナリオが可能である。歴史は二〇〇八年（全面危機）〜二〇一一年（アラブの春）から暴走を始めたが、しかし誰もが知りすぎるほどに知っているように、つねに正しい方向に向かっているとは限らない。資本の戦争機械と、それと互いを強化し利用し続ける新しいファシズムにとって都合のいいことに、力関係はあまりにも不均衡である。唯一われわれが確信しているのは、連続性も断絶も、内戦と内戦の全面的な内在化という領域で起きる、ということだけだ。われわれにはいくつかの「傾向」を語ることしかできない。その主要な性格は、これから「到来する」ものによって否定されるというよりは、むしろありえないようなアプリオリなやり方で変化する。

戦争指揮が金融機械の手に依然委ねられている「ギリシャ・シナリオ」は「資本主義的」仮説である。統治者／被統治者の「権力関係」と「戦略関係」は前者を利するかたちで共存可能である。統治の布置全体が、住民コントロールと債権者の権力の再生産を企図する武器として機能する。それはかつて起き、そして今も起きていることである——だがヨーロッパのどの国でも、二〇一〇年以降乳幼児死亡率と死亡率一般が倍増したギリシャ以上に、それがシニシズム、暴力、そして人を死に追いやるような決定を通じて起こったところはない。資本の戦争機械は、経済的・政治的「非常事態」を宣言することで、「金融イノベーション」のツケを住民に払わせる意志を決然と堅持している。

二〇〇八年の金融「危機」から始まったシークエンスの恐るべき新しさを具現化しているのは、住民のなかでの戦争の激化（「緊縮政策」）のみならず、ポストファシズム的戦争機械の拡張によって維持されることになる資本の戦争機械の諸関係でもある。新しいファシズムは、この政治的シークエンスのなかに深く介入するが、それはこのファシズムが統治者／被統治者の権力関係を「戦争」（友／敵）という観点に従わせているからである。新しいファシズムのシナリオは、内戦領域に公然と根付く。それは余すところなく、外国人、移民、難民、イスラム教徒を国内かつ国外の敵として指名し、同時に一九六〇年代以降、権力の布置としては深刻な危機に陥った異性愛の「自然さ」を再確認する。「人種」は敵を定義するだけでなく、家父長制と異性愛によってファシズム的・アイデンティティ的な主体化の領域を構成する（フランスでは、国民戦線と「同性婚」に対抗して動員された「万人のためのデモ」がその二重の政治的表現である）。

「人種」と家父長制的「異性愛」は金融化の視点とは別のグローバリゼーションに対する視点をなしている。しかしその恐ろしいほどの力は同等である。人種と性の戦争は、国際的な労働分業と性的分業を構成する「住民の生政治」のコントロールの鍵となる二つの布置である。脱植民地化とともに、人種戦争は世界の南北の住民のあいだの分裂を確固たるものにした。それは今日《こんにち》、領土と一次資源の捕獲によって「構造的」に移動させられた移民や難民のような「国内植民地」の住民を差別する「先進」諸国で至る所に見られる。資本の戦争機械、そしてそれとともにある新しいファシズムが反応しているのはこのことに対してであり、それは「国内」と「国外」の区別が崩壊させられたことで生じた成り行きである。国内の「市民化された者」が「非市民化された者」に仕掛けた戦争を、直接的な回帰作用を伴わずに排除することはもはやできない。あらゆる捕獲、戦争、収用、虐殺、「国外」に押しつけられた、あるいは「国外化」によって押しつけられた詐欺、それらが歴史の加速と間違えられそうな速さで西洋に回帰する。九・一一によって、「テロとの戦争」がかつてそれを布告した者のところに戻ってくるのに多少手間取ったのは、「難民危機」と呼ばれるものがまず起きたからである。ほとんど隠そうともしないパニック感情に襲われた権力は、あらゆる種類の壁を立てるのを止めようとしない。最も恐るべきことは、権力が国境に立てる壁、あるいは国境に建設する意志を表明している壁ではない。国境は、そこに排除と包含を差動させる制度的実践によって、ずっと以前から移動させられ、至るところで「政治的空間の中心」[*187]を占拠しているのではなかったか？

女性に対する戦争も、人種に対する戦争と同じ戦略的射程を持っている。最も反動的な指導者たちは、歴史的バージョンとしての「生政治」の永劫回帰に君臨する理由を開陳している。トルコの「スルタン」ことエルドアン大統領はそれを単刀直入に述べている。国家と軍のためにより多くの男を産むべき女性の身体のコントロールを取り戻すために、避妊は非合法にする。セクシズムにはまぎれもなく階級が含意されている。住民の生産そして再生産のコントロール、つまり労働力という戦略的な「商品」をコントロールすることによって「出産という労働の拒否」と戦うこと。なぜならトルコのみならず北アフリカ全域でも、出生率がヨーロッパ並みの水準に低下していることから見ても、女性の身体のコントロールは権力の手を逃れているからだ。[*188] イスラム教徒が女性に対し表明する憎悪は、次のこと以外には具体的な理由を持たない。つまり、家父長制権力が崩壊の危機にあるということだ。世俗的かつ出産奨励的な共和国がその象徴的な指標をすべて残したまま、新植民地主義的な文明化の使命をフェミニズムに担わせ道具にすること、「進歩の近代性」という名目でムスリム女性に与えた自由と解放という教えとの同調性は、ここに完璧に表現されている。*189 フランスの社会主義者たちがふたたび盛り上げたおかげで、「脱ヴェール」はアルジェリア戦争におけるクーデター側の将軍たち（サランとマシュ）の妻たちの作った「女性連帯」の諸団体が体現する「植民地フェミニズム」の最悪の時を復活させた。その活動のなかには、一九五八年五月のアルジェリアで、女性が公の場でヴェールを脱ぐため組織されたイベントがある。*190

ポストファシズム的プロジェクトは、住民に対する権力行使の古式ゆかしい様式を主体化の場として再出現させ、そこに依拠する。その意味で本質的に反動的であるが、時節はずれではあるが政治対立の現状を摑んでいる反動でもある。ポストファシズム、ないしネオファシズムのプロジェクトでは、生産のなかの場、国籍、アイデンティティ、性をわれわれに割り当てるのはもはや経済でも統治者／被統治者

---

*187 Étienne Balibar, *Nous, citoyens d'Europe ? Les frontières, l'État, le peuple*, Paris, La Découverte, 2001, p. 175［エティエンヌ・バリバール『ヨーロッパ市民とは誰か――境界・国家・民衆』（松葉祥一、亀井大輔訳、平凡社、二〇〇七）、二一一頁］。

*188 「北アフリカおよび中東の出生率は平均七・五から今日《こんにち》では三以下へと低下した。多くの国では人口置換水準（二・一）を下回っている。さらに、イランのそれ（一・八）はスカンディナビア諸国以下である。レバノンでは人口の六〇%がイスラム教徒だが、出生率（一・六）はベルギーのそれ（一・八）より低い。チュニジア（二・〇五）、モロッコ（二・一九）、トルコ（二・一〇）では平均値はフランスのそれをわずかに上回るに過ぎない」（Youssef Courbage et Paul Puschmann, « Does Demographic Revolution Lead to Democratic Revolution ? The Case of North Africa and the Midlle East », in K. Matthijs, K. Neels, C. Timmerman, J. Haers (dir.), *Population change in Europe, the Middle East and North Africa*, Londres, Routledge, 2015）。

*189 ジュディス・バトラーがみごとに述べているように（過去および現在の）フランス政府の強制的行動によって刺激された「人種主義や反イスラム的感情・行動に対抗する闘争から、性的自由のための闘争を分離することが求められている」。Cf. Judith Butler, *Frames of War. When is Life Grievable?*, Londres et New York, Verso, 2010, p. 109［ジュディス・バトラー『戦争の枠組――生はいつ嘆きうるものであるのか』（清水晶子訳、筑摩書房、二〇一二）、一三四頁］。

の関係でもない。人種と性の戦争の論理がそうするのである（「国産優先」、「反‐ジェンダー」十字軍）。自由主義的《リベラル》な領土化（「豊かになろう」「自分自身の企業家に」、人的資本等々）が一九八〇～一九九〇年代に約束していたことを実現することが不可能になって以降、「経済」は内戦の論理に従属する。根っからの保護主義であるネオファシズムのプロジェクトとは、白人労働者の怨念、欲求不満、恐れに依拠し、性のヒエラルキーとアイデンティティの保証を通して、雇用と賃金の国有化、非賃金労働者に対する権力と失業者に対するコントロールを再建することである。

新しいファシズムは経済‐世界の次元で活動する。植民地主義は消え去るどころか、植民者側の国を「植民地化」したのである。「国内植民地化」の分野で活動する米欧の研究者が近年とりあげた内部植民地化という概念があり、ポール・ヴィリリオはそれを用いて一九四五年以降の軍と戦争が住民のなかでの、そして住民に対する戦争へと変容したことを定義したのだが、[*191] これはさまざまな意味で有用たりうる。この概念は内戦の布置の総体として直接的に統治を形状化する。この概念は、政治的には、本源的蓄積以来、植民地化が人種戦争と女性に対する戦争をひとまとめにして身体をコントロールし、こうして直接に階級紛争に介入するがゆえに、政治的に「生政治」という概念を明示する。人びとはギリシャを当然のごとく「植民地化された」国のように、そして植民地的「委任統治」下に置かれた住民のように語ることができたのだが、それは資本の戦争機械の布置全体が、社会関係全体の内部植民地化を組織するために動員されていたからである。結局のところ、この概念は、現実に対してある別の角度から光を当てることによって、現代の内戦の実態を示しているのである。なぜなら、(1)内部植民地化は経済‐世界の南北諸国間に連続性を確立し、北側諸国に南側諸国が潜り込むための方法を明らかにするからである。(2)内部植民地化された者たちのところに、われわれが本源的蓄積以来のその本質と展開を描いてきた諸々の戦争がすべて集約されるからである。(3)植民地戦争の技術はまず「国内植民地」の住民に適用され、そして住民全体とくに異議申し立て運動に一般化されるからである（「労働法」に反対する動員のあいだ、デモを規制する技術や警官の暴力行使は明らかに治安の確立した国家で許される域を超えていた）。

アラン・ジョクスは「貧富の分裂」に現在進行中の紛争のまぎれもない性質を関係づけることによって、戦争を、「あらゆる次元における『郊外戦争』[*192]」という意味で、「フラクタル」と定義している。これはすなわち、戦争は「植民地で実験され〔……〕本国の植民地化された人びとのコントロールに適用できるよう改良され〔……〕人民階級一般の規制の変容に影響する戦争的暴力の諸形態」の総体として特徴づけられる「内部-植民地的差別[*193]」に基づくということだ。

われわれがこれまでその性質と発展を描いてきた諸々の戦争の総体は、何よりまず、植民地出身住民の内部植民地化へと収斂していくことになる。かれらはフランスの首相、マニュエル・ヴァルスが珍しく明晰に「地理的・社会的・民族的アパルトヘイト」と呼んだものを耐えているのだ。人種・性・階級の戦争は、こうした住民たちのあいだに拡がり、かれらに影響を及ぼす。そのとき住民たちは、植民地関係を最

---

*190 歴史家のジェニファー・ボワタンはその背景を再構築し顛末を語っている。「五月一八日から主要各都市で軍の組織した大規模デモで行なわれたヴェールを脱ぐセレモニーは非常に洗練されたもので、メディアにきわめて強い印象を与えた。『アルジェリア蜂起』のリーダーたち（スーテル、サラン、マシュ、アラール）やその他の将軍、高官たちは特別にヘリコプターで移動し、五月一八日から二八日にかけてオルレアンヴィル、モスタガネム、ブリダ、ブファリク、オラン、フィリップヴィル、ボヌ、セティフ、コンスタンティヌ、ティジ・ウズー、ビスクラといった諸都市を巡る一大ツアーを決行した。そのどこでもほぼ同じ芝居がかった演出に立ち会うことになった。ヴェールをまとった女性たちが公式セレモニーの舞台となる伝統的な場所（中心街、役所、追悼モニュメント）まで賑々しく行進する。到着するとヨーロッパ風の装い、ないしはアイク〔アルジェリア伝統のヴェール〕をまとった若い女性たちの代表が将軍や高官とともに演壇やバルコニーに並び、ブーケを手にし、女性解放を讃える長い演説を行なったあと、群衆にヴェールを投げた」（« Feminist Mediations of the Exotic: French Algeria, Morocco and Tunisia, 1921-1939 », *Gender & History*, vol. 22, n° 1, avril 2010, p. 133, cité dans Félix Boggio Éwanjé-Épée et Stella Magliani-Belkacem, *Les Féministes blanches et l'Empire*, Paris, La Fabrique, 2012, p. 25-26）。

*191 Cf. Paul Virilio, *Pure War*, *op. cit.*, p. 95〔ヴィリリオ『純粋戦争』、一二六頁〕。

*192 Alain Joxe, *Les Guerres de l'Empire global*, Paris, La Découverte, 2012, p. 54.

*193 Mathieu Rigouste, *La Domination policière*, Paris, La Fabrique, 2012, p. 52.

も現代的な資本主義の諸条件へと延長することによる極度の「分子的暴力」（アシル・エンベンベ）によって倍加された社会的暴力をこうむっているのだ。かれらの内部に分裂を引き起こす強力な手段として作用し、戦争をコントロールし抑圧するために動員されるもの、それがまさに戦争の埋め込みである。それがほかの被支配社会階層にも拡張され、そしてまた最初の階層へとさし向けられる。「内部－植民地的差別は人種や階級によってのみ構造化されているのではない〔……〕国家の権威や力が「父」そして「主《あるじ》」として優位を占める家父長制権力の再生産に基軸を置いたイデオロギー・システムによってもたらされるのである〔……〕。警察からの差別では、男と女、白人と非白人が区別されるが、そのとき使われる方法を用い、人種と階級に呪われた共同体内部にセクシストによる分離と男性による抑圧を再生産することで、構造化された紛争の場がもたらされる[*194]」。

内部植民地化はこのように、確かに主体性の戦争の中心にある。これが住民のなかでの戦争の本当の場である。実際、主体性の戦争は「人種」と女性の「自由」というテコを使って、自らが分裂させる住民全体に関与する。アイデンティティ的、ネオファシズム的な主体化の大作戦は、内部植民地化された住民たち（ムスリム、外国人、移民、難民、ヴェールをまとう女性）の背後で行なわれる。共産主義の危険が消え、二度の大戦前そして大戦間のヨーロッパを荒廃させた反ユダヤ主義の下に隠れてしまえば、一九七〇年代から敵はゆっくりとしかし確実に、まずは移民、そしてテロリズム（「鉛の年」）に同定され、最終的には〝イスラム〟（イスラム教徒のテロリズムの省略形としての）へと収斂した。権力の装置全体が、「人種問題」の基盤をなす政治的争点の宗教紛争と文明の戦争への変容に意図的に頼ったのである。

資本の総力戦政策（「制約なしの」金融化）によって生じた「政治の危機」の脅威は、一九八〇年代からＩＭＦによって行なわれた「構造調整」政策の強化以外の戦略の余地を残さなかった。ここでも今一度注意しておこう。「人種主義」（「人種戦争」）を引き起こすのは生政治に固有の力学ではない。人種主義は「亀裂」なしに、つまり「そこにおける〔階級〕支配がつねにすでに人種主義的な[*195]」資本の戦略のなか／によって生政治的に差異化されることがなければ、それ自体として「主体」であることはない「住民」（「主体-住民」とフーコーは言ったが）のなかに階級分裂を生み出し再生産する必要性から引き起こされたのである。ところで、根本的な不安定さは金融化（狂騒の時代[*196]）と共外延であり、一九九〇年代末にはすでにシステムを「エラー-予防」から「エラー-封じ込め」へと移行させている。そこに、債務経済の「デリバティブ商品」に対する新たな封じ込め戦略の失敗、それも状況依存的ではなく構造的な失敗によって、まったく別のレベルの不安定化が付け加わった。それはずっと以前から準備された、自分たちに都合の良い（無茶苦茶な）シャドー・バンキング・システムまで構築した金融業界のイノベーション能力の結晶であった（ヨーロッパの各銀行が非常に積極的にそれに参加していたことは指摘せねばならない）。金融民主化に伴う「グローバルヒストリーで最悪の金融危機」（二〇〇八年の全面危機）の執拗な影響を、資本の債務を納税者に移転するという金融崩壊のマネージメントを受け入れさせることによって管理し、「証券化[*197]」のもたらしたアメリカに端を発する（この国は「特別投資会社（SIV）」を有している）システムの崩壊を回避するために、資本の超国家的戦争機械はひたすら内外の植民地化の新しい波に飛びつくし

★194 *Ibid.*, p. 53.

★195 Guillaume Sibertin-Blanc, « Race, population, classe : discours historico-politique et biopolitique du capital de Foucault à Marx », in C. Laval, L. Paltrinieri, F. Taylan (dir.), *Marx & Foucault. Lectures, usages, confrontations*, Paris, La Découverte, 2015, p. 242.

★196 二〇〇七年（つまり「大地震」の一年前だ）に出版されたアラン・グリーンスパンの集大成となる著作のタイトルによる。当のグリーンスパンが一九九八年にバークリーで「新経済」について行なったスピーチで、連邦準備制度の優先事項に変化があったことを曝露している。インフレとの戦いではなく、「国際金融崩壊」の巨大なリスクとの戦いへと変化したのである。

★197 アメリカ合衆国では、消費者信用とくに「低所得者」（圧倒的多数が「マイノリティー」であり、まず黒人ついでヒスパニックがそれにあたる）にも手の届く不動産抵当権がクリントン政権時代に爆発的に増大した。そしてこれこそ、賃金圧力に対する「デリバティブ」であり、最貧困層を食い物にすることで金融を通じて「アメリカン・ドリーム」に統合するという理想的手段と考えたブッシュ（息子）政権で、この傾向は歯止めの利かない拡がりを見せた。

かなかった。人種主義的政策（制度的人種主義）は、とくにユーロ圏では「危機脱出」戦略の主体的側面を構成しながらそこに統合されることになる。政治的殲滅のグローバルな展開は、「世界的規模の内戦」を支配する主体化のなかで、大西洋の両岸にあいわたる熾烈な階級闘争と人種戦争を伴って達成されることになる。

　こうしてループはある意味で閉じられたわけだが、それはアフリカ系アメリカ人の「問題」が「労働者階級をアメリカン・ドリームに統合する際のアキレス腱[*198]」であったことを覚えておいて頂けたならの話である。そこには何の変化もなく、むしろ本来の環境でさえ事態は激化している（二〇〇六年の第一四半期だけで、五〇〇人近い黒人系アメリカ人が世界で最も軍事化した警官によって処刑されている）。しかし、メディアが「人種戦争」という言葉を（事件の）カバー頁に印刷するのはダラスを待たねばならない（五人の警官が黒人のアフガニスタン帰還兵に殺された。これは二〇〇一年九月一一日以来、アメリカ警察にとって最悪の「ダメージ」であった）。アメリカもまた一九九〇年以来「絶えざる戦争」状態にあるのだ、と熱を込めて注意を促したのはたった一人の女性ジャーナリストだった[*199]。ともあれ、地球規模の支配システムが一つ一つ積み上げた壁のなかに、ネオリベラリズムの装置全体を引き込もうとするネオファシズムとネオレイシズムの戦争機械の自律化に伴うリスクがそこにあることは自明である。ブッシュ時代に自分たちから仕掛けた主体性の戦争にもうすでに敗れてしまったアメリカのエスタブリッシュメントの激しい恐怖はここから生じている。

　ヨーロッパでは、ネオリベラリズムの反革命は、国家、メディア、政治家そしてあらゆるジャンルの専門家を動員して怨念、欲求不満、恐怖、罪責感を煽ろうという、壮大な大衆の主体化の企てとセットであり、それは二〇〇八年の危機以降にファシズムを煽るようになるまでは、国家戦略の範疇内に収まっていた。それはポスト共産主義のヨーロッパ社会に主体性の最大の転換をもたらすために必要なことではあった。ブレグジットというエピソードは今日《こんにち》、その最も重要な印である。階級戦争として指揮されたネオリベラリズム政策をヨーロッパで最初に採用した国が、コントロールを取り戻すための自国優先（ブリティッシュ・ファースト）を採択し、そして自国の有権者の手で白人種防衛戦争に投げ込まれたのである。そのすべての帰結は、二〇〇七年の労働党のスローガンから抽出されたものだ（「イギリスの労働者のためにイギリスの仕事を」）。というのも、「自国優先」を国内住民のコントロールの装置としての〝福祉〟の機能に組み込もうと思えば、難民、移民、イスラム教徒への恐怖を動員して、それを世界の南側諸国の住民たちの移動のコントロールに役立てるほかないからである。資本の流れの完全なる自由と、制限つきの住民の流れの動きとの矛盾は、こうして新しいファシズムのなかに、強いられた「調整」の布置を見いだすのである。ところが資本の戦争機械が公然と内戦の場に位置するように強いられるにつれて、新しいファシズムはあらゆるコントロールを逃れることができるようになる（正真正銘のごまかしである！）。ギリシャのシナリオはウォルフガング・ショイブレの白人オルドリベラリズムの神話に従属していたが、ここにまったく別のWASPの仮説が明らかになる。アクウゴ・エメジュリュが「ブレグジットの忌むべき白人性」[*200]と呼んだものに引き継がれたこの仮説は、主体化の戦争がこの大衆運動の原理そのものに属しており、ファシストはつねにその前衛戦略家だったのだ、ということをわれわれに思い出させてくれる。

この条件下で、金融蓄積と統治の問題が結びつく戦略的時空間は、ヨーロッパに始まり中近東、トルコ、アフガニスタンにまで広がる、流血を伴う内戦と流血を伴わない内戦の連続体でしかありえないだろう。ギリシャはこのさまざまなタイプの戦争の移行点であり、その領土には二重の実験が集約されている。「債務危機」によって煽られた内戦の政治的統治の実験と、この地球の南側諸国（アフリカ全土を含む）でのあらゆる捕獲が招いた帰結である難民の人道的な統治の実験である。この連続体の真理を最も近くから表現する「主体」――これは政治的主体と捉えねばならない、なぜならそれは統合された世界市場と同質であ

★198 Leo Panitch, Sam Gindin, *op. cit.*, p. 307.
★199 Lucia Annunziata, « La guerra a corroso l'America », *Huffington Post*, 08/07/2016 (URL : www.huffingtonpost.it/lucia-annunziata/dallas_b_10892958.html?1468008838&utm_hp_ref=italy).
★200 Cf. *The Brexit Crisis. A Verso Report*, 2016.

り、「前線の増加」を巡る闘争の当事者でもあるからだ――は、そのなかを人生の危機にさらされながら彷徨う難民であり移民である。いわば「われらが海」地中海の海辺の墓地である。

それゆえ、かれらはギリシャへ船出する――かのギリシャ、「民主主義そしてヨーロッパのゆりかご」だ。公共財政を「健全化する」ために欧州連合によって課された緊縮政策という名の十字架の道を歩んだのち――ギリシャはまた深刻な「エコロジー危機」（欧州連合の環境理事会から叱責されている）に陥り、それはギリシャを「エネルギー貧困の学習例[*201]」たらしめるに至っている――、この「神々の大地」は、経済戦争をも背負い込むことになるのだが、そこでは医療化した政策という立場から、住民の「物質的」「主体的」荒廃が移民「危機」とともに提示されるのである。移民「危機」は、ヨーロッパへの移民の動きの調整という植民地主義的テクノロジーが、労働力の移動の選択的フィルタリングのオーバーフローのために起きたことである。

住民のなかでの戦争は横断的で、地中海の反対側の旧植民地・旧委任統治領にまで広がっている。中東では、フラクタル戦争は入り組んだ脱植民地化と重なり合った一つながりの内戦である。こうした様相は、「アラブの春」でさらに強調された。その発生により、産油国はドルを交換通貨として放棄する準備をしているという噂が静まった。同類たちを大いに安心させたことだが、西洋の政治‐メディア複合体のイスラムに対する強迫観念は、とくに労働者の動員がタハリール広場の集会に先行・並行していたエジプトで顕著だったように、二〇一一年に噴出した闘争の持つ階級・性・人種・主体性の闘争といった性質を打ち消すに至る。北側諸国はアラブの蜂起を、「ジハディズム」を基礎に性急に（再）構築された「権威主義的」体制に貶めるか、あるいは「ジハディズム」に転落させようと操作を続けている。この内戦の地平で起きた民主主義的実験[*202]は体制当局およびそれと連携した西洋諸国によって、暴力的に抑圧されたのである。「大」戦争同様の破局的・破壊的効果を持ち、旧植民地を席巻する小戦争は、最悪の捕食者たるグローバリゼーションから生まれた「客観的」切断と、「アラブの春」が働きかけた「主体的」切断を、国家の戦争機械、ないしはイスラム原理主義の戦争機械に引き渡すことを目的としている。

住民のなかでのフラクタル戦争と、そのモデルとなり逃走線ともなる小戦争は、地球の偉大なる会計官としてのポスト民主主義の時代に、資本の破壊様式の力能ないし行動する力能をアップデートさせることで、資本主義の「創造的破壊」を実現している。「経済」が資本の政治であるからこそ、経済は継続された戦争に相当するのであり、したがって経済的「変化」の見通しはどうであれ、この戦争にかかわる「主体」をこの戦争の戦略主体へと変容させることになる。二〇〇七年~二〇〇八年にかけて明確になった恒常的「危機」の激化が緩和されることはないだろう。なぜなら資本の戦争機械は、権力的諸関係と自らの基盤となりまた四〇年の徹底したネオリベラリズムののちに現在のポスト批判的状況[*203]への道を開いた戦略的関係を破壊することはできないからだ。

どんな「新しいニューディール」「社会契約」「新しい調整」にも期待できないだろう。なぜなら、諸力の関係は、われわれの唯一の居場所である長期にわたる世界的な反革命によって、あまりにも不均衡になったからである。「量的緩和」と呼ばれる通貨政策の側にも、また強い国家に支えられた需要という「新ケインズ主義」のためにそれを利用しようとする側にも、やはり何の希望の光もない（われわれは今や誰

⋆201 ラズミグ・クシェヤンによれば「アテネの大気汚染は危機が始まってから一七%増加した。その原因は〔……〕木材による暖房の増加である」。木材は安いが、森林の非合法な伐採の増加、続いて森林面積減少を伴うこともあって汚染の度合いは大きい。おまけに森林保護官も劇的に減少した。「危機は結果として経済的なものからエコロジー的なものになり、逆もまた真である」。Cf. Razmig Keucheyan, *op. cit.*, p. 45.

⋆202 ここではクルド人のことを考えよう。かれらは直接民主制の「共同体的」経験を通じて構築された集合知を軍組織や民間防衛にまで導入するに至った。PKK（その後はPYD）が二〇〇五年以来採用している「民主的」かつ国際的な「連邦制」は、マレー・ブクチンに影響された社会的エコロジーの次元に全面的に移行しようとしていることはついでながら強調してもよいかもしれない。以下を参照。Benjamin Fernandez, « Aux sources du communalisme kurde : Murray Bookchin, écologie ou barbarie », *Le Monde diplomatique*, juillet 2016.

⋆203 そのこっけいなバージョンについてはフランス社会党二〇一二年のキャンペーン映像をご覧頂きたい。« Le changement c'est maintenant » (URL : www.youtube.com/watch?v=8gCWYmNRtjc).

もが社会主義者ではなかろうか？）。[204] こうした政策は厳格にアメリカの監視下に置かれ（連邦準備制度FEDは最終審級たる世界銀行としての態度を明確にしている）[205]、「銀行救済」、および「［IMFの］コンディショナリティー」を利用して新しく折衷的な「構造調整」プログラムをもたらすために企図されたものである。その調整においては、オープンスペース型の管理形態と、労働搾取および社会の治安管理の極端に規律訓練型な形態とが結合している。これが「フレキシキュリティ」という語の本当の意味である。そしてもしこれが「ポストモダン」の公然たる印であるならば、その同義語たるアングロサクソン・グローバリゼーションは、一九世紀以降の、そして金融「危機」における一九世紀の回帰以降の、階級・人種・性・主体性の戦争全体を激化させることになる。

戦略関係および権力関係が無制限に拡大・拡張・再生産されることは、経済学用語で「バブル」と言われるものを形成することと軌を一にする。その本質的な特徴は、遅かれ早かれ破裂することである。しかし、そうなる危険があるのは新しい債券バブルだけではない（それは二〇一〇年以来めまいのするような勢いで量と価格を高騰させている）。より大規模な破裂のかたちといえば、これも通貨政策がもたらしたこの同じ権力関係・戦略関係が、つねに住民のなかでの戦争の統治にだけ依存して資本主義の「システム－世界」の生き残りを確保しようとすることから生じる。

しかし、いかなる歴史的必然性も、「最終審級」における矛盾も、「瀕死の」このプロセスを導くことも、あるいは解決することもないだろう。資本主義は「自然」死することはないが、それはその「経済」が教条的マルクス主義の主張とは違い、戦争と新しい戦争経済から切り離せないからであり、ネオリベラリズムとはこれに冠された名前であり、その必然的な実態である。このプロセスは維持不可能であり、そしてその限界を絶えず移動させていること、それが世界的な内戦と、地中海（パリのど真ん中でその続きが行なわれる移民に対する「低強度戦争」が行なわれる場）[206]に端を発し、地球全体にその「フラクタル」な残響を広げる「恒常的な分子的不安定性」[207]のミクロ管理の拡がりを増大させている。

現代の資本主義の背後には、われわれの仕事のとっかかりとなったカテゴリー、つまり通貨と戦争、そしてつねに一緒に作動する両者による破壊と脱領土化の力の共同決定以外の「主権」形態は存在しない。新しい権力テクノロジーの形態の変化を引き起こし働きかけるのは、共同決定し、また資本に特有の無制限の力学から直接に力を得ている通貨と戦争である。

ネオリベラリズムによって解き放たれた二つの脱領土化の力は、クラウゼヴィッツの言う意味での政治「目的」を追求することはいっさいない。それはむしろ、世界レベルの「カオス」を永続化させることに固執しているように思われる。そのために、同時に金融搾取の無制限性をつねに再生産するかたちでをその力をコントロールするよう努めるのだが、その継続的な強化（カオスの資本化）が、住民のなかでの戦争の領域拡大をもたらすのである。敵を敗退に追い込むこれ以外の媒介は存在しない。「ギリシャは教える」。そして「それはすべてを教える」（ここではギリシャが「すべてを教える」としかるべく修正しておこう）。つまり、フーコーがいっとき、政治を継続した戦争として教えていた、コレージュ・ド・フランスの入り口の上に刻まれた誇り高き格言に倣おう。

あるいはより正確に言うと、フーコーの同じ言葉をくり返せば、権力関係と支配のオペレータの分析装置としての戦争の問題である。なぜなら、革命的戦争機械を構成するための戦略的な場として内戦が必然

＊204 『ニューズウィーク』誌の有名な表紙を参照のこと。« We Are All Socialists Now » (2 juillet 2009).

＊205 ＦＥＤは全部で七〇〇京ドルを馬鹿馬鹿しいほどの金利で金融機関に「貸与」することになる。つまりアメリカの銀行の預金高すべての七倍近い額を、である。それらの機関のうち、ヨーロッパの銀行は無視できない部分を占めている。ＦＥＤの体質と構成についての手厳しい分析としては以下を参照。Philip Mirowski, *Never Let a Serious Crisis Go to Waste. How Neoliberalism Survived the Financial Meltdown*, Londres et New York, Verso, 2013, p. 190-194.

＊206 Cf. Gilles Deleuze, Félix Guattari, *Mille plateaux*, *op. cit.*, p. 263［ドゥルーズ、ガタリ『千のプラトー』、中巻一一二頁］。

＊207 Sandro Mezzadra, *Terra e confini. Metamorfosi di un solco*, Castel San Pietro Romano, Manifestolibri, 2016, p. 41.

化されるのは、この側面を通じてだからである。たとえそれが今日《こんにち》では、最も脆弱で萌芽的な政治プロジェクトであったとしてもだ。反資本主義運動は、いまだ「労働者なき階級闘争」を導くことができない。冷戦を最も長いタームで見れば、労働者は政治的に敗北したのであり、それ以来いかなる集団的「政治理論」も、資本が発動した内戦の規模と水準で構想され実験されてはいない。

労働運動は、植民地的ブロックと労働の性的ブロックとを「二次的矛盾」に矮小化することで形成された。二〇世紀を通じて、植民地の被支配者と女性が、社会的将来像、経済的要求、そして「労働者階級」のあり方とも「覚醒」の統合プロセスとも一致しない主体化の諸様式を担う主体としての政治的自覚を持つようになって以来、この「マイノリティー」の従属化作戦はもはや維持できなくなっている。六八年は一九世紀共産主義とレーニン主義革命が敗北したこと、それらを「労働者階級」の党や組合に制度的に移植することに失敗したこと、おのれの全力能を表現することのできる戦争機械を創造することができなかった多様な世界プロレタリアの内部で力関係の不可逆的変化が起きたことを、同時に印づけた。さらに、脱植民地化闘争やフェミニスト運動が「マイノリティー」に対する賃労働者の権力を根底から浸食したことも指摘しておかねばならない。

現代の諸運動の実験の対象となっているのも、これと同じ問題である。総体的な新しい民主主義ではなく、内戦と主体化の戦線における闘いを戦略的任務と見なすことのできる反資本主義的な民主主義戦争機械の発案である。

フランスの「夜立ちあがる」運動による「労働法」反対闘争とレピュブリック広場の占拠はこのプロセスの現実の諸条件をまとめ、こうした機械を組織することの困難さのすべてを凝縮している。資本の勝利の長いシークエンスを打破するとまでは言わずとも、少なくとも戦争を問題と位置づけ資本と戦うことのできる有効な力を行使するうえで障害となったのは、テクネーの欠如でも、金融資本主義の力能に対抗して〝集約的に〟有効な戦略を企図することの困難さでもない。新しいテクノロジーについて言えば、それは共同的福祉の自律的主体の出現を告げるどころか、むしろ金融資本の作動様式とも無縁ではなく、労働の社会的分業の内部で動作しているうえに、しかも「年中無休の資本主義」[*208]の機能性に沿ってその分業の再生産に貢献しているのもこうしたテクノロジーなのである。しかしそれは、常にある程度まで知の協同的行使に流用可能だ。「夜立ちあがる」運動の二日間で、ラジオとテレビのチャンネル『立て』が設立されたのは、ソーシャル・ネットワークとその「アルゴリズム」をフル活用することによってだった。しかし、「労働法」に対する二カ月間の闘争が終わるころ、フランスの春とも言うべき運動が乗り越えるのに難渋したのは、フルタイム労働者と不安定労働者とのあいだ、有職者と失業者とのあいだの分裂だった。長い時間をかけて行なわれた世界の性的分割、そして植民地との溝もまた再生産され、下町の非‐白人とおしゃれな街の都会的白人の若者との隔たりを埋めることもできないままだった。

賃労働者、不安定労働者、学生、新しい主体性のあいだで下から生み出され表現されたこうした実際の「集約化」は、戦略的なものではなく状況依存的である。それは、新しい型の組織化および脱組織化と結びついた新しい政治を規定することはない。労働総同盟CGTのような組合の立ち位置はこうした集約化の行き詰まりと限界の象徴だ。最近の大会でCGTは自らの「階級」としての性格を再発見したが、しかしその「急進化」はいまだなお依然としてフルタイムの賃労働者、活動の国家的枠組み、統治の合法的形態の尊重に支えられている。この期間、金融機械は権力の布置を横断するかたちで機能し（賃労働者、不安定労働者、福祉、消費、コミュニケーション等々）、この機械によって、（この機械が吸収した）国家的枠組みを恒常的に世界的次元（マルクスが資本の概念のなかに取り入れた「世界市場」の次元）に結びつけながら、個人の内面と社会体に通じる階級・人種・性の戦争の総体に介入しようとしている。

しかし、現在のオルター・グローバリゼーション運動が資本権力を危機に陥れることのできる「力」の組織化と行使の様式を今なお探し続けているとはいえ、かれらは間違いなく主体性の変換をもたらし、「広場占拠」に象徴される政治的実験の新たな時空間を切り開いている。[*209] だが、それはどのような実験なの

＊208 Cf. Jonathan Crary, *24/7. Late Capitalism and the Ends of Sleep*, Londres et New York, Verso, 2013.

か？　言葉の民主主義と制度的出口とが、これらの闘争が表現するものと一致するのはきわめて部分的にしか生じないということを認めざるを得ない。

ギリシャ、スペイン、フランス、そして中近東のすべての国、アメリカ合衆国等々で実験されたのは、われわれに場所と生産的役割を割り振り、われわれを一つの性別、一つのアイデンティティ、一つの国籍に、そしてポスト植民地的な一国の歴史に固定する住民のなかでの戦争の統治と手を切る初発の試みなのである。分子革命と階級闘争のあいだに新しい道を見いだそうとする（フェリックス・ガタリの最初からの問いを改めて取りあげれば）これらの動員から姿をあらわす欲望の曖昧な多様性は、統治されることに対する一義的な拒否、そして統治者／被統治者の関係やその布置（賃労働者、消費者、福祉、異性愛等々）とその公理系（競争力、議会制民主主義、社会参加等々）から解放される意志／必要をまずその動機として生まれた。統治そのものに対する服従の拒否以外に集団的実験の対象／主体は存在しないかのように、万事が過ぎている。しかし集団的実験は、これまでと同じく、あるいは今日《こんにち》ではより根本的に、階級・性・人種・主体性の戦争の組織化でなくては、けっして「労働の社会的分業」（マルクス）にも「感性的なものの分有」（ランシエール）にもなりえない。

被統治者という状況から出発しなければ闘争は始まりえない、と言うのであれば、闘争はどうあっても統治の公理系から脱し、自己肯定という自らに固有の戦略の場に到達せねばならない。このことは、つねにローカルでもグローバルでもある敵を名指すだけでなく、主体性の転換に踏み出すことで断絶の一つのかたちをとり、賃労働者、消費者、ユーザーといったわれわれの条件――端的に言えば「規範病」――と批判的・臨床的に断絶するプロセスに踏み出すことを意味する。なぜなら、こうした「主体からの脱出」が禁じられる隷従によって、われわれは皆、何らかの理由で資本という巨大機械の「部品」になるからである。さて、住民のなかで行なわれる、われわれがフラクタルと呼んだ戦争は、戦争が問題視されない以上問われることもなかった非対称性を特徴としている。

資本の戦争機械は流血を伴う戦争と流血を伴わない戦争の連続体を構成し利用する。その戦場となるのは住民である。資本の戦争機械は自らがその存在をどうあっても否定せねばならないグローバルな内戦を組織し実行する。連続体が連続体であるのは、ひとえに資本と社会的・政治的諸勢力のブロックにとってのみである。このブロックは、資本の権能の周りに集まり、領域に応じて軍事的な武力行使（その力は警察に拡大的に付与される）から非軍事的なそれへと移行しつつ、どこが温床となって発生するか（住民のなか）は知っているが特定はできない（探知できない、蓋然的な、そして当然認識されていない）が、しかしその発生地はグローバルなポスト植民地的論理によって重層決定されている、そういった敵と戦っているのである。

搾取される側、支配される側にとって、この連続体はそれを前に向かって押し出すか、あるいは能動的に構築するのでなければ存在しない。資本の流血を伴う戦争と流血を伴わない戦争の連続体に対抗するために、自律的な時間のなかで創案される集団的断絶の主体的連続体など、およそ所与のものではない。政治的非対称性があるとすれば、それが確かめられ、より粗野な言葉で表現されるのはまさにここである。一九七〇年代以降、資本は戦略と戦争機械を手にした。プロレタリアとその係累は戦略も戦争機械も持っていない。かれらはこの五〇年近く無力なまま、武器を葬るのではなく、資本の改良主義に短期・中期・長期的に寄与するはずの政治的未来図をいっさい葬ってしまった金融資本に先手をとられている。

戦争を巡る六八年の思想の最先端から再出発し、いかなる意味でも「非対称戦争」とは違うこの非対称性を掘り下げていこう。このために、最後にもう一度、フーコーが確立した権力（統治者／被統治者の関係）と戦争（敵との関係）のあいだの区別を、両者の「無限定の連続と絶えざる逆転」（われわれにとっては資本の常軌を逸した運動の不安定さに直接基づいたもの）を通じて取りあげることにする。同様に、ドゥルーズとガタリの「戦争機械」の概念も用いよう。戦争とも国家とも区別され、社会戦争と関連づけ

★209 「暴力問題」は、「力」という問題を提起するには最も筋の悪い手段であることはどれだけ強調しても良い。暴力問題は戦略的には力の問題に従属してしまうからである。それを逆から行なうとどうなるか。それもまたこの暴力を、街路設備や銀行設備の破壊という象徴的なレベルにとどめておく最も確実な手段なのである。

られたこの概念のおかげで、権力と戦争（つまり統治者／被統治者関係と敵対者のあいだの関係）は資本の戦争機械の二重の節合を構成すると想定することが可能になる。

ギリシャに戻ろう。ギリシャで展開された金融戦争は、二人の中国人将校がアジア危機について主張したように、非対称性を特徴とする「正真正銘の戦争」であり、われわれはその非対称性をよりしっかり描こうとしているのである。そして、ここでわれわれの分析の主な指標を移しかえよう。金融資本の諸制度は戦略（債務）、明確な敵の定義（住民の一部）、そしてそれを実現するための非軍事的巨大破壊兵器（緊縮政策）を持っているのに対し、かれらのイニシアティブと債務経済の攻勢に服従している者たちは、「被統治者」の立場から戦略も戦争機械もなしに戦っている。すべてははっきりしている。資本の戦略は何も隠していない。ギリシャでは、二〇一五年七月、内戦統治政策への移行が衆目のもとで行なわれた。おそろしいほどに孤立したギリシャの運動は、この新しい対決の場まで敵についていくことができなかった。統治を拒否することは、統治者／被統治者関係が含意する「自由」を拒否することにしかなりえなかった。きわめて困難なプロセスだが、それというのも労働者、共産主義者ないし革命派の運動はリベラル派の「自由」に対立する自由概念を生み出すことができなかったからである。

債務は、資本の戦争機械にとっては統治者／被統治者が対立する比較的安定した権力関係であり、同時に敵対者が対立する戦略的対決の領域でもある。債務を通じて、政府は比較的予想可能なかたちで被統治者の行動を誘導する。比較的、というのは、被統治者がその「自由」を行使することで抵抗し、対立し、経済的制約を回避するからである。他方資本の戦争機械は、金融化の装置を拡張し、緊縮政策を強化して、この抵抗・対立・回避策が消耗しきるように駆り立てている。

フーコーは、統治者／被統治者関係が法によるものでも戦争によるものでもないことを主張する。というのもそれは、「自由な主体」がリードする「可能な行動についての行動」を構成するからである。しかし権力関係が事前に予想する可能、自由、行動、振る舞いは、いまだなお統治性の枠組み内では規定されていない。被統治者の自由はリベラル派の人的資本ないし自己の企業家あるいは消費者の自由であり、つまりは権力の諸布置により資本の蓄積の新しい要請に応えるべく「作られた」、喚起された、刺激された自由である。「枠内において、対抗して」闘争することはできるが、しかしそれは（フーコーの枠内で、フーコーに対抗して？）労働の社会的分業に、そしてその主体としての割当に囚われている。

　自身の可能性に従って自身を作る自由はまったく別のことである。それは自身の行動領域を構造化し、その創造によって、そしてその内部で、「統治者」に対して自律と独立を得ることによって、つまり統治のプラン上では決定不可能であることによって、自らを主体化する自由である。被統治者は戦略的対決からかれらを分離している敷居を、資本が絶え間なくリードする住民のなかでの戦争を自身に固有の戦争機械で包囲して乗り越えるに至って、初めて自由である。さて、われわれが見てきたように、被統治者から敵対者への移行はどう作動しているのかについて、フーコーは説明しなかった。かれは晩年のかれに取り憑いていた「マイノリティー状態」（カント）を脱却するために必要な主体化の条件として、断絶をテーマ化することはなかったが、それはかれが戦争機械の構築を問題にすることがなかったからである。しかしながら戦争機械の構築は、横断的な結びつきによって機能し、資本やその分裂統治の全装置の記号論と断絶する集団的主体化のプロセスにとって必要不可欠な条件である。

　二〇一一年以来、反資本主義運動は主体的断絶の様式を増殖させてきた。しかしながらこうした運動は瞬く間に、出口のないオルタナティブに直面していることに気づく。あるいは組織化された勢力としては「消滅する」か解体する。さもなくば瀕死の近代の政治行動の様式を復活させて新しい代表形態で自らを構成する。だが、統治関係から脱却するには、関係する両者を動かさねばならない。従属状態（被統治者）から脱却するだけでなく、新たな「統治者」になること、つまり、被支配者の利害関心の代表として「エリート」が行使したそれよりすぐれた代表であると自称することも拒否することだ。これらの運動から生まれた「新しい党派」は、この「政治」が何かを変えうるという幻想を再生産して議会制民主主義を取り繕っているが、統治の枠内での「別の政治」は不可能なのだ。それは、近年のスペインのポデモスの選挙での不運が物語ることでもある（「権力」の一歩手前で失敗した）。シリザの大失敗から一年と経っていない（こちらは基本的にこの同じ「権力」を依然として維持している）。

本書でわれわれが終始実践してきたのは、一九七〇年代前半のフーコーである。それはまた、現在の状況を前に、われわれは「どのような崩壊、債務、過度の蓄積を通じて富のある状態が作られ、また崩れていったのかを示すために、富の生産という問題の背後に」[*210]目を向けるようになった、ということでもあるというのもわれわれには、新しい価値経済理論や統治へのオルタナティブなアプローチ以上に、「資本新世」のグローバル内戦時代に特化した政治的問いを立てることが必要だからである。

さて、ギリシャで展開された闘争により、われわれは住民という概念につきものの曖昧さを持たない「住民」が、政治経済のなかにも生政治の概念のなかにも存在することに立ち会ったのだった（一方が他方に影響した可能性もあったとも考えられる）。住民は資本主義下の社会的現実がすべてそうであるように、敵意の論理に沿って分裂させられている。戦争は一方の住民が他方の住民に対して仕掛けるものである。二〇一五年の六〇％対四〇％という［ギリシャの］国民投票の結果は、オキュパイ・ウォールストリートの一％対九九％というスローガンよりも、社会を貫く分裂の実態により近いイメージを提示している。このスローガンの数字は収入と資産の分布というレベルでは「正しい」ものでありうるが（この数字は経済力が金融力になる閾値かもしれない）、金融による社会階層分裂の境界線による差異化や配置とは違ったかたちで差異化され配置された「経済的」分裂をもとにした主体化のライン上で構成される勢力ブロックを計算に入れていない。このことはまた、二〇一一年〜二〇一二年のオキュパイ運動を、二〇一二年五月のゼネストの呼びかけによって突出し不安定化した「ソーシャル・ネットワーク」のカウンターカルチャーのなかに位置づけることを妥当とするだろう。このゼネストは、一九八〇年代から受け継がれたいくつかの提案（トービン税、選挙キャンペーンの資金調達改革等々）とはほぼ相容れない。こうなるとフィリップ・ミロウスキーとかれの強烈なスローガン「よりよい世界を夢想する前に敵を知れ」を批判することは難しいだろう。ミロウスキーは「まさにこの点で、カール・シュミットは正しかった」と結論している。[*211]

アメリカ合衆国では、ギリシャやスペイン同様、債務経済に反対する勢力は「被統治者」としての従属する姿から、戦略的に独立した自律的な敵対者の姿への移行を示せていないが、それはあらゆるかたちの統治の強制からの自律を内戦の主体化プロセスにおいて政治的に構成されるものと見なすことで果たされるはずだ。内戦は被統治者に押しつけられたものではあるが、逆に統治者が被統治者にもたらした変化によって、被統治者が敵と化したおのれの姿を示す場でもあるからだ。

この経路を乗り越え、この断絶を作動させる際に、二〇一一年以降増殖した闘争は大きな障害にぶつかる。まずは金融というかたちで、資本が、敵対者という姿では描きにくい匿名かつ非人称的な総体的装置として姿をあらわす。搾取と支配の形態や、指令を出す主体といったものは、国民国家の産業界の「社長」よりも抽象的で内在的だ。次に、現実のあらゆるレベルで無限に生み出されるフラクタル戦争は、国家間戦争の形態も、一九世紀そして二〇世紀の伝統が残した内戦の形態もとらない。戦時か平時かという二者択一から逃れる状況、そして金融資本の戦略が目指していた社会の鎮圧がまず市場のソフト・パワーに委ねられた住民の治安コントロールに向かう状況において、戦うことは難しい。三つ目の障害は、プロレタリア内部に深刻な分裂を生み出す階級・性・人種の戦争によって表象される。権力関係から戦略関係への移行、抵抗と攻撃の能力、力の蓄積と行使、主体化のプロセス、これらは分裂の無力化と、「マイノリティー」間の革命的連結の構築を条件としている。ここで「マイノリティー」という言葉をその最も哲学的な意味で使っている（ドゥルーズとガタリの「多様性《ミュルティプリシテ》の定式」）。結局、戦争機械という観点から考えることは、六八年の思想の本質的限界だとわれわれに思われるもの——すなわち、六八年の思想では戦争の全要素を資本の価値化の全体的な形態として考えることができないということである。この形態は改良主義的「契機」を自由市場という資本の壮大なユートピアに組み込まれた戦略的な一挿話に帰着させるからだ——と対決するということでもある。

★210　Michel Foucault, *« Il faut défendre la société »*, *op. cit.*, p. 115［フーコー『社会は防衛しなければならない』、一三三頁］。

★211　Philip Mirowski, *Never Let a Serious Crisis Go to Waste*, *op. cit.*, p. 326.

われわれが試みた対抗的歴史の構築には、われわれに押しつけられたがわれわれにできなかった諸戦争の現実を取り戻すという以上の役割はない。哲学者たちの観念的な戦争ではなく、「権力のメカニズムの内部で」荒れ狂い、「諸制度の隠れた原動力」となる諸々の戦争である。フーコーが歩みを止めたところから、あるいはフーコーがその言説のなかで語る主体を脱構築してしまった地点から、われわれはこの戦争のなかの戦争を追求しなくてはならないのである。**この戦争を説明原理として再発見するだけでは十分ではない。この戦争を再活性化させ、この戦争がそれとはっきり気づかれることもないままに継続され、陰に潜み沈黙を守るそのあり方を捨てさせ、決定的な戦いへと導かねばならない。われわれがいつまでも負け犬でいたくないのなら、備えるべきはその戦いである。**

〔訳者あとがき〕

「戦争と平和」ではなく「戦争と資本」という認識への転換

——資本主義とは、資本が民衆に対して永久戦争を仕掛ける体制運動である

杉村昌昭

本書は以下の書物の全訳である。Éric Alliez & Maurizio Lazzarato, *Guerres et Capital*, Éditions Amsterdam, 2016.

著者マウリツィオ・ラッツァラートについて

著者たちの来歴から紹介しておこう。

まず、マウリツィオ・ラッツァラートに関しては、すでに作品社から二〇一二年に刊行した訳書『〈借金人間〉製造工場——〝負債〟の政治経済学』の「訳者あとがき」でおおよそ記しているので、是非そちらを参照していただきたいが、簡単に紹介しておこう。一九五五年にイタリアで生まれ、パリで活動してきた社会学者である。一九七〇年代にイタリアのアウトノミア運動に参加したのち、パリに亡命。そのままパリで、非物質的労働、労働者の分裂、社会運動などについての研究を行ないながら、非常勤芸能従事者（アンテルミッタン）や不安定生活者（プレカリアート）などの活動にも参加してきた。アントニオ・ネグリらとともに政治思想誌『*Multitudes*』を創刊し編集委員を務めている。また、フランスで再評価がすすむガブリエル・タルドの研究の第一人者であり、『タルド著作集』の編集の中心人物の一人である。

なお、この『〈借金人間〉製造工場』は、資本にとって、「借金=負債」がわれわれの生活や社会、さらには未来をも支配する最適の道具になっていることを指摘したもので、現代の政治経済社会の諸問題を考えるうえで必読の文献であり、『戦争と資本』の着想の萌芽もすでにここに見いだすことができることをあえて強調しておきたい。

わたしが一九九六年から九七年にかけてパリに在住した際、マウリツィオと出会って親交を深め、かれの初の邦訳書『出来事のポリティクス』(村澤真保呂・中倉智徳訳、洛北出版、二〇〇八年)の仲介をしたあと、前記の『〈借金人間〉製造工場』を翻訳し、その後もわたしがフランスを訪れた際や、かれが来日した際に会って話をする機会を持ってきた。ちなみに二〇一五年には『記号と機械』(共和国)という邦訳書も刊行した。

二〇〇八年の洞爺湖サミットの際に、国際的反対運動の一員として来日し、立命館大学などで「労働・雇用・保障のオルタナティヴ」について講演。また、二〇一一年には、フェリックス・ガタリの足跡を追った映像作品のプロジェクトのために再来日し、沖縄などで撮影をしたほか、立教大学、大阪大学などで講演を行なった。

著者エリック・アリエズについて

エリック・アリエズは、一九五七年生まれの哲学者で(博士号取得の指導教員はジル・ドゥルーズ)、現在、パリ第八大学教授、キングストン大学(ロンドン)客員教授を務めている。

わたしは、エリックとも、マウリツィオとパリで出会ったのと同じころにパリで出会っているから(ガタリの親友フランソワ・パンの事務所で、三人一緒に会ったこともある)、わたしの両者とのつきあいは二〇年以上前からということになる。エリックと初めて会ったのは、一九九六年から九七年にかけて、かれが「国際哲学コレージュ」のプログラム・ディレクターとしてパリ第七大学で行なっていたセミナーに、わたしが参加したときである。ちなみに、このセミナーへの参加がきっかけとなって『ブックマップ現代フランス哲学――フーコー、ドゥルーズ、デリダを継ぐ活成層』（毬藻充訳、松籟社、一九九九年）という エリックの邦訳書が生まれた。なお、わたしがアントニオ・ネグリと初めて直接顔を会わせたのもこのセミナーであり、当時パリの反レイシズムのデモで、エリックとネグリが並んで歩いているのを見かけたこともある。

エリックはもともとフェリックス・ガタリの周辺にいた活動家＝研究者で、ガタリがドゥルーズに紹介してドゥルーズの薫陶を受けてから研究活動の幅を広げ、今では国際的に広く知られたドゥルーズ学者となっている。したがってエリックは現在、ガタリというよりもむしろドゥルーズにきわめて近い研究者という趣きを呈しているが（これは余談だが、エリックは他方で「美術」にも造詣が深くドゥルーズの思想を応用した『マティスの思想』という箱入りの立派な著書を送ってきたこともある）、当初はガタリときわめて親密で、一九八四年には「資本主義のシステム、構造、過程」という短いながら本書とも関係がなくはない興味深い論文を『シャンジュ・アンテルナシオナル』という雑誌にガタリと共同で書いている（この論文は拙訳『闘走機械』〔松籟社〕に収録されている）。ドゥルーズの死後、わたしがパリにいた一九九七年にパリ第七大学やソルボンヌ大学を中心に開催された「ドゥルーズ追悼国際シンポジウム」を組織したのもエリックである。

本書の翻訳の経緯について

したがって、本書の共著者であるこの二人のあいだには、ドゥルーズ＝ガタリ直系の研究者として長年のつきあいがある。かつて一九九〇年代に、かれらがかかわった『フュチュール・アンテリユール』（『前未来』）という短命に終わった政治哲学雑誌があったが、そのころからとくに親交を深めたようだ。わたしがマウリツィオと出会った当時、かれは忘れられた社会学者ガブリエル・タルドの資料収集のため仏国立図書館に通っていた。その成果は、その後『タルド著作集』として結実することになるが、そのときマウリツィオとともに編集にたずさわったのがエリックである。かれらはその後も、マウリツィオはどちらかというとガタリに力点を置いた活動を、エリックはドゥルーズに力点を置いた活動を遂行しながら、つかず離れずの関係を保ってきたようであるが、最近の両者の関係について、わたしはあまりよく知らなかった。

そんなわけで、『戦争と資本』をエリックと一緒に書いたとマウリツィオから一報が届いたとき、当初、わたしは意外の感にとらわれたが（最近のかれらの関係に疎かったので）、かれらの関係を歴史的に振り返ってみたら、そこに必然的な糸を見いだしたしだいである。そのころ、確か二〇一七年に、いつもフランスの書籍動向や政治情勢について教えてくれるパリ在住の友人、呂明哲さんが来日することになってい たので、原著を一冊持ってきてくれるように依頼したが、ほとんど同時にマウリツィオが送ってくれた原著も届いた。作品社編集部の内田君も翻訳出版を快く引き受けてくれ、さて作業開始の段になって、この原著のボリュームを前にして、老化しつつあるわたしの脳に一人では無理なのではないかと囁かれ、かつてネグリの『野生のアノマリー』を共訳した信友君に声をかけて作業が始まった。

しかしその後、じつにさまざまな事情があって翻訳や編集の作業が遅れ、ようやく刊行できて、ほっとしているところである。なお、翻訳は『野生のアノマリー』のときと同様に、「序文」をのぞいて全体を信友君が訳し下ろし、それにわたしが手を加えるというやり方で完成にこぎつけた。原著の文体は、歴史的な文献情報と著者たちの論理や情理を渾然一体として詰め込みすぎているため、文脈的には精緻ではあるが複雑になりすぎていてけっして翻訳しやすいものではなく、それも刊行が遅れた理由の一つである。しかし、本書の複雑な構成は現代世界の複雑な実態を反映してもいるので、読者の方々にもそのことを前提として読んでいただければ、現代世界の今後を考えるうえで、欠かすことのできない貴重な情報を得られるとともに、現在世界で起きている重要な問題の核心にふれることができると確信している。

本書のテーマについて――〝資本主義とは、資本が民衆に対して永久戦争を仕掛ける体制運動である〟

著者たちの思想的背景について長々と述べてきたのは、この本は一見、複雑な構成をなしているように見えるが、著者たちの思想的自己形成を頭に入れて読んでいけば、読者の方々は〝茶ノ木畑〟に入り込んで迷わないですむと思ったからである。さらにここから、かれらの依拠する思想的基盤と歴史分析の基軸を簡潔に示しておきたい。

二人の著者がドゥルーズ＝ガタリの思想的影響下に研究活動を始めたことはすでに述べたが、もう一人、かれらに大きな影響を及ぼした思想家に、ミシェル・フーコーがいる。とくにマウリツィオは、フーコーの書いた文章と自分の書いた文章を取り違えるというエピソードもあるくらいフーコーに心酔してきた。

マウリツィオとエリックが、本書の執筆にあたって、ドゥルーズ＝ガタリの「戦争機械」という概念（国家装置から切り離された社会闘争としての戦争概念）と、フーコーの「生政治」という概念（国家による法的・政治的支配だけではなく、諸個人の生活や精神をまるごと巻き込んだ支配装置としての政治）を主軸に置いていることを、まずお伝えしておきたい。かれらは「戦争機械」という概念と「生政治」という概念を、資本主義の歴史を分析するとき一貫して使用している。

本書の資本主義批判の精髄をひとことで言うなら、〝資本主義とは、資本が民衆に対して永久戦争を仕掛ける体制運動である〟ということになるだろう。少し先走って言うなら、それに対してわれわれ民衆は、いかなる〝戦争機械〟を構築することができるかというのが、二人が投げかける問いである。

他方、フーコーの「生政治」という概念は、資本主義が人びとの生活全体を包摂し支配している様態を描き出すときのキイ概念として活用される。この点は多くのフーコー学者が用いてきたのと同様の応用の仕方であるが、本書で注目すべきなのは、かれらはフーコーの思想に依拠するにとどまらず、フーコーの〝ネオリベラル的転向〟を批判的に捉え直していることである。この〝転向〟はフーコーがおのれの思想的基軸を「権力論」から「統治論」に移したことに原因がある、というのが著者たちの見解であり、これは資本主義分析にとってきわめて重要な論点であると同時に、フーコー研究者が、このフーコーの〝ネオリベラル的転向〟をどう考えるかという（フーコー解釈の）問題をも提起するものである。

本書は、フランス現代思想の最も生産的な遺産を継承しながら資本主義の歴史を分析したものだが、他方で、当然のことながらマルクスの思想にも依拠している。何よりも「本源的蓄積」という概念を単なる歴史的エピソードに押し込めるのではなく、現代資本主義の実態にも適用して、「本源的蓄積」が現在も姿形を変えて資本主義の主軸になっていることを立証している。また「本源的蓄積」の歴史とペアで展開される「植民地主義」の歴史に対する批判も、本書の重要部分をなしている。そして「植民地主義」という概念も、現代的に把握し直され（植民地主義は単に帝国が国家の外部で行なう行為ではなく本国内でも行なう行為である）、その資本（主義）との関係が突き詰められる。

そこから「戦争」と並んで本書のもう一つのメインテーマである、世界的次元における「内戦」という概念も導き出される（資本は、新手の「植民地主義」を遂行するために本国の内外で戦争を必要不可欠とし、それが「内戦」をつくりだす）。資本主義は、とくにあらゆる先進諸国で「内戦」を生み出したとして、階級的内戦、フェミニズムをめぐる内戦、民族的内戦、文明的内戦、そして何よりも「主体性」の内戦が陰に陽に起きている事態、これが現在の世界のありさまである、という認識が示される。そしてこの内戦を民衆の側からどう闘うかが、われわれに問われているというのである。

ところで、エリックとマウリツィオが、さまざまな内戦のなかでも最も重要な鍵を握るもの（「内戦」のきわめつけ）として持ち出している「主体性の内戦」の「主体性」という用語は、かれらがフェリックス・ガタリから借用した概念であると本書のなかで明言している。この原語の「subjectivité＝subjectivity」という語については、わたしはこれまで一貫して「主観性」と訳してきたが、ここでは「主体性」という訳語に統一することにした。ガタリが「subjectivité」という語に負荷するニュアンスはやや複雑な内容をともなっているため、わたしは「主観性」と訳してきたのだが（そのいきさつについてお知りになりたい方は、平凡社ライブラリー版の『三つのエコロジー』の「訳者あとがき」を参照していただきたい）、本書ではむしろ一般的なニュアンスで使われていると考え、「主体性」と訳すことにしたのである。読者の方々がこの語を「主体としての性質や在り方」といった程度の意味と見なして読み進んでいただいても、文脈の理解の障害にはならないと判断してのことである。

それはそれとして、表題の「戦争」というフランス語が単数形ではなく複数形になっているところに注目しておきたい。「六八年革命」の挫折後、社会状況は一種の多様な「内戦」（それは「主体性」の「内戦」）に収斂される）によって構成されてきた、と著者たちは考えているのである。

「戦争と平和」ではなく「戦争と資本」という認識へ
——資本とリベラリズムが戦争を仕掛け続けている

本書を読み通すうえでの重要な導きの糸を、もう一つ指摘しておきたい。

本書は、何よりも現在も猛威を振るい続けている〝ネオリベラリズム〟の源流たる〝リベラリズム思想〟の起源と、今日に至るまでの歴史を詳細に再検討した著作として出色の価値を持っている。これまで西洋民主主義の基盤と見なされてきたリベラリズム思想が、資本（主義）と結びついて、いかに支配の原理として機能してきたか、歴史を貫通して存続するリベラリズム思想の「植民地主義的」な本質が明らかにされるのである。なぜリベラリズムの思想が資本主義と融合して世界を支配し続けているか、その法的・政治的カラクリを考えるうえで、最重要の参考書になると言っても過言ではないだろう。

本書は、「本源的蓄積」（マルクス）、「生政治」（フーコー）、「戦争機械」（ドゥルーズ＝ガタリ）といったキイ概念に依拠しながら、リベラリズムと結びついた資本が、いかに世界を「植民地化」し続け、〝ネオリベラリズム〟と呼ばれる現在の姿に至っているかを、豊富な文献資料を援用しながら解明した一種の「唯物論的歴史哲学」の書であると言えるだろう。

さらに、この資本主義とリベラリズムの歴史分析には、著者たちのもう一つの想いが絡みついている。

それは、この資本とリベラリズムの融合による支配に「敗北」し続けてきた「左翼思想／勢力」としての苦い総括の試みであり、そこからの脱出口の模索である。資本主義とリベラリズムが支配的思想として存続する限り戦争はなくなることはない。そして、その戦争は、今やさまざまに分化したかたちで諸国家の外にも内にも遍在しているものである限り、われわれはそれを直視することから始めねばならないということだ。「戦争」と「平和」の二項対立的観念を取っ払って（日本の実態も「戦争と平和」としてではなく、「戦争と資本」＝「資本が仕掛けている戦争」として読み解かねばならない）、資本（主義）が仕掛けてきた／仕掛け続けている戦争の社会的実態に目を向けない限り、「敗北」から抜け出せないということでもある。

本書を読みながら、わたしは数年前に翻訳刊行したエリック・アザンの『パリ大全』（以文社）のなかで、この革命史家が、一九世紀の「諸革命」に言及しながら記した一節を思い起こした。すなわち「〝敗北〟という概念の周囲を探索してみるなら、そこには真実という巨大な結果が残されている。敗北は実現されなかったことを明るみに出す。幻想——共和主義的友愛、法と権利の中立性、人間解放を約束する普通選挙といったような——が君臨する場所において、敗北は、突然、真の敵の性質を知らしめ、合意を一掃し、支配のイデオロギー的欺瞞を明らかにする。いかなる政治的分析、いかなる報道キャンペーン、いかなる選挙闘争も、街路で銃殺された人びとの亡霊ほど明瞭なメッセージを担ってはいないのである」。さらにアザンは言う。「敗北のなかに未来への思想的遺産がある」と。エリックとマウリツィオが共同で仕上げた本書の結論は、アザンのこのネガティブ＝ポジティブの歴史的思考とも共鳴する。

最後に、日本と世界の現状を憂える読者の方々にとって、本書が、反人間解放の思想としての資本主義とリベラリズムが突きつける諸問題を、歴史的・現在的に捉え返す機会になることを期待して締め括りとしたい。

二〇一九年六月

［追記］

本書の「序文」の末尾で、エリックとマウリツィオは、『資本と戦争』というタイトルの「続篇」の刊行を予告しているが、エリックの体調不良のために、これはまだ実現にいたっていない。そのかわりに、とりあえずのつなぎとして、マウリツィオは今年（二〇一九年）四月に『資本はすべての人びとを嫌悪する――ファシズムか革命か』という本を独自に出版した。

［訳者紹介］

杉村昌昭（すぎむら・まさあき）

1945 年、静岡県生まれ。龍谷大学名誉教授。フランス文学・思想専攻。

主な著書に、『漂流する戦後』『資本主義と横断性』（ともに、インパクト出版会）、『分裂共生論』（人文書院）ほか。

主な訳書に、マウリツィオ・ラッツァラート『〈借金人間〉製造工場――“負債”の政治経済学』、（作品社）、フランコ・ベラルディ（ビフォ）『大量殺人の“ダークヒーロー”――なぜ若者は、銃乱射や自爆テロに走るのか？』（作品社）、同『フューチャビリティ――不能の時代と可能性の地平』（法政大学出版局）、フレデリック・ロルドン『私たちの“感情”と“欲望”は、いかに資本主義に偽造されているか？』（作品社）、同『なぜ私たちは、喜んで“資本主義の奴隷”になるのか？』（作品社）、フェリックス・ガタリ『分子革命』（法政大学出版局）、同『三つのエコロジー』（平凡社ライブラリー）、同『人はなぜ記号に従属するのか』（青土社）、『エコゾフィーとは何か』（青土社）、ギャリー・ジェノスコ『フェリックス・ガタリ：危機の世紀を予見した思想家』（法政大学出版局）、フランソワ・ドス『ドゥルーズとガタリ 交差的評伝』（河出書房新社）、ジル・ドゥルーズ『無人島 1969-1974』（河出書房新社）、アントニオ・ネグリ『構成的権力』（共訳、松籟社）、同『ネグリ 生政治的自伝』（作品社）、同『野生のアノマリー――スピノザにおける力能と権力』（共訳、作品社）、同『さらば“近代民主主義”』（作品社）、スーザン・ジョージ『ＷＴＯ徹底批判！』（作品社）、同『オルター・グローバリゼーション宣言』（共訳、作品社）、同／マーティン・ウルフ『徹底討論グローバリゼーション　賛成／反対』（作品社）、クリスチャン・シャヴァニューほか『タックスヘイブン』（作品社）、ジャン＝クレ・マルタン『フェルメールとスピノザ――〈永遠〉の公式』（以文社）、ジャン＝クレ・マルタン『百人の哲学者 百人の哲学』（共訳、河出書房新社）、ミシェル・テヴォー『アール・ブリュット』（人文書院）、エリック・アザン『パリ大全』（以文社）ほか。

信友建志（のぶとも・けんじ）

1973 年生まれ。鹿児島大学医歯学総合研究科准教授。京都大学人間・環境学研究科博士後期課程修了。思想史・精神分析専攻。

主な著書に、『フロイト・ラカン』（共著、講談社）、『既成概念をぶち壊せ !』（共著、晃洋書房）、『〈つながり〉の現代思想』（共著、明石書店）ほか。主な訳書に、イグナシオ・ラモネほか『グローバリゼーション・新自由主義批判事典』（共訳、作品社）、ガブリエル・タルド『社会法則／モナド論と社会学』（共訳、河出書房新社）、ルイ・アルチュセール『精神分析講義』（共訳、作品社）、ステファヌ・ナドー『アンチ・オイディプスの使用マニュアル』（水声社）、アントニオ・ネグリ『野生のアノマリー』（共訳、作品社）、同『スピノザとわたしたち』（水声社）、エリザベ・ルディネスコ『ラカン、すべてに抗って』（河出書房新社）、ジャン＝クレ・マルタン『哲学の犯罪計画――ヘーゲル『精神現象学』を読む』（法政大学出版）、ジャック・ランシエール『平等の方法』（共訳、航思社）、ヴォルフガング・シュトレーク『資本主義はどう終わるのか』（河出書房新社）ほか。

本書について講演するÉ. アリエズ（右）と、M. ラッツァラート
（アテネ市立芸術センターにて、2018年）

［著者紹介］

エリック・アリエズ（Éric ALLIEZ）

1957年、フランス生まれ。哲学者（指導教員は、ジル・ドゥルーズ）。パリ第八大学教授、キングストン大学（ロンドン）近代ヨーロッパ哲学研究センター客員教授。フランスで再評価がすすむガブリエル・タルドの研究の第一人者であり、『タルド著作集』の編集の中心人物の一人。

著書は多数あるが、邦訳書として、『現代フランス哲学——フーコー、ドゥルーズ、デリダを継ぐ活成層』（松籟社）などがある。

マウリツィオ・ラッツァラート（Maurizio LAZZARATO）

1955年、イタリア生まれ。社会学者、哲学者。

現在はパリで、非物質的労働、労働者の分裂、社会運動などについての研究を行ないながら、非常勤芸能従事者（アンテルミッタン）や不安定生活者（プレカリアート）などの活動にも積極的に参加している。アントニオ・ネグリやヤン・ムーリエ＝ブータンらとともに、政治思想誌『*Multitudes*』の創刊以来の編集委員。また、エリック・アリエズとともにガブリエル・タルドの研究の第一人者であり、『タルド著作集』の編集の中心人物である。

2008年、洞爺湖サミットの際に来日し、立命館大学などで「労働・雇用・保障のオルタナティヴ」について講演。また、2011年には、フェリックス・ガタリの足跡を追った映像作品のプロジェクトのために再来日し、沖縄などで撮影をしたほか、立教大学、大阪大学などで講演を行なった。

著書は多数あるが、邦訳書として、『〈借金人間〉製造工場——“負債”の政治経済学』（作品社）、『出来事のポリティクス——知-政治と新たな協働』（洛北出版）、『記号と機械』（共和国）などがある。

戦争と資本

――統合された世界資本主義とグローバルな内戦

2019年 9 月10日 第 1 刷発行
2019年11月25日 第 2 刷発行

著者――――エリック・アリエズ
マウリツィオ・ラッツァラート

訳者――――杉村昌昭 ＋ 信友建志

発行者―――和田 肇
発行所―――株式会社作品社
102 - 0072 東京都千代田区飯田橋 2 - 7 - 4
Tel 03 - 3262 - 9753　Fax 03 - 3262 - 9757
振替口座 00160 - 3 - 27183
http://www.sakuhinsha.com

編集担当――内田眞人
装丁――――伊勢功治
本文組版――ことふね企画
印刷・製本―シナノ印刷（株）

ISBN978-4-86182-772-3 C0033

なぜ私たちは、喜んで“資本主義の奴隷”になるのか？

新自由主義社会における欲望と隷属

フレデリック・ロルドン　杉村昌昭 訳

「“やりがい”搾取」「“自己実現”幻想」を粉砕するために！

“ポスト近代の奴隷制”と化した新自由主義社会。
マルクスの“構造”分析とスピノザの“情念”の哲学を結合し、
「意志的隷属」というミステリーを解明する

「スピノザとマルクスの視点から、新自由主義社会の支配の本質をえぐり出すという、大胆かつ刺激的な試みだ」
（橋本努『東洋経済』）

かつてマルクス主義が主唱した資本家／労働者という固定的な図式は崩れ、資本主義は私たちに、労働と市場を通した“やりがい”や“自己実現”の機会を与えている。しかし、それによって私たちの欲望や生きがいは、資本の論理にそって構築され、感情や心理をも従属させられ、その結果、私たちは、喜んで“会社や金融の奴隷”となっていると言っても過言ではない。

本書は、いわば“ポスト近代の奴隷制”と化した今日の新自由主義社会を、マルクスによる“構造”分析を超えて、構造を機能させている原動力としての人々の欲望・感情・心理を、スピノザの“情念”の哲学によって分析した、欧州で最も先鋭的な経済学者による話題の書である。

大量殺人の“ダークヒーロー”

なぜ若者は、銃乱射や自爆テロに走るのか？

フランコ・ベラルディ(ビフォ)　杉村昌昭 訳

社会を動かす“感情”と“欲望”の構造分析
犯人と事件の綿密な分析によって、
動機・心理・社会背景を解明し、
“銃乱射”や“自爆テロ“事件が
生命を犠牲にした“表現行為“であり、
現代資本主義の構造的な病理であることを明らかにする

資本主義の末期的状況と若者たちの絶望、その帰結として惹起されるスペクタクル的な殺戮と自殺への衝動が提示される。(……)思想の奥行を試される、あるいは知の筋肉が鍛えれる本である。
(森達也)

「誰でも一瞬だけは、世界的に有名になることができる」と、アンディ・ウォーホールは語った。そして現在、自らと他者の生命を犠牲にして、死の直前の一瞬だけ有名になる表現行為が“銃乱射”や“自爆テロ”である。また彼らは、インターネットのサイトにメッセージや自撮り写真をアップし、ネット空間において永遠の生命を得ている。

「“生”とは作品である」と、ミッシェル・フーコーは述べた。しかし、現代資本主義社会のなかで、貧困や屈辱、絶望に追いつめられた若者は、もはや“死”という手段でしか、“生という作品”を作り上げられない状態に陥っている。彼らにとって、“死”が唯一の生きる方法であり、“大量殺人”が唯一の社会への抵抗なのである……

21世紀世界を読み解く
作品社の本

値段と価値

なぜ私たちは価値のないものに、高い値段を付けるのか？

ラジ・パテル　福井昌子訳

現在の経済システムでは“値段”と“価値”は比例せず、まったく異なる基準で決定されている！「現代経済におけるプライスとバリューのギャップを、鮮やかに解明する」（ＮＹタイムズ・ベストセラー）

資本主義の終焉

資本の17の矛盾とグローバル経済の未来

デヴィッド・ハーヴェイ　大屋定晴ほか訳

「21世紀資本主義は、システム破綻するか？ さらなる進化を遂げるか？　このテーマを原理的に考察するに興味ある方は必読」（『フィナンシャル・タイムズ』紙）。世界12か国で刊行

いかに世界を変革するか

マルクスとマルクス主義の200年

エリック・ホブズボーム　水田洋監訳

「我々の時代における、最も偉大な歴史家の最後の大著。世界をよりよいものへと変革しようという２世紀にわたる苦闘。そして、夢が破れたと思われた時代における、老歴史家の不屈の精神」（ＮＹタイムズ）

不当な債務

いかに金融権力が、負債によって世界を支配しているか？

フランソワ・シェネ

長原豊・松本潤一郎訳 **芳賀健一**解説

いかに私たちは、不当な債務を負わされているか？ 世界的に急増する公的債務。政府は、国民に公的債務を押しつけ、金融市場に隷属している。その歴史と仕組みを明らかにした欧州で話題の書

グローバル資本主義の形成と現在

いかにアメリカは、世界的覇権を構築してきたか

レオ・パニッチ&サム・ギンディ　長原豊監訳

米の財務省、FRB、ウォール街は、グローバル経済をいかに支配してきたか？「国家とグローバル資本主義の密接な関係について、初めて歴史的に解明した偉大な書」（S・サッセン）